U0756245

# 高等法律职业教育系列教材
# 审定委员会

主　　任　　万安中

副主任　　许　冬

委　　员　　（按姓氏笔画排序）

王　亮　刘　斌　刘　洁　刘晓晖

李忠源　陈晓明　陆俊松　周静茹

项　琼　顾　伟　盛永彬　黄惠萍

高等法律职业教育系列教材

# 刑事侦查实务

**XINGSHI ZHENCHA SHIWU**

主　编 ○ 陈汉彬　项　琼

撰稿人 ○（以撰写章节先后为序）

　　　　陈汉彬　朱巧红　李　鑫　向　锐

　　　　项　琼　李亚可　阳　雁

中国政法大学出版社

2020 · 北京

总 序
*Preface*

　　高等法律职业化教育已成为社会的广泛共识。2008 年，由中央政法委等 15 部委联合启动的全国政法干警招录体制改革试点工作，更成为中国法律职业化教育发展的里程碑。这也必将带来高等法律职业教育人才培养机制的深层次变革。顺应时代法治发展需要，培养高素质、技能型的法律职业人才，是高等法律职业教育亟待破解的重大实践课题。

　　目前，受高等职业教育大趋势的牵引、拉动，我国高等法律职业教育开始了教育观念和人才培养模式的重塑。改革传统的理论灌输型学科教学模式，吸收、内化"校企合作、工学结合"的高等职业教育办学理念，从办学"基因"——专业建设、课程设置上"颠覆"教学模式："校警合作"办专业，以"工作过程导向"为基点，设计开发课程，探索出了富有成效的法律职业化教学之路。为积累教学经验、深化教学改革、凝塑教育成果，我们着手推出"基于工作过程导向系统化"的法律职业系列教材。

　　《国家中长期教育改革和发展规划纲要（2010～2020 年）》明确指出，高等教育要注重知行统一，坚持教育教学与生产劳动、社会实践相结合。该系列教材的一个重要出发点就是尝试为高等法律职业教育在"知"与"行"之间搭建平台，努力对法律教育如何职业化这一教育课题进行研究、破解。在编排形式上，打破了传统篇、章、节的体例，以司法行政工作的法律应用过程为学习单元设计体例，以职业岗位的真实任务为基础，突出职业核心技能的培养；在内容设计上，改变传统历史、原则、概念的理论型解读，采取"教、学、练、训"一体化的编写模式。以案例等导出问题，根据内容设计相应的情境训练，将相关原理与实操训练有机地结合，围绕关键知识点引入相关实例，归纳总结理论，分析判断解决问题的途径，充分展现法律职业活动的演进过程和应用法律的流程。

法律的生命不在于逻辑，而在于实践。法律职业化教育之舟只有驶入法律实践的海洋当中，才能激发出勃勃生机。在以高等职业教育实践性教学改革为平台进行法律职业化教育改革的路径探索过程中，有一个不容忽视的现实问题：高等职业教育人才培养模式主要适用于机械工程制造等以"物"作为工作对象的职业领域，而法律职业教育主要针对的是司法机关、行政机关等以"人"作为工作对象的职业领域，这就要求在法律职业教育中对高等职业教育人才培养模式进行"辩证"地吸纳与深化，而不是简单、盲目地照搬照抄。我们所培养的人才不应是"无生命"的执法机器，而是有法律智慧、正义良知、训练有素的有生命的法律职业人员。但愿这套系列教材能为我国高等法律职业化教育改革作出有益的探索，为法律职业人才的培养提供宝贵的经验、借鉴。

2016 年 6 月

前 言
Foreword

　　本教材的编写坚持以马列主义、毛泽东思想、邓小平理论、"三个代表"重要思想和习近平新时期中国特色社会主义思想为指导，坚持科学发展观和与时俱进的原则，以《中华人民共和国刑事诉讼法》及其法律解释和侦查工作相关的一系列规范性文件为依据，结合教学实践、职业技能需求和我国的侦查工作实践，围绕刑事犯罪活动的预防、控制和打击等内容。

　　作为高等职业院校教材，在尊重教学规律的前提下，根据现代职业教育的理论和学院对自编教材的要求，对专业知识从结构到内容进行了较大幅度的调整和整合，注重实践技能的学习、培养和运用，力争更贴近职业实际。本书力求突出如下特点：一是基本理论简练化。教材在编写过程中对基本理论进行了精确、简练，以够用为度，追求通俗易懂。二是技能培养丰富化。教材在编写过程中注重对引导案例的选编，使其更贴近基础知识，真正起到引导的作用，然后通过教学互动和技能训练，加以强化和巩固，培养学生分析问题、理解问题和解决问题的能力。三是知识学习的传承性。教材在编写过程中注重学科内容的横向、纵向联系，做到相互联系、相互引导，使所学知识融会贯通。同时，通过知识链接或延伸阅读，激发学生对知识的探索和深化。四是教材结构的创新。教材应用知识目标、能力目标、学习情境、工作任务、学习内容、延伸阅读、技能训练的体系，做到结构合理、知识精简、技能实用，体现教材"工学结合"的可操作性理念和"任务＋训练＋能力"的特色。通过对本教材的学习，使学生理解刑事侦查实务的相关基本知识，掌握刑事侦查工作实务的基本方法与技能并能在侦查实践中灵活运用。

本教材由陈汉彬、项琼任主编。

参编者分工如下：

陈汉彬（广东司法警官职业学院）：单元一、单元三、单元五；

朱巧红（广东司法警官职业学院）：单元二；

李鑫（广东省公安厅刑侦局）：单元四项目一、二、三；

向锐（广东省公安厅内保局）：单元四项目四、六、七；

项琼（广东司法警官职业学院）：单元四项目五；

李亚可（广东司法警官职业学院）：单元六项目一、二、三、四；

阳雁（广东司法警官职业学院）：单元六项目五、六、七。

陈汉彬对全书进行了统稿、整理，项琼对全书进行了审定。

教材的成稿要感谢广东司法警官职业学院的大力支持！同样感谢那些为教材提供研究成果、案例编写和参考文献的同行和朋友们！通过拜读他们的成果和作品，我们对刑事侦查实务有了更深的理解。

鉴于编者的水平和实践经验有限，教材存在不足之处在所难免，敬请读者批评指正。

陈汉彬

2019 年 10 月

# 单 元 一

# 刑事侦查概述

### 重点提示

刑事侦查是一门文理渗透、实践性和应用性很强的学科，以刑事犯罪为工作对象，以打击和预防刑事犯罪为工作任务。实践中，要坚持贯彻"依靠群众，抓住战机，积极侦查，及时破案"的基本工作方针，依据专门工作与群众路线相结合、依法、及时、保密和实事求是等工作原则，做好刑事侦查各项工作，同时，刑事侦查工作要做到与时俱进，以适应新时期打击和防范刑事犯罪的工作需要。

### 重点问题

刑事侦查的概念；刑事侦查的任务；刑事侦查工作的方针与原则。

### 学习目标

知识目标：明确刑事侦查的概念与特征，理解侦查工作的任务、方针、原则及其发展。

能力目标：掌握刑事侦查基本理论，以培养刑事侦查具体内容的学习能力。

## 项目一　刑事侦查的概念与特征

### 学习情境

20××年2月23日13时18分，昆明市公安局接报：××大学学生公寓6栋317室发现了尸体。民警迅速赶到现场进行初步勘查后发现：宿舍里的4个储物柜内分别藏匿着4具男尸。

公安机关通过勘验、核实和学校师生反复辨认，初步认定4名死者是××大学××学院生物技术专业约一周前5名失踪学生中的4人，且4人都是在2月15日左右头颅受到钝器致命性打击损伤致死。

是谁制造了这起血案？

公安机关结合现场勘查、尸体检验及调查走访等了解到的情况，将重大犯罪嫌疑人的目标锁定在另外一名失踪的学生————马××身上。

23岁的马××，是××大学××学院生物技术专业2000级广西籍学生，系4名被害人的同学。据公安机关走访调查，马××性格内向、孤僻，自卑心理严重，不善言辞，很少与同学来往，平常酷爱上网，报复心较重。

经过缜密侦查，公安机关判定：马××在2月15日晚，用钝器将同宿舍的4名同学陆续杀害并藏尸储柜。作案后，销毁了证据，抢劫了被害人的现金和2部手机，同时还带走了2名被害人的身份证，以便潜逃。

随着调查的深入，公安机关还发现，马××为自己的作案和出逃做过充分的准备。案发前马××曾查阅了大量外省资料，如全国列车时刻表，广西、江西、海南、湖南等地的交通图。还利用他人的身份信息，提前制作了3张假身份证。

公安机关最终确认：这起特大杀人案，是马××实施的。

犯罪嫌疑人马××被锁定后，云南省公安厅2月23日连夜向全省发出通缉令；公安部2月24日向全国发出A级通缉令，缉捕昆明"2·23"重大杀人案件在逃犯罪嫌疑人马××。

3月2日、10日，公安部连续两次召开紧急电视电话会议，精心组织，缜密部署，要求全国公安机关积极行动起来，全力追捕。

在公安部的直接部署，全国公安机关统一行动，广大人民群众广泛参与下，一张扑向马××的天罗地网在全国范围内迅速撒开：

全国100多万公安民警紧急行动，严密盘查可疑人员，对汽车站、客运码头、火车站、机场、宾馆、旅店、出租房、网吧、电子游戏厅等公共场所更是高度警惕；

新华社、中央电视台、新华网等媒体及时播发、刊登了公安部A级通缉令，各级地方媒体也纷纷刊发有关讯息，在舆论上形成强大声势；

马××的通缉令被广泛张贴于城市、乡村的大街小巷、楼宇庭院，公共汽车、出租车、人力车驾驶员被广泛动员通力协查……

3月12日，公安部根据对各方面信息的汇总和研究，发现马××极有可能在海南藏匿，并致电海南省公安厅，要求强化查缉工作。

3月15日19时20分许，一名30岁左右的当地男子驾驶摩托车急匆匆来到三亚市公安局××派出所，向值班民警举报说：他在市××农贸市场附近河堤路段发现一个乞丐模样的男子，该男子的长相与公安部通缉的在逃重大犯罪嫌疑人马××特征极其相似。

马××，这个连日来被全国公安民警熟记的名字，让值班民警着实一震。他意识到事态的严重性，立即向上级领导作了汇报。

××派出所一面组织值班民警紧急出动，一面向市局110指挥中心报告。指挥中心根据市局领导的指示，迅速部署巡警支队赶赴增援。

最早赶到的××派出所值班民警，经过举报人的指认，在××路亚航大厦对面的河堤上，找到了乞丐模样的男子，他们以最快的速度，将嫌疑人控制。

随后赶到的110巡警和××派出所值班民警一同把嫌疑人带回××派出所。在派出所里，民警用干净的毛巾将嫌疑人脸上覆盖的污垢擦净，买来新衣服让他换上，马××的形象初步显现出来。随后，公安机关一方面抓紧审讯，另一方面立即进行指纹比对和DNA鉴定，鉴定结果证实此人就是马××。

经初步审讯，马××交代，促使他产生杀害这几名同学的想法的原因是同学之间的一些矛盾。为报复泄愤，他在2月13日晚用钝器杀害了第一位同学；2月14日，他用同样的手法杀害了第二名同学；2月15日，他又杀害了另外两位同学。

连续杀了4位同学后，马××携带3100元开始了他的"亡命之旅"。2月18日潜逃到三亚，伪装成乞丐，每天在街头、商店走廊、桥头到处躲藏，直至被抓。

公安部有关负责人指出，缉捕马××的成功，再一次证明：法网恢恢，疏而不漏。有了人民群众的广泛参与和大力支持，犯罪分子即使逃到天涯海角，也终究逃脱不了法律的严惩。

### 工作任务

刑事犯罪是一种严重危害社会安全与稳定、侵害公民人身和财产安全、妨碍社会经济发展的违法行为，如何有效地遏制、打击和预防犯罪，既是侦查机关的工作任务，更是广大人民群众的迫切需要。刑事侦查就是有效遏制、打击和预防犯罪，维护社会稳定和保障人民安居乐业的务实工作。

认识刑事侦查实务，首先从刑事侦查活动开始，从感性认知犯罪行为的危害性和危险性，到侦查机关如何开展侦查破案工作，揭露犯罪、证实犯罪并抓获犯罪嫌疑人，完成侦查任务，实现侦查工作目标，上述情境案例就是一个很好的学习辅助。

**学习和思考：**

什么是刑事侦查？它具备哪些特征？

### 学习内容

#### 一、刑事侦查的概念

依据《中华人民共和国刑事诉讼法》（以下简称《刑事诉讼法》）的规定，侦查是指公安机关、人民检察院对于刑事案件，依照法律进行的收集证据、查明案情的工作和有关的强制性措施。所以，侦查是特定的法律概念，是刑事诉讼活动的起始阶段。

由于违反《中华人民共和国刑法》（以下简称《刑法》）规定的犯罪行为都称为刑事犯罪，因此，犯罪与刑事犯罪的概念并无本质区别，侦查与刑事侦查的概念也不存在根本差异。

### 二、刑事侦查的特征

**（一）侦查主体的法定性**

侦查主体是指具体行使侦查权的机关，侦查主体的法定性是指侦查作为国家的一项重要职能，国家通过立法的形式将侦查权赋予特定的机关，而未经国家赋权的任何机关、团体、组织和个人都不得行使侦查权。

根据《刑事诉讼法》的规定，国家安全机关、公安机关、检察机关是侦查机关，分别行使各自职能范围内的侦查权，对各自管辖的刑事案件立案侦查；军队保卫部门对军队内部发生的刑事案件行使侦查权；罪犯在监狱内又犯罪的案件由监狱进行侦查。其中，公安机关是最重要的侦查主体，承担着绝大多数刑事案件的侦查任务。

另外，我国铁路、交通、民航、林业部门专门公安机关设有与其职权相应的侦查机构，在海关部门设有走私犯罪侦查机构，它们负责本系统范围内的案件侦查和指导工作，接受本系统上级侦查部门和所在地上级侦查部门的双重业务指导，同时与所在地侦查部门相互协作。

**（二）侦查客体的明确性**

侦查客体即侦查活动的对象是刑事案件，即根据《刑法》规定构成犯罪的事件。刑事侦查始终围绕刑事案件这个客体，依照法定的程序发现、收集与刑事案件有关的各种证据，证实犯罪事实，揭露犯罪人。

在侦查实践中，侦查机关常常先观测到的是案件的结果，这一结果能否成为侦查的客体即刑事案件，必须经过法定的审批程序，只有依法履行了审批程序确立为刑事案件的，才是侦查的客体。

**（三）侦查活动的依法性**

侦查活动的内容是侦查机关所采取的各种专门调查工作和有关的强制性措施。专门调查工作是指《刑事诉讼法》规定的讯问、询问、勘验、检查、搜查、扣押书证物证、鉴定、通缉、侦查实验等工作以及其他法律法规规定的特殊调查工作。有关的强制性措施是指《刑事诉讼法》所规定的为收集犯罪证据、查获犯罪嫌疑人而采取的限制或剥夺犯罪嫌疑人人身自由或对其人身、财物进行强制的各种措施，即拘传、取保候审、监视居住、拘留和逮捕五种。

综上所述，专门调查工作和有关的强制性措施具有法律的规范性和强制性，侦查活动必须客观、公正，尊重事物发展规律，实事求是地进行，因此，法律规定侦查必须由法定机关、人员依照法律规定的方式、条件、程序进行。

**（四）侦查工作的社会性**

侦查工作在打击犯罪、维护社会稳定、保护公民生命财产安全等方面与广大人民群众的利益密切相关，且得到广大社会民众的支持与拥护，具有广泛的社会基础。广大社会民众在发现犯罪、预防犯罪等方面的信息掌握程度以及施加影响的广度和深度方面，侦查机关有时是难以达到的，民众的觉悟越高，发动的越充分，识别犯罪人的能力就越强，侦查工作的路子就越宽，更有利于侦查工作的开展。

当前社会条件下，社会治安的情势、公民的道德观念和社会环境等都发生了变化，刑事侦查工作也面临着一些新问题，如侦查工作中出现"找线索难，查证难"的实际状况，由群众提供线索则出现"秘密性、报酬性、被动性"等一些不利侦查工作开展的情况。对此，要做好刑事侦查的社会性工作，必须创新依靠群众的侦查工作新思路，创立适合当前社会条件下的依靠群众的新方法、新路子，推进刑事侦查工作的开展，如设立保密的公民举报犯罪的联系渠道并施以经济奖赏，广泛发动群众并建立"见义勇为"的社会安全保障和奖励机制等，激励广大社会民众敢于与犯罪行为作斗争，积极举报犯罪、提供线索。

（五）侦查阶段的独立性

侦查阶段的独立性，可从两方面来理解：一是侦查权力行使的独立性。法律对侦查主体有着严格的规定，国家通过立法的形式将侦查权赋予法定的侦查机关行使，法定侦查机关行使侦查权时，具有绝对支配性，不受任何非法力量和因素的阻碍、干扰，同时，对于没有被法律许可的其他机关、团体、组织和个人而言，是不得行使侦查权的。二是侦查过程的独立性。侦查是刑事诉讼活动中一个基本的、独立的诉讼阶段，法律对侦查的启动、侦查活动的行为方式等都有着严格的程序规定，侦查活动受刑事诉讼法律规范的调整，是刑事诉讼的起始阶段，凡公诉案件只有先经过侦查，查明案件事实和查获犯罪人后，才能提起公诉和审判。

# 项目二　刑事侦查工作的任务、方针和原则

## 学习情境

黑龙江省大兴安岭有一偏僻的小山村，村的最西头住着一户只有母（54 岁）、女（24 岁）二人的人家。时值"小秋收"季节，母、女二人每天清晨都在家门前等待同伴们的到来，一同上山采山菜、野果。这一天，同伴们到来时却未见母、女二人在门前等候，呼叫也不见回应，扒窗一看，发现母、女二人躺在床上、血迹斑斑、一动不动。人们进屋后见母、女二人早已死亡，遂报警。

现场勘查中发现一支 1.5 尺长的带血的木棍，粗的一端边缘整齐，细的一端有新裂开的茬口。母、女二人为锐器所杀，侦查员对带血的木棍百思不得其解，如果它是凶器，与伤痕不符，如果不是凶器，为什么上面又带血迹。为了解决这一疑难问题，侦查员向当地村民请教。一位年长的村民将木棍看了又看，说是根镰刀把。一句话，

使得侦查员茅塞顿开，镰刀是锐器，与母、女俩伤痕吻合。村民中有一位木匠，他发现这根镰刀把是黄干榆木，此材质的树木该村只有 6 棵，树干已伐掉，只剩树桩子，这根镰刀把是从树桩旁侧生发出的树杈上截下来的，是本村特产。根据这一情况，侦查员将侦查范围限定在本村，侦查的重点是查找谁有这样的镰刀。根据村民提供的线索，使用这样木质把镰刀的只有两户，侦查人员迅速追查，发现其中一把完整的镰刀，上面无血迹，而另一把没找到，且使用这把镰刀的人也不见踪影，判断是暴露性逃跑，于是部署追踪、堵截，很快抓获了犯罪嫌疑人。

## 工作任务

刑事侦查工作的任务是依法行使侦查权，发现、控制、揭露和证实犯罪。实践中，侦查机关为了更好地完成工作任务，还应当遵循相应的工作方针和工作原则，做到有理有节，以掌握工作的主动权。上述情境案例，就是侦查专门工作与群众路线相结合原则的演绎，通过依靠群众，及时解决侦查中遇到的问题，抓住了战机，抓获了犯罪嫌疑人，完成了侦查工作任务，巧妙地解释了侦查工作任务、方针、原则三者间的关系。

**学习和思考：**

1. 刑事侦查工作的任务、方针和原则包含哪些内容？
2. 实践工作中，如何理解和处理好侦查工作任务、方针、原则这三者间的关系？

## 学习内容

### 一、刑事侦查工作的任务

刑事侦查工作的任务是指侦查主体在刑事诉讼活动中所承担的职责和需要完成的工作。在我国，刑事侦查工作是刑事诉讼过程中前承立案、后续起诉和审判的重要阶段，这决定了我国刑事侦查工作的基本任务是：依法行使侦查权，发现、控制、揭露和证实犯罪，并移送国家司法机关处置。具体如下：

**（一）侦查破案，打击各种刑事犯罪活动**

侦查破案，打击刑事犯罪活动是当前侦查机关的基本职能和核心任务。各类、各级侦查机关对其所管辖的刑事案件要依法采取积极有效的侦查措施和手段，收集证据，揭露并证实犯罪，查获犯罪嫌疑人。

侦查破案，一要做好刑事犯罪活动情况的调查研究工作，搞好刑事侦查各项基础业务的建设工作，提高刑事侦查的技术手段，力争主动。二要健全刑侦体制，全面提升侦查队伍的各项素质，严格执法，科技强警，增强打击刑事犯罪的力度，提高办案质量和破案效率。三要严打现行刑事犯罪活动，特别是严重暴力犯罪案件，对大要案、多发性案件和系列性案件等性质严重、社会危害性大、群众极为关注的案件，做到专案专办、及时侦破，针对突出的犯罪问题要适时开展专项斗争，进行集中打击和整治，以维护社会稳定。

（二）预防犯罪，制止和减少刑事案件的发生

打击犯罪和预防犯罪是同刑事犯罪作斗争的两项基本对策，是一个问题的两个方面，既有区别，又有联系，是相辅相成、互相影响的。

侦查机关在打击犯罪的过程中，要积极参与社会治安综合治理，注重打防结合，组织、发动社会各界和广大群众，齐抓共管，做好犯罪预防工作，以利于消除导致犯罪的因素，堵塞导致犯罪的漏洞和隐患，鼓舞和增强广大群众同刑事犯罪作斗争的信心和勇气，争取在打击刑事犯罪活动中的更大主动，震慑潜在的犯罪人，防止和减少刑事案件的发生。只有将打击犯罪与预防犯罪紧密地结合起来，才能做到标本兼治，维护社会的长治久安。

（三）调研、掌握刑事犯罪活动规律

刑事侦查与刑事犯罪的斗争是一种活力对抗，其发展、变化都与社会各方面因素有着紧密的联系。在这样的对抗中，侦查机关要掌握斗争的主动权，除了前述打击和预防工作外，更要收集各种犯罪信息并建立相关信息库，研究刑事犯罪活动的特点、规律及其动向，做好刑事侦查的理论研究工作，实现刑事侦查理论和实务更好地、更有效地结合，全面掌握斗争的主动权。

## 二、刑事侦查工作的方针

刑事侦查工作应当贯彻"依靠群众，抓住战机，积极侦查，及时破案"的基本方针。这一方针是我国刑事侦查工作实践经验的科学总结，反映了同刑事犯罪作斗争的根本规律，体现了刑事侦查工作服从于社会治安综合治理系统工程全局的战略思想。

（一）依靠群众

依靠群众是指刑事侦查部门必须在党委的领导下，坚持群众路线，充分相信群众、依靠群众、发动群众，使刑事侦查工作建立在广泛的群众基础之上。

刑事侦查工作与群众路线相结合，是我国侦查实践的优良传统。依靠群众是侦查工作的基础和开展侦查工作的力量源泉。刑事犯罪在社会生活中具有特定的时间、空间和作案过程，犯罪行为的蛛丝马迹也必然存在于社会各个领域和各类人群中，只有做好群众的思想工作，依靠群众，才能广泛开辟线索来源，为侦查破案服务。在侦查实践中，任何一项侦查措施的运用和开展，都离不开广大人民群众，他们的支持和配合，是侦查工作取得胜利的保障。因此，必须牢固树立群众观点，坚持群众路线，做好群众工作，尤其在当今社会转型和变革的情况下，刑事侦查机关及其工作人员更要积极探索发动和依靠群众的新途径、新方法，建立广泛、牢固的群众基础。

### (二) 抓住战机

抓住战机是指刑事侦查工作要善于掌握和运用有利时机，抢时间，争速度，快速出击，快查快办，争取速战速决。

抓住战机是刑事侦查工作争取主动权的关键。时间性强是刑事侦查的重要特点，犯罪分子在作案中一般都具有作案快、逃跑快、销赃快等特点，因此，要求侦查工作必须分秒必争，以快取胜。在侦查中，要抓住发案不久的有利时机，做到赶赴现场快，查证线索快，组织力量快，采取措施快，调查取证快，抓获犯罪嫌疑人快等，不给犯罪分子任何喘息、逃跑、销赃、毁证、藏匿、自杀或继续犯罪的机会，速战速决。

抓住战机的指导思想必须贯穿侦查工作的全过程。强调抓住战机，既不能急于求成，也不能消极等待，必须从案件的实际情况出发，以深入调查和科学分析为前提，实事求是。不能盲目求快，否则易陷入"欲速则不达"的被动局面。

### (三) 积极侦查

积极侦查是指侦查人员必须以对国家和人民高度负责的责任感和勇于献身的精神对待侦查工作。

积极侦查是对刑事侦查工作提出的基本要求和规范。侦查人员要以求真务实的精神积极组织、不畏艰难地参与侦破工作。在刑事案件尤其是大案、要案发生后，要积极开展科学分析，在侦查设计指导上坚持主动进攻、先发制敌的指导思想，积极运用各种侦查措施和手段，尽快查明案情，获取罪证，捕获犯罪嫌疑人。在平时，要积极研究刑事犯罪活动的规律特点，分析犯罪原因，组建公开和秘密侦查力量，控制犯罪分子活动的各种场所，积极开辟线索来源，采取主动进攻，力争把一些危害后果严重的犯罪活动消灭在预谋阶段，以减少国家、集体和人民群众的损失。

### (四) 及时破案

及时破案是指经过侦查，主要犯罪事实和主要犯罪成员已经查清，并且取得确实证据的情况下，就应将犯罪嫌疑人缉捕归案，达到及时破案的目的。

及时破案是刑事侦查工作所要达到的基本目标。刑事犯罪具有现实的社会危害性，容易对国家、社会和公民的生命、财产安全造成威胁或损失，特别是暴力犯罪、流窜犯罪和有组织犯罪的危害更大。因此，在侦查中，只要时机成熟，就应当机立断，迅速破案，以防止、减轻刑事犯罪造成的危害，维护社会稳定。

对于暴力犯罪案件，刑事侦查工作应贯彻"先发制敌，速战速决"的指导思想，力争将暴力犯罪制止在预谋阶段，以减少或避免给国家和人民造成更大的损失。这一指导思想，是我国刑事侦查工作方针的补充和发展，是当前新形势下对侦查工作提出的更高要求。

"依靠群众，抓住战机，积极侦查，及时破案"的刑事侦查工作方针，是一个相互联系、辩证统一的整体，它的基本精神是坚持刑事侦查工作必须依靠群众与专门工作相结合。

### 三、刑事侦查工作的原则

刑事侦查工作的原则是指在侦查工作中应遵循的基本行为准则。刑事侦查工作原则是对侦查人员的侦查思想和侦查行为的规范，是确保刑事侦查工作顺利开展的重要保证。我国刑事侦查工作必须严格遵守《刑事诉讼法》所规定的基本原则，此外，结合侦查工作实践，还必须遵守下列几项原则：

（一）专门工作与群众路线相结合的原则

专门工作与群众路线相结合是指在刑事侦查工作中既要突出侦查机关的主导地位，又要坚持群众路线，密切地联系和依靠群众。

坚持专门工作与群众路线相结合是党的群众路线在刑事侦查工作中的具体体现，是我国刑事侦查工作的优良传统和根本特色。在侦查工作中，必须有强有力的专门工作，并使之建立在密切依靠群众的基础之上，才能充分发挥其作用。因为群众中不仅蕴藏着同犯罪活动作斗争的强大力量，而且由于犯罪分子混迹于群众之中，其进行任何的犯罪活动，总难免暴露出某些形迹和破绽。因此，把专门工作与群众路线紧密地结合起来，使得专门工作如虎添翼，可以发挥其更大的威力。

在侦查工作中，既不能只强调专门工作，也不能只讲群众路线，二者是相辅相成、不可分割的辩证统一关系。侦查机关要正确认识和处理好二者之间的关系，一方面要牢固树立相信群众、依靠群众的观念，不断探索和创新新时期下开展群众工作的方式方法，积极创造条件，充分调动广大人民群众参与破案和同刑事犯罪作斗争的积极性。另一方面又要大力加强侦查专门工作，强化侦查机关的职能作用。只有把二者有机地结合起来，才能提高破案效率和保证办案质量。

（二）迅速、及时原则

刑事侦查中的迅速、及时是指侦查机关接到报案后，迅速行动，快速反应，及时部署，不给犯罪分子以逃跑、隐匿、毁证和继续犯罪的时机和条件，以尽快查明案情，获取证据，及时破案的行为准则。其基本内涵就是抓住战机，积极侦查，及时破案。

刑事侦查工作坚持迅速、及时原则是刑事案件侦查的基本要求，是由刑事案件的基本特点决定的。首先，刑事案件发生后，犯罪分子迅速逃跑隐匿，这就要求侦查工作必须迅速行动，以快制快，才能有效地揭露和证实犯罪，确保及时把犯罪分子缉拿归案；其次，刑事犯罪具有社会危害性，尤其是暴力性犯罪，社会危害性尤为严重，这就要求侦查工作必须做到迅速、及时，力争主动，以有效地制止和打击犯罪，避免和减少犯罪的危害后果；再次，刑事案件发生后，现场勘查和相关证据的收集也要求侦查工作必须迅速、及时，避免现场情况和有关证据事实因时间拖延及环境影响而遭到破坏，甚至灭失，以确保案件事实的查清。

刑事侦查工作要贯彻执行迅速、及时的原则，须建立健全侦查快速反应机制，切实提高侦查机关的紧急处置及应变能力。一方面要建立精干、高效的侦查队伍，培养侦查人员高度的政治责任感和雷厉风行的战斗作风，加强侦查人员的业务培训和岗位练习，提高业务技能，以确保能够应付各种紧急情况。另一方面要注重物质保障，加强侦查技术的现代化装备，如配齐先进的交通、通信和武器等装备，以确保迅速、及时原则的贯彻落实。

（三）实事求是原则

刑事侦查工作坚持实事求是原则是指一切从实际情况出发，尊重客观事实，准确揭露与证实犯罪，真实反映案件事实真相的行为准则。

实事求是是刑事诉讼活动的核心，也是刑事侦查工作的根本要求。刑事侦查工作是一项政策性、法律性很强的工作，担负着揭露犯罪、保护人民、保障社会主义经济建设的重要任务，关系到社会稳定、法律尊严、政府声誉和人民群众的人身权利和民主权利。因此，开展刑事侦查工作必须坚持实事求是原则，正确办案，防止冤、假、错案的发生。须做到：一要尊重客观事实，重证据，重调查研究，反对主观臆断、偏听偏信、先入为主等不良作风；二要坚持真理，修正错误，在刑事侦查工作的各个环节、各个阶段和各个方面都要做到实事求是；三是在侦查工作中既要发扬民主，听取不同的意见和主张，又要不畏权势、刚正不阿，敢于同一切不正之风和犯罪行为作斗争，维护法律尊严。

（四）遵守法制原则

遵守法制原则是指在刑事侦查工作中侦查人员要自觉遵守和正确适用我国现行法律规定，严格依法办案的行为准则。

程序法制原则是刑事诉讼的一项基本原则，旨在将刑事诉讼活动纳入法制的轨道，以防止国家专门机关滥用职权、恣意妄为，保证刑事诉讼的民主性、公开性，从而顺利实现刑事诉讼的目的和任务。侦查是一项严肃的执法活动，侦查机关和侦查人员进行侦查活动，必须严格遵守法定的程序。侦查机关所适用的各种专门侦查手段和采取的强制性措施，稍有不慎，就会侵犯公民的人身权利、民主权利或者其他诉讼权利。因此，在侦查工作中，侦查人员必须增强法制观念，提高执法水平，严格依法办事。首先，侦查人员要学法懂法。通过学习相关法律知识，领会法律的基本内容和精神实质，懂得如何运用法律来指导和规范自己的侦查行为，掌握办案程序，正确区分罪与非罪、此罪与彼罪等。其次，侦查人员要严格贯彻、执行法律。在刑事侦查工作中，侦查人员要严格依法做好各项工作，从立案到侦查终结，侦查中的各个阶段、各个环节以及各种侦查行为，都必须符合法律规范。再次，侦查人员要公正执法。法律面前人人平等，对于触犯刑律的，不管是什么人都应依法追究其刑事责任，严禁不依法办事、徇私舞弊、贪赃枉法、打击报复等行为的发生，对违法侦查人员要严肃查处，决不姑息迁就。

（五）保守秘密原则

刑事侦查工作中的保守秘密是指侦查工作的各项部署和实施情况以及获得线索情况等在一定时间、一定范围内不得外传与泄露。

保守秘密既是侦查工作的特点，也是侦查工作的一项原则，贯穿于侦查活动的始终。刑事侦查是同各种犯罪活动进行的尖锐而复杂的斗争，侦查与反侦查的矛盾，存在于整个侦查的过程。侦查工作的这一性质和特点，决定了在侦查工作中要注意保守秘密，增强保密意识，严格禁止将案情、证据、当事人及诉讼参与人的情况向无关人员泄露，以保证侦查活动的顺利进行。

另外，侦查工作中的保守秘密有着一定的范围和限度，在侦查中发现重要犯罪情况需要向有关侦查机关和有关部门通报时，应当及时通报；当侦查中遇有重大事项需向党委和政府请示时，要及时请示，以便从全局上把握侦查。

（六）协同作战原则

刑事侦查工作中的协同作战原则是指在案件侦查过程中，各侦查主体间相互协作、支持和配合，共同打击犯罪活动的行为准则。

刑事侦查工作中加强协同作战，是优化侦查资源，增强侦查机关整体作战能力，提高破案率，以适应当前刑事犯罪动态化和国际化的客观需要，可以确保侦查任务全面顺利地完成。其形式和内容主要有：互通犯罪情报、信息，实现资源共享；通缉、追捕犯罪嫌疑人或在逃犯；协查调查事项，促进相互配合；组织联合侦查，"会诊"疑难案件，如联合并案侦查或组织区域性的联合行动；促进国际协作，如情报信息交流、调查取证、证据的移交及犯罪嫌疑人的引渡等。

刑事犯罪动态化和国际化的特征，要求侦查机关要有高度的责任感和使命感，努力克服本位主义和地方保护主义的观念，加强区际、国际交流与合作，树立全局观念和全国一盘棋的思想，建立健全侦查协同作战的各项工作机制，经常开展侦查协同作战的演习和训练，提高协同作战的整体能力。另外，要重视和加强国际合作，共同打击跨国犯罪。

# 项目三　侦查工作现代化

⭐ 学习情境

2011年初，黑龙江省哈尔滨市刑侦支队二大队对全市涉车犯罪信息进行研判时发现，从2010年11月至2011年1月，该市道里区、道外区、南岗区、香坊区等地连续发生汽车被盗案件，且被盗车型集中在比亚迪F0、哈飞民意、哈飞赛马、夏利、奇瑞

QQ 等工薪族代步车。适逢"两会"及春节期间，短时间内如此多的盗窃汽车犯罪案件，极易造成车主不满情绪的非正常发泄，而且被盗车辆均为工薪族自用车，涉及面广，影响恶劣。对此，支队迅速向市局汇报，市局领导对此高度重视，组织刑侦支队、刑事技术支队、行动技术支队、网监支队等四单位同步上案，抽调警力组成专案组。

此类案件目击证人少、作案跨度大且作案后犯罪嫌疑人快速逃离，侦破具有一定难度。专案组各职能部门对案发现场逐步走访，收集痕迹物证，保全电子信息，信息人员利用"全国被盗抢汽车信息系统"查询检索哈市市区及周边地区同类或同档次汽车被盗案件信息并开展串并侦查，很快发现松北、呼兰、阿城等地发生的夏利、奇瑞QQ 轿车被盗案件也为同一伙犯罪人所为，最终两案实现并案。

专案组分析认为，该案发案频率如此之高，被盗车型如此集中，众多被盗车辆一定有较为固定顺畅的销赃渠道，遂决定从以车找人和搜集卖车信息两方面开展工作。专案组通过物建特情耳目、互联网信息监控等措施，密切关注涉案车型汽车贩卖信息，在网侦部门的大力配合下，专案组将近期所有卖车信息进行搜集整理，很快发现，一段时间内，有人在互联网一网站上多次发布信息，称有多台无手续比亚迪 F0 轿车，以每台 1 万元的价格销售。于是侦查人员对这一信息的发帖人进行调查，确定为阿城区人宋××（男，21 岁），通过对宋××进行外围信息比对和查询，发现宋××在发布卖车信息时段内，与一个叫吴××（男，45 岁，南岗区人）的人联系频繁，调查得知吴××为二手车交易中介人员，接触关系复杂。专案组进一步调查吴××的关联信息，发现其一段时间来与南岗区人王××（男，38 岁）频繁联系，通过对王××的前科信息查询发现此人有盗窃汽车犯罪的前科。根据上述联系，专案组决定从宋××及其网上贩卖的汽车入手突破案件。

案件取得重大突破后，专案组及时对宋××、吴××、王××等人实施抓捕，经审讯，王××等人交代了自2010 年10 月至今，先后窜至道里、道外、南岗、香坊、呼兰等地盗窃汽车并在网上贩卖的犯罪事实42 起。

### 工作任务

随着经济社会的发展，在计算机技术、现代网络技术等的影响下，社会中出现了许多新的犯罪类型。为适应新常态，刑事侦查工作应当与时俱进，不断创新侦查技术和手段，依靠"科技强警""信息导侦""合作侦查"等，创建现代化的刑事侦查工作实践。上述情境案例就是侦查现代化的反映，通过"多警（种）合作""互联网技术""信息导侦"等，引领侦查工作，实现侦查工作目标。

**学习和思考：**

1. 怎样理解侦查工作的现代化？它对侦查工作的影响如何？

2. 如何把握侦查现代化与传统侦查手段的关系？

学习内容

侦查工作现代化，是在建设社会主义法治国家的大背景下逐步发展的，是指由传统型侦查工作体制向现代型侦查工作体制转型和进化的一个过程。侦查体制作为法律制度的重要组成部分，在现代化的大潮下，无可选择地经历着现代化的洗礼。现代化的诱因和动力是科学的快速增长和普遍运用，因此，侦查现代化的重要特征表现为侦查科学化。侦查工作包括了行为和制度两个方面，从行为意义上讲，侦查科学化是指大量的科学知识和科技手段诸如生物技术、数字技术、信息技术等被运用到侦查工作中来，有力增强了侦查机关的侦查效能；从制度意义上看，侦查科学化是指侦查管理的各项制度的设计和运用越来越精妙合理，使得侦查工作获取证据、查明事实真相的能力不断提高。

**一、侦查理念的现代化**

侦查理念是侦查工作的指导性观念。侦查理念的现代化，需树立以人为本、法治化和信息化观念，坚持与时俱进、立足国情、法律至上、侦查为民，以实现打击犯罪和保障人权，维护社会和谐、稳定的目标。侦查理念的现代化包含了丰富的内容，主要体现为：

（一）依法侦查

侦查是依法开展的一项司法活动，坚持合法性是侦查理念现代化的前提，依法侦查具体要做到：侦查程序和侦查行为合乎法律规定；树立正确的证据意识；侦查的客观公正等。

（二）和谐侦查

和谐是当前社会和时代发展的主题，也是侦查理念现代化的重要内容，侦查工作的直接目的是揭露、打击犯罪，最终目的是保护人民。因此，侦查既要体现打击犯罪的严厉性的一面，也要体现人文关怀、保障人权、侦查为民的亲和性的一面，促进两者的和谐关系，实现社会的和谐发展。

（三）效益侦查

侦查工作中讲究的效益既包括社会效益也包括经济效益，在侦查中要多考虑资源的有效利用，实践中设立科学的考核和评估标准，既考核和评估侦查效率，也考核和评估侦查投入，避免侦查工作的不计成本。同时，利用现代信息技术，以适应新时期打击、预防犯罪的需要，是提高侦查效益的重要途径。

**二、侦查体制的现代化**

侦查体制是国家侦查部门的机构设置、组织体系、职能配置和运行机制的总称。

侦查体制的内容较为广泛，其现代化的内容主要体现为：

（一）侦查程序的现代化

从诉讼的角度来看，侦查是程序法律的范畴，其程序的设计是否合理，直接关系到侦查工作的效益和效率。在法制现代化建设的背景下，我国诉讼程序和诉讼法律也在不断地修正和完善，使其更符合我国的国情和实践，不断探索我国侦查程序的现代化、科学化。

（二）侦查机制的现代化

侦查机制是制约侦查力的重要方面，实践中要加强侦查情报机制、快速反应机制、多警种合作联动机制、侦查协作机制等体制的建设和完善，以适应新形势下打击犯罪的需要。

（三）侦查管理的现代化

侦查管理主要是指对侦查主体的管理，侦查主体是侦查水平和侦查能力高低的决定性因素。具体要做好：强化侦查队伍的组织领导；加强侦查队伍的专业化建设；加强侦查人才的培养等工作，以实现侦查管理规范化、专业化、法制化的目标。

### 三、侦查行为的现代化

侦查行为的现代化是指科学知识和科技手段在侦查工作中的运用。在侦查实践中，主要是指更新侦查工具，改善侦查环境。随着科学技术不断发展和进步，犯罪分子选择了更加狡猾的作案方式和更加赋有科技含量的作案手段来进行犯罪。作为侦查主体应及时全面地吸纳当代最新、最先进的科学技术如通讯技术、计算机网络技术、监控技术、智能模拟技术、生物技术等，让其转化成为侦查服务的侦查技术，革新侦查工具，改善工作环境，做到科技强侦、信息导侦，提高侦查能力。

 技能训练项目

### 一、训练项目

刑事侦查基础知识能力训练。

### 二、训练目的与要求

理解和掌握刑事侦查工作基础理论，并能在实际工作中坚持、遵守和贯彻执行。

### 三、训练说明

认真阅读下面的训练案例，结合案例分析刑事侦查的特征、任务、方针和原则，巩固所学内容，以引导对刑事侦查实务课程的学习。

### 四、训练思考

结合案例思考,新时期下如何做好犯罪预防和打击工作。

### 五、训练案例

## 开封"9·18"馆藏文物被盗案侦破纪实

1992年9月18日上午8时30分,河南省开封博物馆两位年轻的讲解员刚打开明清宫廷用品展厅大门,发现展柜横七竖八,就去找保卫科长:"你们把文物收回去了?""没有呀?"保卫科长急忙报告馆长。馆长来到展厅门口一看,只觉得头"轰"的一下:"丢啦!"

10分钟后,开封市公安局刑侦技术人员赶到现场。

八个展厅内一片狼藉。仅有的罪证是一把玻璃刀和几把黑色铁夹,现场没有指纹。

经公安人员现场勘察得知,犯罪分子共盗走明清宫廷珍品69件,其中有国家一级文物7件、二级文物52件、三级文物3件、未定级7件。

这是新中国成立以来最大的一起馆藏文物被盗案。

当天,开封市公安局以刑警支队为主,从市区各公安分局、局直有关科室以及交警、治安大队等调集了200余名精干警官,组成了"9·18"专案指挥部。为了加强领导,开封市委常委、政法委书记徐福润和市人大副主任、公安局党委书记吴国强担任指挥长,公安局长武和平、副局长胡安泰、崔保连等几位刚满40岁的年轻人担任了副指挥长。

"9·18"指挥部就设立在案发现场——开封博物馆。

为协助破案,河南省公安厅还成立了"9·18"案件协调小组,省公安厅副厅长王济晟担任组长。

在排查工作进行到十几天时,侦察员们找到了一位每天凌晨都要经过博物馆巡查鱼塘的渔工工人。据他讲:案发当天凌晨2点多,包公湖南岸停有一辆白色桑塔纳轿车,他用手电向汽车照去,看车上挂着"K"字头军用牌照,还有数码1和8。

一位环卫工人也反映:案发当天凌晨3点多,有一辆白色小汽车在博物馆被盗现场附近。后经调查,附近几个部队这天没有汽车到过此处。

10月26日,前往武汉调查的公安人员返回开封报告调查结果:9月1~7日,住在开封博物馆对面东京大饭店里的武汉铁路职工唐国强、陈纳德、李军的身份证号是假号,而且武汉铁路分局职工中也没有这几个人。

担任记录的"9·18"专案指挥部材料内勤王星飞听到唐国强、陈纳德、李军等人的名字时,突然愣了一下:这么耳熟!别人吃饭时,他坐在指挥部里苦思冥想。翻开近几个月的案卷和报案材料,发现8月5日,开封市机电公司在郑州市金桥宾馆举办

15

汽车展销会时，曾被盗一辆白色桑塔纳轿车。重点怀疑对象就是唐国强、李军等4人。当时他们驾驶着一辆挂有军队牌照的轿车。

"8·5"汽车被盗案中的唐国强、李军是不是"9·18"发案之前在开封东京饭店住宿的唐国强、李军？案发时博物馆外停放的白色桑塔纳会不会是"8·5"汽车被盗案中的赃车？

更引起他注意的是：两处都出现过军车牌照。

王星飞当晚写出一个书面报告，指挥部连夜派出侦查员赶往郑州，调查"8·5"盗车案中涉嫌的唐国强、李军等4人。调查得知：唐国强、李军等4人在汽车被盗前一天住在金桥宾馆，他们4人在金桥宾馆停车登记的车牌号为"K43—1008"。指挥部经请示省公安厅批准，将开封"9·18"文物案和郑州"8·5"盗车案并案侦查。公安人员很快查清"K43—1008"是空军某部队的车牌，早已丢失。线索又断了。

侦破工作陷入了困境，但公安人员另辟蹊径。他们从各种线索中分析出，罪犯经常出现在武汉一个不到一平方公里的地段内。搜索网再次拉开。

12月1日上午，28岁的王伟和同是侦查员的妻子李静萍正在街头注意着有无罪犯的踪影，一辆白色桑塔纳从他们身旁急速驶过，他们立即注意到车牌是"K43—1008"。

夫妻俩跟踪至武汉海关门前时，王伟举起事先备好的照相机将车上乘坐的4人拍下。经辨认，照片上的司机就是化名唐国强的人。

武汉市公安局当即调集干警，控制住了武汉三镇所有的路口。12月2日上午，武汉市小东门岗的交通民警拦截下这辆轿车，狡猾的案犯发现情况不好，当即逃之夭夭。经与"8·5"盗车案失主核对，交通民警扣下的白色桑塔纳轿车发动机号与被盗车相吻合。

3天后，公安人员了解到一个名叫杨长明的本地人，多次打听公安局为什么扣车。"9·18"指挥部得到信息后，立即命令武汉工作组传唤该人。同时，在武汉市公安局的支持协助下，公安人员以涉嫌盗车为由，依法对杨长明的住处进行搜查，结果"9·18"案件被盗的其中5件文物被查获。

在庄严的法律面前，杨长明交代了开封"9·18"文物被盗案系刘农军（化名陈纳德）、刘进（化名唐国强）、文西山（化名林彬）和李军4人所为。到1月20日4名主犯全部落入法网，全案告破。

# 单 元 二

# 犯罪现场勘查

## 📖 重点提示

犯罪现场勘查是一项兼具法律性、技术性的常规性侦查措施，但其又超出了常规性侦查措施的范畴，已发展成一门子学科。犯罪现场勘查是刑事案件侦查的起点和基础，是收集侦查线索和犯罪证据的重要保证，通过它获取的侦查信息是侦查工作自始至终的客观依据。侦查实践中，通过现场勘查要完成的任务有：收集犯罪信息和证据；分析判断案情，查明事件性质和犯罪活动情况；初步确定侦查方向和范围；存储现场信息资料。现场勘查的内容繁多，主要需做好现场保护、现场访问和现场勘验、检查工作等。开展工作时要遵循合法、及时、全面、客观、细致、保密的原则。同时要做好现场分析工作，为现场勘查画上圆满的句号，更为下一步侦查工作的开展奠定基础。

## 📖 重点问题

犯罪现场的分类；犯罪现场勘查的任务和原则；现场保护的方法；现场访问的对象与内容；现场勘验、检查的对象与内容；现场分析的内容。

## 📖 学习目标

知识目标：通过本单元学习，了解犯罪现场勘查的基础知识；明确现场勘查的内容，尤其是现场保护、现场访问和现场勘验、检查的内容；掌握现场分析的步骤、内容及其分析方法。

能力目标：通过学习和训练，具备现场勘查工作的实际操作能力及相关法律文书的制作能力。

## 项目一　犯罪现场勘查基础知识

## ✦ 学习情境

19××年2月20日9时许，××市××区××村村民向公安机关报案称：在村里一个叫"月塘"的鱼塘里发现一辆被丢弃的自行车，车上捆绑着两个装有尸块的编织袋。

### 工作任务

犯罪现场是犯罪行为人实施犯罪行为和遗留有与犯罪相关痕迹、物品的地点或场所，是与犯罪行为有关的人、事、物、时空存在及其内在联系的总和。犯罪现场具有客观性、稳定性、可知性和特殊性，其特点是现场存留着犯罪证据，储存着有关犯罪行为人及其行为的信息。现场勘查是一项技术性行为，是刑事侦查工作的起点和基础，它以犯罪现场为载体，目的是收集侦查线索和犯罪证据，为侦查破案服务。

因犯罪行为的差异，犯罪现场存在各种类型。犯罪现场存在的犯罪信息，因现场的差异和受到各种因素的影响，容易发生改变或遭到破坏，因此，在实践工作中，一旦发现犯罪现场，应当立即报警，为现场勘查争取时间。上述情境案例中，首先发现现场的村民正是基于这种考虑而做出了正确行为。

**学习和思考：**

1. 犯罪现场的概念、构成要素及其分类。

2. 现场勘查的概念是什么？在具体开展勘查时有哪些要求规定？

3. 现场勘查的任务有哪些？

4. 结合案例和实践思考，当你发现犯罪现场时，该如何处理？

### 学习内容

#### 一、犯罪现场

（一）犯罪现场的概念和构成

1. 犯罪现场的概念。犯罪现场，是指犯罪行为人实施犯罪行为和遗留有与犯罪相关的痕迹、物品的地点或场所。

具体来讲，犯罪现场是犯罪行为人在一定的时间、空间内，采用一定的方法和手段实施了我国《刑法》所规定的犯罪行为，因犯罪行为所造成的危害后果从而引起客观物质环境的变化，留下痕迹、物品的相关地点或场所。犯罪现场的这一概念既说明了犯罪现场必须与"犯罪行为"密切相关，还揭示了犯罪现场应该包括的"地域"范围，具体包含两部分内容：一是犯罪行为人实施犯罪行为的地点或场所，即犯罪行为的实施地；二是遗留有与犯罪相关痕迹、物品的地点或场所，是指犯罪行为实施地以外但与实施犯罪行为相关联的其他地点或场所，如犯罪行为人作案前的踩点地、进入和逃离犯罪实施地的路线、作案后隐藏赃物罪证的地点等。

2. 犯罪现场的构成。犯罪现场的构成，是指组成犯罪现场各要素的组织形式及其相互关系。

犯罪行为是一种特殊的物质运动，是在一定的时间、空间和一定的人、事、物之间发生的。犯罪行为人实施犯罪行为必然会导致犯罪现场上的客观事物发生各种变化，这些变化是客观存在的，是研究犯罪现场的关键所在，它完全体现在犯罪现场的构成要素中。因此，犯罪现场是犯罪行为、犯罪时间、犯罪空间以及与犯罪有关的人、事、物的总和，这些构成要素的组织形式及其形成的相互关系就构成了特定犯罪案件的特定现场。

（1）时空要素。犯罪时空要素包括犯罪时间要素和犯罪空间要素。时间、空间是构成犯罪现场的基本要素，二者相互制约、相互依存。任何犯罪行为都受时空限制，具备一定的时空条件。

犯罪时间要素是指犯罪行为人进行犯罪的时间。任何犯罪现场都有特定的犯罪时间，它表现为犯罪行为人在犯罪现场实施犯罪行为的先后次序，各种犯罪行为的间隔，整个犯罪过程的时长，必要时还应当考虑犯罪行为人进行预谋、准备和逃离等行为所持续的时间。按照时间具有一维性、排他性、不可逆转性的特点，可以把是否具有犯罪时间作为发现、排查和确认犯罪行为人的一个重要条件。

犯罪空间要素是指犯罪行为人进行犯罪活动涉及的地点或场所。犯罪空间是犯罪活动存在的形式，是犯罪行为和犯罪结果依附的载体。实践中，犯罪现场有时是一个相对独立的空间，有时会存在多个空间，即犯罪活动是分阶段进行的，这样犯罪现场就可能涉及若干个空间。从传统意义上讲，犯罪空间是指实体空间，但在现代社会，由于计算机技术的发展，犯罪活动所涉及的空间更为复杂，包括了实体空间和虚拟空间，虚拟空间是获取电子数据和计算机网络承载信息的主要来源。

（2）行为要素。犯罪现场行为要素是构成犯罪现场的本质要素，包括犯罪行为人的犯罪行为、被害人的行为、知情人的行为和无关人员的介入行为，其中犯罪行为起决定和支配作用。

犯罪现场必须与犯罪行为相联系，否则，犯罪现场是不可能存在的，因此，犯罪行为与犯罪现场具有不可分割性，是犯罪现场行为要素中的核心要素。被害人行为是犯罪行为所派生的或者说是由犯罪行为直接产生的行为，被害人的行为对犯罪行为具有一定的制约作用。

另外，对现场形成后至实施勘查前，知情人的行为和无关人员的介入行为也不可忽视，要注意防止把知情人的行为和无关人员的介入行为当作犯罪行为或被害人的行为去认识，以避免侦查工作走向歧途。

（3）物质形态及环境的变化要素。被侵害对象及其物质环境的变化，构成了犯罪现场的特有形态，体现着犯罪行为的危害结果。

任何一种犯罪现场都是一定的犯罪行为直接或间接作用于犯罪现场的各种物质并造成犯罪现场中被侵害对象及其物质环境的变化而形成的，其中，行为要素是前提和必要条件，被侵害对象及其物质环境的变化要素是犯罪现场的外在表现，是一种客观存在，实践中不存在没有发生任何变化的犯罪现场，而人们认识或发现犯罪现场的依据正是基于犯罪现场这一客观存在的诸多表象而获得的。研究被侵害对象及其物质环境的变化要素，应重点把握犯罪现场的环境状态和犯罪现场的物质变化这两个方面。

上述犯罪现场各要素之间是相互联系、相互依存、缺一不可的。时空要素是犯罪现场的基本要素，是犯罪现场的表现形式；行为要素是犯罪现场的本质要素，其中犯罪行为是核心，没有这一要素的存在，其他要素就失去了存在的意义；被侵害对象及其物质环境的变化要素是犯罪行为人在特定的时空条件下实施犯罪行为的必然结果。犯罪现场构成要素的组织形式及其排列组合关系的不同，决定了犯罪现场的性质和表现形式的不同，从而为我们区别犯罪现场和采取不同的勘查措施提供了依据。

(二) 犯罪现场的分类

1. 原始现场和变动现场。这是依据犯罪现场态势受干扰的程度来划分的。

(1) 原始现场，是指犯罪现场形成后至现场勘查前，现场状态没有受到改变或遭受破坏的现场。这类现场基本上保持了犯罪行为人实施犯罪行为后离开现场时所造成的被侵害对象和物质环境的变化的原始状态，现场上的痕迹、物品等都比较完整地保存下来，能够真实地反映出犯罪行为人实施犯罪的方法、手段和过程，因此，它对于现场勘查和侦查工作都具有很重要的价值。

(2) 变动现场，是指犯罪现场形成后至现场勘查前，现场状态因受到改变或遭受破坏而发生了部分或全部变动的现场。这类现场由于受到不同程度和范围的改变，导致现场遗留的痕迹、物品等受到了不同程度的破坏，甚至消失，也正由于改变或破坏行为，会出现一些与犯罪行为无关的痕迹、物品等，致使现场真相与假象并存，给现场勘查和分析案情造成了一定的困难和影响。实践中要做好无关痕迹、物品和信息线索的甄别、排除工作，确保现场勘查和侦查工作的正确性。

需要注意的是因受到改变或遭受破坏而导致现场变动的因素有很多。从遭受破坏的角度讲，既有人为的因素，常见的有事主、被害人或周围群众因不知情或不了解现场保护的重要性而导致的；由于急救、抢险等导致的；因现场保护人员或勘查人员的疏忽大意或方法不当而致使的；还有就是犯罪行为人基于掩盖犯罪行为、逃避打击而对犯罪现场采取的各种破坏行为。也有非人为的因素，常见的有动物对现场的破坏和因刮风、下雨、下雪等气候变化或自然灾害对现场的破坏。从受到改变的角度讲，主要是指犯罪行为人实施犯罪行为后，出于转移视线、逃避打击或其他不良动机的目的，通过对现场信息的改变、粉饰，故意对现场形态进行各种伪装、布置的行为，实践中又把这类现场称为伪装现场或伪造现场。

2. 主体现场和关联现场。这是依据犯罪现场与犯罪行为的关联程度来划分的。

(1) 主体现场，通常是指犯罪行为人实施主要犯罪行为的地点或场所。主体现场是犯罪行为人对犯罪目标实施直接侵害的地点或场所，能够比较集中地反映出被害对象的具体情况以及犯罪行为人的犯罪动机、作案手段、作案方法和行为过程，且现场遗留与犯罪行为有关的痕迹、物品较多，也较为集中，应当作为重点进行勘验。

（2）关联现场，通常是指除主体现场以外而遗留有与犯罪行为有关的痕迹、物品的一切地点或场所。关联现场是相对于主体现场来讲的，包括预备犯罪现场和掩盖现场，从犯罪现场的时空要素进行分析，主体现场主要指犯罪行为实施地或现场中心区域，关联现场则多指犯罪行为的预备地、结果地或现场的外围区域。预备现场主要反映犯罪行为人实施犯罪行为前的准备、预谋过程，掩盖现场主要反映犯罪行为人实施犯罪行为后处理尸体、赃物、罪证等以逃避打击的过程。主体现场和关联现场均从不同侧面反映了犯罪行为的发展过程，因此，关联现场也是犯罪现场的重要的组成部分。

3. 室内现场和室外现场。这是依据犯罪现场所处的空间位置的状态来划分的。

（1）室内现场，通常是指犯罪现场所处的空间具有一定"屏蔽性"的现场，如住宅、办公场所、仓库等。这类现场因有围墙、屋顶或棚顶等的隔离和遮挡，易变性和暴露性较差，有利于现场的保护。

（2）室外现场，通常是指犯罪现场所处的空间缺乏或者没有"屏蔽物"的现场，也称为野外现场或露天现场，如交通道路、广场、公园、河滩河流、树林草丛等。这类现场由于缺乏"屏蔽物"的遮挡和保护，具有较强的易变性、暴露性等特点，因此，对室外现场应及时进行勘查。

除了上述几种常见的犯罪现场分类之外，实际工作中，还可以依据犯罪案件的性质、犯罪现场形成的先后顺序、犯罪行为人犯罪动机的不同以及所使用的犯罪工具的不同等进行分类。

### 二、犯罪现场勘查

（一）犯罪现场勘查的概念和要求

1. 犯罪现场勘查的概念。犯罪现场勘查是指刑事案件发生后，侦查人员为了收集证据、查清案情和证实犯罪，依法运用一定的策略方法和科学技术手段，对与犯罪有关的场所、痕迹、物品、人身、尸体等进行勘验、检查，并对相关的人、事、物进行调查访问的一项综合性侦查措施。

上述概念说明了三个方面的问题，即犯罪现场勘查的主体、犯罪现场勘查的措施和方法以及犯罪现场勘查的对象。

2. 犯罪现场勘查的要求。犯罪现场勘查是侦查工作中普遍采取的一项重要的侦查措施，是侦查破案的起点和基础。犯罪现场储存着犯罪全貌信息，是犯罪证据的"宝库"，是获取犯罪信息和犯罪证据的重要手段。因此，做好犯罪现场勘查工作，对侦查破案具有十分重要的意义。

为了更好地完成现场勘查任务，充分发挥现场勘查在侦查破案中的作用，《公安机关刑事案件现场勘验检查规则》第8条第1款规定："刑事案件现场勘验、检查工作应当遵循依法、安全、及时、客观、全面、细致的原则。"

（1）合法。现场勘查是法定的侦查行为，要求侦查人员在勘查现场时，应当按照《刑事诉讼法》《公安机关办理刑事案件程序规定》《公安机关刑事案件现场勘验检查规则》等法律法规的规定，依法勘查，确保整个勘查活动符合法律要求。

（2）安全。勘查人员进行现场勘查时应当增强安全意识，注意自身防护，进入现场要佩带必要的安全防护设施和器品，当现场存在危险情形时，应先排除险情后再进行勘查。

（3）及时。《公安机关刑事案件现场勘验检查规则》第4条规定："公安机关对具备勘验、检查条件的刑事案件现场，应当及时进行勘验、检查。"及时进行勘验、检查是刑事侦查工作抓住战机这一特点在现场勘查工作中的具体体现。要强调一个"快"字，即快速组织勘查，抓住案发不久、现场未遭破坏、痕迹物证明显、群众记忆犹新、犯罪人未及远逃和赃物罪证未及转移等有利时机，掌握侦破工作的主动权，做到及时赶赴现场和及时开展现场勘查的各项工作等。

（4）客观。在现场勘查工作中要做到客观，即按照客观事物的本来面目去认识现场，要求侦查人员坚持实事求是的科学态度，忠于事实真相，从现场的客观实际出发，以事实为依据。无论是现场勘验、现场访问，还是现场记录、分析案情，都要求客观实际，不能先入为主、偏听偏信。

（5）全面。即对现场的调查、勘验和分析应全面，做到凡是与犯罪有关的场所和痕迹物证都必须勘验、检查，凡是与案件有关的人、事、物都要调查了解，凡是与犯罪有关和对侦查工作有价值的证据材料都要收集，对现场勘查所获的材料都要分析研究。

（6）细致。细致是侦查人员发现犯罪痕迹、物品，特别是细微痕迹、物品的前提，要求侦查人员在现场勘查时做到认真精心、一丝不苟，切忌马虎草率、粗枝大叶，不仅要注意勘查明显、宏观的痕迹、物品，还要注意勘查潜在的、微观的痕迹、物品，即使是作案人留下的"蛛丝马迹"也不能忽略，这样才能为分析判断案情提供尽可能充分的客观依据。

（7）保密。《公安机关刑事案件现场勘验检查规则》第8条第2款规定："现场勘验、检查人员应当严格遵守保密规定，不得擅自发布刑事案件现场有关情况，泄露国家秘密、商业秘密、个人隐私。"

（二）犯罪现场勘查的任务

《公安机关刑事案件现场勘验检查规则》第3条规定："刑事案件现场勘验、检查的任务，是发现、固定、提取与犯罪有关的痕迹、物证及其他信息，存储现场信息资料，判断案件性质，分析犯罪过程，确定侦查方向和范围，为侦查破案、刑事诉讼提供线索和证据。"归纳起来，犯罪现场勘查的任务主要体现为：

1. 收集犯罪信息和证据。收集犯罪信息和证据是现场勘查的中心任务，在现场勘查过程中，侦查人员应当采取各种有效手段，及时发现、固定、提取和保全与犯罪有关的痕迹、物品和信息，为侦查破案提供线索和证据。

2. 分析判断案情。在收集犯罪信息和证据的基础上，侦查人员要对作案人作案的时间、地点、在现场的活动情况、作案动机和目的、作案手段和工具、作案人数量和特征、实施行为和后果等进行分析判断，进而判明案件性质。

3. 初步确定侦查方向和范围。这是现场勘查的重要任务，是前述任务的归宿。侦查方向和范围是指侦查工作的目标指向和开展范围，即判断是什么样的人作案和在何处查找犯罪嫌疑人。侦查方向和范围的确定，可明确侦查思路，有重点地开展侦查破案工作。

4. 存储现场信息资料。侦查人员应当将现场勘查中采集的有关案件现场、犯罪行为人和犯罪行为特征等各类客观信息资料，按照规范的要求及时录入"全国公安机关现场勘验信息系统"（简称现场勘查系统或"CSIMC"）。该系统是现场勘验信息的数字化存储、查询、信息研判、统计管理平台，是集数据库技术、图形图像、多媒体处理、网络通讯等技术，融串并管理、考核管理、文档台账、统计分析等功能于一身的综合信息管理与应用系统。该系统将数字化的犯罪现场勘查信息存储于计算机系统中，实现卷宗数字化制作、照片编辑与编排、信息查询与统计分析、案件串并与查档等功能，实现全国的刑事案件现场勘查信息的计算机网络化管理和信息共享。

（三）犯罪现场勘查的组织与指挥

1. 犯罪现场勘查人员的组成。犯罪现场勘查只能由具有勘查资格的侦查人员进行或在具有勘查资格的侦查人员主持下才能进行，并具有法律效力。

实践中，犯罪现场勘查人员一般由三部分组成：①犯罪现场勘查主体人员，主要有现场勘查指挥员、侦查员、技术员等；②现场勘查其他工作人员，多指派出所民警、巡警和基层单位保卫干部等；③现场勘查的其他参与人，包括现场勘查见证人、检察官和聘请的具有专门知识的人。

2. 犯罪现场勘查人员的分工。为了全面、细致、及时勘查现场，犯罪现场勘查的指挥人员应根据现场具体情况，对到场的勘查人员进行适当的分工，分头进行工作。

一般情况下，现场勘查人员的分工根据现场专业性的需求是已经明确的。侦查实践中，对于一般刑事案件的现场勘查，按照程序和规则要求，至少需要两名侦查人员来完成整个现场勘查的所有工作，其分工和职责的划分界限并不明晰。但对于重大、特别重大和严重暴力犯罪案件等现场的勘查，往往根据现场勘查工作的需要，将到场勘查人员分为现场保护组、现场调查组、实地勘验组和机动通讯组四个组，分头开展工作。

3. 犯罪现场勘查的指挥。犯罪现场勘查必须实行统一指挥。

（1）现场勘查指挥员的确定。现场勘查指挥员应由案件主办单位中的具有现场勘查经验、熟悉侦查业务、具有一定组织指挥能力的人员担任。指挥员应当满足如下要求：①一般案件的勘查，由侦查部门负责人指定的人员担任指挥员。②重大、特别重大案件的现场勘查由侦查部门的负责人担任指挥员。③影响大的特别重大的案件现场勘查由发案地公安机关负责人担任指挥员。④上级公安机关认为必要时，可直接组织指挥下级的现场勘查工作。

（2）现场勘查的指挥工作。

第一，出场前的指挥工作。主要是核实接报案情并据此组织警力出警。

第二，临场指挥工作。主要是听取汇报，调整警力，明确分工，制定方案，指挥现场访问和实地勘验的各项具体工作；抓住战机，果断采取紧急措施；全面协调勘查工作，确保勘查工作顺利进行。

第三，勘查后的指挥工作。主要是组织好案情汇报及现场分析，决定现场的处理并部署下一步的侦查工作。

# 项目二　犯罪现场勘查工作内容

## 🌟 学习情境

19××年2月20日9时许，××市××区××村村民向公安机关报案称：在村里一个叫"月塘"的鱼塘里发现一辆被丢弃的自行车，车上捆绑着两个装有尸块的编织袋。

公安机关接到报案后，迅速组织警力赶赴现场。

现场勘验、检查和访问获得的事实和信息：

（1）发现尸体现场和尸体状况：现场位于城郊接合处，"月塘"在入村道路的一侧，自行车及尸体丢弃于鱼塘紧靠村道一边。编织袋里为一位女性死者，尸体被肢解为6块，切口锋利，位置均在关节部位，断口整齐；头部有多处钝器造成的挫创和颅骨骨折，尸体其余部位未见有伤痕，现场周围没有遗留血迹。

（2）死亡原因：钝器打击头部致颅骨损伤致死。遇害时无任何抵抗伤。

（3）死者身份：经尸体辨认，证实死者为容××，女，46岁，住本市××区××路××号，在市区专门从事非法兑换外币和买卖金银首饰等工作，经常携大量现款、金银首饰等出入。

## 📝 工作任务

现场保护是贯彻现场勘查始终的一项活动，做好现场保护工作有助于收集现场信息，提高现场勘查工作效率。现场勘验、检查和现场访问是侦查人员从犯罪现场上获取犯罪证据和侦查线索的两个重要途径，勘验、检查由技术人员进行，主要获取现场上存在的形象信息和线索；现场访问由一般侦查人员负责，主要通过对现场知情人的访问，获得印象信息和线索，如果有条件，还应该搜获现场周围的视频监控资料。现场勘验、检查和现场访问往往同时进行，互相补充，是现场勘查工作的主要内容。

侦查实践中，现场保护是保障，现场勘验、检查和现场访问是手段，三者间相辅相成，以获取现场犯罪证据和侦查线索。要注意各自的工作任务、对象和方法。上述情境案例就是现场勘查工作内容的主要体现，在现场保护的基础上，通过现场勘验、检查和现场访问获得的事实和信息，是侦查破案的重要依据。

**学习和思考：**

1. 现场保护的含义和任务。

2. 现场保护的任务有哪些？

3. 现场访问的对象与内容。

4. 结合案例和实践，阐述如何做好现场访问工作。

5. 现场勘验、检查的对象及内容。

6. 结合案例和实践，阐述如何做好现场勘验、检查工作。

## 学习内容

### 一、现场保护

（一）现场保护的概念

现场保护，是指刑事案件发生后，为了保护现场状态和保障现场勘查，由警察和相关人员对现场实施警戒、封锁，对与案件有关的人员进行保护和对犯罪有关的痕迹、物品等实施保全的一项专门工作。

对现场保护概念的理解，应把握以下几点：

1. 现场保护的主体。现场保护的主体是警察和相关人员。

我国《刑事诉讼法》第129条规定："任何单位和个人，都有义务保护犯罪现场，并且立即通知公安机关派员勘验。"依据法律的这一规定，犯罪现场的保护既是公民、单位的法定义务，也是公安机关的法定职责。但公民对犯罪现场的保护是非专业性的，而本书所阐述的是警察对现场的保护工作，是一种专业性较强的法律措施。需要注意的是，现场保护更是勘验人员的重要职责，现场勘验人员对现场的保护容易被忽视，因此，现场勘验人员在现场勘验过程中必须遵守现场勘查的规则。

2. 现场保护的时间。现场保护的时间贯穿于现场勘查的全过程。《公安机关刑事案件现场勘验检查规则》第18条规定："保护现场的时间，从发现刑事案件现场开始，至现场勘验、检查结束。需要继续勘验、检查或者需要保留现场的，应当对整个现场或部分现场继续予以保护。"

3. 现场保护的对象。现场保护的对象不仅包括现场的痕迹、物品，还包括现场的整体状态和现场中的相关人员。现场状态通常是指现场上摆放物品的变化情况、设备的使用情况、周边环境的变化等。现场中的有关人员是指发现人、报案人、被害人、知情人，还包括犯罪嫌疑人等。

（二）现场保护的任务

1. 核实情况，迅速上报。刑事侦查部门发现犯罪现场的途径一般有两条，即群众报案或民警自己发现。民警无论是接到群众报案发现还是自己发现的犯罪现场，首要任务都是到现场进行初步核实，核实内容主要有：时间、地点及发生或发现什么事件；发生或发现的简单经过及其情况；事主、被害人的基本情况及人员伤亡或财物损失情况；犯罪行为人、报案人或发现人的相关情况。

在初步核实现场情况后，确认现场的确发生了刑事案件，按照管辖，立即向公安机关刑事侦查部门报告，请求派员勘查现场并将现场初步核实的情况进行简要汇报。如果是严重暴力犯罪案件，民警应当立即上报，以便上级部门抓住有利战机，进行及时部署，防止犯罪危害的扩散。

2. 划定范围，布置警戒。《公安机关刑事案件现场勘验检查规则》第15条规定："负责保护现场的人民警察应当根据案件具体情况，划定保护范围，设置警戒线和告示牌，禁止无关人员进入现场。"

保护犯罪现场，必须要根据犯罪现场的情况和周围环境，划出保护范围，并组织相关人员进行警戒，封锁整个现场，禁止无关人员进入，以保持现场的原始状态。需注意，现场保护的范围不是一成不变的，可随着现场的实际情况进行调整。

3. 根据现场情况，采取紧急措施。在保护现场工作中，往往会遇到某些紧急情况，如现场上有伤员、有火情或爆炸物品、现场地处交通要道或繁华区域、犯罪活动仍在进行或刚结束不久等。针对前述这些紧急情况，首先到达现场的警察应有针对性地采取措施进行恰当的处置，做好救助伤者、排除险情抢救财物、排除障碍保障交通、制止犯罪及监视、控制犯罪嫌疑人等工作。

需要注意的是现场紧急情况的处置与保护现场是一对矛盾体，采取现场紧急处置措施时既会对现场造成一定的破坏，又是对现场勘查的有效保障。因此，采取现场紧急处置措施时应当尽量避免或减少对现场的破坏并做好记录，《公安机关刑事案件现场勘验检查规则》第16条规定："……处理紧急情况时，应当尽可能避免破坏现场上的痕迹、物品和尸体，对现场保护情况应当予以记录，对现场原始情况应当拍照或者录像。"

4. 收集案件反映资料，登记在场证人。在对犯罪现场实施妥善的保护措施后，参与现场保护的警察应抓紧一切时机，采取各种形式，向有关人员了解案件发生、发现的情况，了解谁是案件的知情人。同时要注意听取群众对案件、事主、被害人以及犯罪嫌疑人情况的种种议论、猜测和反映。对发现的现场目击者和其他的案件知情人，要逐人做好登记姓名、住址等基本情况的工作，有条件的还应对围观人员用拍照、录像的方式记录下来，以便日后摸排查访。

5. 向侦查人员汇报有关情况。现场勘查人员到达现场后，先期参与现场保护的警察应将了解和掌握的有关发生或发现案件的经过、目前案件的相关情况、现场保护的情况及有关案件的知情人和疑人疑事等，主动、如实地报告给现场勘查人员。同时还要将在现场保护过程中发现的相关痕迹、物品指点给勘查人员过目，将收集到的有关物品和形成的记录移交给勘查人员，并征求现场勘查指挥人员对下一步工作的意见。

（三）现场保护的方法

犯罪现场保护因保护对象或范围的差异，保护的方法也有所不同或侧重。

1. 场所的保护方法。按照场所的空间位置状态不同可将场所分为室内现场和室外现场，二者在空间范围大小、出入口、开放程度等方面的差异，使得其在保护方法上存在较大的差别。

（1）室外现场的保护方法。对于室外现场，通常的保护方法是划出一定的范围布置警戒并封锁起来，标为禁入区。划出范围的大小应当根据不同案件的具体情况和犯罪现场所处的具体地理位置和环境来确定，原则上应当把犯罪行为人实施犯罪行为的地点和其他遗留有与犯罪有关的痕迹、物品的场所都包括进去。通常的做法是先划得略大些，勘查人员到达现场后再根据情况调整。

室外现场的类型多种多样，现场的环境条件各异，在具体保护室外现场时，应因地因案施以不同且适当的保护方法。

（2）室内现场的保护方法。与室外现场相比，室内现场具有范围较小、出入口固定、空间封闭等特点，划定现场保护的范围和封锁起来都要容易一些。通常的做法是将出事的房间和室外进出该房间的路线及可能留有犯罪痕迹、物品的场所一并封锁起来，布置警戒、张贴告示，或者绕以绳索、警戒带，禁止无关人员入内。具体的做法可根据犯罪现场的环境灵活把握。

2. 现场痕迹、物品的保护方法。根据室内、室外现场的差异和不同痕迹、物品的特点，对现场的痕迹、物品可分为勘查前和勘查中两个阶段进行有效的保护。

（1）勘查前对痕迹、物品的保护方法。勘查前对现场痕迹、物品的保护主要是使其不受变动和破坏并保持发现时的状态，即遵循"无为"原则，在封锁现场的前提下，只要没有特殊情况的出现，就不要触动痕迹、物品。如出现特殊情况，可根据不同的情况采取以下方法进行保护：

第一，标记保护，是指在现场痕迹、物品周围用一些醒目的物品或标记号做标记，起提醒或告诫作用的一种保护方法。这一方法主要适用两种现场：①遇有某些紧急情况的现场，如需要急救伤员、抢救财物、排除险情等，必须进入现场或转移现场上的某些物品时，对于行走路线上已发现的痕迹、物品，可用粉笔等在痕迹、物品周围作标记进行保护。②针对范围较大，痕迹、物品较分散，保护人员已经发现而随时有被人为因素变动的室外现场。遇到这种现场，除了布置警戒和封锁外，还必须对已发现的现场痕迹、物品设法作标记进行保护。

第二，遮盖保护，是指在现场痕迹、物品上用适当的物品进行遮盖保护的方法。这种方法主要适用于室外现场会受气候变化的影响的情形，如刮风、下雨雪等，需设法用盆、塑料布等防风雨的物品进行遮盖保护；如雨水较大时，还应当在痕迹、物品周围挖排水沟，方便积水流走，以免破坏痕迹、物品。

第三，转移保护，是指转移现场上留有痕迹、物证的物品，以适当方式保护的一种方法。这种方法主要适用于两种现场：①存在某种紧急情形的室内现场，如火案现场，为避免现场痕迹、物品被烧毁或因房屋塌陷等而损毁，必须及时转移保护。②地处特殊位置的室外现场，如案发地在铁路、公路干线上或在繁华区域内，现场车辆、人流密集且不可分流绕行，而又不能短时间内勘查时，为了避免造成大规模的堵塞，则可将影响通行的有关物品搬走并妥善保护。

适用转移保护时需做好两点：①在搬动转移相关物品前，必须先标明或记录其原始状态；②在搬动转移相关物品时应当选择适当的接触部位和动作，以免改变、损坏原有的痕迹，或者留下搬动人员自己的痕迹。

（2）勘查中对痕迹、物品的保护方法。勘查中对痕迹、物品的保护是针对现场勘查人员来讲的，勘查人员在现场勘验、检查中对痕迹、物品的保护同样需要重视，实践中来自勘查人员对痕迹、物品的破坏也时有发生，这就要求勘查人员必须遵循合适的勘验顺序和勘验步骤对现场进行勘验、检查。具体须做到：①进入现场尤其是室内现场时应当戴好手套、鞋套和头套，必要时还应戴上口罩；②不得使用现场上的任何物品和交通、通讯工具；③禁止在现场吸烟、喝水、进食、吐痰、梳头；④移动或触动现场上的物品进行观察、研究时应尽量选择非常规着力点；⑤痕迹、物品的收集和包装要合乎规范并做好记录工作。

3. 现场尸体（尸块）的保护方法。尸体是犯罪现场保护和勘查的重点，应根据现场的需要和法医学的要求做好保护工作。一般情况下，非法医人员最好不要触动尸体和改变尸体的姿势，但在法医来之前，可以采取适当的方法进行保护。

（1）室外暴露在空气中尸体（尸块）的保护。对这类尸体，则适用遮盖保护，如遇阳光下的尸体，可用苇席等物遮盖，以防烈日暴晒而加速腐败过程；如遇刮风、下雨、下雪等气候变化时，可用塑料布等不透风雨的物品遮盖，以免尸体上附着的血迹、毛发、精斑等散失、变化或被污染。

（2）山林、旷野等处尸体（尸块）的保护。对这类尸体的保护，除了上述要求外，主要是防止尸体遭受动物的侵袭破坏，因此，须布置专门人员加强值班看守。

（3）水中尸体（尸块）的保护。对于浸泡在水中的人体，如确无救活之可能的，则遵循"固定不打捞"原则。但如遇水流过急，无法固定且有被水流冲走的危险时，则设法打捞上岸并进行遮盖保护。打捞尸体时，不可使用铁钩等硬物，以免形成新的损伤而增加勘验、检查工作的复杂性。

（4）火场中尸体的保护。对于火场中的尸体，如不能制止现场火势蔓延或遇建筑物即将倒塌，尸体有被烧毁或损毁的情形时，应设法将尸体转移保护。但在移动、搬运尸体时，应尽可能使用担架、门板之类的工具，避免因搬动不当造成新的伤痕、沾染上新的物质或者导致原有附着的物质脱落。对于搬运出的尸体，如无特殊原因，仍应按搬动前尸体的姿势存放，以便勘验。

（5）吊挂人体的保护。对于吊挂的人体，需区分情况施以保护。如吊上不久，需要急救人命时，可由一人或几人托住吊挂者，另一人用剪刀将颈部未打结处的绳索剪短（切忌解开绳结），然后将吊挂者轻放在适当地点进行抢救或保护，这一过程中要避免吊挂者形成新的伤痕，同时要把绳索完整地保存好。如吊挂者确已死亡，则不必急于将尸体卸下来，应照原样保护，以便勘验、检查。

4. 重大、特大案件现场的保护。对一些重大、特大案件的现场保护，除了遵循上述现场的保护方法外，还应当采取更严密的保护措施。一般情况下，发生重大、特大案件后，到达犯罪现场的警察较多，还会有一些领导和新闻媒体的人员，现场秩序的维护就非常重要，因此，可根据需要对此类现场分层次保护，实践中通常的做法是将现场分为三个层次保护，即一般性保护区、区域性保护区和核心保护区。

一般性保护区是在现场周边设立相应的检查点，限制通过现场的车辆和阻止群众进入现场，必要时可设立新闻中心，以接待媒体记者；区域性保护区设在现场核心区的外围，只有到达现场的相关领导、警察、参与现场急救的人员和警用车辆才允许进入，同时在该区域设立现场指挥部，负责协调指挥现场勘查各项工作，如对勘查人员作指示、提供后勤保障、设立勘查人员休息区等；核心保护区是现场保护的核心区域，必须严格控制，只有现场勘验人员才准许进入。

现场保护的方法有很多，在具体保护过程中，应根据不同的现场条件和保护对象，采取适当的保护措施和方法。值得说明的是，随着计算机技术和视频监控技术的推广运用，电子数据和视频监控录像等资料在侦查工作中尤显重要，要求保护人员在保护现场时要有意识地对电子数据、视频监控录像等资料进行保护，必要时可采用一些特殊的保护手段，如立即停止计算机的应用，保护计算机及相关设备并复制电子数据，及时查看视频监控录像并复制监控图像资料等。

**二、现场访问**

（一）现场访问概述

1. 现场访问的概念。现场访问，是指侦查人员在现场勘查过程中，为查明案情，收集侦查线索和证据，就案件发生、发现等情况，依法对有关人员进行查访、询问的一项专门调查活动。在侦查实践中又称"现场调查""现场询问""现场走访""现场访谈"等。按照我国在侦查实践中目前的业务分工机制，现场访问工作一般由侦查人员中的非技术人员承担，通称为"侦查员"。

现场访问和实地勘验、检查，是现场勘查的两个重要内容，它们从不同的渠道收集侦查线索和犯罪证据。前者以了解知晓案件情况的人为对象，后者以现场上的痕迹、物品为对象，二者相辅相成，不可分割。只有把二者紧密结合起来，才能互相促进，互相补充，以保证现场勘查工作的质量。

2. 现场访问与调查询问。现场访问是侦查人员对遗留在有关人员头脑中关于犯罪现场的印象痕迹和线索进行发现与提取的过程，是调查访问措施在现场勘查中的具体运用和体现。

现场访问与调查询问都是向当事人或证人进行询问的工作，通常将现场勘查阶段的调查访问称为"现场访问"，将其他阶段的调查访问称为"调查询问"。其实，两者虽有一些区别，但在本质上（如主体、依据、对象和方法等）并无二致，其区别主要有两点：一是访问所处的阶段不同；二是现场访问受时间和地点限制，调查询问则无此限制。

3. 现场访问的作用。

（1）为采取紧急措施提供线索。侦查人员到达犯罪现场后，利用案发不久，有关人员对事发经过记忆犹新的有利时机，及时开展现场访问，迅速查明犯罪嫌疑人的人数、体貌特征、逃跑方向及路线、逃跑时携带的物品及乘坐的交通工具、可能隐藏的地点等情况，为实施追击堵截、搜索检查、控制赃物等紧急侦查措施提供依据。

（2）为划定勘验范围、确定勘验重点提供依据。通过现场访问，可以及时了解案件发生、发现的过程，现场范围的大小以及犯罪嫌疑人在现场活动的位置，为快速、准确地划定勘验范围和确定勘验重点提供依据。

（3）与实地勘验材料相互印证，及时补漏，利于分析判断案情。侦查人员把现场访问中了解到的情况与实地勘验所获得的情况结合起来进行分析研究，两者可以相互补充和印证，如果其中存在解释不清的疑点或发现实地勘验有遗漏的，即可有针对性地复验现场，以获取相关线索和证据。现场分析所依据的案件材料，主要是实地勘验材料和现场访问材料，而实地勘验所获得的材料是主要分析依据，但仅此不足以揭示案件全貌，现场访问有时可以了解到实地勘验所发现不了的问题和观察不到的现象，这些问题和现象有助于侦查人员全面、深入地认识现场，正确地分析判断案情。

（二）现场访问的对象与内容

《公安机关刑事案件现场勘验检查规则》第63条规定："现场勘验、检查人员应当向报案人、案件发现人，被害人及其亲属，其他知情人或者目击者了解、收集有关刑事案件现场的情况和线索。"

由此可见，现场访问有各种类型的对象。实际工作中，可依据访问对象在访问中的"角色"或"身份"，对其进行分类，明确不同对象所能提供的线索和证据类型，结合访问的任务，确定访问的主题，有针对性地采取具体灵活的访问方法。

1. 访问犯罪现场发现人、报案人及其内容。发现人是指最早发现案件情况的人，报案人则是直接向公安、保卫部门报告案件情况的人。这两种人在具体案件中有时是同一人，有时是不同的人。发现人和报案人一般是最早发现或接触现场的人，比较了解现场的最初状况，通常是优先访问的对象。

访问发现人、报案人的主要内容有：

（1）发现现场的相关情况。包括发现犯罪现场的具体时间、地点、经过，发现犯罪现场时在场人员及其基本情况。如有犯罪嫌疑人的，需问清其体貌特征、口音、携带物品、逃跑方向、路线及交通工具等情况。

（2）现场的变动情况。包括发现犯罪现场时现场的状况、有无对现场进行变动、变动的原因和变动后的状态。

（3）现场的保护情况。包括发现现场后是否采取保护措施、采取了何种保护措施等。

2. 访问被害人、事主及其亲属、友人及其内容。被害人、事主是指正当权利或合法权益遭受犯罪行为侵害的人，主要指自然人（法人单位代表视作证人）。在实际工作中通常把人身权利受到犯罪侵害的自然人称作"被害人"，把财产权利受到犯罪侵害的自然人称作"事主"。被害人、事主的亲属是指与其有血亲或姻亲关系的人。被害人、事主的友人是指与其关系较近的人，主要是存在生活和工作关系且关系密切、彼此熟悉的人，如恋爱对象、朋友、同学、同事或邻居等。

上述访问对象是现场访问的重点，尤其是被害人、事主本人，对这些人的访问内容主要有：

（1）案件的相关情况。包括案件发生的时间、地点及详细经过。

（2）案发前现场的可疑情况。包括案件发生前现场的变化、案发前现场的人员往来情况。

（3）犯罪嫌疑人的个人情况。包括体貌特征、口音、携带物品等情况。

（4）案件中受侵害财物的情况。包括人身及财物遭受侵害的情况，受侵害财物的种类、数量、特征和保管情况。

（5）犯罪工具和交通工具的情况。包括犯罪嫌疑人在犯罪过程使用的犯罪工具的数量、种类及其特征情况，犯罪嫌疑人使用的交通工具的型号、颜色、牌照号码及来去方向。

（6）被害人、事主及其家庭成员的相关情况。包括被害人、事主及其家庭成员的背景情况，以及生活、工作、社会交往、经济往来等情况。

（7）怀疑的对象及根据。

（8）其他情况。根据现场和案件具体情形明确其他需要了解的情况。

3. 访问其他知情人及其内容。其他知情人是指除上述人员以外，了解案发经过或案件情况的人，通常指案件目击者、犯罪嫌疑人的亲友、其他了解案情的人等。

案件目击者是指由于某种偶然或其他因素恰巧在现场亲眼看见或亲耳听见犯罪过程、情况的人。案件目击者处于访问的关键位置，是除被害人之外最直接感受犯罪过程的旁观者，他们有时会是案件的发现人或报案人。

犯罪嫌疑人的亲友是指与犯罪嫌疑人有着密切联系的人，这类知情人在一定程度上了解犯罪嫌疑人与案件的有关情况，或者在犯罪前后为犯罪嫌疑人提供过帮助或庇护，因此，正面接触这类知情人需要特别谨慎。

其他了解案情的人，即了解案件某些细节或知晓因果关系的人。通常指与侵害对象无直接关系，但了解案件某些情节或某一原因的"局外人"，如现场周围的群众、被害人的邻居、路过的人、了解被侵害财物情况的人或是了解犯罪嫌疑人某些情况的人等。

对其他知情人的访问内容主要有：

（1）案发前后的可疑情况。包括案件发生时及案件发生前后发现的可疑人、事、物，事主、被害人及其家庭的有关情况，尤其是案发前事主、被害人家庭的动向和人员来往情况。

（2）犯罪嫌疑人及案件的有关情况。

（3）知情人感知到的有关情况。

（4）群众对案件的看法等。

需要注意的是，无论哪一种访问对象，侦查人员都要积极、努力地寻找、发现，及时认真地进行访问，不能凭借个人主观决定访问谁或不访问谁，因为谁了解案情、了解多少案情及属于哪种访问对象，不是由侦查人员决定的，而是由案件的客观事实决定的。

（三）现场访问的实施

1. 现场访问的要求。现场访问总的要求是：依法进行、规范操作。具体要求体现为：

（1）及时访问。及时访问又称"快调查"或"热调查"，侦查人员通过访问获取遗留在有关人员头脑中的印象痕迹，这种印象一般会随时间的流逝而被淡忘，现场访问尤其强调及时，这是由现场勘查活动具有较强的时间性决定的。侦查人员及时开展现场调查，一是有助于尽早查明现场情况，获取有利信息，果断决策，采取紧急措施。二是可以防止因时过境迁，被害人、知情人出现遗忘或记忆模糊；抑或被害人、知情人在拖延中有所思虑或受到威胁、利诱，甚至出现死亡或意外而失去作证条件。因此，要做到及时，不但要把握时机，也要讲究策略。

（2）个别访问。个别访问应体现以下三层含义：①个别访问适用于可以作证的访问对象。《刑事诉讼法》第 124 条第 2 款规定："询问证人应当个别进行。"第 127 条规定："询问被害人，适应本节各条规定。"可见，个别访问的要求是针对证人和被害人而言的。然而在实践中，现场访问通常是在不能确定谁可以作证的情况下进行的，往往具有广泛性和随机性的特点，但基于访问内容的差异性，并考虑到被访问人的具体特点，现场访问一般也要考虑个别进行。②个别访问是指不能对两个以上的访问对象同时在场询问，即对两个以上的证人、被害人，应当分开、个别进行询问，原因是同时访问两个以上的对象，会造成相互暗示、干扰等，影响陈述、证言的可靠性及证明力。③侦查工作的秘密性要求。从这个角度来讲，访问的个别进行有助于保密。《公安机关刑事案件现场勘验检查规则》第8条第2款规定："现场勘验、检查人员应当严格遵守保密规定，不得擅自发布刑事案件现场有关情况，泄露国家秘密、商业秘密、个人隐私。"

（3）访问的主体和数量。现场访问的主体是具有现场勘验、检查资格的侦查人员。而对于现场访问主体的数量要求，现行法律、法规也无明确规定，但依据"不得少于二人"的办案原则，结合侦查实践中需考虑任务完成的质量、询问人员的安全以及相互监督等因素，正式询问时一般不得少于两人。

（4）告知访问对象义务。根据《刑事诉讼法》第125条和《公安机关办理刑事案件程序规定》第206条第1款的规定，询问证人时应当告知其应当如实地提供证据、证言和有意作伪证或者隐匿罪证要负的法律责任。

另外，对于其访问对象的权利、严禁非法询问、保守询问秘密、对未成年人的询问、询问笔录及录音录像的制作等方面的要求，应遵循侦查工作的相关法律、法规之规定，做到依法办案。

2. 现场访问的步骤。

（1）寻找、发现和确定访问对象。对此，要做好以下工作：

第一，要确定访问范围。访问范围要根据现场地理环境和访问任务来确定，同时需兼顾人力、物力、财力和时间。如果条件达到且时间允许，访问范围可大些，否则要小些。

第二，要寻找、发现访问对象。现场访问时，有的访问对象十分明确，如事主、被害人及其家属等；但有的访问对象需要侦查人员深入现场周围的群众中去寻找、发现，如目击者、途径现场的人及其他知情人。实践中，寻找、发现现场访问对象时要注意下列情形：现场围观的人员，现场附近居住、工作或逗留的人员，经常途经现场的人员，被害人的关系人，犯罪行为人来去现场的路线上的相关人员，访问对象提供的线索，通过基层组织、新闻媒体找寻等。

第三，要确定访问对象和访问顺序。找到访问对象后，要根据访问对象与案件关系的远近来确定其在访问中的"身份"或"角色"，明确其对案件的知情程度和范围，并结合案件性质和需要查明问题的轻重缓急，来确定访问顺序。实际访问工作中，遇有下列情形或人员要优先安排访问：生命垂危的人员；流动性强、在现场短暂逗留的人员；知道的情况有利于采取紧急措施和扩大侦查线索的人员；易受他人影响、可能拒绝作证或作伪证的人员；知道案件重要情况的人员。

（2）了解访问对象。实践中访问对象的情况是十分复杂的，对待访问的反应和态度也各不相同，有的配合，有的敷衍，有的冷漠。加上与案件关系有远有近，以及受其他因素的影响，可能会出现夸大或隐瞒而失真，甚至因顾虑而拒绝受访的情形等。因此，除"随访""走访"之外，具有一定针对性的访问活动，侦查人员事前都应尽量充分地了解访问对象的情况，做到心中有数，确保访问的顺利进行。

了解访问对象主要把握两点：①了解访问对象的基本情况，即姓名、年龄、职业身份、文化程度、道德品质、平时表现、个性特点等，以把握其心理状态，选择适当的访问方法和谈话的切入点；②了解访问对象与被害人、犯罪嫌疑人以及案件的关系，以把握其受访的动机或顾虑，判断访问对象陈述的准确性和可信度。

事先了解访问对象，在访问任务明确的前提下，确定每个访问对象的访问主题，做到针对性和灵活性相结合，使访问活动有的放矢，增强目的性，减少盲目性，提高访问的质量和效果。

（3）确定访问的时机和地点。访问的时机和地点对访问的效果影响很大，如现场访问一般不宜在夜间进行，以免惊动邻居或影响其休息。访问的地点也要有所选择，以避免环境因素对受访对象的干扰，确保访问活动的顺利进行。因此，现场访问一般应选择在有利于访问对象稳定情绪、解除顾虑和访问对象感到方便的时间和地点进行。

（4）进行访问。做好上述访问准备工作后，就可以开展访问了。进行访问时要做好：

第一，接近访问对象。良好的开端能取得事半功倍之效，因此，接近访问对象要讲究方式方法。实践中，接近访问对象的方式灵活多样，常见的有：①直接接近，就是侦查人员直接向访问对象表明身份，说明来意，多用于正式的访问活动；②借机访问，即侦查人员利用某种场合提供的时机和条件，正面接近并开展访问，适用于"随访""走访"等非正式的访问活动；③他人引见，即侦查人员通过访问对象的朋友、熟人、领导、同事或基层单位人员的引见接近访问对象；④秘密访问，即侦查人员在不暴露侦查意图的情况下，借用某种身份作掩护来接近访问对象，套取有关信息，此方法多用于对"污点证人"和犯罪嫌疑人的"身边人"的调查，现场访问采用此方式要慎重。

第二，提问和倾听。这两者是访问的基本技能，提问是倾听的前提，倾听是进一步提问的基础，两者互为依存、相辅相成。为达到访问目的，如何选择访问对象可以接受的提问方式提问，是侦查人员接近访问对象后所面临的主要问题。实践证明，选择适当的提问方式既有利于接触访问对象，还有助于访问对象回忆信息及其准确性，切忌急躁、冒失和不计后果的提问方式；提问还要有针对性，要根据不同访问对象的情况、特点，做好思想和心理转化，对不予配合、拒绝作证的访问对象，要找出原因，对症下药，切忌夸夸其谈，讲大道理。倾听在访问中是一门艺术，没有倾听就难以承续下一步的提问，侦查人员应集中注意力，认真、耐心、仔细地听取访问对象的陈述，始终表现出较好的耐心和热情，切忌烦躁不安和心不在焉，更不能有抢话、走神等情况出现。

第三，引导和追询。这两者既是访问过程中的重要环节，更是获取真实陈述的重要方法。引导是指侦查人员在访问活动中要始终处于主导地位，紧紧把握访问的主题和提问的顺序，控制整个活动的走向，不能被动地跟着访问对象的谈话思路走，遇到访问对象出现回忆障碍时，可采用接近回忆、相似回忆、对比回忆、关系回忆等方法引导推动其回忆，但不能提出具体情节让访问对象判断或选择。追询是指侦查人员针对访问对象已陈述的内容，尤其是陈述中出现矛盾、模糊、凌乱和漏洞等情形时，有针对性地进一步提问，致使陈述内容中的有关问题更集中、更有条理，内容更准确、清楚。在侦查实践中，根据案情和访问对象的个体差异，引导和追询往往多次交替使用。

（5）结束访问。在需要询问的话题清晰、实现访问目的之后，就应当及时结束访问。访问结束时应做好如下工作：

第一，侦查人员应进行"兜底"提问，询问访问对象是否还有补充内容、所陈述内容是否属实等。

第二，对于正式询问中制作的询问笔录，要按工作要求和有关法律规定要求，做好笔录的核对、确认，确保笔录的合法性。对于访问对象请求自行书写证词的，侦查人员应当允许，必要时，侦查人员也可以要求其亲笔书写证词。

第三，在访问中，访问对象提供其他证据的，要按照有关法律规定收集。

第四，访问结束时，对于那些积极配合并如实陈述的访问对象，应给予鼓励和感谢，以便建立良好的心理接触，为再次访问做好基础；对于拒证或伪证的，要给予批评和否定，并明确指出，在适当时机还要找其访问，直至其如实陈述并履行作证义务。

第五，应向访问对象交代有关事项并与之交换联系方式，如要求访问对象保守询问秘密。当然如果访问对象要求保密的，侦查人员应为其保守秘密。

3. 现场访问的技巧。

（1）尊重访问对象。侦查人员应当衣着整洁得体、举止庄重大方，切不可以执法者自居，以免引起访问对象的反感而影响访问效果。

（2）创造适合访问的环境气氛。访问时通过侦查人员与访问对象之间的对话来达到了解案情的目的，这种对话一般要在友好、有诚意的气氛中，才能取得良好的效果。但是，访问对象常常是临时确定的，现场访问对象尤是如此，他们对侦查人员的来访，往往具有陌生感或戒备感，使对话出现障碍。因此，除特殊或紧急情况外，一般不宜操之过急，侦查人员与访问对象之间必须要有一个沟通思想感情、建立对话关系和相互了解的短暂过程。在这个过程中，侦查人员应积极主动地发挥自己的聪明才智，充分运用自己的品格和经验，结合询问对象的情况，选择合适的话题，创造适合于敞开心扉交谈的环境气氛，消除询问对象的陌生感、紧张感和戒备感，稳定询问对象的情绪。必要的时候，还可以使用一些幽默诙谐的语言，使气氛更为融洽和活跃。

（3）注重访问的语言艺术。侦查人员与访问对象之间的互动主要是通过语言交流实现的，要达到访问的最佳效果，就要善于运用语言艺术。访问实践中，侦查人员的用语要根据访问对象的差异来选择严肃、通俗、准确、有策略的语言，如对妇女、儿童要亲切和蔼；对长辈要用敬语；对一般居民、村民要通俗易懂；对故意歪曲事实、不予配合的要严肃；等等。此外，侦查人员在访问过程中要注意适时、巧妙地运用简短语言、模糊语言、体态语言、无声语言等相配合，以增强语言艺术在访问中的效果。

（4）掌握访问节奏。访问节奏是指访问的持续时间的长短和交流语速的快慢。一般来说，每次访问所持续的时间不宜过长，以免造成访问对象的疲劳和反感。如果需要访问的内容较多，可采用间歇休息方式分段访问，或采用放慢问话节奏和改变谈话气氛的方式来减轻访问对象的紧张感和疲劳感。

（5）把握访问对象心理，做好疏导转化工作。访问工作与其说是侦查人员与访问对象之间的语言交流，不如说是他们之间的心理互动或是一种特殊形式的思想交流。在这一互动过程中，由于访问对象各自的情况不同、心态各异，实践中常会遇到访问对象不配合、不作答的情形，因此，了解和掌握访问对象的心理活动，做好其心理转化工作十分必要。侦查人员面对不同的访问对象，在正式询问前，应尽可能详细地了解其个人情况和背景资料，如性别、年龄、民族、职业、文化教养、道德品质、生理状态、性格特征、特长爱好、习惯嗜好、经济状况、家庭情况、社会交往、人生阅历以及与案件的关系等，做好对其心理特点、状态的分析或判断，并要针对询问对象可能出现的思想障碍，做好疏导转化准备工作。此外，询问过程中侦查人员还应注意察言观色，通过访问对象的言谈举止和微妙反应，推断其心理特点，以便采取适当的询问方法和对策，达到获取线索和证据的目的。

（四）现场访问笔录和录音、录像

1. 现场访问笔录。现场访问笔录是对现场勘查过程中访问活动及其内容的记载。在侦查实践中，有正式笔录和非正式笔录之分：正式笔录即访问笔录，又称询问笔录，可形成被害人陈述和证人证言两种言词证据形式；非正式笔录即工作笔记，工作笔记只能作为查证侦查线索使用。

访问笔录是侦查人员运用语言文字的方法，依法制作的如实记载询问人提问和被询问人陈述内容的一种法律文书，是刑事诉讼中的重要证据。《公安机关刑事案件现场勘验检查规则》第65条规定："现场访问应当制作询问笔录。"

现场访问笔录的规范形式一般有两种：一种是询问笔录；另一种是亲笔证词。现场访问笔录的结构和文书格式，与其他侦查阶段的访问笔录并无二致，都是按照法律、法规的要求的统一的法律文书式样。

（1）询问笔录。是根据访问对象的陈述，由侦查人员按规范制作的法律文书，其结构一般由首部、正文、尾部三部分组成，具体文书式样可参见《公安机关刑事法律文书式样（2012版）》。有关询问笔录的具体制作方法和要求（参考"公安机关法律文书写作"相关课程）这里不展开阐述，但在侦查实践中，有关询问笔录中的提问与记录要注意以下几个要点：重要情节、时间要详记；猜想、推测均可免记；保留原语气，以示真实；增删、变更内容应附记于笔录后；注意证据联结；确认赃物特征；其他同伙及行为应详尽记录等。

（2）亲笔证词。是指在侦查活动中，应访问对象本人请求，或必要时应侦查人员的要求，由访问对象本人自行书写的有关案件情况的文字材料。这里"必要时"是指以下情形：访问对象作证意愿不够坚定，容易反悔的；陈述的事实容易被访问对象否认推翻的；与关键证据相关的证人证言；犯罪嫌疑人的亲友或"污点证人"对案件事实的陈述等。

亲笔证词经查证核实后也可作为认定案件事实的证据，因此，其应当包含一定的内容并符合一定的要求。亲笔证词的内容包括首部、正文和尾部三部分，具体文书式样如下：[1]

## 亲笔证词

我叫×××，汉族，××年××月××日出生，××省××市人，××文化程度，××公司职工，现住××市××路××号。应侦查人员要求（或经我自行请求），我向公安机关提供如下情况（或我的受害经过如下）：

（时间、地点、人物及身份、事情的经过、结果）

_____

_____

_____

_____

_____

_____

以上情况是我亲眼所见（或亲耳听闻）（以上情况我是听某某说的。某某，男，现

---

［1］　公安部人事训练局编：《犯罪现场勘查教程》，群众出版社2000年版，第84页。

住××市××区××路××号），请公安机关查证。

证明人（被害人）：

年　月　日

需要注意的是，当侦查人员收到访问对象的亲笔证词后，应当在首页的右上方写明"于某年某月某日收到"，并签名。

（3）现场访问笔录的审查。通常，按照法定要求和规范操作取得的访问材料是可靠的，可以成为重要的诉讼证据。但是，由于访问材料记录的是询问对象大脑中的印象痕迹，具有较大的不稳定性，如不经审查判断，轻易拿来作为证据或印证材料使用，有可能出错。所以，审查判断访问材料是对访问质量的一种验证，是对访问结果证明力的一种认可或否定，是现场访问不可或缺的重要环节。对访问笔录的审查可从以下几方面入手：

第一，研究访问对象的思想品德及其与案件的关系。这里主要审查三方面的内容：首先，要审查访问对象的思想品德。一般来说，访问对象思想觉悟高，道德品质好，访问所获得的材料的可靠性就较大，反之则较小。其次，要审查访问对象与案件的关系。访问对象与案件的关系是指访问对象与案件本身或案件中的犯罪嫌疑人、被害人之间有无利害关系，如亲属关系、恋爱关系、朋友关系、财产关系等，因为这些关系的存在，可能影响访问对象客观、公正地陈述，进而影响访问材料的真实性。一般情况下，如果访问对象与之无任何利害关系和矛盾冲突，或者在案发前根本就不认识，则其陈述相对来说就比较可靠，反之则应进行必要的审查。再次，要审查访问对象的作证动机。一般来说，访问对象的动机端正，如出于正义感、义务感和道德感等，访问所获得材料的可靠性就较大，反之则较小。

第二，研究访问对象的感知、记忆和表达能力。访问对象对于事件的陈述依赖其感知能力、记忆能力和表达能力。感知能力是通过感觉器官反映客观事物的能力，影响的因素有感觉器官、环境因素和个人心理素质。记忆是人脑对曾经的客观事物存储的感知印象，能够在需要时提取再现，并于再现时能够再认识的意识活动。影响记忆的主要因素有：感知事物的次数及时间的长短，证人和被害人的年龄、性别、职业、情绪以及注意力的集中度等。表达能力是指访问对象的言语表达能力，包括口头陈述和书写表达两个方面，一般来说，访问对象的言语表达能力跟其文化程度、思维能力等成正比，言语表达能力强，其表达的内容与客观情况就较一致，访问材料的真实可靠性就强，反之真实可靠性则会受到影响。

第三，研究陈述的来源。陈述的来源是指访问对象所提供情况的由来，即怎样获得的，是耳闻目睹、道听途说，还是主观判断、凭空猜测的。对耳闻目睹的陈述内容，要审查对象感知时的客观条件和自身条件。对听来的情况，要按其提供的线索，找寻原来陈述情况的人进行访问。对于凭自己主观判断的情况，要注意区分两种情况，一种是毫无根据的猜测，通常是不真实的；另一种是把已有的经验与现在发生的事情，通过回忆联想而联系在一起进行的分析判断，这种具有感知基础的判断，即具有一定的客观依据。侦查实践中，无论访问对象的陈述内容是听到、看到的还是主观判断的，侦查人员都不能先入为主地作出肯定或否定的结论，必须研究有无事实根据，以判定其陈述内容是否真实可靠。

第四，研究陈述内容有无矛盾。访问对象的陈述出现前后矛盾的情形并不鲜见，侦查人员在听取其陈述后，如发现陈述中有矛盾存在，要针对其中的矛盾进行追询，如果矛盾依然存在，可以通过现场实验或其他方面的证据为依据，作出正确的判断。

第五，研究访问对象陈述时的言行表现。人的言谈举止、情绪、神态是人体生理和心理机制的综合反映，通过研究人的生理及心理表现，来分析访问对象的陈述是否真实、有无隐瞒或歪曲事实的可能性等，但应当注意的是，言谈举止的表现只能作为判断访问对象陈述可靠性的参考依据，而不能作为肯定或否定的依据。

第六，研究访问对象的陈述与实地勘验结论是否一致。现场访问材料和实地勘验材料反映的是一个共同的事物，都是反映犯罪行为人在现场的活动情况，只是角度和层面不同，如果现场访问的材料和实地勘验的结论相一致，那么现场访问材料就更加可靠、更具证明力。

第七，研究获取访问材料的过程及合法性。这是针对侦查人员讲的，要求侦查人员获取访问材料的过程及制作访问笔录要合法、规范，即依法办案，这样所获得的访问材料才具有合法性、可靠性和证明力。

2. 现场访问录音、录像。现场访问录音、录像，是记载访问对象陈述内容的一种记录形式，它可以更加完整地记录访问的全过程，有利于对访问对象所陈述的内容进行分析研究及审查访问工作的质量。同时，访问录音、录像是重要的诉讼证据，但其一般不作为独立证据使用，而是作为访问笔录的附件一同移送并出示，因此，可将访问录音、录像视为特殊载体的证人证言、被害人陈述。

（1）现场访问录音、录像的方法。现场访问录音、录像一般与访问笔录制作同步进行，也可以单独进行。

录音时，最好选用体积小、性能好、便于携带或隐藏的录音机。录音有公开录音和秘密录音，公开的访问录音，按法定程序制作，可形成视听证据，但公开录音时要打消访问对象的顾虑并征得其同意。秘密录音可作为侦查线索使用，通常情况下秘密录音不适用于访问证人、被害人。

录像时，可以用执法记录仪或摄像机全程录像，也可以在办案区相应的访问室进行，通过办案区配置的自动录音录像设备完成。

录音、录像应录制全部访问对话内容，以便于根据交谈的声音、语气等，分析判断访问对象陈述的可靠程度及陈述时的情感变化和心理状态。如果是与访问笔录制作同步的，访问笔录记录的内容应当与录音、录像反映的情况一致。

（2）现场访问录音、录像的要求。主要做好两点：一是完整、准确、清晰。现场访问录音、录像要做到完整、准确、清晰，不能断章取义、任意取舍，更不能删剪，要保持原始记录。二是保存好。访问结束后，须将录音、录像带进行编号登记并妥善保存，对需要刻制光盘的应及时刻制并填制"同步录音录像摄录情况说明表"（载明执法执勤警察姓名、摄录人员姓名、摄录起止时间、地点、所用录音录像设备的品牌型号、录音录像格式、长度等情况，由止回阀执勤警察、摄录人员签名并加盖本单位印章后入卷备查）。同时严禁对原始的全程同步录音录像擅自进行剪辑等技术处理，剪辑等技术处理只能在复制件上进行。

### 三、现场勘验、检查

（一）现场勘验、检查概述

1. 现场勘验、检查的概念。现场勘验、检查，可简称为实地勘验，是指侦查人员为了发现、收集侦查线索和犯罪证据，深入现场实地，运用人体感官和科学技术方法，依法对与犯罪有关的场所、物品、人身、尸体等进行观察、测量、记录、提取和检验的一项综合的基础性侦查措施。

现场勘验、检查的这一概念揭示了现场勘验、检查的性质、主体、目的、方法及对象等含义，实际工作中应该从这几方面去加以理解。现场勘验、检查是侦查中常用的侦查措施，是现场勘查的中心任务，是发现和获取第一手线索和证据的重要途径。

2. 现场勘验、检查的任务。现场勘验、检查是一项复杂又细致的工作，是现场勘查的重要组成部分，其基本的任务是收集侦查线索和犯罪证据，具体表现为：

（1）发现、固定、提取与犯罪有关的痕迹、物品及其他犯罪信息；

（2）记录犯罪现场的场所、痕迹、物品、尸体，制作犯罪现场勘验、检查卷宗；

（3）存储、查询犯罪现场信息资料，及时采取紧急措施；

（4）检验与犯罪现场有关的痕迹、物品，判明其归属人和与犯罪行为的关系；

（5）认定犯罪事实，判断案件性质，分析作案过程；

（6）结合现场访问，确定侦查方向和范围；

（7）为侦查破案提供线索，为刑事诉讼提供证据。

3. 现场勘验、检查的次序原则。现场勘验、检查的过程，是对现场整体态势的再改变，这种改变是必然的、有目的的，且是不可逆的。在实际工作中，由于种种原因，会存在现场勘验、检查的质量不高、采痕取证率低等问题，要切实解决这些问题，就必须注意现场勘验、检查的次序原则，只有依照科学的次序原则有序地对现场进行保护性的勘验、检查，才能最大限度地避免对客体及痕迹、物品的破坏，保障勘查质量和效率。结合现场勘查实践与经验，开展现场勘验、检查时应当遵循的次序原则有：先排险后勘验；先宏观后微观；先易逝后稳定；先静态后动态；先地面后空间；先固定后提取；先无损后有损；先外表后内部；先重点后一般等。

（二）现场勘验、检查的步骤

现场勘验、检查是从一般到具体再到个别逐步深入的过程，为确保勘验、检查效果及效率，这一过程必须有步骤、有秩序地进行。一般情况下，现场勘验、检查可依照工作的阶段性分为勘验的准备、初步勘验、详细勘验和结束勘验四个步骤。

1. 勘验、检查的准备。做好实地勘验、检查的准备工作是保障勘验、检查顺利进行的重要条件，具体应做好：

（1）日常准备。现场勘查的基本要求之一是"及时"，即要"快"。为了保障接警后能迅速赶赴现场，侦查机关日常要做好三项准备工作：一是组织准备，要求各侦查部门组建勘查小组，完善24小时值班制度，随时待命，同时要制定应急方案以应付突发案件；二是物质准备，即勘验器材要准备俱全，临危不乱；三是机动准备，即交通和通讯联络工具的准备，保持良好性能。

（2）出警准备。现场勘查人员接到出警任务时，应做到：一是简要问明发生案件的具体时间、现场所在的具体位置及其标志物，并规划好赶赴现场的最佳路线；二是了解案件性质和简要案情，确定勘查人员（包括是否需要邀请相关部门人员参与）和配备相应勘查器材；三是对一些重特大案件，除向上级报告之外，还应采取紧急措施。

（3）临场准备。勘查人员到达现场后，应在指挥人员的统一指挥下抓紧做好以下工作：一是听取现场保护人员的情况汇报，如有问题应及时补救；二是了解案件发生、发现后，有谁进入现场并接触过哪些物品等情况，以便勘验时心中有数；三是合理使用侦查人员，明确分工分组；四是邀请现场勘查见证人。

2. 初步勘验、检查。初步勘验、检查是指侦查人员在不改变现场的原始状态或者不触动现场的情况下，通常采取静态勘验的方式，利用人体感官或借助科学仪器设备，对现场的整体情况进行观察、记录、分析及研判，初步认识现场的一项勘查活动。具体操作如下：

（1）巡视现场。巡视现场是指侦查人员到达现场后，为了确定实地勘验的范围、顺序和重点，对现场的内、外部状态及其周围环境进行总体巡视观察和分析的一项勘查活动。巡视现场包含现场内部状态巡视和现场外部状态及其周围环境（即现场外围）观察，观察现场外围包括现场的位置、周围的环境、通向现场的道路等情况，并及时采集和记录现场周边的视频信息、基站信息、地理信息及电子信息等相关信息；巡视现场内部状态包括现场中心的结构、设施及其状态，物品的摆放、可视痕迹和物证的分布、尸体的状态，以及现场的险情及紧急情况等，明确现场保护范围及措施是否需要调整和是否需要采取现场紧急措施。通过巡视现场，需确定以下三项任务：

第一，划定现场勘验、检查的范围。通常情况下，现场的范围包括现场的外围、现场的中心两部分，现场勘验、检查的范围不等同于现场的范围，具有一定的伸缩性，随着现场勘验、检查工作的进展，可以依据现场的范围作针对性的调整。因此，现场勘验、检查的范围的划定要根据现场的客观实际条件、现场痕迹物证的分布情况以及现场勘验、检查的具体工作需要等因素来决定，这样才能有效地划定现场勘验、检查的范围，保障现场勘验、检查的质量。

第二，确定现场勘验、检查的顺序。为了有序地开展现场勘验、检查工作，提高现场勘验、检查的效率和质量，侦查人员应确定现场勘验、检查的顺序。通常情况下，现场勘验、检查的顺序包括现场勘验、检查的起始点和结束点；现场的各个部位和痕迹、物品的优先勘验、检查权，如现场中心优先勘验、现场外围优先勘验、痕迹物证集中部位优先勘验等；以及各个勘验、检查措施实施的先后顺序，如分区域、地段、层次进行勘验、检查，或是依犯罪行为人来去现场路线进行勘验、检查等。需注意的是，现场勘验、检查的顺序，不是一成不变的，可根据现场的范围、天气情况、地理环境、现场的结构与现象以及现场勘验、检查的具体工作需求与进展等情况，进行必要的选择和调整。如果条件允许，还可以采用两种或以上顺序进行现场勘验、检查。

第三，明确现场勘验、检查的重点。一般情况下，现场勘验、检查的重点包括：案件的性质及现场的状态；可能遗留痕迹、物证的部位；犯罪行为人来去犯罪现场的道路；现场的侵入口和逃离口；犯罪行为人作案时停留和触动明显的部位；尸体所在的位置；与犯罪有关的电子数据及其相关设备等。

（2）观察现场。即侦查人员依据已确定的现场勘验、检查顺序，划定进入现场中心的临时通道并进入现场，对现场的结构、设施、物体、整体状态，现场的地面、物品，可视痕迹、遗留物、尸体及其相互之间的关系，在不触动现场的情况下，不断变换距离、角度进行静态的观察、感知和分析，从宏观把握现场的犯罪信息，注意搜寻现场上与犯罪有关或能够证明犯罪嫌疑人的有价值的痕迹、物品。

（3）固定现场。侦查人员在巡视现场和进入现场进行静态观察的同时，利用现场照相、录像、绘制现场图、制作勘验、检查工作记录等方法，对现场的整体情况、原始状态、犯罪行为人明显触动的部位以及明显的物品、痕迹等，进行全方位、多手段、客观、细致、及时的固定。固定的对象有：现场的整体结构；现场的设施和物体及其状态；犯罪行为人触动的部位和物品；现场的尸体、可视痕迹及其位置和状态等。

3. 详细勘验、检查。详细勘验、检查是在初步勘验、检查的基础上，侦查人员按照现场勘验、检查的次序原则，并以动态的方式，利用各种仪器设备，对现场的地面、各个部位及有关的物体和物品进行勘验、检查，从而发现、显现、固定、记录、提取与犯罪有关的痕迹、物品。实践中具体操作如下：

（1）对现场的地面和各个部位进行全面、细致的观察和搜寻；

（2）对现场上的设施、物体和物品进行全面、细致的检验；

（3）对发现痕迹、物证处要做标识并对可能遗留痕迹、物证的部位进行技术处理；

（4）对发现的痕迹、物证要及时固定、记录和提取，并进行细致查证。

4. 结束勘验、检查。现场勘验、检查工作完成后，侦查人员应当对现场勘验、检查的全部工作进行全面、客观、科学的审查和评断，并根据现场的具体情况，及时做好结束现场勘验、检查的善后处理工作。具体操作如下：

（1）现场勘验、检查结束时，侦查人员应当会同事主、受害人或者其家属对现场的财物等进行当面清点，核查现场上有无财物的变化。对于不确定的因素，应当进一步查清。

（2）对于不需要保留的现场，经现场勘查指挥人员批准决定，可以将现场交于所属人或者其亲属、所属单位的负责人，妥善处理，并解除现场保护；对于需要保留的现场，应当对其进行封存，并通知当地公安派出所、现场的所属人或者其亲属、所属单位的负责人加以封存、妥善看护，没有现场勘查指挥人员的许可，不得擅自进入现场或者触动现场的物品；对于有危险的现场，应当对其进行封存并通知相关专业部门处理。

（3）对于现场提取的痕迹、物证，经侦查人员清点、核实后，指定专门人员妥善保管、运输，防止污染、损毁或者遗失；对于不便提取的痕迹、物证，应当告知现场所属地公安派出所、现场的所属人或者其亲属、所属单位的负责人进行妥善看护和保管，必要时，可根据具体情况对现场进行局部或者全部封存；对于现场扣押的财物、文件等，按照扣押财物、文件的法律规定执行；对于现场中有污染或者有危害、危险的物品、物质，应当告知现场所属地公安派出所或者现场的所属人或其亲属、所属单位的负责人进行必要的处理，如有必要，应当与相关专业部门及时沟通，进行专业化处置。

（4）对于现场中存在的计算机、手机、U盘等各种包含电子信息的设备，应通过照相、录像记录现场电子设备及其运行状态和周围环境状态等，对其包含的电子数据或视频信息及时采集，必要时，可对这些电子设备进行封存。

（5）对于不需要保留的尸体（尸块），应当通知死者家属领取后自行处理，并开具死亡证明，如果是无名尸体或者死者家属拒绝认领的，可由公安机关负责人批准，协同民政部门或者死者生前所在单位，依照有关法规进行处理，并做好记录备查；对于需要保留的尸体、尸块或人体组织，应当低温冷藏、妥善保存，防止腐败变质，并向死者的家属或死者生前所在单位负责人说明情况。需要注意的是，现场尸体（尸块）的处理是一个比较敏感的问题，因此在具体处理时，应该遵守有关法律、法规的规定，在符合侦查工作实际需要的前提下，充分尊重民族习惯和各地风俗人情，有理、有节地进行处理，以避免引起不必要的麻烦和某些不良后果。

（6）在现场勘查过程中，有时会发现犯罪嫌疑人，一旦出现这种情形，应及时、迅速地加以处理，以免出现其他后果。实践中具体的处理方法有：对已被发现并拘留的犯罪嫌疑人，要依法对其人身和住宅进行搜查，以寻找发现证据，同时对其及时讯问，配合必要的调查取证工作；对被暂时看管的犯罪嫌疑人，要及时进行讯问，以甄别其嫌疑，并根据甄别结果有针对性地处理；对被监视控制的犯罪嫌疑人，则应由侦查人员或物色适当人员对其进行严密监视，密切注意其言行、动向，以进一步用其他措施和方法开展调查，收集证据和信息，确定其嫌疑。

5. 现场复验、复查。现场复验、复查是指对已经勘验、检查过的现场，根据需要，有目的、有重点地依法再次进行勘验、检查的一项现场勘查活动。

现场复验、复查与现场勘验、检查并没有本质上的区别，两者的方式方法以及根本目的是一致的，都是为了充分发现、收集破案的线索和证据，从这一含义上讲，现场复验、复查是现场勘验、检查的延续和补充。但两者间还是有所区别的，表现为：一是勘验时间上的不同，现场勘验、检查在前，现场复验、复查在后；二是勘验范围上有所不同，现场勘验、检查是对整个现场进行勘验，而现场复验、复查往往是有重点地针对某些部位；三是勘验的目的上也有所不同，现场勘验、检查是为了全面发现、收集与案件有关的痕迹、物品等，现场复验、复查则是为了解决某个或某几个有疑点的问题，或是查证、核实某些情况，抑或是弥补现场勘验、检查的不足及纠正现场勘验、检查的失误。

依据上述，现场复验、复查只是现场勘验、检查的一种补充形式，侦查实践中，并不是所有的现场都需要复验、复查，只有当出现下列情形之一时，才进行现场复验、复查：①人民检察院审查案件时认为需要现场复验、复查的。②侦查工作的需要。公安机关侦查部门可根据侦查工作的需要进行现场复验、复查，主要情况有：为了查明案件事实，上级公安机关认为有必要进行现场复验、复查的；侦查工作需要进一步从现场收集信息，获取证据的；案情重大、现场情况复杂、疑难和范围较大的；现场勘验结果与其他侦查途径获得的信息有矛盾的；现场勘验结果与犯罪嫌疑人的供述有较大差距的；侦查工作陷入困境，出现僵局的。③当事人及其家属对案件提出疑义，公安机关认为有必要复验、复查的。

（三）现场勘验、检查的对象及内容

《刑事诉讼法》第128条规定："侦查人员对于与犯罪有关的场所、物品、人身、尸体应当进行勘验或者检查。在必要的时候，可以指派或者聘请具有专门知识的人，在侦查人员的主持下进行勘验、检查。"依据法律规定，现场勘验、检查的对象和内容是与犯罪有关的场所、物品、人身、尸体等。实际工作中，由于不同性质的案件、不同的现场，既有基本的勘验、检查的对象和内容，也有具有一定针对性的勘验、检查的对象和内容，包括各个勘验、检查的对象在现场的分布及其相互间的关系等，因此，现场勘验、检查的对象和内容具体如下：

1. 场所的勘验、检查。与犯罪行为相关的场所，在实际工作中主要包括预备犯罪的场所，实施犯罪的场所，隐藏和处理赃物、尸体和凶器等场所以及逃跑路线等，表现为室内、室外、车辆、船只和飞行器五种类型。不同的场所，勘验的重点和方法也不尽相同，如室内、车辆、船只、飞行器等现场往往具有明显、固定的空间，范围不大，而室外现场的作案地点有时不明显，范围较大。通过场所勘验、检查应查明：

（1）现场所在的位置。即要查明现场的地理位置、详细地址，现场的使用人或归属人以及案发前的使用状态。

（2）现场所在的环境。包括现场的内部环境和外部环境两部分。现场内部环境主要需查明现场的坐落朝向、面积、结构、格局以及各个区域的功能与大小和现场的设施、物体、物品的分布、放置、变化等状态；现场外部环境主要需查明现场周围的道路交通、建筑、设施、左邻右舍和现场周围有无监控探头、通讯基站、网络信息等。

（3）犯罪行为人来去现场的道路、路线、在现场周围的活动情况以及其对现场的熟悉程度等。

2. 物品的勘验、检查。物品，泛指各种东西，现场勘验、检查中所指的物品，应依此含义作广义的理解，是指犯罪行为人实施犯罪活动遗留、生成、粘带在现场上的各种东西。结合现场勘查实践，现场物品主要包括现场痕迹、物质（主要指微量物）、物证（既包含遗留物，也包含血液、分泌物等生物物证）、书证、视听资料和电子数据等。通过对现场物品的勘验、检查应查明：

（1）物品的种类、名称、位置、载体、方向、路径、数量；

（2）物品的形态、形式、性状、大小、颜色、特征、标识；

（3）物品的制作时间、制作材料、制作工具和设备、来源、储存；

（4）物品的归属、形成部位、生成时间、内容与犯罪行为的关系等。

需要指出的是，现场物品往往蕴涵着丰富的犯罪信息，通过对犯罪信息的挖掘和利用，可帮助侦查人员分析判断案情和犯罪行为人的个人特点，并为侦查破案提供线索和证据。因此，对存在于现场的与犯罪相关的物品，除了通过人体感官去观察、发现外，更要借助刑事科学技术及计算机技术去加以发现、显现、固定、提取或采集等[1]，以此来提高现场物品的发现率、利用率，充分发挥其在案件侦查中的价值和作用。

3. 尸体（尸块）的勘验、检查。尸体（尸块）的勘验、检查是指法医对现场上的尸体（尸块）进行的尸表检验和解剖检验。通过对现场尸体（尸块）的勘验、检查应查明：

（1）尸体的自然情况、体貌特征、位置、体位、姿势、状态；

（2）尸体的衣着、捆绑物、包装物、盛装物、覆盖物及随身携带的物品；

（3）尸体的表象、血迹、附着物、痕迹、生物物证；

（4）尸体损伤的种类、数量、位置、形状、特征、分布；

（5）尸块的位置、部位、创面特征，肢解方式、方法、工具；

─────────

〔1〕　相关内容可参见本书"刑事科学技术"单元的内容。

（6）死者手中是否有异物，口腔内有无呕吐物；

（7）死者有无疾病，体内有无异物或异常改变；

（8）死者死亡的原因、性质、时间、过程，以及致命伤、损伤工具等。

4. 人身的勘验、检查。即人身检查，又称活体检查，是指对被害人（犯罪嫌疑人）因犯罪行为（抵抗或自卫行为）而造成的伤势及其部位、方向、数量、某些生理状况和机能变化等情况所进行的检查、记录。通过对现场人身的勘验、检查应查明：

（1）人体的特殊特征、生理疾病或缺陷、美容与整形特征；

（2）体表和体内损伤的位置、特征、性状、程度；

（3）损伤形成的时间、原因、过程以及恢复的程度；

（4）人身上的痕迹、物品，以及与犯罪有关的信息等。

（四）现场勘验、检查记录

现场勘验、检查记录是指侦查人员在现场勘验、检查过程中，运用文字、图形、照相、录像等方法，为客观记录现场状态和现场勘验、检查情况而制作的一种法律文书。

现场勘验、检查记录是记录现场的重要手段，其记录结果既是重要的诉讼证据，又是现场分析的重要依据，还是现场痕迹、物品客观来源的合法依据。因此，现场勘验、检查记录必须做到客观、全面、规范、合法，使现场勘验、检查的每一步骤和每一项内容都要通过现场勘验、检查记录来体现和固定。

依据现场勘验、检查记录的方法、手段的不同，现场勘验、检查记录表现为现场笔录、现场绘图、现场照相和现场录像四种形式，这四种记录方式各有利弊，实践中，往往四种方式并用，以现场笔录为主体，以现场绘图、现场照相和现场录像为辅助的完善的现场记录体系，相互间取长补短，达到客观、全面记录现场的目的，为侦查破案和刑事诉讼服务。

1. 现场笔录。即现场勘验、检查笔录，是指侦查人员运用文字描述的方式对现场状态和现场勘验、检查情况所作的客观记录。

（1）现场笔录的内容。现场笔录是现场记录的重要方法和表现形式之一，根据《刑事诉讼法》和公安部关于现场勘验、检查笔录的相关规定[1]，有其自身的结构和制作要求，并形成了相对完善和固定的格式。现场笔录从结构上可分为前言、正文和结尾三大部分。

前言部分应记载笔录标题，笔录文号，接报案情况和派出勘验、检查人员情况，现场勘验、检查的起始和结束时间，现场的详细地址，现场天气情况，勘验、检查前现场的条件，现场勘验、检查利用的光线情况，现场勘验、检查的指挥员情况等九方

---

〔1〕 主要参见《公安机关刑事法律文书式样（2012版）》。

面的内容。

正文部分记录现场勘验、检查的基本事实及经过，是笔录的核心，应当客观、详细、有序地记录。具体记载内容有：记明勘验、检查的顺序；准确描述案发现场所在的地理位置及周围环境状况；详细记录现场中心与外围的情况，这部分是现场笔录的精华所在，应重点记录现场发生的一切变动、变化及反常情况，现场勘验、检查过程中发现的痕迹、物品的位置、种类、大小、形态特征，损失物品情况以及外围现场搜索情况等。

结尾部分要详细记录现场勘验、检查的结果，具体应记载提取痕迹、物品的情况并填入《现场勘验检查提取的痕迹、物证登记表》内，扣押物品情况，现场照相、绘图的数量和现场录音录像的时间，现场勘查参与人的基本情况并签名，笔录制作单位和日期等内容。

（2）现场笔录的制作要求。现场笔录的制作应符合以下要求：①笔录的制作顺序应与现场勘验、检查的实施顺序一致；②笔录的内容必须客观、全面，语言文字要准确、精练、规范、符合标准；③在现场勘查的过程中，如进行了尸体检验、物证检验、侦查实验、人身搜查等活动，以及有复验现场的，应当单独制作笔录；④现场笔录是对现场及勘验、检查情况的客观记载，侦查人员对现场情况的分析意见，不能记录在笔录中。

2. 现场绘图。现场绘图是运用制图学的原理和方法，借助各种图形、符号和文字说明，固定和记录现场状态、范围和空间关系的一种记录形式。

现场绘图具有形象、生动、直观和具体的特点，能根据不同案件和现场情况灵活运用现场方位图、全貌图、局部图、平面图、平面展开图、立体图、立面图、剖面图、综合图、复原图等形式，反映出现场所处的地理位置和周围环境，现场上与犯罪有关的痕迹、物品的分布情况及相互关系。

绘制犯罪现场图可依据以下步骤进行操作：熟悉案情，确定犯罪现场范围；确定绘图种类，构思绘图内容；选准标向，确定绘图比例；选定参照物，绘制草图；书写图题，填写图例，并注明绘图的有关情况。

当前，已普遍使用计算机绘制犯罪现场图，计算机绘图软件，为犯罪现场图的制作提供了便利条件，大大提高了绘图效率和质量。

3. 现场照相。现场照相是指侦查人员运用摄影技术，通过照相的方法，记录现场状态和勘验、检查过程，固定和提取现场痕迹、物品的一种记录方法。

根据现场照相的内容和要求不同，现场照相分为现场方位照相、现场概貌照相、现场重点（中心）照相和现场细目照相四种。

现场照片要经过科学的编辑才能全面、系统地反映现场情况。

4. 现场录像。现场录像是指侦查人员运用现代摄录像技术手段，固定、保全和再现现场状况的一种记录形式。现场录像所记录的信息是动态的，与前述笔录、绘图、照相相比较，具有声画并茂、生动形象、连续完整、即时再现等特点，是对其他记录形式的有效补充。

现场录像内容包括现场方位录像、现场概貌录像、现场重点录像和现场细目录像。在表现方法上要充分发挥现场录像的优点，做到动态画面和静态画面相结合，画面与声音相结合。为了体现现场勘验、检查的有序性、全面性、系统性和逻辑性，要对现场录像进行后期制作编辑，包括现场画面的编辑、编写解说词和配音三部分。在后期制作编辑时，一般按照现场方位、概貌、重点、细目的顺序进行，画面的选择要遵循全面、客观、真实、系统的原则，如实反映现场状态和勘验、检查情况，切不可只追求艺术效果。同时，在保留拍摄原音的基础上，可运用文字或解说词的形式对现场录像的画面进行介绍，以准确、清楚地说明现场状态和勘验、检查情况。

# 项目三　现场分析

## 学习情境

19××年2月20日9时许，××市××区××村村民向公安机关报案称：在村里一个叫"月塘"的鱼塘里发现一辆被丢弃的自行车，车上捆绑着两个装有尸块的编织袋。

公安机关接到报案后，迅速组织警力赶赴现场。

现场勘验、检查和访问获得的事实和信息：

（1）发现尸体现场和尸体状况："月塘"在入村道路的一侧，自行车及尸体丢弃于鱼塘紧靠村道一边。编织袋里为一位女性死者，尸体被肢解为6块，切口锋利，位置均在关节部位，断口整齐；头部有多处钝器造成的挫创和颅骨骨折，尸体其余部位未见有伤痕，现场周围没有遗留血迹。

（2）死亡原因：钝器打击头部致颅骨损伤致死。遇害时无任何抵抗伤。

（3）死者身份：经尸体辨认，证实死者为容××，女，46岁，住本市××区××路××号，在市区专门从事非法兑换外币和买卖金银首饰的工作，经常携大量现款、金银首饰等出入。

通过现场勘验、检查和访问获得的事实和信息，侦查人员对案件进行了现场分析，并作出了以下判断：

1. 根据现场位置，分析了犯罪现场的类型、运输工具和犯罪嫌疑人居住地域等情况：

（1）发现尸体的现场不是第一现场，第一现场应当在室内。判断是运用了必然性推理，理由是：如果发现尸体的现场是第一现场，由于死者伤口为开放性而且被肢解，应该留有大量血迹。本案发现尸体的现场没有遗留血迹，所以，发现尸体的现场不是第一现场。

（2）采用自行车作为运输工具，说明第一现场距离抛尸现场不远。这个判断也是运用了必然性推理，理由是：如果第一现场距离远，则不会采用自行车作运输工具。本案是采用自行车为运输工具，所以，第一现场应当距离抛尸现场不远。

（3）犯罪嫌疑人应该为本地人或在本地有长期落脚点的外地人，熟知抛尸现场环境。这个判断也是运用了必然性推理，理由是：如果不是本地人或在本地没有长期落脚点的外地人，不熟知抛尸现场环境，犯罪嫌疑人就不会采用自行车作运输工具。本案的运输工具为自行车，所以，犯罪嫌疑人是本地人或在本地有长期落脚点的外地人，熟知抛尸现场环境。

2. 根据尸体状况，分析了犯罪嫌疑人应当具备的条件：

（1）具有熟练肢解技能，职业屠夫作案的可能性大。这个判断是运用了回溯性推理，理由是：如果职业屠夫作案，则肢解技能熟练。本案的作案人熟练肢解技能，所以，本案的犯罪嫌疑人可能是熟练肢解技能的屠夫。

（2）犯罪嫌疑人与死者熟悉。这个判断是运用了必然性推理，理由是：犯罪第一现场在室内，且死者身上未见有抵抗伤。

3. 根据死者身份，分析了案件性质和犯罪动机：

（1）案件性质可能是抢劫杀人，即图财杀人。这个判断是运用了回溯性推理，理由是：如果案件性质为图财杀人，则死者应是较有钱的人。死者的职业为非法兑换外币和买卖金银首饰，经常携带大量现金及金器首饰。案发时可能携带有现金或首饰但现场未见有此类财物，所以，案件性质可能是图财杀人。

（2）犯罪动机可能是图财。这个判断也是运用了回溯性推理。理由是：如果作案人因为经济境况穷困、赌博欠债等而铤而走险，则会图财杀人。本案性质为图财杀人，所以，犯罪嫌疑人可能是因为经济境况穷困、赌博欠债等而铤而走险。

依据上述分析，可初步确定侦查方向和侦查范围：

（1）侦查方向：对本地从事屠夫职业的人或在本地有落脚点的从事屠夫职业的外地人进行排查。

（2）侦查范围：将从事屠夫职业的人员中以居住在距离抛尸现场不远且经济境况穷困、赌博欠债的嫌疑人员作为重点嫌疑对象。

由于案情分析全面，案件定性准确，侦查方向和范围明确，公安机关在侦破这起杀人抢劫案过程中，没有兜圈子、走弯路。

　　🖐 工作任务

现场分析既是对前期现场勘查工作的总结、反省，更是为后期侦查工作的开展奠定的基础。现场分析要按照汇集材料、单项分析、综合分析、论断决策的步骤有序地进行，结合现场分析的任务要求，采用分析法、逻辑推理法、实验法等方法分析案件的性质、判断作案时间、作案地点、犯罪人人数、犯罪人特征、作案动机目的、作案工具、作案过程和被害人背景等，为确定侦查方向和划定侦查范围提供依据。

侦查实践中，现场分析要以现场勘验、检查和现场访问获得的犯罪证据和侦查线索为依据，分析要有理有节、到位，做到对案情分析全面、案件定性准确、侦查方向和范围明确，提高侦查效率。结合上述情境案例，理解、掌握现场分析的内涵。

**学习和思考：**

1. 现场分析的概念和人物。

2. 现场分析的步骤和内容。

3. 现场分析的方法。

4. 结合案例和学习内容，实践中如何做好现场分析工作？

## 学习内容

### 一、现场分析概述

#### （一）现场分析的概念

现场分析是指在现场勘查基本结束后，由现场勘查指挥员组织全体现场勘查人员根据现场访问和勘验、检查所获得的线索、证据等信息材料，对案件情况及初步侦查方案等问题进行充分的讨论和研究，并作出判断的一项侦查活动。因这项活动通常是在现场附近开展的，所以也称为临场分析、临场讨论等。

现场分析是由现场勘查指挥员主持，全体到场侦查人员、技术人员参加的一项全面、综合的分析研究活动，必要时可聘请有关专家参加。由于现场分析不是搜集线索、证据的活动，而是汇集现有线索、证据材料，深化认识的过程，因此不需要现场勘查见证人参加。

#### （二）现场分析的任务

现场分析是现场勘查的重要环节，是现场勘查的终结形式。现场分析的过程，实际上是把现场勘查所获得的各种信息材料汇聚起来，进行去伪存真、去粗取精，从片面到全面、个体到整体、现象到本质、感性到理性的归纳、分析、判断、推理的过程。现场分析既是对现场访问及勘验、检查等工作的总结，更是为后期侦查工作的开展奠定的基础，在现场勘查与下一步侦查工作之间起着承上启下的作用。具体来讲，现场分析的任务体现为：

1. 全面汇总现场访问和勘验、检查情况，检讨勘查工作得失，决定勘查的补救措施；

2. 全面了解、掌握现场情况，说明事件性质，阐明立案理由；

3. 全面分析、判断案件情况，为制订侦查计划、开展侦查提供依据；

4. 决定对勘查后现场的处理意见。

（三）现场分析的步骤

为了保证现场分析有序、准确地进行，现场分析时应按以下步骤进行：

1. 汇集材料。汇集材料是正确、科学地进行现场分析的基础和保障，应做到：①全面性。在现场勘查指挥员的主持下，要全面汇集发案、报案情况，现场保护、访问、勘验、检查情况，现场搜索、追踪及其他方面的情况。②客观性。在汇报过程中，要求各勘查人员（小组）实事求是、客观地反映情况，既要汇报证实问题的情况，也要汇报否定问题的材料。同时，汇报时不应加入个人的任何主观臆断，也不能根据个人的主观判断，任意取舍勘查中所获得的材料。③在汇报方式上，原则上按勘查分工及勘查任务进行逐项汇报，但对于特定问题，也可以交叉汇报，有条件的，还可以边放实况录像边汇报，以增强参与现场分析人员的感知印象。

2. 单项分析。在全面汇集材料的基础上，通过一定的技术手段和集体的智慧，对所汇集的材料进行逐部分、逐项目地剖析、探讨，分析过程要把握三方面重点，即分析材料的可信度、分析材料与犯罪的关联性和分析材料的证明力及其应用价值。据此对前期的现场访问和勘验、检查阶段所作出的初步结论进行分析、比对，多方验证，确保每一单项分析结论的准确可靠。对于因客观条件的限制或工作尚未做完，一时难以得出结论的，更需要集思广益，以凝聚众人的智慧，攻克难关，为综合分析打下基础。

3. 综合分析。在单项分析的基础上，把现场的各个部分、各种问题和全部案件信息材料综合起来，从总体上对有关材料和问题进行考量、评估，进而重点对与案件有关的问题作出较为全面、系统的分析判断，形成对现场及案件的整体认识，这是现场分析中最为关键的阶段。综合分析是侦查人员由浅入深、由片面到全面、由单向到综合、由初识现场到精识现场的过程，经过综合分析，才能抓住事物之间的内在联系，才能从整体上达到对现场、对与案件有关的问题的本质认识和全面、系统的分析判断，为侦查破案提供正确的侦查方向和范围。

4. 论断决策。现场分析中的论断决策是指现场勘查指挥员根据现场综合分析情况，集中各种正确的意见，对整个案情及开展侦查工作思路所作的评价和断定。现场分析的最终目的是要确定案件性质和侦查范围、部署侦查措施以及决定对勘查后的现场作出最终处理，这是现场分析最终要解决的问题。主要包括：①认定事件、案件的性质，并根据我国《刑事诉讼法》的相关规定，作出是否立案侦查的决定，解决立案管辖问题；②根据案情和初步掌握的证据材料，制定侦查方案，确定侦查范围和方向，选择合适的侦查途径，部署下一步侦查活动；③对勘验后的现场作出相应的处理，尤其要依法处理好现场中提取的痕迹物证、尸体、视频数据资料以及现场勘查中监视的或群众扭送的犯罪嫌疑人。

### 二、现场分析内容

根据《公安机关刑事案件现场勘验检查规则》第74条的规定，结合侦查工作实践，现场分析的内容主要概括为以下四个方面：

（一）判明事件性质

判明事件性质就是分析现场已经发生的事件是否属于犯罪事件。现场分析时，首先要判明的是事件的性质，即罪与非罪的界定，这是决定是否需要立案侦查的前提，这也是现场分析首先需要解决的问题。通常情况下，分析、审查现场所发生事件的性质，可依据现场勘验和现场访问的情况以及现场痕迹物品的检验鉴定意见进行分析判断，对于一些难以确定的事实和情节，可根据需要依法在现场进行侦查实验，并以侦查实验结果作为分析事件性质的重要依据。

需要注意的是，对于某些事件的性质，因为掌握的材料有限、事件本身的复杂性、行为人狡猾或手段隐蔽等因素的制约，会出现一时难以确定事件性质的情形。在这种情况下，不应急于对事件性质作出判断，而应进一步调查研究，待掌握了充分的事实根据后再作出判断。

（二）分析判断案情

在判明现场上所发生的事件与犯罪行为有关，即确认现场上所发生的特定事件为犯罪案件后，应对案情作出分析判断，以便掌握整个案情及明确侦查工作思路。分析判断案情应把握三方面内容：

1. 分析判断案件性质。在现场分析中，一旦确定现场上发生的事件性质属于应当立案的刑事案件，下一步应对案件的性质作出初步分析判断。判断案件性质的着眼点在于确定侦查方向和范围，因此，准确判明案件性质，对于明确侦查方向和范围，有效地组织实施侦查活动具有重要的现实意义。

分析判断案件性质，通常可以从两方面进行：一是从行为人的行为结果分析，并依据刑法分则中有关罪名的规定确定案件性质，如杀人、抢劫、盗窃等，是什么行为，立什么案，罪刑法定，依法侦查；二是从行为人的动机、目的上进行分析，即依据行为人的行为特征确定案件的具体类别，如在杀人案中，有政治、仇恨、图财、情感等因素引起的杀人，由此可见，犯罪动机目的和案件性质有内在联系，若能判明犯罪的动机目的，即可确定案件性质。实践中，我们把分析犯罪行为人的作案动机目的作为判断案件性质的前提，在分析犯罪行为人的作案动机目的时，既要考虑分析实际性质时的基本依据，又要着重从受害单位或受害人的情况、现场的具体环境、事主和受害人及其亲属和有关人员提供的情况、现场反映出的各种迹象等方面进行分析思考。

需要注意的是，对案件性质一时判别不清的，不要急于作出肯定或者否定的结论，随着侦查逐步深入，待时机成熟或条件充分时再判别案件性质。

2. 分析判断案件主要构成要素。实践中，分析判断案件的主要构成要素，包括分析判断作案时间、作案地点、犯罪人人数、犯罪人特征、作案动机目的、作案工具、作案过程和被害人背景等。对这些基本情况的判明，既是揭露犯罪、查明犯罪事实的需要，更是侦查工作的依据和出发点。

（1）分析判断作案时间。作案时间是指形成犯罪现场的犯罪活动从起始到终止的时间。时间要素是构成犯罪案件的基本要素，准确分析判断作案时间是现场分析的重要内容之一，不仅对于认定或排除犯罪嫌疑人具有重要意义，而且能为及时采取追缉堵截等紧急措施、缩小犯罪嫌疑人范围、肯定或否定嫌疑线索、核实证人证言和甄别犯罪嫌疑人口供等提供依据。

结合工作实践，现场分析中分析判断作案时间的依据有：事主、被害人、目击者及其他知情群众提供的情况；现场上记载时间的物品所表明的时间；现场上痕迹的新旧程度与有关物品的状态；尸体现象及胃内容物消化程度；天气变化情况；现场所处的环境、交通情况；现场侦查实验的结果；事主、被害人、周围群众的生活习惯等。

根据以上材料分析作案时间，需要注意两点：一是注意行为人采用各种反侦查手段制造悬念，伪造、掩盖、回避作案时间，从而导致分析失误；二是仅适用于犯罪嫌疑人亲自前往犯罪现场实施犯罪的犯罪案件，而对于犯罪嫌疑人没有亲自前往现场的，如雇凶杀人案件中的雇主则没有实际意义。

（2）分析判断作案地点。作案地点是指行为人实施犯罪行为所触及的空间，与时间要素一样同为犯罪案件的基本构成要素，是现场分析的重要内容之一。分析作案地点，关键要解决两方面的问题：一是正在勘查的地点是否为案件的主体现场，如不是，则需依据所勘查现场上反映的情况寻找主体现场；二是发现主体现场后，则研究该作案地点与犯罪行为人的关系，目的是确定侦查方向和范围。

结合工作实践，现场分析中分析判断作案地点的依据有：现场访问所获取的材料；现场所处的地理位置和周边环境的关系；现场上发现的各种痕迹物品或异常物质；现场上的反常现象等。

（3）分析判断犯罪人数。分析判断犯罪人数主要是分析单人作案还是结伙作案，在依据充分时还可以确定具体的犯罪人数。分析犯罪人数，有助于确定侦查范围。分析途径有：受害人、知情人提供的情况，现场遗留的痕迹和遗留物的情况，犯罪的行为和结果等。

（4）分析判断犯罪人的特征。又称为给犯罪人"画像"，其主要内容包括：

第一，分析判断犯罪人的自然特征。主要是分析犯罪人的体貌特征、衣着特征、习惯和嗜好等。一般可从事主、被害人、知情群众提供的情况和现场痕迹物品遗留情况进行分析判断。

第二，分析判断犯罪人的心理特征。主要分析犯罪人的人格类型与实施犯罪行为时的心理状态，通常要依据犯罪心理痕迹进行分析。分析途径有：犯罪现场周围环境的选择，犯罪人作案手段及其技能运用情况，犯罪人侵害对象和获取的目的物，现象遗留的痕迹物品情况等。

第三，分析判断犯罪人的社会身份、职业特征。分析途径有：职业型服饰特征，衣服的整洁与否、质地、衣着打扮情况，行为人语言内容，客体结构与破坏部分，遗留在作案工具及其痕迹上的附着物，犯罪人身上的特殊气味，其他痕迹物品情况等。

第四，分析判断犯罪人的居住状况。准确判断出犯罪人的居住范围，对于划定侦查范围，确定侦查方向，迅速寻找、发现犯罪嫌疑人有着重要意义。分析途径有：口音和方言，犯罪隐语，犯罪人的谈话内容，犯罪人对现场环境的熟悉程度，现场遗留物和现场相关材料等。

第五，分析判断犯罪人对现场的熟悉程度。分析途径有：犯罪人选择的作案时间，犯罪人选择的进出现场的路线、出入口及其出入方法，犯罪人选择的作案目标是否准确，现场有无接待应酬迹象，现场有无伪装迹象等。

第六，分析判断犯罪人是否为惯犯。分析途径有：犯罪人语言特点，现场破坏特征，犯罪行为习惯特征，犯罪行为实施过程特征，现场伪装、破坏痕迹特征，犯罪人在现场上的步法特征等。

第七，分析判断犯罪人具备的必要技能。犯罪人在实施犯罪行为过程中，为了实现犯罪目的和完成特定的犯罪行为，有时必须具备特殊的技能，如果不具备则无法完成犯罪行为或形成现场态势。如犯罪人用汽车作为犯罪工具则必须具备驾驶技能。

（5）分析判断犯罪人的作案动机和目的。作案动机是指引发犯罪人实施犯罪行为的内心起因，作案目的是指犯罪人实施犯罪所期望达到的结果。这两者之间有着不可分割的联系，作案动机和目的受诸多因素制约，具有隐蔽性，要准确认识它并不容易。对作案动机和作案目的的分析途径有：被害人的情况分析，犯罪人作案的中心目标、目的物及产生的后果，犯罪人作案的手法和在现场的活动过程等。

（6）分析判断犯罪人作案工具。在实施犯罪行为过程中，犯罪人往往使用一定的工具。准确分析判断作案工具，不仅对判断犯罪人的作案动机、职业特点、作案条件以及是否为惯犯有着重要帮助，而且还可以以物找人，从而发现犯罪嫌疑人。分析作案工具，主要是分析作案工具的种类、规格、尺寸以及工具上的个别特征。分析途径有：被害人、知情人提供的情况分析，现场遗留的工具痕迹，现场遗留的可疑工具及与作案工具相关的物品，现场痕迹中存在的各种微量物质等。

（7）分析判断犯罪人作案过程。作案过程是指犯罪人在犯罪现场作案的先后顺序和行为状态的综合情况，即从何处进入现场、到过什么地方、接触过什么物品、有过什么行为、目的是什么、最后从哪里逃离现场。分析途径有：被害人、知情人的陈述，现场遗留的各种痕迹特征，事物的因果制约关系等。

（8）分析判断被害人背景。对于在现场发现被害人的案件，特别是被害人身份不明的，在现场分析时还必须分析被害人情况，通过查明被害人的身份，明确侦查途径和范围。分析被害人背景通常需分析被害人的被害状况、职业身份、人际交往、家庭关系、经济状况等。分析途径有：法医检验情况，被害人衣着、身体特征情况以及黏附物情况，现场物品情况及现场访问情况等。

3. 分析判断并案侦查条件。犯罪现场是发现并案侦查线索的重要来源之一。根据《公安机关刑事案件现场勘验检查规则》第 75 条的规定：勘验、检查人员在现场勘验、检查后，应当运用"全国公安机关现场勘验信息系统"和各种信息数据库开展刑事案件串并工作，并将串并案情况录入"全国公安机关现场勘验信息系统"。

现场分析中进行并案侦查分析的途径有：犯罪人体貌特征条件；现场遗留的痕迹物品条件；犯罪人的犯罪方法条件；犯罪人侵犯（害）的目标条件；犯罪人作案地点及其周围环境条件；新发案件与其他案件之间存在的内在联系条件等。

（三）确定侦查方向和划定侦查范围

分析判断案情的最重要目的是要确定侦查方向和划定侦查范围，这是侦查的基础和出发点，也是现场分析的重要内容之一。正确确定侦查方向和侦查范围，不仅有利于选择准确有效的侦查途径，制订切实可行的侦查计划，保证侦查工作的有序进行，而且对于最大限度地节省司法资源，节约侦查成本，提高侦查效益皆有重大意义。

1. 侦查方向和侦查范围的概念。侦查方向和侦查范围是刑事侦查实务中两个相辅相成的基本范畴。侦查方向是指侦查工作应在哪些人员中开展排查，从中发现犯罪嫌疑人。侦查范围即指犯罪嫌疑人可能的居住范围、行业范围。通俗地讲，就是犯罪嫌疑人具备哪些特征或特点，到哪里去找具备这样特征或特点的人。

2. 确定侦查方向的依据。确定侦查方向必须根据案件具体情况作出结合实际的、可操作的分析判断。主要依据有：案件性质；犯罪人人身形象特征；犯罪人对犯罪现场及被害人的熟悉程度；犯罪人的行踪、动向等。

3. 划定侦查范围的依据。现场分析中，凡是能帮助分析判断犯罪人的居住范围、行业范围的情况，均可作为划定侦查范围的依据。主要有：犯罪人的作案时间、空间选择；现场遗留的痕迹物品情况；犯罪人的作案手段和方法；赃款、赃物的去向；犯罪人的衣着、语言等特征；等等。

（四）初步拟定侦查方案

在明确了侦查方向和范围后，为了顺利开展侦查工作，还必须在此基础上制订切实可行的书面侦查计划，决定应采取的侦查措施，初步拟订的侦查方案需报经有关领导批准后方可执行。需要注意的是，在执行侦查方案过程中，要有一定的灵活性，不能不知变通，而应随着侦查工作的逐步深入，根据案情的发展，适时调整和补充原来的侦查方案，使侦查工作沿着正确的方向前进。

**三、现场分析方法**

现场分析结论是否正确，除了与分析所依据材料的多少、准确程度相关外，还与参与现场分析的侦查人员是否掌握和运用科学的分析方法息息相关。

（一）分析法

用分析法分析现场，是现场分析中最常用的方法。主要有三种方式：

（1）辩证分析法。辩证分析法是指在认识事物的过程中，对事物的矛盾及其发展、转化进行具体分析、研究及断定的一种思维形式。实际工作中，侦查人员运用辩证分析法分析现场及案情，以便认识案件中的人、事、物之间的矛盾、联系及其发展、转化，全面、具体地认识和分析案件的本质和规律。

（2）心理分析法。心理分析法是指侦查人员根据作案人的心理活动与其外在表现之间的内在联系，结合犯罪现场反映出的各种心理痕迹，分析、推断作案人的心理状态或个性特征的一种认识活动。犯罪心理痕迹是相对于形象痕迹而言的一种抽象的痕迹，是指作案人在实施犯罪行为过程中，在现场显露出来的某些带有意向性并具稳定性的特定心理特点，在现场勘查中既不能直接观察也不能直接采集，而是在现场整体情况及诸多物证关系之间反映出的作案人已形成的个性心理特征。实践中，对作案人的心理分析要素包括：犯罪动机、实施行为时的心理状态、实施犯罪行为的方式、实施犯罪行为后的心理状态和外在行为表现等。

（3）数学分析法。这是运用相关数学知识，对现场痕迹、物证所反映的作案人的某些特征进行计算推导的一种行之有效的分析方法。如根据现场遗留的足迹，利用一定的计算推导，分析出作案人的身高等。

（二）推理法

即逻辑推理法，是指以已知的案件事实为根据，推断出新的判断或结论的思维模式。逻辑推理法是用客观事实来探知未知案情的重要证明方法，在现场分析中，常用的逻辑推理法有判断、假说和推理。判断是指在现场分析过程中对案件事实进行判定的思维形式，包括必然判断、或然判断、选言判断和假言判断；假说是指根据已有的事实材料和科学判断，对未知事物或现象的存在状况、产生原因和犯罪规律所作的假定性解释或说明；推理是指在犯罪现场分析过程中根据一个或几个已知判断推导出一个新的判断的思维形式，包括演绎推理、归纳推理、类比推理和回溯推理等。

（三）实验法

实验法是指侦查人员在现场分析过程中，采用模拟和重演的方法，证实在某种条件下案件事实能否发生和怎样发生，以及发生何种结果的一项验证方法。用实验法分析现场，目前主要有两种应用：

（1）现场实验。是指为了确定现场中某一事实或现象能否发生或者怎样发生，参照现场原有条件将该事实或现象加以实验性模拟或重演的一种分析活动。现场实验主要是针对现场的某一事实或现象所作的分析、研究，如分析、证明某些犯罪手段、犯罪情节，审查和判明现场知情人、被害人的陈述或犯罪嫌疑人的供述和辩解是否符合客观实际、是否真实。在现场分析活动中，需要运用现场实验进行证明的事实与现象是多种多样的。

（2）现场重建。是指侦查人员基于对犯罪现场痕迹、物证的位置、状态以及相互关系的考察分析，通过对物证的实验室检验结论和其他信息的利用，结合所获取的相关客观事实，合乎逻辑地以抽象、形象或者实物模拟的方式，重新构建犯罪现场所发生的犯罪行为内容和过程，并探明与之相关的犯罪行为人的个人特点和犯罪条件的一种分析活动。现场重建是针对整个现场行为内容进行的，以重建、模拟的方式来全面再现犯罪行为人在现场的全部行为及过程。

 技能训练项目

## 一、训练项目

现场勘查综合训练。

## 二、训练目的与要求

本训练的目的是培养学生综合运用所学的现场勘查知识，并结合相关刑事科学技术知识，独立完成现场勘查的操作能力和独立思考问题、解决问题的思维能力；掌握现场勘查的一般步骤方法；学会寻找、发现、提取有关痕迹物证常用的技术和方法；明确现场分析所要解决的主要问题和分析判断案情的基本要求及其依据。

为实现上述目的，要求做到以下几点：

1. 本训练要根据实际需要进行设计。其内容包括：受理案件→确定现场指挥员→组织力量赶赴现场组织分工→开展勘验、访问工作→现场分析→写出分析报告。

2. 实地勘验要求按照现场勘查规范的程序进行操作。要注意针对具体现场环境、态势，正确划定勘查范围，确定勘查顺序，明确勘查重点，运用刑事科学技术，认真寻找、发现、提取有关犯罪痕迹物证，做好现场勘查笔录，绘制现场方位图和现场平面图，拍摄好现场照片等。

3. 根据现场访问的原则、方法，针对不同案件的访问对象，确定访问的时间、地点、方法，进行现场调查访问，并按照访问材料"七何"要素的要求做好询问笔录。

4. 根据现场勘查提供的各种信息，组织好现场分析，写出分析报告。分析报告的主要内容包括：案件性质、作案时间、地点、犯罪工具、作案手段、过程；犯罪分子的个人特点和应具备的条件、犯罪动机、目的等。据此提出侦查方向、范围和应采取的侦查措施。

5. 如条件许可，本训练白天、夜间各进行一次，共10个学时。训练的案件类型不重复。每次实地勘查结束后，3日内按规定送交各种报告、记录、痕迹物证等材料。

6. 认真讲评。任课教师在各勘查小组总结的基础上，根据各现场指导老师发现的问题和建议，结合完成训练作业的质量，认真讲评，以总结经验教训，指出今后需注意的问题。

### 三、训练方式

分小组进行训练操作。

### 四、训练器材

现场勘查箱、静电吸附器、石膏粉、照相器材（相机、胶卷、闪光灯、三脚架）、通信器材、交通器材、照明设备、绘图工具、各种作案工具、凶器、绳索、保护现场所用的器材以及有关侦查文书表格、函头纸和现场勘查证等。

### 五、训练内容

1. 露天现场的勘查；
2. 室内现场的勘查（含室内外兼有现场的勘查）。

### 六、模拟现场设计要点

1. 根据各类刑事案件现场出现的一般规律、特点布置模拟现场。设计上要因地、因时、因设备条件制宜，但必须通过实地勘验、现场访问和现场分析研究，判断其案件性质、犯罪动机、目的，作案工具、犯罪手段、过程，犯罪分子的人身形象及个人特点等，据此确定侦查方向和划定侦查范围。

2. 每个模拟现场中设计的痕迹物证，要合情合理，分布得当，且不宜少于5处（件）。

3. 供夜间勘查的模拟现场的设计，中心现场要明显，范围不宜过大，犯罪分子行走的路线要有所反映。

4. 对暴力性犯罪模拟现场的设计，要能反映出搏斗、滚压痕迹，以及有关的痕迹物证等；对盗窃模拟现场的设计，要反映进出口、破坏障碍物的工具痕迹，以及刻画犯罪分子人身形象和个性特点的场景。

5. 案件性质的设计上，尽量选择重大盗窃、抢劫案件的现场。

### 七、考核评分

1. 考核评分标准。本训练评分标准按百分制，从十个方面考核记分：组织指挥能力，10分；现场保护措施，5分；现场访问重点的掌握、访问笔录的制作，10分；现场勘查笔录制作，15分；采取痕迹、物证，10分；现场绘图，10分；现场照相，10分；案件分析报告，15分；受理案件记录、现场善后处理，5分；组织纪律性、团结协作精神、爱护教学设备，10分。

2. 考核评分办法。评分由临场老师和任课教师依据评分标准和现场勘查实际情况以及作业质量评定，首先对各小组记集体成绩分数。在集体成绩分数的基础上，再根据各小组成员完成本职工作的质量及其表现情况，进行加减记分，最终记个人成绩分数。加减分别不超过 5 分。

## 八、模拟现场的设计与勘查训练

案例的设计来源：任课教师提供；学生自我设计；任课教师和学生共同设计。

# 单 元 三

# 刑事侦查程序

**重点提示**

刑事侦查程序是刑事诉讼的起始程序，是侦查机关在办理刑事案件时的基本办案步骤（本书以公安机关办理刑事案件的程序为本）。侦查程序是公安机关在刑事案件立案后至移送起诉前，按照一定的步骤和顺序，履行法定的手续，收集犯罪证据，查明犯罪事实，并确定是否移送起诉的操作规程。公安机关的侦查活动都必须依照侦查程序的规定进行，它是刑事诉讼中的一个重要阶段和过程。

**重点问题**

立案审查及其处理；分析判断案情；重点嫌疑对象的确定；破案的条件及时机选择；案件证据体系的建立；案件的处理。

**学习目标**

知识目标：了解侦查工作的常规流程，掌握公安机关办理刑事案件的一般程序。

能力目标：培养程序意识，强化程序观念，培养程序运用的能力。

## 项目一　立案

**学习情境**

20××年12月18日16:36分，江苏省扬州市公安局接报称，位于本市中心的广陵区××街12幢303室前走廊上倒卧一具女性尸体，地上有血。接报后，市区两级公安机关侦查人员迅速赶赴现场开展侦查工作。

现场勘验得知：现场位于扬州市广陵区××街12幢303室前走廊。死者叫姜×燕，女，39岁，扬州市××公司职员。经法医检验认定，死者系被直径约3.2cm的圆锤类钝器击打脑右顶枕部导致脑挫伤、中枢衰竭而死亡。现场未见其他痕迹物证。

经现场访问得知：

（1）被害人家属反映，被害人于当天下午4:00左右与其姐姜×云从市区大麒麟阁分手后，骑自行车到××街12幢402室其父亲姜×林处，随身携带一只黑色双肩带背包，包内有深墨绿色摩托罗拉手机（LF2000）一部（号码1300431×××）、红色钱夹一只、现金200余元及部分化妆品，而这些东西未在案发现场发现。

（2）现场走访未发现本案的目击者。

（3）以现场同幢楼居住户为中心，向周围延伸进行调查访问中获悉，12月18日下午4:30分左右，死者被害地点街对面的××商业区××物业公司的三位职员曾在公司附近一个巷子的角落处看见一个男子翻动一个女式黑皮包，从包中取出一些物品放进口袋后扔掉黑包，沿巷子步行离开。经查，该黑色背包正是姜×燕家人反映的姜×燕丢失的皮包。三人反映该男子特征：30岁左右，身高1.78m左右，皮肤偏黑，瘦长脸，体态中等偏瘦，上身穿黑色皮夹克（普通翻领），下身穿深色裤子。

**工作任务**

立案是刑事诉讼的开端，是每个需要追究犯罪分子刑事责任的案件都必须经过的诉讼程序。《刑事诉讼法》规定，受案材料必须经过立案审查，确立为刑事案件后，才能开展侦查，所以，立案是侦查的前提和合法依据。我国刑事诉讼的基本运行程序是立案、侦查、提起公诉、审判、执行，但在实际工作中，立案程序更多表现为侦查程序中履行的登记手续，其独立性在刑事诉讼中并不明显，习惯上通常把立案程序作为侦查阶段的一个组成部分。

在侦查实践中，对受案材料必须经过事实、法律和管辖三方面的审查，通过审查作出立案、不立案或移送的处理决定。结合上述情境案例提供的条件和信息，我们能较好地学习立案的内容及其实际处理规程。

**学习和思考：**

1. 立案的概念与条件。

2. 受案材料的来源。

3. 立案的审查与处理。

4. 结合上述案例与内容，思考如何定性公安机关在立案前的初查行为。

**学习内容**

立案，是指公安机关按照管辖范围，对于报案、举报、控告、扭送、自首以及自行发现的材料和线索进行审查，以判明有无犯罪事实和应否追究刑事责任，并决定是否作为刑事案件进行侦查的一种诉讼活动。

一、立案的条件

（一）有犯罪事实存在

有犯罪事实存在是指我国《刑法》规定的已构成犯罪的行为客观上已经存在。这种行为既包括已经或正在实施的犯罪行为，也包括犯罪预备行为。

（二）需要追究刑事责任

并不是有犯罪事实都要立案，只有有犯罪事实而且依照法律规定应当追究行为人的刑事责任时，才应当立案。《刑事诉讼法》第 16 条规定了不追究刑事责任的几种情形。

（三）属于受案公安机关的管辖

《刑事诉讼法》第 109 条规定："公安机关或者人民检察院发现犯罪事实或者犯罪嫌疑人，应当按照管辖范围，立案侦查。"按照这一规定，在进行立案时，如果确认有犯罪事实也需要追究刑事责任，还要查明是否属于公安机关和本级、本部门的管辖范围。

为了正确掌握和执行立案条件，公安部根据《刑事诉讼法》及其他有关法律的规定，对所管辖的刑事案件制定了立案标准。这些立案标准与《刑事诉讼法》规定的立案条件既有联系也有区别，立案条件是制定各类刑事案件立案标准的依据，立案标准是立案条件在各类刑事案件中的具体化，两者是辩证统一的关系。

二、立案的程序

（一）受案

1. 含义。受案是受理案件或接受案件的简称，是指侦查机关对于公民扭送、报案、控告、举报和自首人员的接待处理工作。

2. 受案线索来源。在实践工作中，受案线索的来源十分广泛，主要有：群众或有关单位报案或者举报；被害人的控告；犯罪嫌疑人自首；群众扭送；刑事、治安等秘密力量发现和提供；在押罪犯或犯罪嫌疑人的检举和揭发；司法机关通过日常业务工作发现；等等。

随着侦查信息化的推进，受案方式方法也在发展变化，一些地方公安机关开辟了网上受案、网上接警等犯罪信息来源渠道，在一定程度上实现了报案、受案、警情传输和报警处置工作的信息化，增强了快速反应能力。

3. 受案的步骤。

（1）认真接待，积极受理。公安机关对于报案、控告、举报、群众扭送或者犯罪嫌疑人自首的，或者有关行政机关移送的案件，不论是否符合立案条件，是否属于自己管辖均应无条件立即接受，不得以任何理由和形式推诿。

（2）讲明法律责任。公安机关接受举报和控告时，应当向举报人和控告人说明必须实事求是地提供有关情况，不得故意提供虚假情况，否则要承担诬告的法律责任。

（3）询问（讯问）有关情况。受理案件时，侦查人员应当向扭送人、报案人、举报人、控告人或自首者详细询问（讯问）案件的基本情况、犯罪嫌疑人与被害人的有关情况，如果是犯罪嫌疑人自首的，还应当就其作案的时间、地点、目的、动机、手段、过程、后果等详细问清楚。如果扭送人、报案人、举报人、控告人或自首者能够提供有关的物证、书证等证据的，应当按照法定程序和要求，依法办理必要手续，及时接收物证、书证等。

（4）依法制作笔录。在询问扭送人、报案人、举报人、控告人或自首者的同时，要认真制作笔录，必要时，应当录音或者录像。

（5）填写《受理刑事案件登记表》。接受案件后，应当在 24 小时内填写《受理刑事案件登记表》，并将其连同受案材料报领导审批。

4. 受案时应注意的问题。

（1）受案时，如遇有犯罪现场的，应当立即派人赶赴现场，及时采取相应措施加以保护。

（2）遇有紧急情况时应先采取初步处置措施。初步处置措施是指刚刚接到报案时或者立案之初，遇有非常情况时，为了排除险情或者控制损失、发现和收取犯罪痕迹物证、控制赃物和捕获犯罪嫌疑人而采取的时间性很强的措施。

（3）公安机关应当保障扭送人、报案人、举报人、控告人及其近亲属的安全，扭送人、报案人、举报人、控告人不愿公开自己的身份的，应当为其保守秘密，并在材料中注明。

（4）要慎重对待经常收到的举报信或匿名电话，不能将其作为立案的材料，只能作为进一步获得立案材料的线索。

（5）接受报案后，侦查人员应当将受报案情及时向有关领导汇报，便于及时处理。

（二）初查

1. 初查的含义。初查是指侦查机关对所接受的案件事实材料的一种较为特别的立案前审查方法，以确定其是否符合立案条件。

《公安机关办理刑事案件程序规定》第 171 条第 2 款规定："对于在审查中发现案件事实或者线索不明的，必要时，经办案部门负责人批准，可以进行初查。"其目的在于确定是否应当立案。

2. 初查的方法。《公安机关办理刑事案件程序规定》第 171 条第 3 款规定："初查过程中，公安机关可以依照有关法律和规定采取询问、查询、勘验、鉴定和调取证据材料等不限制被调查对象人身、财产权利的措施。"

3. 初查的内容。实践中，初查的内容包括：从实体上审查犯罪事实是否存在；从法律上判断是否需要追究犯罪人的刑事责任；从程序上判断该案是否属于受案机关的管辖范围。

（三）对受理案件的处理

对受理的案件经过初查后，应根据不同情况分别进行不同的处理：

1. 立案。公安机关受理案件后，经过审查，认为有犯罪事实发生，需要追究刑事责任，且属于自己管辖的，由接受单位制作《刑事案件立案报告表》，重、特大案件要制作《刑事案件立案报告书》，经县级以上公安机关负责人批准，予以立案。决定立案的，应当告知报案人。

对于共同犯罪的案件，应当立为一案；共同犯罪案件中，有的犯罪嫌疑人需作另案处理的，应当单独立案。

2. 不立案。公安机关受理案件后，经过审查，认为没有犯罪事实，或者属于法定不追究刑事责任的，接受单位应当制作《呈请不予立案报告书》，连同受案材料，经县级以上公安机关负责人批准，不予立案。

对于有控告人的案件，决定不予立案的，公安机关应当制作《不予立案通知书》，在 7 日内送达控告人。

对于不够立案标准和不需要追究刑事责任的，可以依法作其他处理。

3. 移送管辖。公安机关受理案件后，经过审查，认为有犯罪事实发生，需要追究刑事责任，但不属于自己管辖的，接受单位应当在 24 小时内制作《呈请移送案件报告书》，经县级以上公安机关负责人批准，制作《移送案件通知书》，连同案件材料，移送有管辖权的机关，同时通知报案人。

对于不属于自己管辖又必须采取紧急措施的，应当先采取紧急措施，以防止犯罪嫌疑人逃跑、行凶、毁灭罪证等情况发生，然后再办理手续，移送有管辖权的机关。

**三、立案的法律意义**

在我国，立案被视为是刑事诉讼的开始阶段，是一个独立、必经的诉讼程序。没有立案程序，便没有刑事诉讼的整个过程，只有这一法定程序完成后，公安机关的侦查活动才有了合法的依据，才能行使侦查的权力，进行侦查活动。具体而言，立案的法律效力表现为：

1. 立案是国家侦查机关对存在需要追究刑事责任的犯罪事实的初步确认；
2. 立案标志着侦查程序的开始，案件进入一个正式追究犯罪人刑事责任的阶段；
3. 立案标志着侦查人员使用法律规定的侦查措施取得了法律的依据。

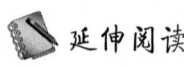 延伸阅读

**一、立案标准**

关于刑事案件立案追诉标准的内容，可参阅下列文件之规定：

1.《中华人民共和国刑法》。

2.《最高人民检察院、公安部关于公安机关管辖的刑事案件立案追诉标准的规定（一）》。

3.《最高人民检察院、公安部关于公安机关管辖的刑事案件立案追诉标准的规定（二）》。

4.《最高人民检察院、公安部关于公安机关管辖的刑事案件立案追诉标准的规定（一）的补充规定》。

5.《最高人民检察院、公安部关于公安机关管辖的刑事案件立案追诉标准的规定（二）的补充规定》。

6.《公安部关于公安机关办理醉酒驾驶机动车犯罪案件的指导意见》。

关于刑事案件的立案标准，除全国统一规定外，各省、自治区、直辖市的公安厅、局可根据各地的具体情况、经济条件的不同制定补充一些新的标准。

### 二、立案管辖

关于刑事案件管辖分工的规定，目前可参阅下列文件之规定：

1.《公安部刑事案件管辖分工规定》。

2.《公安部关于计算机犯罪案件管辖分工问题的通知》。

3.《关于调整部分妨害国（边）境管理犯罪案件管辖分工的通知》。

4.《公安部刑事案件管辖分工补充规定》。

5.《公安部刑事案件管辖分工补充规定（二）》。

6.《公安部刑事案件管辖分工补充规定（三）》。

7.《公安机关办理刑事案件程序规定》第14～29条。

# 项目二　查案

**学习情境**

接立案学习情境内容，深入查案。

现场勘查后，专案指挥部立即组织侦查人员、技术人员，结合现场勘查结果深入分析和研究，初步判定：

（1）作案时间：18日下午4时5分至4时25分间。

（2）作案地点：案发现场即为犯罪行为实施的第一现场，被害人下午4时许准备到××街12幢402室看望其父亲姜×林，当行至12幢303室门前时遇害。

（3）案件性质：本案为一起有预谋的杀人抢劫案。

（4）作案过程：犯罪行为人携预先准备好的作案工具（约1.5磅重的奶头铁锤）

在案发现场附近游荡，选择目标伺机作案，当将被害人确定为侵害目标后尾随盯梢，跟进××街12幢楼并逐渐接近，当被害人上楼梯行至303室门前时，从后面用铁锤猛击被害人头顶枕部，将被害人击倒在地后，迅速拿走被害人随身携带的黑色双肩带背包逃离现场。

（5）作案人特征：①作案人数为一人，可能为青壮年男性；②动作快速熟练、手段凶狠残暴，有可能有违法犯罪前科；③经济拮据，生活水平较低；④犯罪行为人很可能是流窜作案，但也不排除本地人劫财杀人；⑤作案人极有可能在临近城市活动，并再次作案；⑥××物业公司员工发现的男子应为该案重大犯罪嫌疑人，其体貌特征为：身高1.75m～1.82m左右，体态中等，略瘦，长脸，肤色一般，偏黑，发型一般，上身穿黑色皮夹克（普通翻领），下身穿深色长裤。

根据案件具体情况和以上分析，专案指挥部立即制定相应工作措施：

（1）及时将案件信息上报，积极落实"侦破系列杀人案件新机制"，在全省乃至全国范围内进行案件的串并工作。

（2）由扬州市公安局刑警支队牵头，组织城区四分局、治安、交巡警等部门，整体作战，对市区旅馆、私房出租户、外来人口聚集地及往来人员进行大范围的排查工作，注意寻找有上述特征且突然无故离开的人员。并对市区旅馆信息全部采集，通过碰撞比对力争从中发现犯罪嫌疑人。

（3）围绕死者生前的业务往来关系、家庭关系开展专线调查。

（4）对本地刑嫌对象、重点人口管理工作对象中有盗、抢、赌前科的、经济拮据人员进行逐一见面的排查。

（5）加强对特情耳目的交联，对被抢手机、作案工具等进行专线布控。

（6）对市区五金商店以及卖榔头摊主进行巡查，注意发现有无上述特征的人员购买过榔头。

（7）提请省厅向全省及华东刑侦协作区发放协查通报，了解掌握周边地区类似案件情况。

（8）根据目击证人提供的体貌特征，由技术人员摹拟画像，通过发放《警方告示》和摹拟画像发动群众，广辟线索来源。

专案指挥部通过部署上述侦查工作，采取下列具体侦查措施和手段，查找犯罪嫌疑人：

（一）摸底排查

（1）普遍排查。全面开展对市区内大范围面上的普遍排查，围绕着一切与案件现场有关的人和事，重点排查作案者的落脚点、逗留点、联系点、观察点和作案点。对185家旅馆招待所、96家休闲中心、3070户私房出租户、73个手机市场、112家榔头销售店进行了逐个反复的访查，共排查外来人口17 747人，排查摸底刑嫌人员、重点人口和工作对象总计1030人。同时，张贴《警方告示》及作案分子的摹拟画像3000

余份。与此同时，商请周边地区公安机关协助收集案发期间旅客住宿人员信息，及时输入微机，与"12·18"发案期间扬州市旅馆住宿人员信息进行交叉比对，力争从中发现相关嫌疑对象，最终从 12 113 名住宿人员信息中比对出 132 名重点人头，对每个人头逐一查证摸底。

12 月 19 日，广陵分局南门派出所民警在对辖区内的"××旅社"进行排查时发现，一个名叫宋××的辽宁省人于 12 月 14 日晚投宿该旅社，14、15 日晚均住在旅社，但 16、17 日两晚未住店，18 日下午 4:50 分左右突然到店结账离开。店主反映：其体貌特征与公安机关的摹拟画像很相似。18 日中午，催要房租时，宋××回答暂时没钱，但几小时后就结账离开。

（2）重点排查。广陵分局南门派出所迅速将宋××的情况上报专案指挥部，指挥部立即安排专人围绕宋××开展侦查：①经侦查实验，从案发地步行到犯罪嫌疑人弃包地再到宋××住宿地所用时间仅为 10 分钟，宋××完全有作案时间和逃跑时间；②经与辽宁省东港市公安局电话联系，得知其辖区确有宋××此人，其基本情况同旅社登记一样。该人于 1993 年因抢劫被判刑 6 年，1999 年 8 月刑满释放，已 3 年没有回家；③20×× 年初山东省烟台市芝罘区公安局刑警队曾向江苏省扬州市广陵分局发过协查函，称 20×× 年 2 月 22 日至 5 月 2 日间，该市芝罘区连续发生 10 余起尾随单身妇女，持钝器打击头部抢劫财物的案件。经与烟台市警方联系，发现宋××在案发期间曾在烟台市的旅社登记住宿。

（二）案件串并

省厅刑侦局严格按照公安部"侦破系列杀人案件新机制"的要求，在全省范围内通报案情，梳理旧案，汇集线索。同时专案指挥部派出侦查人员赴无锡、上海等地开展相关串并案工作，与泰州市"3·19"杀人案件侦破组交流案件信息，探讨并案的可能性，对江都市 12 月 15 日发生的持榔头敲头抢劫案件，进行分析串并。12 月 23 日、25 日，与扬州市一江之隔的镇江市又接连发生 2 起同类型案件，引起了镇江、扬州警方的高度重视。经对作案对象、作案地点、作案时间和作案手段的分析，认定应为同一犯罪嫌疑人作案。

12 月 26 日，省厅刑侦局在镇江市召开了并案侦查工作协调会，经过逐案分析研究，认定省内 6 起案件系同一名犯罪分子所为。根据镇江市案件发案时间较近，犯罪分子有小区域跳跃、连续作案的特点，警方分析其极有可能仍在江苏境内继续作案。专案组研究制定了周密的侦查方案，明确由扬州市局主侦该系列案，涉案地区全力配合。同时省厅又专门派出工作组去扬州直接指导案件侦破工作。12 月 29 日，江苏省丹阳市再次发生同类型杀人抢劫案。经梳理，20×× 年 3 月至 12 月期间，江苏省内发现的同类案件情况简要介绍如下：

泰州市"3·19"杀人抢劫案：泰州市××路球厂商住楼 2 层楼梯拐角处，被害人李××，女，39 岁，被钝器击打后脑及头顶部而死亡，随身携带挎包、手机等物品及

400 元现金被劫。

苏州市"3·26"抢劫案：苏州市××路 49 号 2 栋楼的 1 楼楼梯口处，被害人汪××，女，64 岁，被钝器击打头顶部受伤晕倒在地，随身携带手提袋及现金被劫。

江都市"12·15"抢劫案：江都市某居民住宅楼 2 楼至 3 楼楼梯拐角处，被害人赵××，女，28 岁，被钝器击打头枕部、顶部而身负重伤，随身携带的背包及包内手机、随身听、1200 余元现金被劫。现场提取断了把的榔头一把。

镇江市"12·23"抢劫案：镇江市××路 57 号 2 栋 2 层至 3 层楼梯拐角处，被害人王××，女，46 岁，被钝器击打头枕顶部，受伤倒地后，随身携带手提包及 600 余元现金被劫。

镇江市"12·25"抢劫案：镇江市××路 22 号京城大厦 2 层楼上 3 楼过道处，被害人王××，女，32 岁，被钝器击头枕顶部受重伤，随身携带背包、黄金手链及 300 余元现金被劫。

丹阳市"12·29"杀人抢劫案：丹阳市××镇不夜城 A 座 1 单元楼道处，被害人孙××，女，35 岁，被钝器击打后脑及头顶部而死亡，随身携带挎包、手机、黄金耳环及 700 余元现金被劫。

（三）控制销赃

在省厅的统一指挥下，大规模的手机布控、面上访查工作在扬州、镇江两市同时展开。12 月 25 日下午，手机布控组获悉，镇江市"××手机调剂维修中心"的王××向当地公安机关反映：12 月 21 日 15 时许，一个操东北口音的男子到其店内以 450 元的价格出卖了一部深墨绿色的摩托罗拉（LF2000）手机，留下姓名为高××（吉林市××路××胡同 361 号，经查吉林市没有该地址）。此人 30 多岁，平头，中等体态，长方形脸，无胡须，上穿淡灰色暗格子（格子一寸见方）西装，白衬衫，黑色鸡心领毛衣，未扎领带，脚穿黑色皮鞋，像个城市人，讲话神态镇定。经对该手机的电子串号比对，查明该手机就是"12·18"抢劫杀人案中死者姜×燕被劫的手机。当日夜，镇江市警方发现宋××于 20××年 12 月 18 日投宿于镇江市"××旅社"，25 日 10 时许结账离开。同时请目击证人对摹拟画像辨认，确认"很像"。

几方面的信息汇聚在一起，结合宋××的体貌特征，专案指挥部果断分析判定宋××即为"12·18"大案的重大嫌疑对象。至此"12·18"大案的重点嫌疑人已浮出水面。

📝 工作任务

立案后即进入案件的侦查阶段，首先必须要对案件开展侦查，俗称为查案，是指侦查机关根据案件的具体情况和特点灵活运用侦查措施，查明案情、收集证据和线索、确定犯罪嫌疑人的过程。查案是侦查阶段的核心环节，实践中要有计划地开展，按照分析判断案情、确定侦查方向和划定侦查范围、拟定侦查方案、排查犯罪嫌疑人、审查嫌疑对象、确定重点嫌疑对象等步骤有序地进行，运用各种侦查措施和技术手段，为破案服务。

犯罪行为是具有巨大危险性的行为，迅速查明案情，确定嫌疑对象，能有效提升破案的效率，以及时制止犯罪行为。情境案例就是有效开展查案的过程反映，通过采取有针对性的侦查措施和手段，及时确定了嫌疑对象，为下一步侦查破案奠定了基础。

**学习和思考：**

1. 分析判断案情的内容。

2. 如何确定侦查方向和划定侦查范围？

3. 实践中如何做好犯罪嫌疑人的排查工作？

4. 案件进入侦查阶段后，通常情况下，如何具体开展刑事侦查工作？

## 学习内容

批准立案后，就要有计划、有步骤地开展侦查工作，通过运用各种侦查措施和各项刑事技术手段为破案服务。

### 一、分析、判断案情

刑事案件的侦查过程，是侦查人员查明案件事实的过程，这一过程自始至终贯穿着侦查人员的认识活动，即分析判断案情。整个侦查过程，从一定意义上讲就是侦查人员对案情的认识由浅入深、由片面到全面、由模糊到清晰，并逐步获取证据证明这种认识正确性的过程。

确定立案后的分析判断案情，是通过对犯罪结果的研究从认识上（而不是从实际上）恢复犯罪实施过程的原状，从而判明案件性质和实施犯罪的有关情况以及犯罪人应具备的条件，为侦查工作的开展提供依据。

#### （一）对案件性质的分析判断

刑事侦查学上讲的案件性质，并不是依《刑法》所列相应罪名而确定的犯罪行为性质，而是从有利于揭露和证实犯罪的特定角度对立案侦查的刑事案件具体属性的界定。在侦查工作中分析判断案件性质，是立足于有效地组织侦查活动、及时地揭露与证实犯罪的基础上的。因为案件的具体性质，反映了侦查工作的基本方向和范围。如果案件性质不明确或有错误，侦查工作方向和范围亦会不明确或发生错误，侦查工作便难于开展或会走弯路。

确定案件性质的客观依据是多方面的，主要包括犯罪人实施犯罪的动机目的，犯罪人与事主、被害人事前有无固有的矛盾，犯罪人的行为方式以及犯罪人是什么样的人等。不同类型的案件，性质各异，某些同一类型的案件，也可分若干种具体性质，例如，杀人案件的性质有仇杀、情杀、财杀等；盗窃案件有内盗、外盗、内外勾结盗窃等。

（二）对犯罪实施情况的分析判断

犯罪活动的实施情况，主要包括犯罪时间、地点、工具、手段和现场活动过程等。任何一起犯罪，必然具备这些基本情况，对于这些基本情况的认识，是开展侦查工作的基础。

1. 对犯罪时间的分析判断。犯罪时间，是指实施犯罪行为自始至终的时间，主要指从犯罪嫌疑人侵入现场开始直至犯罪行为实施完毕逃离现场为止的时间段。

犯罪活动离不开一定的时间。判明犯罪时间能够为审查嫌疑对象是否有实施犯罪的可能性提供最基本的依据。此外，在有些案件中，判明犯罪时间还能为及时采取紧急措施，缩小侦查范围，审查证人证言和犯罪嫌疑人供述与辩解等提供依据。

分析判断犯罪时间的依据有：依据事主、被害人、知情人的陈述推断；依据现场上的痕迹、各种物品的状态推断；依据尸体现象及胃内容物推断；依据被害人平时的生活习惯、规律推断；依据现场的地理环境和来往人员的情况推断等。

2. 对犯罪地点的分析判断。对犯罪地点的分析判断，主要是为了判断发现案件的地点是不是主体现场或者第一现场。实践中，发现案件的地点多是主体现场或第一现场，但有时则不是。如碎尸案通常是因在一定地点发现碎尸块而发现案件的，但发现碎尸块的地点一般并非杀人碎尸现场。

对犯罪地点的分析判断有两方面的作用，一是判明所勘查的地点是否为主体现场或第一现场；二是研究犯罪地点与构成犯罪的其他诸因素的关系，如可以分析犯罪嫌疑人对犯罪地点和侵犯目标的各方面情况的了解、掌握程度，以进一步推断他与事主或被害人有何联系，为刻画作案人、确定侦查方向和范围提供资料。

分析判断是否是主体现场或第一现场，通常根据现场中的反常现象、痕迹物证、微量附着物、其他移尸迹象以及被害人的回忆等进行推断；而分析判断犯罪地点与构成犯罪的其他诸因素的关系，主要依据作案时机是否得当，作案目标是否明确、集中，作案手段是否简捷、高效等。

3. 对犯罪工具和手段的分析判断。犯罪嫌疑人实施犯罪往往使用一定的工具（包括凶器），犯罪工具的使用与犯罪手段的选择往往是一致的，分析判断犯罪工具和手段有助于侦查人员发现和获取犯罪物证。同时，侦查人员从犯罪工具和手段所反映出的犯罪嫌疑人的职业特点、业余爱好、居住范围、行为习惯和技术专长入手，来寻找、发现嫌疑对象。

分析判断犯罪工具和手段，通常根据现场上所遗留的犯罪工具痕迹与其他有关痕迹、物品的特征，以及事主、被害人及证人对犯罪嫌疑人犯罪工具和手段的陈述等进行推断。

4. 对犯罪过程的分析判断。分析判断犯罪过程，主要分析判断犯罪嫌疑人是如何侵入现场的，在现场进行了哪些活动及其先后顺序，以及犯罪后如何逃离现场等一系列活动过程。犯罪过程可在一定程度上反映出犯罪的动机、目的以及犯罪嫌疑人对现场、被害人是否熟悉等内容，研究这些问题，有助于分析判断案件的性质、确定侦查方向、范围和鉴别犯罪嫌疑人口供的真伪等。

分析判断犯罪过程，主要依据现场上的痕迹物证，现场物质的增减变化，物品的位移及动乱迹象，以及事主、被害人、知情人陈述的情况。

（三）对犯罪嫌疑人的分析判断

对犯罪嫌疑人的分析判断，实践中称之为"对犯罪嫌疑人的刻画"或"给犯罪嫌疑人画像"。这种分析判断主要包括犯罪嫌疑人的外表形象、犯罪嫌疑人人数、犯罪嫌疑人应具备的犯罪条件、犯罪嫌疑人的心理特征等内容。分析判明这些问题，对于确定侦查方向和范围，明确犯罪嫌疑人的条件，采取措施发现犯罪嫌疑对象有重要作用。

1. 对犯罪嫌疑人外表形象的分析判断。犯罪嫌疑人的外表形象主要是指犯罪嫌疑人的性别、年龄、身高、体态、相貌、发型、文身、衣着、疤痕以及生理上的缺陷等。分析判断的依据主要是遗留在现场的手印、足迹等相关痕迹、物证或遗留物，以及事主、被害人、知情人的陈述等。

2. 对犯罪嫌疑人人数的分析判断。对犯罪嫌疑人人数的分析判断，主要是判明是一人或几人犯罪。分析判断的依据主要是现场遗留的痕迹物品，犯罪嫌疑人从现场带走的物品数量、重量、体积，伤痕的种类，被害人、目击者的陈述等。

3. 对犯罪嫌疑人应具备的犯罪条件的分析判断。犯罪嫌疑人为了实施某一犯罪行为，必须具备一定的犯罪条件，表现为：是否熟悉现场环境及内部情况；与事主、被害人是否熟悉，有无某种因果关系；是否具有取得相应的犯罪工具、物品的条件；是否掌握某方面的专业知识或技能；是惯犯还是偶犯；是何地区、民族，何种职业、文化程度的人；等等。分析判明这些问题，要根据现场获取的相关信息与事主、被害人及知情人提供的情况，如指纹、足迹，犯罪嫌疑人的口音、说话内容、行为习惯、笔迹等，并结合现场情势进行综合分析判断。

4. 对犯罪嫌疑人心理特征的分析判断。对犯罪嫌疑人心理特征的分析，就是分析犯罪嫌疑人的人格类型与实施犯罪行为时的心理状态，通常要根据犯罪心理痕迹进行分析。

（四）对并案侦查条件的分析判断

并案侦查是指侦查机关对两个或以上在作案方式、过程、目标、人数和犯罪嫌疑人体貌特征、现场遗留的痕迹物品相同或相似的案件，拟推断为同一犯罪主体所为时，而实行合并侦查的一种侦查方式方法。通过对并案侦查条件的分析判断，有利于发现同一犯罪主体所实施的系列犯罪案件，为扩展侦查线索，提高侦破效率提供条件。

分析判断并案侦查的条件，要将本案与以往侦而未破的案件或者与其他侦查机关传来的案情或案件线索通报中的各个方面情况相比对，发现并案的依据和条件。

（五）对犯罪嫌疑人案后活动趋向的分析判断

分析判断犯罪嫌疑人作案后的活动趋向，能够使侦查人员对犯罪嫌疑人犯罪活动的发展趋势作出预测，以制定预案，采取措施，防止其危害蔓延，并且相机将其缉拿归案。分析判断主要依据犯罪嫌疑人的犯罪目的、动机和该类犯罪活动的基本特点及一般规律，犯罪嫌疑人通过语言、文字表露的意图以及事主、被害人、知情人的反映等。

随着现代科学技术的发展和侦查信息化进程的推进，对案情的分析判断不再局限于传统的惯常的方式方法，已扩展到了可以利用以计算机网络为支撑、以刑事犯罪情报信息数据库为核心的网上分析方法。通过网络传输犯罪信息，实现信息共享，使侦查人员突破时空限制，拓宽侦查视野，发挥集体智慧，在较大范围甚至全国范围内高效地检索、比对和发现有关案件的信息，充分运用情报信息中蕴涵的案件信息，深化对案情的认识，这对于跨区域犯罪的作用尤为明显。

## 二、确定侦查方向和范围

侦查工作的开展不能毫无目的、漫无边际，要根据对案情分析判断的情况将侦查工作限定在一定的界限范围之内，这样侦查工作才能富有成效，因此，确定侦查方向和范围是开展侦查工作应解决的重要问题。

侦查方向是指侦查工作应在哪些人员中寻找犯罪嫌疑人，而侦查范围是指在对犯罪嫌疑人的居住范围、职业、单位等分析判断的基础上确定的开展侦查工作的地区范围或行业范围，实际上是解决在什么地区、何种行业或单位中去查找犯罪嫌疑人的问题。从概念中可以看出，侦查方向和侦查范围既有区别，也是紧密联系的，犯罪嫌疑人隐藏在一定的范围内，开展侦查工作必须立足于一定的地区范围或行业范围，也就是说侦查方向是在一定的地区范围或行业范围内去寻找犯罪嫌疑人。

（一）确定侦查方向和范围的依据

侦查方向确定的依据：根据案件性质确定，案件性质不同，侦查方向也各不相同；根据犯罪时间和地点确定，应将具备犯罪时间和在犯罪时间中到过犯罪地点的人列入侦查方向；根据现场遗留痕迹和物品确定，应该将持有现场遗留物品或者有条件取得现场遗留物品和能够形成这种现场痕迹的人列入侦查方向；根据犯罪嫌疑人应具备的条件及其个人特征确定，每个案件的犯罪嫌疑人都应具备相应的犯罪条件和个人特征，这些犯罪条件和个人特征往往通过现场情况和被害人、知情人的陈述反映出来，将这些犯罪条件和个人特征综合起来，可大致判明犯罪嫌疑人是什么样的人，从而明确侦查方向。

侦查范围确定的依据：根据事主、被害人、知情人提供的关于犯罪嫌疑人的口音、穿着等情况确定；根据犯罪嫌疑人对现场情况是否知情来确定，犯罪嫌疑人对作案时间、现场出入口的选择、作案目标是否准确、现场翻动大小等情形往往能反映出犯罪嫌疑人是否熟悉现场和知晓内情,据此确定侦查范围;根据犯罪嫌疑人在现场遗留的物品(质)确定,通过查明这些物品(质)的产地、销售范围、使用地区、行业特征、制作工艺、外部形象特征及内部物质结构特征等来确定侦查范围;根据现场痕迹确定,有些案件现场上的足迹、血迹、车辆痕迹等在一定程度上能反映出侦查范围;根据犯罪手段、方法确定,有些犯罪方法、手段可以反映出犯罪嫌疑人的职业特点、特殊技能等,从而可以确定在哪些行业、单位中开展侦查。

(二)确定侦查方向和范围的方法

在侦查方向和范围的确定中,必须将两者结合在一起考虑。总的要求是"不宜过大,也不宜过小"。侦查方向和范围确定得过大,常会浪费人力,拖长时间,贻误战机;侦查方向和范围确定得过小,常会漏掉犯罪嫌疑人。因此,侦查方向和范围的确定,要充分考虑案件本身给予的已知条件,结合案情分析判断的情况,要求确定得尽量适中,尽量符合案件的实际情况。

(三)侦查方向和范围的调整和修正

尽管确定侦查方向和范围要求尽量适合于案件实际情况,但事实上想确定得正好适中是比较困难的,因刚开展侦查工作所拥有的材料不充分或存在瑕疵等,只要在分析判断案情中出现一点漏洞,就有可能导致侦查方向和范围确定的失误。为了不浪费时间和人力,又不漏掉犯罪嫌疑人,在侦查实践中,一般采取"宁大勿小,不断调整"的方法,即开始侦查时,宁可把侦查方向和范围确定得大些,通过侦查工作的不断深入,案件材料的不断增多,人们认识的不断加深,及时调整、修正侦查方向和范围,使之不断由大变小,这样既不会漏掉犯罪嫌疑人,也不会过多地浪费侦查力量。因此,侦查方向和范围并不是固定不变的,而是要随着侦查工作的进展及时地进行调整和修正。

**三、拟定侦查方案**

侦查方案,是在侦查工作的一般规律指导下,从具体案件的实际情况出发,在分析判断案情并确定侦查方向和范围的基础上制定的侦查工作实施方案。根据《公安机关办理刑事案件程序规定》,对疑难、复杂、重大、特别重大案件决定立案侦查的,应当拟定侦查工作方案。

侦查方案应包括以下内容:

(1)对案情的初步分析和判断,包括对线索来源可靠程度和涉嫌范围的测定。

(2)侦查方向和侦查范围。

(3)为查明案情需要采取的措施。

(4)侦查力量的组织和分工。

(5)需要有关方面配合的各个环节如何紧密衔接。

（6）侦查所必须遵循的制度和规定。

（7）如属预谋犯罪案件，还应当提出制止现行破坏和防止造成损失的措施。

侦查方案一经制定，就成为组织和指导侦查工作的依据，是侦查工作的全盘规划和行动指南。为使制定的侦查方案切实可行，在制定过程中应当全面细致地研究案件材料，吃透案情，全面兼顾，严密部署侦查工作，不至漏掉犯罪嫌疑人。在侦查方案的执行过程中，因新情况、新问题的出现和侦查人员对案情认识的深化，要及时对侦查方案作出相应的修正和调整，确保侦查工作始终沿着正确的方向推进。

### 四、开展侦查，排查犯罪嫌疑人

开展侦查是在分析案情的基础上，依据侦查方案，综合采取必要的侦查措施，寻找、发现犯罪线索和嫌疑对象的工作过程。

在案件侦查过程中，一般都有多条可供选择的侦查途径，侦查人员应当紧密结合具体案件的实际情况，审慎思考，选择一条或几条最易获取犯罪证据，最易使侦查工作有所突破的途径，作为展开侦查工作的方向。

侦查途径是指查明犯罪事实，收集犯罪证据，查找犯罪嫌疑人的工作路径。由于案件各不相同，各个案件的侦查途径也不尽相同，在开展侦查之初，可供选择的侦查途径主要有：

**（一）从作案时间入手开展侦查**

这是以作案时间为依据发现犯罪嫌疑人的一种侦查途径。这一侦查途径主要应用于案件作案时间已经确定的情况，从确定的作案时间入手，运用深入调查、正面询问、查证各种记录等方法发现犯罪嫌疑人。

**（二）从人身形象特征及其他个人特点入手开展侦查**

犯罪分子的人身形象特征是指其体态、相貌特征，犯罪分子的其他个人特点是指其社会职业、文化程度、生活习惯和嗜好及其犯罪思想基础和反常表现等。从这些情况入手进行侦查，采用通缉、追堵、辨认、巡查、网络检索信息资料等侦查措施，从中获得侦查线索，寻找、发现犯罪嫌疑人。

**（三）从遗留物品入手开展侦查**

这是以犯罪分子在现场遗留的痕迹物品为依据寻找发现犯罪嫌疑人的一种侦查途径。犯罪分子在作案过程中往往会在现场留下指纹、足迹等痕迹，或犯罪工具、凶器、随身物品等，这些痕迹物品与犯罪分子之间有着直接或间接的联系，对这类案件，可从痕迹物品入手开展侦查，以发现线索和犯罪嫌疑人。

**（四）从赃款赃物入手开展侦查**

这是以赃款赃物的特征为依据开展侦查，以物找人发现线索的侦查途径。对于盗

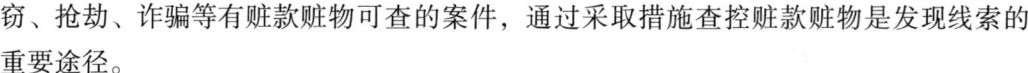

窃、抢劫、诈骗等有赃款赃物可查的案件，通过采取措施查控赃款赃物是发现线索的重要途径。

（五）从作案方法手段入手开展侦查

这是以作案方法手段的特殊性为依据寻找、发现犯罪嫌疑人的侦查途径。任何人的行为动作习惯都具有特殊性和稳定性，犯罪分子也不例外。各类刑事惯犯，常常使用其驾轻就熟的方法手段实施犯罪，同时，为顺利地达到其犯罪目的，还会在犯罪过程中使用其所掌握的特殊技能。这些特征给侦查人员寻找、发现犯罪嫌疑人提供了条件。

（六）从因果关系入手开展侦查

这是以案件发生的因果关系为依据发现犯罪嫌疑人的侦查途径。某些案件的发生可能事出有因，如杀人、伤害、投毒、爆炸等类型的刑事案件，即犯罪人和被害人之间在案发前存在一定的矛盾，这些矛盾是导致案件发生的主要因素，因而对这些有因果关系可查的案件，应从因果关系入手开展侦查，通过分析犯罪嫌疑人与被害人之间的因果关联，进而发现嫌疑对象。

（七）从活动规律入手开展侦查

这是以犯罪人在连续作案的过程中反映出来的犯罪活动规律为依据发现线索的侦查途径。有些系列性案件，因犯罪行为人是连续作案，其在作案时间、地点、手段、侵害对象、使用工具等方面显示出一定的规律性，通过分析研究这些活动规律，从中发现存在的共性，实现对系列案件的串并侦查，提高破案的效率。

（八）从查明被害人是谁入手开展侦查

这是以查明被害人身份为依据进而发现线索的侦查途径。对于存在未知身份的尸体的杀人、爆炸等类刑事案件中，从查明被害人身份入手开展侦查是必须选择的侦查途径。

（九）从查对犯罪情报资料入手开展侦查

这是以犯罪情报资料为依据发现犯罪嫌疑人的侦查途径。有些案件能反映出犯罪分子有前科劣迹或是惯常犯，通过查对已掌握的相关犯罪嫌疑人的情报资料，从中发现嫌疑线索和嫌疑对象。

（十）从审查在押犯入手开展侦查

这是以审查在押犯、惯犯、流窜犯等对象为方法，从中获取线索，甚至是发现犯罪嫌疑人的侦查途径。主要应用于流窜犯、惯犯、逃犯作案的案件和久侦不破的疑难案件，通过对在押犯的教育和感召，让其揭发检举、深挖犯罪，从而获取犯罪线索，发现犯罪嫌疑人。

总之，案件侦查的途径是多样性的，每一起案件都可能存在若干条可供选择的侦查途径，在侦查实践中，应当从案件的具体情况和特点出发，正确开辟和选择侦查途径，并采用相应的侦查措施和方法，力争尽快发现嫌疑线索。随着侦查工作的深入，会出现很多新情况、新问题和新线索，甚至会出现原来选择的侦查途径不适应案件侦查工作的情况，此时，应根据侦查工作的实际需要对已选择的侦查途径进行适当的调整或转换，确保侦查工作的顺利进行。

随着科学技术和信息化技术的发展及其在侦查工作中的应用，在侦查实践中，应根据犯罪出现的新情况、新变化，打破传统的、常规的侦查措施，积极开阔思路，拓宽视野，不断创新其运用的方式方法，如通过计算机信息技术、网络技术、现代通信技术、视频监控技术等，拓展犯罪线索的来源渠道，创造获取犯罪线索的新方法，提高侦查效率。

**五、确定与审查嫌疑对象**

嫌疑对象是指有某种迹象被怀疑为实施犯罪行为的人。

侦查活动全面展开后，各种线索会源源不断地反映上来，对这些线索及时进行审查，一是要排除与案件无关的人员，二是要将那些有作案可能的人员确定为嫌疑对象。在侦查实践中，确定案件嫌疑对象主要从三方面进行：

（一）有无作案时间

审查有无作案时间是确定嫌疑对象首先要解决的问题。审查有无作案时间，主要采用定时、定人、定位的方法，即查实在发案时间内嫌疑对象所在的具体位置及其活动情况。因为实施犯罪行为必须具备一定的时间，而时间是不能停留和逆转的，所以犯罪分子不可能脱离一定的时间去实施犯罪行为，也不可能在同一时间内占有两个空间。侦查实践中，如果通过细致查证，对作案时间有了准确的判断，就可以证实或者否定嫌疑对象。但具体案件中对那些可能是犯罪行为的策划、组织者而未到犯罪现场，或者有可能是雇人作案的嫌疑对象，则不能因其没有作案时间而否定其嫌疑。

（二）有无作案因素

作案因素主要是指作案的动机、目的或作案的思想基础。作案因素是构成犯罪的主观要件，对确定嫌疑对象有重要意义。审查嫌疑对象有无作案因素，主要是通过分析嫌疑对象有无作案动机、目的来判明，而有些还可以通过对嫌疑对象平时的政治思想、道德品质、生活作风、经济状况、工作表现、人际关系等情况来分析和判断。

（三）有无证明犯罪的证据

实施犯罪，总会留下一定的证据。确定嫌疑对象，应重视审查其有无犯罪的证据。例如，犯罪分子在现场遗留的某种物品是否属于嫌疑对象所有；嫌疑对象是否持有赃款赃物；等等。

作案时间、作案因素和证据，是确定嫌疑对象的基本依据。这三个要素在案件侦查中并不是孤立存在的，而是相互关联的，在具体确定嫌疑对象时，要将这三个要素有机地联系起来进行全面分析。确定嫌疑对象之后，还应根据每个嫌疑对象疑点的数量多少、嫌疑程度和核实肯定、排除嫌疑的难易程度，依次分别、逐个地进行侦查、调查核实工作，以筛选出重点嫌疑对象。

### 六、对重点嫌疑对象的侦查

重点嫌疑对象是指经过查证，嫌疑程度上升，疑点多而突出、很大可能是案件犯罪嫌疑人的人。

被确定为重点嫌疑对象的人，在犯罪时间、动机等问题上已得到了一般性的证实，但还缺乏证明其实施犯罪的证据。因此，对重点嫌疑对象的侦查，除了进一步查证其犯罪时间、犯罪动机等方面的问题外，主要是要围绕获取犯罪证据开展工作。这时收集证据的标准，是为破案提供依据。

重点嫌疑对象在一起案件中并不多，这一阶段侦查工作的特点是目标比较集中、任务比较明确具体、斗争比较尖锐复杂。因此，在工作方式上，要注重侦查方法的策略性和艺术性，除非重点嫌疑对象有逃跑、自杀、毁证或继续作案可能，应对其采取必要的控制措施外，在通常情况下，不要轻易正面接触，多采取秘密方式为宜，如跟踪守候、密搜密取、秘密辨认、电讯侦控、秘密力量侦查等多种侦查手段和技术手段，以便开展侦查工作并获取证据。

通过上述工作，通常可能产生两种结果：一是获得了能够证明重点嫌疑对象确实实施了犯罪行为确凿、充分的证据，因而肯定其是该案的犯罪嫌疑人；二是不仅没有获得能够证明重点嫌疑对象实施了犯罪行为的证据，反而获得了其没有实施犯罪行为的证据，因而否定其是该案的犯罪嫌疑人。第二种结果，就是我们所说的侦查僵局。致使案件侦查工作陷入僵局的原因是多种多样的，如现场勘查工作不细致、案情分析失误、审查嫌疑对象出现漏洞等，面对侦查僵局，侦查人员应当重新审视案件侦查工作的每一步，找出形成侦查僵局的原因，设法补救，从而突破侦查僵局。

 **延伸阅读**

关于侦查回避的内容，可参阅下列文件之规定：
1. 《中华人民共和国刑事诉讼法》第 29 ~ 32 条之规定。
2. 《公安机关办理刑事案件程序规定》第 30 ~ 39 条之规定。

## 项目三　破案

✩ **学习情境**

接查案学习情境内容，采取措施，抓获犯罪嫌疑人。

专案指挥部将排查出的重点嫌疑对象宋××的资料提供给相关地区的警方，请求各相关地区对该人加大查控力度，同时要重点展开对东北地区人员的比对工作。

重大作案嫌疑人被锁定后，江苏省厅公安厅刑侦局立即向全省及华东刑侦协作区发出缉查宋××的紧急协查。专案指挥部同时紧急部署查控工作：

(1) 立即派出侦查小分队赶赴辽宁省东港市宋××原籍开展相关缉捕工作。

(2) 派出侦查小组赴本省苏州、无锡、常州开展相关查控工作。

(3) 对扬州市加大查控力度，严防犯罪分子回窜再次作案。

(4) 与镇江市大案工作组联手开展侦查、缉捕工作。

根据宋××的活动规律，12月28日，江苏省公安厅发出《关于开展搜捕犯罪嫌疑人宋××的统一行动的紧急通知》，决定自12月29日0时至12月30日8时在苏南、苏中地区组织开展搜捕犯罪嫌疑人宋××的统一行动。12月29日晚11时许，跨省流窜作案的抢劫杀人犯罪嫌疑人宋××终于在常州市新丰派出所辖区××旅社被常州市警方抓获归案。

### 📋 工作任务

破案是查案的结果，是揭露和证实犯罪嫌疑人犯罪行为措施的综合称谓。破案是侦查机关对所立的刑事案件，经过侦查，在有证据证明犯罪事实确实存在并确实为犯罪嫌疑人所为的基础上，依法抓获犯罪嫌疑人或主要犯罪嫌疑人的一项侦查活动。从这一意义上说，破案必须符合三个条件，即犯罪事实已有证据证明、有证据证明犯罪事实是犯罪嫌疑人实施的、犯罪嫌疑人或主要犯罪嫌疑人已经归案，这三个条件必须同时具备，缺一不可。同时，破案还要选择好的时机，这不但是对安全的考虑，也是对后续侦查工作的考虑，特别是要掌握需要提前破案、延缓破案或破案留根的情形。

实践中，把破案俗称为"抓人"，就是把确定的犯罪嫌疑人找到并抓获归案。如情境案例中，针对犯罪嫌疑人的活动范围，对其可能涉足的地点和场所进行严密布控，开展查缉工作，结合案件的要求，一旦发现即采取措施予以抓获归案，完成破案任务。

**学习和思考：**

1. 破案的含义及其条件。

2. 结合情境案例和学习内容，谈谈实践中如何把握好破案的时机。

3. 破案后，侦查工作是否结束？如没有，还应该开展哪些侦查工作？

### ✏️ 学习内容

破案是指侦查机关对立案侦查的案件，在侦查已经成熟的情况下将已查明的犯罪嫌疑人依法抓获归案的行动过程。

**一、破案的条件**

破案应当同时具备下列条件：

（一）犯罪事实已有证据证明

经过侦查获得了确实的证据，证明确已发生了应当追究行为人刑事责任的刑事案件。这不是对立案条件的简单重复，而是在证明程度上有着不同的含义，应当有更高的程度和标准，证据条件也应当进一步确实和充分。

（二）有证据证明犯罪事实是犯罪嫌疑人实施的

通过侦查，查明了案件的犯罪嫌疑人是谁，并且获得了足以证实其犯罪的确实可靠的证据。如果是通过秘密侦查手段获取的证据材料，还应当事先采取公开转化的形式，以确保证据在诉讼中的使用。

（三）犯罪嫌疑人或者主要犯罪嫌疑人已经归案

具体讲，一人作案的，犯罪嫌疑人必须抓捕归案；二人以上共同作案的，主要犯罪嫌疑人必须抓捕归案；犯罪集团作案的，首要分子和主要实施犯罪的嫌疑人必须抓捕归案。另外，犯罪嫌疑人或者主要犯罪嫌疑人死亡或者在追捕中被击毙的，也可以视为被抓获。

## 二、破案时机的选择

选择破案的时机是侦查活动的一个重要问题。破案一定要适时，如果过早破案，尚未获取确实的证据材料，可能影响办案质量；如果破案过迟，会给作案人留下充分的时间毁证灭迹，甚至逃跑，给诉讼活动带来不可弥补的损失。

（一）破案时机的选择因素

在选择破案时机时，应考虑以下三个因素：

1. 条件因素。即经过侦查，案件已经具备了破案条件，这是破案的前提，也是选择破案时机的基础。

2. 工作因素。即破案后，不会妨碍侦查工作的继续进行。

3. 社会因素。即破案后可以有效地防止犯罪嫌疑人继续危害社会，有利于广大公民积极检举、揭发犯罪行为，提供犯罪线索。

（二）破案的表现形式

1. 及时破案。由于犯罪分子的存在具有现实的危险性，一般来说，只要具备了破案条件的，就应当及时破案。

2. 提前破案。有下列情形之一的，可以提前破案：①案件的主要事实已基本查清，需要进一步侦查，但犯罪嫌疑人有可能逃跑、自杀、毁灭证据或继续犯罪的。②不拘捕犯罪嫌疑人，知情人不敢提供证言和证据的。有的案件，如黑社会性质犯罪，如果不抓捕犯罪嫌疑人，群众不敢提供证言或证据，在这种情况下，可先抓捕犯罪嫌疑人，然后再去收集证明犯罪嫌疑人实施犯罪的确实证据。③对重大预谋案件，特别是暴力性案件，确认其有犯罪预谋行为的。对提前破案的，要有充分的根据，不能以拘代侦、以审代侦。

3. 延缓破案。侦查实践中，有时破案条件虽然已具备，但从侦查工作的全局考虑，如果破获案件会引起本案其他犯罪嫌疑人逃跑、毁证或影响其他案件的侦查的，只要侦查部门能够控制犯罪嫌疑人的活动，可以延缓破案。

4. 留根破案。在侦查实践中，为了侦破重大贩毒、走私、犯罪集团等案件，根据需要并经领导批准，可以采取留根破案的方法，但必须把握好法律界限、做好秘密力量的保护工作。

### 三、破案的方式

破案是指侦查部门对所立案件的犯罪事实基本查清，案件证据收集得确实、可靠而依法将犯罪嫌疑人予以揭露的一种侦查活动，它的突出特征是把犯罪嫌疑人抓捕归案。采取何种方式抓捕犯罪嫌疑人应根据犯罪嫌疑人的犯罪事实、证据和有关法律规定来确定。

（1）对证明案件事实的证据需要犯罪嫌疑人口供印证，又不具备采取拘留或逮捕条件的，可以采用拘传的方式。

（2）对现行犯或重大犯罪嫌疑分子，符合拘留情形之一的，可以采用刑事拘留的方式。

（3）符合逮捕条件的，提请逮捕。

（4）犯罪嫌疑人逃跑的，采取通缉的方式抓捕。不宜通缉的，可采取跟踪、守候的办法抓捕。

（5）犯罪嫌疑人要逆用（破案留根）的，可暂缓抓捕。

### 四、破案的程序

（一）制作破案报告文书

对于符合破案条件的一般案件，应当制作《破案报告表》。对重特大、复杂疑难、有影响的案件还应当制作《破案报告书》。《破案报告书》的内容有：案件侦查的结果；破案的理由和根据；破案的组织分工和步骤；其他破案措施和下一步工作意见。对于延缓破案的案件，应当制作《呈请延缓破案报告书》。

（二）报批

破案报告文书制作完成后，应连同案件材料及时报县级以上公安机关负责人批准后方可实施。

（三）办理相关法律手续

破案时，应根据案件性质和具体情况，对决定在破案中要采用的各种强制措施，按照法律法规的规定，办理好相关的法律手续。

**（四）实施破案**

做好上述工作后，就可以实施破案行动，在具体破案行动中，要充分考虑案件的性质，犯罪嫌疑人的数量、特点及反抗程度，防止拒捕、毁证等行为的发生，确保破案质量。

# 项目四　办案

 学习情境

接破案学习情境内容，抓获犯罪嫌疑人宋××后，专案组对宋××进行讯问，收集、固定、完善证据。

（1）科学审讯，及时固定证据。20××年12月30日下午，宋××被押解回扬州市后，专案指挥部将专案组民警分为审讯、查证、技术、材料和看押五个小分队，制定缜密的审讯方案，多方位同时开展工作。在审讯突破上，正确把握方向，在立足本省的基础上逐步深挖其他省市案件。同步运用录音、录像等手段，及时固定证据。

（2）网上追踪，寻找串并依据。经过侦查和审讯，专案组发现犯罪嫌疑人宋××有在互联网上玩网络互动游戏的爱好。根据宋××本人交代，其登录的网站为××游戏网站01服务器，用户名为"mlw－ln01"和"mlw－lnll"。案发次年1月5日，专案指挥部派员专程赴北京××游戏公司，通过用户名反查，发现"mlw－lnll"的注册IP地址为210.76.××.××，系黑龙江省哈尔滨市用户地址，注册时间是案发前一年的9月；最后登陆IP为61.147.××.××，系江苏省扬州市用户地址，登陆时间为20××年12月15日；同时还发现宋××曾注册使用的电子邮箱"mle－××－××@sina.com"，注册时间为20××年11月7日，注册时IP地址为61.182.××.××，系河北省保定市用户地址。根据用户登录的时间和地址，明确了宋××自20××年以来曾流窜于山东、江苏、河南、河北等省，并于12月15日前窜至江苏省扬州市，为进一步串并案件指明了方向。

（3）主动串并，不断扩大战果。案发次年1月15日，公安部五局专门召集华东刑侦协作区及河北、辽宁等省公安机关在扬州市召开宋××系列杀人抢劫案侦审协调会，通报案件情况，对案件的审讯、串并、查证工作进行协调和部署。根据会议要求，扬州市公安局充分利用技术手段，携带资料，主动上门，与外省、外市串并案件。各涉案地公安机关也根据要求对本地案件，一查到底，主动提供有关资料，配合"12·18"专案组开展好查证工作。经认真核实，最终查明犯罪嫌疑人宋××自20××年2月以来流窜于江苏、山东、河南、河北、辽宁、吉林等省作案38起，其中河北4起、辽宁

8 起、山东 15 起、吉林 2 起、河南 1 起、江苏 8 起。抢得人民币 33 640 元、手机 18 部、金项链等首饰 227 克，致 8 人死亡、24 人重伤、4 人轻伤、2 人轻微伤。其中包括辽宁省辽阳市"5·31"杀人抢劫案，辽宁省大连市"7·21"杀人抢劫案，山东省青岛市"8·1"杀人抢劫案，河北省保定市"11·7"杀人抢劫案，山东省滨海市"11·12"杀人抢劫案等。

### 工作任务

办案，又称讯问办案，是指破案之后，围绕犯罪嫌疑人开展侦查活动，通过讯问和查证，收集、补充、完善证据并建立证据体系，查清和认定案件事实的诉讼活动。传统的侦查体系中，把侦查工作一分为二，即侦查和预审，分属于公安机关的侦查部门和预审部门，侦查部门负责立案、侦查、破案等工作，又称前期侦查；预审部门负责预审（侦查讯问）、结案和移送审查起诉等工作，又称后期侦查。实践操作中，一旦侦查部门抓获犯罪嫌疑人后，就把犯罪嫌疑人交给预审部门，以说明侦查工作业已结束，预审工作的开始。1996 年公安部开始推行侦审一体化改革，就是把侦查、预审工作合二为一，统称为侦查工作。所以，办案又可称为讯问办案，可参考侦查讯问课程的内容补充学习。

办案就是要全面查清案件事实，收集、补充和完善证据，达到审查起诉的要求，为移送审查起诉做好准备。情境案例中，通过科学讯问，及时收集、固定证据，同时结合系列案件的特点，进行串并案侦查，以查清犯罪嫌疑人的全部犯罪事实，完成办案的要求和目标。

**学习和思考：**

1. 什么是办案？

2. 查清案件事实需查清哪些内容？

3. 结合侦查实践，工作中如何做好案件证据的收集工作并建立案件证据体系？

### 学习内容

办案，又称讯问办案，是指破案之后，围绕犯罪嫌疑人开展侦查活动，通过讯问和查证，收集、补充、完善证据并建立证据体系，查清和认定案件事实的诉讼活动。

犯罪嫌疑人拘捕归案后，要及时对其进行讯问，进一步收集、核实证据材料，以彻底查清案件事实，为结案创造条件。

**一、查清案件事实**

查清案件事实包括下面四个层次的内容：

1. 查清犯罪嫌疑人本次犯罪的事实，即提请批准逮捕的犯罪事实，这是最低的要求；

2. 查清犯罪嫌疑人的全部犯罪事实,即提请批准逮捕书中所列犯罪事实以外的其他犯罪事实,要做到人不漏罪,这是基本要求;

3. 查清案件中其他犯罪嫌疑人的犯罪事实,追查同案人,做到案不漏人,这是高要求;

4. 查清犯罪嫌疑人所了解的其他犯罪事实和犯罪线索,扩大战果,这是最高要求。

### 二、收集、补充、完善证据

1. 收集证据。有的案件在破案时,收集的证据较少,要证明犯罪,还要收集其他证据,对这样的案件,在这一环节,应把工作重点放在收集证据上,使认定案件事实的证据达到确实、充分的程度。

2. 补充证据。有的案件基本的证据已经收集了,但认定案件事实还不充分。对于这样的案件,在这一环节,主要是补充收集证据,看证明案件事实的证据缺什么就补什么,使证明案件事实的证据不仅确实,而且充分。

3. 完善证据。有的案件证据比较齐全,基本上可以证明案件事实。但是有的证据还不是很确实,或者说在程序上、手续上还不够完善,对于这样的案件,在这一环节,要对每个证据进行审查,根据证据的要求,做一些补充、完善,使证明案件事实的证据达到确实、可靠的程度。

### 三、建立证据体系

收集、补充、完善证据和建立证据体系,在实际工作中是同步进行的,为了方便叙述,把它作为两个问题来说明。建立证据体系就是根据案件的具体情况组织证据材料,并建立体系。一般情况下,证明案件事实的证据,可以从以下几个方面来建立证据体系:

1. 以犯罪时间为中心,建立证据体系,或者说以证明犯罪时间的证据形成体系,即要有一组证据来证明犯罪嫌疑人具备作案的时间。

2. 以犯罪地点或线路为中心,建立证据体系,或者说以证明犯罪地点的证据形成体系,即要有一组证据证明犯罪嫌疑人在发案时间到达过犯罪地点。

3. 以案件(或犯罪)中的情节为中心,建立证据体系,或者说以证明犯罪嫌疑人实施犯罪行为的情节的证据形成体系,即要有一组证据证明犯罪嫌疑人实施犯罪行为的各种情节。对案件中的每一个与犯罪有关的情节,都要形成证据体系。

### 延伸阅读

侦查阶段律师参与刑事诉讼的法律规定及内容:

1. 1979 年《中华人民共和国刑事诉讼法》(已失效)对此没有规定。

2. 1996 年《中华人民共和国刑事诉讼法》(已修改)第 96 条和《公安机关办理刑

事案件程序规定》（1998 年）（已失效）第 35 ~ 49 条之规定。

3. 2018 年《中华人民共和国刑事诉讼法》第 33 ~ 49 条、第 161 ~ 162 条之规定。

# 项目五 结案

📝 **工作任务**

结案即侦查终结，是侦查机关对自己立案侦查的刑事案件，认为案件事实已经查清且证据达到结案的条件，不需要继续进行侦查时，对侦查工作作出结论和对案件作出相关处理的一项侦查活动。结案是侦查阶段的最后程序，是对侦查工作所作的总结，经过结案程序，要做到"案件事实已经查清，获取了充分、确实的证据，犯罪性质和罪名认定准确，法律手续完备，依法应当追究刑事责任"。同时，结案阶段还需做好案件和扣押物品的处理工作以及案卷材料的整理工作，为下一诉讼阶段的起诉工作打好基础。

**学习和思考：**

1. 结案及其条件。

2. 结案时，如何做好案件和扣押物品的处理工作？

✍ **学习内容**

结案，即侦查终结，是指侦查机关立案侦查的案件，经过必要的侦查活动，在已查明的事实和证据达到结案条件时，依照法定程序结束侦查并对案件作出相应处理的一种诉讼活动。

## 一、结案的条件

根据《公安机关办理刑事案件程序规定》第 274 条的规定，结案须符合如下条件：

**（一）案件事实清楚**

案件事实清楚是结案的首要条件，是指经过侦查，认定确有犯罪行为发生且为本案的犯罪嫌疑人所为，犯罪嫌疑人实施犯罪行为的时间、地点、目的、动机、手段、情节、过程和后果都已查清，如果是共同犯罪案件，即每个犯罪嫌疑人在共同犯罪中所处的地位、所起的作用、具体实施的犯罪行为，以及各自应负的罪责等已经查清。

**（二）证据确实、充分**

证据确实、充分是结案的重要环节。证据确实是对证据从质的方面提出的要求，它要求证明案件事实的证据必须真实无误，确实可靠。证据充分包含两层含义：一是案件中认定的每一个事实、情节都要有证据予以证明；二是案件中认定的每个事实、情节，从证据上看都要达到足以认定的程度，具有唯一性和排他性。

（三）犯罪性质和罪名认定正确

犯罪性质和罪名认定包含两层意思：一是案件所述行为是否构成刑事案件。侦查到了这一步，应该说绝大多数都是刑事案件，但由于受到各种因素的干扰，也有一些可能办错了的案件，如每年法院宣判被告人无罪的，也有一定的比例，说明侦查机关在犯罪性质上需要慎重认定。二是犯罪嫌疑人的行为涉嫌什么罪名。罪名确定的标准表现为法律特征与行为特征的一致性，即《刑法》上规定的罪名的特征与行为人实施行为的特征的一致性。

（四）法律手续完备

即侦查办案中形成的各项法律文书齐备，各项侦查措施、手段依法实施，有关法律手续完备并符合法律要求。

（五）依法应当追究刑事责任

是否需要追究犯罪嫌疑人的刑事责任。通过对犯罪嫌疑人的主体资格、主观方面、责任年龄和责任能力、犯罪行为的表现特征及对客体的侵害程度等方面的审查，认定行为是否具有危害性、违法性和惩罚性。

以上五个条件是一个相互联系的有机整体，必须同时具备，缺一不可。

## 二、制作结案报告

侦查终结的案件应当制作结案报告。结案报告是侦查机关对立案侦查的案件，认为已具备了结案的条件，由办案人员制作的呈报领导批准结案的内部书面报告，它是制作《起诉意见书》或对案件进行其他处理的依据和基础。结案报告的内容包括四个部分：

1. 犯罪嫌疑人的基本情况；
2. 是否采取了强制措施及其理由；
3. 案件的事实和证据；
4. 法律依据和处理意见。

结案报告经办案单位领导同意后，连同案卷材料一并报送县级以上公安机关负责人审批。重大、复杂、疑难的案件应当经过集体讨论决定。

## 三、案件的处理

（一）移送审查起诉

对符合结案条件，已构成犯罪且依法应当追究刑事责任的案件，应制作《起诉意见书》，经县级以上公安机关负责人批准后，连同案卷材料和证据一并移送同级人民检察院审查起诉。

（二）撤销案件

具有下列情形之一的，应当撤销案件：没有犯罪事实的；情节显著轻微，危害不大，不认为是犯罪的；犯罪已过追诉时效期限的；经特赦令免除刑罚的；犯罪嫌疑人死亡的；其他依法不追究刑事责任的。

撤销案件的，应当制作《呈请撤销案件报告书》，经县级以上公安机关负责人批准。

决定撤销案件时，如果犯罪嫌疑人已被逮捕的，应当立即释放，发给释放证明，并通知原批准逮捕的人民检察院。如果犯罪嫌疑人已被取保候审或监视居住的，应当立即撤销。对于不够刑事处罚但需要予以行政处理或移交其他部门处理的，应当依法给予相应的行政处理或移交其他部门处理。对于符合国家赔偿条件的，应当依法提出赔偿建议。

### 四、扣押物品的处理

（一）罪证物品的处理

1. 对移送起诉案件的确定为证据使用的实物，一般应随案移送同级人民检察院审查。

2. 对不宜随案移送的罪证物品，应当拍照入卷，将其清单、照片或者其他证明文件随案移送，原物由公安机关妥善保管或按照国家有关规定分别移送主管部门处理或销毁。

3. 对罪证物品是被害人的合法财产的，应当在登记、拍照或者估价后及时返还。

4. 对容易腐烂变质和其他不易保存或保管的物品，经县级以上公安机关负责人批准，在登记、拍照或者录像后委托有关部门变卖或者拍卖，变卖或者拍卖的价款暂予保存，待诉讼结束后一并处理。无法变卖、拍卖或者已经腐烂变质的，经领导批准，在登记、拍照后销毁。有关照片、清单和法律手续文书随卷移送同级人民检察院。

5. 侦查机关冻结在金融机构的赃款，应当随案移交该金融机构出具的证明文件，待人民法院作出生效判决后，人民法院通知该金融机构上缴国库。

（二）与案件无关物品的处理

1. 对已经查明确实与案件无关的物品，应及时发还给原物品持有单位或个人。

2. 对与案件无关的违禁品和不宜退还给原持有人的物品，经县级以上公安机关负责人批准后予以销毁。

3. 对于撤销案件后，由公安机关直接处理的案件，其赃款、赃物除应返还被害人的以外，经县级以上公安机关负责人批准，可作出书面裁决，依法予以没收。

### 五、案件材料的整理与装订

结案时，侦查人员应对侦查活动中形成的各种案件材料进行加工整理，分别装订成《诉讼卷》《侦查工作卷》和《保密卷》。

（一）整理

对所有案件材料进行分析整理，确定每一项案件材料的作用、价值，有价值的予以保留，无价值的则要舍弃。根据各种案件材料的格式、项目、内容等要求，决定对案件材料依法予以审查、完善和补充。

（二）归类

按照案件材料的性质和价值分别归类。对具有反映和证明案件事实真相、揭露和证实犯罪行为的材料，归入《诉讼卷》，移交检察机关作为诉讼的材料；对记录和反映侦查活动情况的材料，归入《侦查工作卷》，以备查询；对涉及秘密侦查手段，或案件内容涉及国家秘密的机密文件等材料，归入《保密卷》，防止泄密。

（三）装订

《诉讼卷》也称主卷，是侦查机关在结案后移送同级人民检察院审查起诉的案卷。案件侦查中形成的各种法律文书、获取的证据及其他诉讼文书材料都订入此卷。实践中，为了方便案件承办人阅卷审查和辩护人查询、摘抄、复制，又将诉讼卷宗的材料分装成《诉讼文书、技术性鉴定材料卷》（也称程序卷）和《证据材料卷》。《诉讼文书、技术性鉴定材料卷》可参考下列次序排列：卷首部分；强制措施法律文书部分；延长侦查羁押期限法律文书部分；律师参与法律文书部分；技术性鉴定材料部分；起诉意见法律文书部分。《证据材料卷》可参考下列次序排列：卷首部分；受案、立案、破案及案件来源部分；讯问活动部分；询问与其他侦查行为部分；户籍与前科材料部分；通缉与边控材料部分；补充侦查、复议、复核及撤销案件材料部分；其他部分。

《侦查工作卷》也称为副卷，是装订侦查活动中的各种请示报告、领导批示、计划和方案等材料的卷宗。《侦查工作卷》可参考下列次序排列：卷首部分；呈请采取强制措施部分；呈请采取其他侦查行为部分；侦查工作计划、方案材料部分；结案与案件处理部分。

《保密卷》是装订侦查活动中保密材料的卷宗，由侦查机关专门保管，其他人员和单位一般不能查阅。《保密卷》可参考下列次序排列：卷宗目录；立案材料；破案报告；使用秘密和技术侦查手段的请示报告；利用秘密和技术手段获取的材料（已公开转化为证据并随诉讼卷移交的除外）；涉及国家机密的文件材料；其他秘密材料。

（四）装订卷宗应注意的事项

1. 每卷以 200 页左右为宜，如果材料过多可分成多卷装订。

2. 卷内大小不一或易损坏的材料，要通过粘贴、裱衬，统一规格后再装订入卷。

3. 卷内不能存有金属装订物，以免锈蚀损坏材料。

4. 装订成卷后，应根据页码准确填写卷内文件目录，应按照要求正确填写卷宗封面的各项内容。

### 六、补充侦查、要求复议、提请复核

（一）补充侦查

1. 补充侦查的概念。补充侦查是指侦查机关对已经移送起诉或审判的案件，因不符合人民检察院进行诉讼的条件，而在原有侦查工作的基础上进一步查清案件事实、完备证据和法律手续的诉讼活动。

2. 补充侦查的情形。补充侦查虽非每个刑事案件的必经程序，但对实现刑事诉讼的任务，正确适用法律具有重要意义。根据《刑事诉讼法》第 175 条和第 204 条的相关规定，有下列情形之一的，应当补充侦查：①人民检察院审查起诉时，认为侦查终结认定的事实不清楚，证据不足或违反法定程序的，可以退回公安机关补充侦查，也可以自行侦查。②在法院审判过程中，检察人员发现提起公诉的案件事实或证据仍需补充或重新认定的时候，可以提请延期审理的异议，进行补充侦查。

3. 补充侦查的程序。补充侦查应遵循下列步骤：

（1）侦查终结、移送人民检察院审查起诉的案件，人民检察院退回公安机关补充侦查的，公安机关接到人民检察院退回补充侦查的法律文书后，应当按照补充侦查提纲的要求进行补充侦查工作。

（2）对人民检察院退回补充侦查的案件，原侦查部门应当对案件的事实、证据和定性处理意见进行认真、全面审查，分析研究人民检察院退回补充侦查意见，根据不同情况，报县级以上公安机关负责人批准，分别处理：原认定犯罪事实清楚，证据不够充分的，在补充证据后，制作《补充侦查报告书》，移送人民检察院审查，对有些证据无法补充的，应当作出说明；在补充侦查过程中，发现新的同案犯或新的罪行，需要追究刑事责任的，应当重新制作《起诉意见书》，移送人民检察院审查；发现原认定的犯罪事实有重大变化，不应当追究刑事责任的，应当重新提出处理意见，并将处理结果通知退查的人民检察院；原认定的犯罪事实清楚、证据确实充分，人民检察院退回补充侦查不当的，应当说明理由，移送人民检察院审查。

4. 补充侦查的期限和次数。对于补充侦查的案件，应当在 1 个月以内补充侦查完毕。补充侦查以 2 次为限。

5. 补充侦查的处理。对于二次补充侦查的案件，人民检察院仍然认为证据不足，不符合起诉条件的，应当作出不起诉决定。

（二）要求复议与提请复核

对于人民检察院决定不起诉的案件，公安机关认为其决定确有错误的，应当在接到人民检察院不起诉决定书之日起 7 日内制作《要求复议决定书》，经县级以上公安机关负责人批准后，移送同级人民检察院复议。如果公安机关要求复议的意见不被接受，

人民检察院维持原决定的，公安机关可以在接到人民检察院《复议决定书》之日起7日内制作《提请复核意见书》，经县级以上公安机关负责人批准，提请上一级人民检察院复核。

要求复议、提请复核的案件，如果犯罪嫌疑人在押的，在接到检察院《不起诉决定书》后，应立即释放，发给释放证明，并将执行情况及时通知人民检察院。对于需要继续侦查的，可视条件变更强制措施。

 延伸阅读

关于侦查羁押的期限的内容，目前可参阅《中华人民共和国刑事诉讼法》第149条、第156～160条之规定。

 技能训练项目

### 一、训练项目

侦查程序综合训练。

### 二、训练目的与要求

本训练的目的是培养学生综合运用所学侦查程序知识，独立完成案件侦查工作及其过程的操作能力和独立思考问题、解决问题的思维能力，掌握侦查程序的基本规章，明确立案、查案、破案、办案、结案各阶段所要解决的主要问题和案件处理的基本要求及其依据。

为实现上述目的，要求做到以下几点：

（1）本训练要根据实际需要进行设计。其内容包括：案件来源→受理与立案→查案→破案→办案→结案。

（2）侦查工作要求按照规范的程序进行。要注意各阶段的工作内容和流程，以及相关法律文书的制作，确保程序的规范性和法律性。

（3）设计的案情内容及其信息量分布要合理，符合程序要求和操作的需求，同时要做好相关场景布置和角色分配。

（4）结合授课计划安排好训练课时。

（5）认真讲评。任课教师在各小组进行总结的基础上，根据各现场指导老师发现的问题和建议，结合完成训练作业的质量，认真讲评，以总结经验教训，指出今后注意的问题。

### 三、训练方式

分小组进行训练。

### 四、训练用品

有关侦查文书表格、函头纸和其他纸、笔等。

### 五、训练内容

1. 各阶段审查报告材料和相关法律文书制作；
2. 案情分析、侦查进程及工作部署。

### 六、考核评分

1. 考核评分标准。本训练评分标准按百分制，从十个方面考核记分：组织指挥与协调能力，10 分；立案阶段工作处理及相关文书制作，10 分；查案阶段工作处理及相关文书制作，25 分；破案阶段工作处理及相关文书制作，15 分；办案阶段工作处理及相关文书制作，20 分；结案阶段工作处理及相关文书制作，10 分；组织纪律性、团结协作精神、爱护教学设备，10 分。

2. 考核评分办法。评分由任课教师依据评分标准和训练作业质量评定，首先对各小组记集体成绩分数。在集体成绩分数的基础上，再由各小组负责人根据各小组成员完成本职工作的质量及其表现情况，进行加减记分，记个人成绩分数。加减分别不超过 5 分。

### 七、训练案例的设计

案例的设计来源由任课教师提供。

# 单 元 四

# 刑事侦查措施

## 重点提示

侦查活动是一种特殊、复杂的社会活动，是我国侦查机关一项重要的专门工作，是刑事诉讼活动的基础和首要环节，在同犯罪行为作斗争的过程中具有十分重要的地位和作用。刑事侦查作为解决刑事犯罪的一项专门工作，是由多个要素所组成的一个独立存在的系统，侦查措施就是侦查工作的特定内容和重要组成部分，在侦查形形色色的刑事案件过程中，侦查机关的中心任务就是及时有效地揭露和证实犯罪，查获犯罪嫌疑人。侦查机关除了紧紧依靠党的领导，贯彻执行群众路线与专门工作相结合的方针、原则外，在具体的侦查活动中，还必须充分运用各种侦查措施，完成侦查破案，打击犯罪的任务。侦查措施的数量较多，为方便掌握和运用，可以依据不同标准对侦查措施做出不同的分类。本书以侦查措施在实践中的功能差异为标准，把侦查措施分为基础性侦查措施、常规性侦查措施、强制性侦查措施、紧急性侦查措施、技术性侦查措施、综合性侦查措施六大类，对其进行较为详细的阐述。

## 重点问题

侦查措施的含义；侦查措施的类型及其主要功能；选择或适用侦查措施的依据；各项侦查措施的适用条件、实施步骤及其内容和功效。

## 学习目标

知识目标：通过本单元的学习，了解侦查措施的类型及其功能，掌握各具体侦查措施的适用条件、实施步骤及其内容和功效。

能力目标：通过学习和训练，具备各项侦查措施相关工作的适用、操作能力及相关法律文书的制作能力。

# 项目一 侦查措施概述

## 学习情境

20××年4月8日15时许，某市居民张××（62岁）在家被歹徒用斧头砍死，家中贵重财物被抢。

公安机关接报案后，迅速赶赴现场，在现场勘查中，在一个搪瓷茶杯盖上提取到一枚指纹，经技术人员分析为右手拇指所留，侦查人员结合现场情况分析，认为系犯罪分子遗留的，把该指纹与计算机指纹库的指纹进行检索比对，查出数据库中刘××（男，30岁）的右手拇指指纹特征与现场指纹特征相同。

刘××在2005年因盗窃罪获刑两年半，于2008年初被释放，后在街道装卸队做临时工。经调查，刘××具有作案时间、作案因素等条件，因此把刘××列为本案重大犯罪嫌疑人，经审讯，刘××供认了杀人抢劫的犯罪事实。

## 工作任务

侦查措施是指侦查主体在同刑事犯罪作斗争的过程中，为有效打击、预防犯罪，实现刑事侦查目标，针对适用客体的具体情况而依照法律、法规和有关规定采取的各种揭露和证实犯罪、捕获犯罪嫌疑人、收集证据材料的办法和手段。侦查措施种类繁杂、手段众多，由于侦查措施适用的方式、时机、法律性质等不同，其分类方法也复杂多样。侦查措施的使用还必须严格遵循一些原则，如合法性、时机性、针对性、综合性等原则，确保措施适用的合法、灵活、有效，以收到侦查实施之效益。

为满足案件侦查的需要，在案件侦查过程中需要使用到多项侦查措施，方能解决侦查工作问题，完成侦查工作任务。上述情境案例中，就使用了现场勘查、刑事情报、调查询问、强制措施、侦查讯问等措施。实践中，既要理解单项措施的内容，更要掌握侦查措施的综合运用。

**学习和思考：**

1. 侦查措施的概念及其要素。

2. 侦查措施的分类。

3. 侦查措施的适用原则。

## 学习内容

### 一、侦查措施的概念

侦查措施，即刑事侦查措施，是指侦查主体在同刑事犯罪作斗争的过程中，为有效打击、预防犯罪，实现刑事侦查目标，针对适用客体的具体情况而依照法律、法规和有关规定采取的各种揭露和证实犯罪、捕获犯罪嫌疑人、收集证据材料的办法和手段。

理解这一概念，需把握下列四个要素：

1. 侦查措施的运用主体。侦查措施的运用主体是侦查机关及其侦查人员。

2. 侦查措施的适用客体。侦查措施的适用客体是指侦查主体为解决侦查问题而实施的侦查行为所指向的对象，包含人、事、物三方面。人是指与刑事案件相关联的人员，主要是犯罪嫌疑人，也包含被害人、知情人、鉴定人、见证人等；事是指涉及刑事案件的待判事实，主要指犯罪行为事实，也包含各类见证行为事实；物是指证明事实的各种证据材料。

3. 侦查措施的内容。侦查措施的内容是指依照法律、法规和有关规定采取的各种揭露和证实犯罪、捕获犯罪嫌疑人、收集证据材料的办法和手段。

4. 侦查措施的目标。侦查措施的目标是指开展侦查活动要达到的效果。侦查目标有宏观目标与微观目标，也有全局目标和局部目标。一个侦查目标的实现既可以通过采取一项侦查措施完成，也可能需要通过采取多项侦查措施来完成。

**二、侦查措施的分类**

为加深对侦查措施的认识和理解，可以对侦查措施进行分类。侦查措施的数量较多，根据不同的分类依据，可以对侦查措施做出不同的分类，结合相关法律、法规及侦查实践，常见的分类有：

1. 以侦查措施是否具有公开性为标准，分为公开性侦查措施和秘密性侦查措施。

2. 以侦查措施是否为法律、法规之明文规定为标准，可分为法定性侦查措施和非法定性侦查措施。法定性侦查措施是指来自法律、法规规定的侦查措施，主要是《刑事诉讼法》《人民警察法》《人民检察院刑事诉讼规则（试行）》《公安机关办理刑事案件程序规定》等法律、法规。非法定性侦查措施，实践中又称为实务性侦查措施，是指虽非法律、法规规定，但经过侦查活动的反复实践和理论上的凝练，已形成了相对稳定的内容及较为固定的运作程序和方式，并通过侦查机关内部规章制度予以规范且符合法治精神的一些实务性措施，如摸底排队、追击堵截、通报、并案侦查、视频侦查、阵地控制等。

3. 以侦查措施在实践中的功能差异为标准，可分为基础性侦查措施、常规性侦查措施、强制性侦查措施、紧急性侦查措施、技术侦查措施、综合性侦查措施六大类。这也是本书采用的分类方法，并对其有较为详细的阐述。

需要注意的是，上述分类只是对侦查措施的一些大致的分类，侦查实践中不同的侦查措施有时会相互渗透、相互包容，往往难以把每一种侦查措施截然分开。

### 三、侦查措施的适用原则

1. 合法性原则。是指采取侦查措施要依照《刑事诉讼法》《人民警察法》《人民检察院刑事诉讼规则（试行）》《公安机关办理刑事案件程序规定》等法律、法规，在适用主体、适用对象、适用程序等方面做到合法、有据。

2. 时机性原则。是指要遵循刑事侦查工作时机性的要求，抓住战机，适时采取侦查措施，充分发挥侦查措施的效能。

3. 针对性原则。是指采取侦查措施要根据侦查任务的需要，针对侦查对象的具体情况和所处的社会环境因素，坚持因人、因时、因情、因案施策，既做到机动性和灵活性，又兼顾优化性，充分实现侦查措施实施的目的。

4. 综合性原则。是指在侦查实践中，各种侦查措施要相互配合、相互补充，共同服务于刑事侦查的目标。任何一项侦查措施都不是万能的，有其特定的功能，也有其局限性，综合性使用就是为了避免单一措施的局限性，以做好措施间的优势互补，以提高打击、预防犯罪的综合效益。

# 项目二　基础性侦查措施

### ★ 学习情境

20××年7月9日上午，浙江海门县公安局接到报案：本县××厂员工袁××于6月21日出外催货款后，一直未归。7月13日，袁××随身携带的提包在江苏南通如皋市被人捡获。江苏南通如皋市公安局和浙江海门县公安局研究认为袁××极有可能被害，遂组织联合专案组开展侦查，查明袁××最后一次出现是6月27日在扬州江都市××镇××村蒋××家。据此，专案组民警赶到江都，与扬州市公安局、江都市公安局一起，围绕袁××在蒋××家的往来活动开展侦查，发现疑点，并查清了蒋××伙同其父母将袁××杀害后劫走其收回的4万余元货款并抛尸于秦兴的犯罪事实。根据犯罪嫌疑人蒋××的交代，在秦兴县公安局的协助下，找到了袁××的尸骨。从而破获了这起特大抢劫杀人案。

### 📖 工作任务

基础性侦查措施是指侦查机关为了适应同刑事犯罪作斗争的战略需要，夯实预防、打击犯罪的基础，以刑事犯罪的规律、特点和趋势为基础而依法开展的以收集犯罪情报信息、查控犯罪人员和加强侦查主体合作为目的的刑事情报、刑嫌调控、阵地控制、刑事特情和侦查协作等侦查基础业务工作的总和。只有切实做好侦查基础业务的建设，才能实现侦查工作主动进攻、先发制敌，精确打击犯罪分子，拓宽侦查模式和途径，为实现侦查效益和效率的提高夯实专业支撑。

情境案例主要体现了侦查协作这一基础侦查措施的使用效果。实践中，建立稳定、长效的侦查合作机制，是侦查基础工作的一项重要业务。

**学习和思考：**

1. 刑事情报的建设与适用。
2. 刑嫌调控的对象及方法。
3. 阵地控制的范围与方法。
4. 刑事特情的建设和管理。
5. 侦查协作的内容和形式。

学习内容

### 一、基础性侦查措施概述

（一）概念

基础性侦查措施，又称"侦查基础工作""侦查基础业务"，是指侦查机关为了适应同刑事犯罪作斗争的需要，夯实预防、打击犯罪的基础，以刑事犯罪的规律、特点和趋势为基础而制定实施的具有全局性、长期性、进攻性和预防性的侦查措施。

基础性侦查措施是为侦查破案和预防犯罪的目标服务的，是侦查机关开展刑事侦查工作的重要基础，是新形势下同刑事犯罪作斗争的重要手段。从侦查实践来看，凡是基础性侦查措施做得较好的地方，往往也是社会治安较好的地方。

基础性侦查措施的出发点是有备无患、宁多勿少、宁全勿缺。基础性侦查措施与其他侦查措施是一种相辅相成、互为作用的关系，一方面，其他侦查措施需要基础性侦查措施的成果；反过来，其他侦查措施的运用，又为基础性侦查措施反馈信息，检验基础性侦查措施建设的实效，不断充实、完善基础性侦查措施的内容，使其更加全面、正确、有效。

（二）内容

基础性侦查措施的内容随着刑事犯罪情况的发展变化，经历了不断丰富、不断强化的发展历程。1984 年公安部指出，"犯罪情报资料工作是同刑事犯罪作斗争的一项重要的基础业务建设和有效的侦查手段"。1988 年公安部刑侦局进一步阐明："刑事犯罪情报资料工作、刑事特情工作、刑事技术工作是刑侦工作基础建设的三大支柱，要把这三项工作摆上重要位置。"随后又把"刑嫌调控"列为侦查工作的一项基础性业务工作。1997 年石家庄全国刑侦工作会议后，侦查基础业务又改为"三基础、三手段"，"三基础"是指刑事情报、刑嫌调控和阵地控制，"三手段"是指刑事特情、刑事技术和技术侦查。同时根据刑事犯罪智能化、流窜化、暴力化、国际化等特点，又在已有的基础上加强了阵地控制、行动技术和侦查协作机制等的建设，并开展了侦查信息化、录像监控技术、反恐机制等的建设，以适应跟犯罪作斗争的需要。

结合侦查实践和课程体系，本教材主要介绍刑事情报、刑嫌调控、阵地控制、刑事特情和侦查协作等基础性侦查措施的内容。

**二、刑事情报**

（一）刑事情报的概念

刑事情报，是指公安机关侦查部门通过公开和秘密渠道所获得的有关刑事犯罪活动的一切情况和线索，以及对其进行分析研究的成果。

案件的侦查需要大量可供分析、决策的情报信息，而刑事情报工作由于来源渠道多、内容丰富、传递迅速、全方位多角度地服务于侦查破案，能使侦查部门耳聪目明，大大减少侦查人员的盲目性和被动性，增加侦查活动的针对性和准确性。

（二）刑事情报的类型

刑事情报的内容非常广泛、复杂，包含与刑事犯罪活动有关的人、事、物、时间、空间等方面的情况和线索。另外，刑事情报的记录载体也多种多样，如文字、图形、符号、代码、声频、视频等。实践工作中，为了更有效地收集、识别及研究刑事情报，可根据其内容的差异进行分类，主要体现为以下几种：

1. 人员情报。即违法犯罪嫌疑人员信息，是以违法犯罪人及有违法犯罪嫌疑的人为内容建立的刑事情报，主要包括基本情况、相貌特征、作案手段特点、指纹资料、语音资料、违法犯罪事实及打击、处理情况等。

2. 案件情报。即以已经发生的刑事案件（包括未破案件）为内容建立的刑事情报，主要包括四方面信息：发案情况；主要案情；通过现场勘查及其他措施所获得的痕迹、物证、书证等证据材料；犯罪分子或犯罪嫌疑人的基本情况和体貌特征等。

3. 线索情报。这类情报是以已经发生或可能发生的与刑事犯罪活动有关的人、事、物的情况和线索为内容建立的刑事情报，主要是各种与已发案件或预谋案件有联系的可疑情况、各类可疑物品、未知尸体等。

4. 犯罪组织情报。是以犯罪团伙、集团或带有黑社会性质的黑恶势力等为对象建立的各个犯罪组织和犯罪活动情况的综合性情报，主要包括犯罪组织及犯罪活动情况、犯罪组织成员个人情况、犯罪组织及其犯罪成员所作的案件情况等。

5. 样本情报。即以各种用于对犯罪痕迹和物证进行比对鉴定的物品为内容建立的刑事情报。主要表现为枪弹样品、工具样品、鞋底纹样品等。

6. 国外境外犯罪情报。这类情报主要包括：国外境外犯罪集团和犯罪分子、黑社会组织及其成员、国家分裂组织及国际恐怖活动组织预谋来华活动的人员以及对我国进行渗透犯罪的活动情况等。

（三）刑事情报的建设

刑事情报建设是指侦查机关为打击、预防犯罪，所长期进行的刑事犯罪情报的收集、分析、研究、归纳、整理、储存、检索、传递、使用、补充等多环节、多方面的工作。侦查破案和防控犯罪需要准确、丰富、全面的刑事情报，侦查人员必须在全面占有与犯罪有关的人、事、物等情报的基础上，进行侦查决策，制定出打击、防控犯罪的规划、措施和具体的行动方案，做到刑事情报引导侦查，合理配置侦查资源，发挥侦查效能。

1. 刑事情报的收集。是指侦查部门和侦查人员运用各种公开和秘密的途径与方法，积极主动寻找、发现和获取犯罪信息，并对这些信息进行分析研究，按照一定规则登记填卡，形成系统的刑事情报的过程，是刑事情报建设的起点和基础。

（1）刑事情报的来源。刑事情报的来源多种多样，凡是能够产生、持有或透露刑事情报的任何系统都能成为情报信息的来源，其主要形式为：

第一，口头情报源。指利用交谈形式获取的情报，如报案人、知情人、被害人及其亲属的陈述，犯罪分子或犯罪嫌疑人的供述等。

第二，物品情报源。指通过对实物进行观察、提取等形式所获取的情报，如犯罪痕迹、作案工具、现场遗留物等。

第三，资料情报源。指利用文字、绘图、摄影、摄像等手段记录的情报，如通缉、通报、刑事科学技术鉴定等。

第四，档案情报源。指从侦查机关业务档案中获取的情报。

（2）刑事情报收集的方法。刑事情报资料的收集方法有很多，具体有：观察法、现场勘查法、调查访问法、特情收集法、审讯法、情报交流法等。

2. 刑事情报的储存。

（1）储存的概念。刑事情报的储存是指将收集到的大量情报按照一定的分类标准进行登记、加工并使用标准化的情报信息系统进行规范化整理，最后储存到各种情报资料体系以备检索应用的过程。

（2）储存的原则。储存也是一个非常重要的工序，直接关系到所收集到的情报能否被迅速使用。为此，刑事情报的储存应遵守便于快速检索、标准化、程序化、便于情报扩充、便于保全情报和维护设备等原则。

（3）储存的方法。储存方法是对刑事情报合理地组织和存放的方法，也是建立检索工具、为情报信息的查找提供检索途径的方法。实践中常用的有分类组织法、主题词法和索引组织法等。

3. 刑事情报的传递。

（1）传递的概念。刑事情报的传递是指刑事情报借助于某种载体以各种方式进行交流的过程。一切刑事情报只有通过传递才能实现其为刑事侦查服务的价值。刑事情报的传递必须达到迅速、准确、安全、保密的要求。

（2）传递的方法。刑事情报传递的基本形式有人员传递、口头传递、书面传递、实物传递、视听资料传递、信号传递、电信传递等。

4. 刑事情报的检索。

（1）检索的概念。刑事情报资料的检索是指在已经存储的刑事情报中，查找符合特定条件的情报资料的过程。检索实质是把查询的情报信息与储存的情报信息二者的特征进行对比，并将相同或相似的情报信息查找出来，以供使用。

（2）检索的类型。情报用户的需求是多方面的，他们的情报提问也是多种多样的，实践中主要把情报检索分成四种类型：人员情报检索、事实情报检索、数据情报检索和痕迹物证情报检索等。

（3）检索的步骤。不论是手工检索，还是计算机检索的方式，刑事情报检索一般要经过分析送检材料、制定检索策略、实施检索、评价检索结果四步。具体表现为：

第一，明确检索意图，分析检索条件。检索首先要确定检索的目的和意图，在此基础上分析确定符合检索条件的范围及内容。

第二，确定检索途径，选择检索用词。比较稳定、可靠的检索条件都可以作为检索的途径，尤其是和检索条件相吻合的可以作为主要检索途径，并根据检索条件确定检索词。

第三，形成并实施检索方案。根据检索条件的数量和相互关系，确定所实施的检索方法，并确定取舍范围，从而形成检索方案；之后利用检索工具，进行检索的具体操作过程，即根据所选择的检索途径，在相应的情报信息系统中查找出相关情报资料。

第四，评价检索结果，整理交付使用。检索结果一般是：①查到了用户所需要的情报资料；②所存储的情报资料中没有用户所需要的；③由于送检条件不清楚，没有找到相应的内容。不论哪种结果，都要根据情况进行认真的分析研究和客观评价。

刑事情报建设在侦查中的地位十分重要，既是侦查机关的一项基础性业务，又是一种有效的侦查手段；不仅为制定宏观上的预防、打击犯罪的对策提供依据，又为具体的侦查破案提供线索和证据材料。

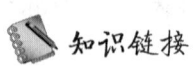 知识链接

## 侦查信息化

当前，我们正处在信息高速发展的现代社会，各种信息借助现代媒体广为传播，特别是数字化技术的飞速发展，使信息的传播速度和广度有了质的飞跃。信息的触角无处不在，在这样一个信息化社会里，高度重视和充分利用信息成为做好各项工作的重要前提，对于侦查机关来说也概莫能外。因此，加强侦查信息化建设，对于侦查机关具有特别重要的现实意义。

侦查信息化建设，就是要求各级侦查机关适应现代侦查工作的需要，进行侦查信息网络、侦查信息渠道、侦查信息数据库、侦查信息流程、侦查信息化应用等的建设和工作。具体而言，通过侦查信息建设要逐步达到获取刑事情报的网络化、侦查管理自动化、侦查运作高效化、刑事证据数字化等，建立和完善侦查信息化工作平台，为公安各项工作提供强有力的信息支持。为此，我国早在1984年就启动了公安系统计算机网络建设，即"中国犯罪信息中心"（CCIC），1998年又启动了"金盾工程"，即公安通信网络与计算机信息系统建设工程，以适应我国现代经济和社会条件下实现动态管理和打击犯罪的需要，实现"科技强警"和"信息导侦"。此后，又在"金盾工程"基础上继续开发了以违法犯罪信息系统为核心的网络化环境，这一网络化环境由各级信息通信网络构成，核心系统是犯罪情报信息系统，同时还并列了各种应用子系统和数据库，如指纹自动识别系统、串并案查询系统、数字图像处理分析系统、DNA数据库、违法人员数据库等，这些子系统和数据库将随着技术的进步而不断增加和完善，内容也将不断丰富。

### 三、刑嫌调控

#### （一）刑嫌调控的概念

刑嫌，即刑事犯罪嫌疑人员的简称，是指具有实行某种犯罪的主观因素，又有犯罪的可疑迹象，但尚未发现、掌握其犯罪的事实，而不能对其开展立案侦查的人。

刑嫌调控是指通过对刑嫌人员的了解、观察和监控，及时掌握其外部活动，搜集侦查信息，为侦查工作提供线索的一项基础性侦查措施。

刑嫌调控是刑事侦查的一项专门工作和重要的基础业务建设，也是侦查机关落实主动进攻、先发制敌的重要手段。刑嫌调控对于拓宽侦查工作途径，及时打击预谋犯罪、暴力犯罪，加强侦查工作的业务建设以及预防犯罪功能，增强侦查机关对付社会治安的控制力度，掌握斗争的主动权，均具有重要作用。

#### （二）刑嫌调控的对象

不同时期犯罪活动的特点和规律有异，刑嫌人员的范围也有不同。根据公安部有关法规和侦查实践，当前刑嫌人员主要有：

（1）刑满释放人员及其他受过违法犯罪处理的并有重新犯罪迹象的人；

（2）正处于缓刑、假释、监外执行、取保候审、监视居住的人员中可能有继续犯罪迹象的人；

（3）仇视社会，对现实不满，或者具有某种仇恨，有报复苗头的人；

（4）外来人口中，无正当职业、经济来源可疑、不讲真实身份、有犯罪嫌疑的人员；

（5）社会关系复杂，多与有劣迹的违法人员接触，拉帮结派、寻衅滋事、有进行有组织犯罪嫌疑的人员；

（6）经营破产、赌博输巨资、吸毒无毒资等有预谋犯罪迹象的人；

（7）有盗窃、抢劫枪支意图，有私藏贩卖枪支、爆炸物品嫌疑的人员；

（8）经济暴富、财产来源不明、收支明显不相符，有盗窃、抢劫、诈骗、销赃、窝赃等嫌疑的人；

（9）因证据不足等原因未被打击处理，但犯罪嫌疑尚未被排除的人员。

对16岁以下的少年，一般不列入刑嫌人员，可配合家长、学校加强对他们的帮教工作。其中有可能进行重大或连续犯罪的，可短期列入刑嫌人员。

（三）刑嫌调控的方法

对刑嫌调控的方法包括对刑嫌人员的调查和控制两个方面：

1. 对刑嫌对象的调查。对刑嫌对象首先要进行调查，具体包括以前犯罪的情况和现实表现两个方面。对以前犯罪的调查包括时间、地点、手段方法、案情、犯罪的原因等。对现实表现的调查包括是否具备犯罪时间、条件，是否有犯罪的迹象，是否与已确定的嫌疑人有联系等。

2. 对刑嫌对象的控制。如果通过调查，发现有犯罪嫌疑，则要对其进行控制。控制工作必须要侦查机关和公安派出所、基层组织等相互配合才能完成。

（1）与刑嫌人员住所或居所的基层组织如居委会、村委会、单位保卫组织和人员取得联系，请他们予以协助；

（2）利用人防（如特情）和物防（监控）对刑嫌对象进行控制；

（3）如有明显犯罪迹象的，侦查机关直接进行侦查或监控。

（四）刑嫌调控的原则

1. 依法原则。刑嫌调控这一措施直接影响到公民的基本权利，所以在实施的时候一定要依照法律所规定的范围、方法和方式进行，不得随意扩大刑嫌调控的范围和力度，任意剥夺公民的合法权利。

2. 秘密原则。刑嫌调控是侦查机关对可能有犯罪迹象的刑嫌人员进行的调查和控制，为了预防、发现和制止犯罪，决不能把内部确定的刑嫌人员的材料对外公布，防止因泄密而造成刑嫌人员的失控，从而影响整个侦查工作。

3. 相互配合的原则。刑嫌调控仅凭侦查机关的力量是不够的，为了侦查工作的顺利进行，侦查机关必须和各种基层保卫组织等进行密切配合，及时进行交流和沟通。

（五）刑嫌的撤销

对被控制的刑嫌人员已经确定没有犯罪嫌疑的，应及时办理撤销手续。其条件为：

（1）因犯罪正在监狱内服刑的；

（2）犯罪嫌疑人死亡或因患有严重疾病已丧失行为能力的；

（3）久控未发现有犯罪活动的；

（4）犯罪嫌疑已查清、解除调控的。

### 四、阵地控制

（一）阵地控制的概念

阵地是指侦查阵地，而阵地控制是指侦查机关对易受犯罪嫌疑人侵害、利用以及犯罪嫌疑人经常涉足的行业、场所，采取公开和秘密的方法进行控制，以及时发现犯罪线索的一项基础性侦查措施。

（二）侦查阵地的范围

依据同犯罪行为作斗争的需要，结合侦查工作实践，阵地控制的范围包括重点地区、复杂场所和特种行业三大类。

重点地区包括：对外开放的口岸、重要车站、码头、机场、旅游区、商业区、公交车站、出租车以及其他经常发生案件的重点地区等。

复杂场所包括：娱乐、餐饮场所如歌厅、舞厅、电影院、体育馆、公园、饭店等；繁华商业街如大型百货商场、交易市场、文物店、珠宝商店、商品展销会场所等。

特种行业包括：典当行、收购站、加工店、旅店业、刻字业和修理业等。

（三）阵地控制的形式

侦查机关对刑事阵地进行控制要根据具体情况分不同形式进行。

1. 公开管理。即根据法律法规及有关规章制度，采用法律和行政手段进行的控制。为了有效管理这些行业，公安机关及相关部门都会制定相应的规范这些行业的规章制度，只有这样才能有效、公开的管理。

2. 秘密控制。除了公开控制，侦查机关可以在违法犯罪行为多发地、易发地利用人防即特情耳目和物防技防即监控设施等进行秘密监控，在犯罪嫌疑人没有觉察的情况下进行控制，为更好的发现、控制、制止犯罪服务。

（四）阵地控制的方法

阵地控制是一项经常性的侦查基础工作，要做好此工作，侦查部门必须做到主控阵地要好、专控阵地要细、队伍建设要专业、信息网络要通畅这几个方面。具体包括：

1. 专业力量控制。专门组织人员对所要控制的地方进行专门的控制，这些人员一定要熟悉所要控制地方的人员、地貌等，只有这样才能有的放矢。

2. 秘密力量控制。为了避免犯罪嫌疑人察觉，侦查人员可以布置一些秘密力量如刑事特情、耳目等对阵地进行控制，这种方法往往对于发现犯罪嫌疑人和收集犯罪信息有重要的作用。

3. 技术力量控制。除了利用人力，侦查机关可以利用现代通信技术、安全防范技术和设备大范围地控制阵地，在节省人力的情况下这种方法更能有效地发现和控制犯罪。

4. 行业职工控制。内部职工利用优势条件，在日常工作中发现周边可疑的人和事，收集犯罪信息，并及时提供给公安机关。

5. 网络信息控制。利用现代信息交流快速的优势，侦查机关可以利用网络平台、信息交流工具及时发现可疑的犯罪嫌疑人和犯罪信息，更有效、便捷地发现并控制犯罪。

### 五、刑事特情

（一）刑事特情的概念

刑事特情，俗称为"线人"，是侦查机关建立和使用的，用于侦查刑事案件、收集犯罪情报、发现和控制犯罪活动的隐蔽力量。刑事特情是侦查机关建立和使用的一支执行特殊任务的情报人员队伍，只能用于刑事犯罪的侦查和控制工作，不具有侦查人员的身份，不是刑事侦查人员。

刑事特情作为侦查机关对付犯罪活动的一种秘密武器，无论是阵地控制、收集情报、防控犯罪，还是开展专案特情内线侦查向犯罪分子发动主动进攻，实施对犯罪目标的精确打击，都发挥着其他侦查措施不可代替的作用。

（二）刑事特情的分类

结合我国侦查工作实践，通常从侦查的任务和特情所起的作用，将刑事特情分为三类：

1. 专案特情。是指侦查机关为了实施专案侦查而建立和使用的特情，主要用于侦查已发生的和正在预谋的重、特大刑事案件和犯罪集团案件。

2. 情报特情。是指侦查机关为了收集刑事犯罪活动情报而建立和使用的特情。这类特情是专门用于搜集犯罪情报的，一般无具体的案件和人员目标，也没有固定的活动范围，但多具有流动性的职业。

3. 控制特情。是指侦查机关建立和使用的，以公开职业为掩护，在刑事案件常发地或犯罪嫌疑人经常出没、活动的地区进行阵地控制的特情。这类特情一般有固定的活动范围，有公开的职业作掩护。

在实际工作中，刑事特情的分类不是固定不变的，专案特情、情报特情和控制特情可根据案件侦查工作的需要、案情的发展及特情所具备的条件，相互转换使用。

（三）刑事特情的建设

1. 刑事特情建设的原则。刑事特情建设的原则是指刑事特情建设中必须遵循的基本准则。刑事特情工作是一项政策性和斗争性很强的工作，如果使用不当，就可能给侦查工作带来严重的损失，为了使特情工作健康发展，必须遵循：需要与可能的原则；积极慎重、隐蔽精干的原则；绝对保密的原则；统一规划、合理布局的原则等。

2. 刑事特情的选建。刑事特情的选建是指侦查机关及其人员根据刑事特情工作的要求和刑事特情的条件，选择一定的人员，进行培养、考察并正式吸收为刑事特情的一系列工作，是刑事特情建设的重要程序。

（1）刑事特情选建的条件。是指侦查机关吸收某些人员为刑事特情所必须符合的标准。根据公安部刑事特情工作的有关规定，结合工作实践，刑事特情应当具备三个条件即具有能够发现和接近犯罪分子、有一定的活动能力、愿意为侦查机关工作或具有能为侦查机关所控制使用的条件。

（2）刑事特情选建的方法。选建刑事特情，必须根据选建对象的具体情况，讲究一定的方法，以确保建设的顺利进行。实践工作中，选建刑事特情时有很多的方法，在诸多的方法中，多以思想教育为主、建立感情为辅，特殊情况下，可采取强制控制使用的方法。

（3）刑事特情选建的程序。选建刑事特情必须按下列步骤进行：

第一，全面调查。侦查人员一旦发现可以选建为刑事特情的对象时，必须首先对其情况进行全面调查，调查其是否具备刑事特情的基本条件，调查内容包括选建对象的政治态度、思想品质、经济状况、性格爱好、家庭和社会关系、与侦查对象的关系等。

第二，初步接触。侦查人员与选建对象进行面对面的交流，了解其是否愿意为侦查机关工作或能否为侦查机关所控制。

第三，考察试用。考察试用主要包括两方面，一是考察选建对象的工作能力；二是考察选建对象的可靠性和忠诚度。

第四，对经过调查了解、考察试用且符合刑事特情条件的选建对象，侦查人员要填写《刑事特情审批表》，并按照刑事特情的类型和审批权限报经县、市以上侦查机关负责人批准。

第五，正式谈话。凡是被侦查机关正式吸收为刑事特情的人员，在其开展工作前必须要与其进行正式谈话，内容主要有：明确接受某个侦查人员的单线领导，一般坚持"谁选建，谁领导"的原则；宣布规定的化名、联络暗号和联络方法；宣布刑事特情工作的纪律；对其进行初步的工作安排。

（4）刑事特情据点建设。刑事特情据点建设是刑事特情建设的重要组成部分。刑事特情据点是指侦查机关建立的、以一定形式为掩护的、用以控制阵地、收集犯罪情报、发现犯罪线索和联络、接待、教育、指挥刑事特情的秘密工作处所。根据功能和作用，刑事特情据点可分为联络据点和阵地据点。为了确保刑事特情工作的顺利开展和特情据点的秘密性，侦查机关要派出经验丰富、业务能力强、善于经营管理的侦查人员进行管理和领导。

（四）刑事特情的管理

对刑事特情的管理是有效开展刑事特情工作的重要保证，其主要内容是对特情的教育、考核和奖惩。

1. 教育。对刑事特情的教育是一项经常性的工作，通过对刑事特情的教育，提高其政治思想素质和业务能力，使其更好地为侦查机关工作，教育内容包括思想政策、遵纪守法、保密和业务教育等。

2. 考核。考核的目的是对刑事特情加强教育、解决问题和正确使用。考核的内容也很广泛，主要包括思想政治态度、遵纪守法意识、保密等，重点是考核特情的工作能力和提供情报的可靠程度，考核的方法有定期考核、随时抽查、复线考查、侧面调查、审讯犯罪嫌疑人等，总之，通过考核，解决实际问题，兑现奖惩和决定刑事特情的去留，使特情队伍不断壮大，增强战斗力。

3. 奖惩。对刑事特情的奖惩，是纯洁特情队伍、提高特情素质和战斗力的重要措施。

（1）对刑事特情的奖励。奖励是激励刑事特情上进，提高其积极性的有效方法。根据公安部《刑事特情工作细则》，具有下列情形之一的，对刑事特情给予表扬和物质奖励：①打入犯罪集团、团伙内部，破案有功的；②获取犯罪证据，破案有功的；③发现重要线索，抓获重要犯罪分子的；④遇有犯罪分子行凶、逃跑或者强制特情共同犯罪等紧急情况，能机动灵活，处置得当，有效完成任务的；⑤积极工作、遵守纪律、服从指挥、做出贡献的。

（2）对特情的处罚。根据公安部《刑事特情工作细则》，具有下列情形之一的，对刑事特情给予批评、教育、警告、清洗直至追究法律责任：①阳奉阴违，虚报情况的；②假公济私，招摇撞骗的；③擅自行动或暴露秘密的；④违法犯罪或包庇犯罪的；⑤捏造事实，陷害特任的；⑥勾结犯罪分子制造假象，企图将侦查工作引入歧途的；⑦诱人犯罪或策划犯罪的。

### 六、侦查协作

（一）侦查协作的概念

侦查协作是指侦查机关为提高打击犯罪的力度、发挥整体作战的优势，而长期、经常进行的侦查机关之间以及侦查机关与其他部门之间有组织的协调配合，并使之规范化、制度化的一项基础性侦查措施。

侦查协作是国内、国际侦查实践的必然要求，是各国侦查机关为及时、有效地打击跨地区、跨国犯罪所采取的一项基本对策。实践中加强侦查协作有利于提高打击犯罪的力度，发挥侦查机关整体作战的优势。

（二）国内侦查协作

国内侦查协作既包括我国内地各省、自治区、直辖市之间的内地侦查协作（包含了各市与市、县与县之间的侦查协作），也包括我国内地与港、澳、台地区的区际侦查协作。

1. 内地侦查协作。我国内地的侦查协作是指我国内地公安机关及其内部不同部门（警种）之间、公安机关与其他机关及单位之间，就完成刑事案件侦查任务的需要，依据有关法律、法规的规定或协议等，采取一定措施与办法相互支持与配合，共同完成工作任务，实现侦查目标的一种侦查方式。它是一项依法有序、注重构建合成作战机制建设、围绕案件侦查需要开展活动的基础性侦查措施。

（1）侦查协作的原则。依照有关法律、法规规定，我国内地的侦查协作应当遵循"及时、无偿、明确、依法"的原则，以使侦查协作在正常的轨道内运行。

第一，及时协作原则。当案件侦查有协作需求时，请求地公安机关必须尽快依照法定程序向协作地公安机关提出协作请求，并办理齐全有关法律手续，协作地公安机关接到协作请求后，要分清情况，落实专人负责，及时部署侦查活动。

第二，无偿协作原则。在公安机关内部开展协助调查、执行强制措施等协助请求，只要法律手续完备，协作地公安机关应当及时无条件给予配合，不允许收取任何形式的费用。公安机关之外的侦查协作，根据有关具体协作事项与相关部门规定执行。

第三，明确协作原则。需要异地协作时，请求地公安机关应当认真分析案情，明确侦查协作的具体事项和涉及的异地公安机关范围，有针对性地确定协作事项和地域范围，不能毫无目标地随意发出协作请求，浪费协作地公安机关的资源。

第四，依法协作原则。无论是请求地还是协作地，在侦查协作活动中，都必须依照有关法律规定确定和审查协作事项，超越法定的协作范围的，一律不予协作。协作程序也必须依照法律办理，协作过程产生的纠纷也应当依照法律规定处理。

（2）侦查协作的形式。我国内地侦查协作的形式常见的有两种：

第一，纵向协作形式，是指我国内地公安机关侦查部门上、下级之间所开展的协作活动，这体现了一种具有中国特色的自上而下或自下而上的领导和协作的和谐关系。目前，内地公安机关有关的侦查部门主要是各级公安机关的刑事侦查、经济犯罪侦查、禁毒侦查等部门。

第二，横向侦查协作，是指内地不同行政区域的公安机关之间、地方公安机关与行业公安机关之间或公安机关内部不同警种之间，以及公安机关与其他机关和单位之间所开展的协作活动，这是侦查协作的主要内容和形式。需要注意的是，在实践中，各级侦查部门的警力资源都无法包办所有的侦查业务，只能在日常案件侦查中起主力作用，在不少情况下，侦查活动既需要本单位的其他部门（如治安、交通、技侦等部门）、行业公安机关（铁路、航运、林业、海关与边防等）及军队保卫部门的协作与支持，还常常需要得到其他国家机关、企事业单位的支持与配合，如渔政、税务、金融、卫生、环保等部门。

（3）侦查协作的内容。在侦查实践中，侦查协作的内容广泛、形式灵活，目前，我国内地侦查协作的主要内容有以下几方面：

第一，核实案情，调取证据。随着社会的发展，人、财、物的流动量日益增大、流动日益频繁，侦办案件时开展调查取证或查询犯罪信息、资料，经常会需要其他单位，甚至异地单位的配合，尤其是需要涉案地区公安机关的大力支持和配合。

第二，交流刑事犯罪情报。交流刑事犯罪情报是侦查协作经常性的工作，必须提高情报意识、建立健全情报信息交流制度和网络。侦查协作需要交流的犯罪情报是多方面的，从宏观上讲，有协作范围内各种突出性的犯罪活动，尤其是恶性犯罪的新动向和发展趋势；有组织犯罪、流窜犯罪、跨区域犯罪活动；境外、国外犯罪渗透活动情况以及结合部、毗邻地区犯罪动向等。从微观上讲，有某一案件、某一犯罪集团的案件线索；犯罪窝点，转移、销售赃物等线索；负案逃犯的线索及犯罪手段、特点相同的案件线索等。

第三，查缉潜逃犯罪嫌疑人。查缉潜逃犯罪嫌疑人是侦查协作经常性的工作，对此，一要提高通缉通报制作的质量；二是要求接到通缉通报的侦查机关要及时落实通缉通报的要求；三是对所有通缉的犯罪嫌疑人、协查通报的犯罪嫌疑人、案件、线索，要分门别类地建立档案，作为犯罪情报资料的重要组成部分。

第四，异地执行强制措施。对异地侦查机关提出协助执行强制措施的请求，只要法律手续完备，协作地公安机关应当无条件地予以配合。

第五，异地查询、查封、扣押、冻结。根据《公安机关办理刑事案件程序规定》第342条的规定，需要异地办理查询、查封、扣押或者冻结与犯罪有关的财物、文件的，执行人员应当持相关的法律文书、办案协作函件和工作证件，与协作地县级以上公安机关联系，协作地公安机关应当协助执行。在紧急情况下，可以将办案协作函件和相关的法律文书电传至协作地县级以上公安机关，协作地公安机关应当及时采取措施。委托地公安机关应当立即派员前往协作地办理。

第六，联合侦查跨区域重大刑事案件。因现代通讯、交通、信息技术的发展，跨区域犯罪日益成为常态，为此，公安机关有针对性地创建了跨区域重大刑事案件联合侦查机制，以打击跨区域流窜犯罪。通过该机制，可以对重大案件或疑难案件进行"会诊"，集思广益，拓展视野，挖掘线索；可以发现串并案线索，开展并案侦查等。

第七，区域联动，专项打击犯罪。组织区域性联合行动是侦查协作打击区域内某些突出犯罪活动的重要措施，各地区可以根据某一时期某类犯罪活动的特点，组织进行区域性的专项联合打击行动。

第八，侦查资源相互支援。由于诸多因素，各级、各地公安机关的侦查资源（如侦查专家、设备等）存在差异，有强有弱。实践中，建立相互支援工作机制，可以取长补短、发挥协作优势、集中资源办好紧急事务，还可以进一步促使各级、各地公安机关打造特色，强化专长，实现优势互补，节省社会资源，提高侦查效率。

（4）侦查协作的程序。侦查协作是一项依照有关法律、法规和协作区域相互间的约定而开展的侦查措施，在具体实施时必须依照一定的程序和要求进行，确保协作开展的有效性。目前，根据内容的差异，侦查协作的程序也有两种：

第一，公安机关内部开展的核实案情和调查取证类的侦查协作，大多数是通过网上办案协作平台进行的，侦查协作需遵循发布信息、提出请求、接受请求、报请审批、落实任务、回复结果和签收评价等步骤。此中需要注意的是，通过跨区域协作平台发布或回复的所有信息，必须经办案单位及本地联络员审核同意后，方可上传。

第二，需要讯问、采取强制措施或者查询、查封、扣押或冻结与犯罪有关的财物、文件的，则基本采取派出执行人员前往协作地的方式进行，侦查协作程序一般要经历提出侦查协作请求、接受侦查协作请求、组织落实协作请求和通报协作侦查结果及处理善后事宜等步骤。

2. 区际侦查协作。在一个国家内部存在不同法域，不同法域之间进行的司法协助就是区际司法协助，其中的侦查协作活动，则称为区际侦查协作。

我国区际侦查协作是指我国内地与港、澳、台地区的侦查协作。由于历史原因，我国内地和港、澳、台地区形成了具有中国特色的"一国两制三法系四法域"的特别社会制度和司法制度现象，因此，不可避免地发生不同法域之间刑事法律制度与司法实践的冲突，而区际侦查协作正是解决冲突的一项重要方式。

（1）区际侦查协作的原则。

第一，"一国两制"原则。"一国两制"是我国解决香港、澳门和台湾问题，实现祖国统一的基本原则之一，因而，我国各法域之间进行区际侦查协作也必须恪守这一原则。

第二，协商互惠原则。协商是针对合作各方的需要，合作各方共同商量寻求共同认可的可以解决问题的一致意见，其既是有效进行侦查协作的基础，也是我国法律的基本要求；互惠是指进行区际侦查协作的各方通过协作事宜的开展，既为本法域也为协作的其他法域提供更为稳定和安全的社会环境，是一种双向的互助行为。

第三，独立平等原则。"一国两制"强调的是"一国"，肯定的是"两制"，即在我国领域内，相异的刑事法律制度可以并存，这就标志着各个刑事法律制度具有自身的独立性，而作为刑事法律制度表现形式之一的刑事警务活动，自然获得独立性。平等是保持独立的重要条件，是指各法域在进行刑事警务合作时，其地位是平等的，因此开展侦查协作，各法域都必须经过平等协商达成协议，并依照协议进行，任何一方都不能私下扩大或违背协议。

第四，简便高效原则。侦查活动的特征决定了侦查协作必须反应快速，否则，可能贻误战机，使侦查协作失去应有的意义，区际侦查协作也不例外。

（2）区际侦查协作的内容。按照我国现行的法律、法规和区域现状，内地与港、澳、台地区的司法权是各自独立的，任何一方的警务执法人员都无法随时、自由地前往对方区域进行调查取证活动，如果警务活动涉及对方区域，则必须通过向对方提出合作请求交由对方审查，对方根据自身法律规定决定是否给予协助，在决定给予协助之后依法开展侦查活动，直至将结果反馈给对方。目前，我国区际侦查协作开展的内容主要有调查取证、送达法律文书、情报信息交流、缉捕遣返通缉犯、追缴和移交赃款赃物、非正常死亡与采取强制措施人员信息情况通报、教育培训与学术交流等。

（3）区际侦查协作制度与机制。

第一，内地与港澳地区侦查协作制度。内地与港澳地区之间侦查协作制度大致分为三种情况：①合作协议，即内地与港澳地区之间的警务协作通过签订正式协议来明确协作制度，目前内地与港澳地区正式的警务协作协议主要有《内地公安机关与香港警方建立相互通报机制安排》《内地公安机关与澳门特别行政区政府保安司关于建立相互通报机制的安排》和《粤港合作框架协议》等。②会议纪要，内地与港澳警务合作内容广泛、合作机制高效，大多数合作制度是通过内地与港澳警方举办的不同层级的涉及各个方面的定期与不定期的警务工作会晤会议进行磋商，达成共识，确定共同的工作目标和工作任务并在法律框架内各自采取灵活方式方法完成的。③规范性文件，是对自身开展协助活动事宜制定的规范性文件，以保证协作的规范与效率，如2012年公安部颁布实施的《公安机关与港澳纪律部队交流合作管理办法》（公港澳台〔2012〕326号）。

第二，内地与港澳地区侦查协作机制。目前，内地与港澳地区侦查协作机制主要有三种：①工作会晤机制，是由公安部组织的双边会，明确公安部每年与香港、澳门警方轮流举办一次定期会晤。②定期通报机制，这是依据上述两个通报安排协议而建立的定期通报机制，根据通报安排的内容，三地构建了有关在对方辖区内被采取强制措施人员和非正常死亡情况的通报机制，定期相互通报，相互配合工作，该机制目前运转灵活有效。前述两项机制是带有全局性覆盖性质的内地与港澳警方的合作机制。③粤港澳侦查协作机制，这是因为广东毗邻港澳地区的特殊地理位置而形成和建立的不同层次覆盖侦查主要环节的全方位侦查协作机制，为三地的社会稳定提供了切实保障，目前该协作机制的主要内容有定期与不定期工作会晤机制、归口联络机制、对口协作机制、个案协作机制、联合行动机制、定期通报机制和粤港澳三地警方网上合作平台等。

第三，海峡两岸侦查协作制度与机制。海峡两岸的侦查协作以《海峡两岸红十字组织有关海上遣返协议》和《海峡两岸共同打击犯罪及司法互助协议》两个协议为依据而开展，目前，侦查协作内容广泛、规范，机制构建稳步推进。

（三）国际刑事司法协助和警务合作

国际刑事司法协助，也可称为"国际刑事合作"，是指世界各国之间在刑事问题上所进行的各种形式的配合与协作，即不同国家之间根据国际条约或者国家协议接受他国委托代为履行某些刑事诉讼行为的活动，如询问证人、询问鉴定人、送达文书、检验证件、移交物证、办理有关刑事诉讼手续、引渡、刑事诉讼的移管、外国刑事判决的承认和执行等。国际警务合作，是指不同国家的警察机关根据本国法律、国际条例、警务合作协议或者互惠原则，进行的相互交流情报、协查案件、移交物品等警务活动。

1. 国际刑事司法协助和警务合作的基本原则。根据我国有关法律、法规的规定，公安机关在开展任何国际刑事司法协助和警务合作活动中，都必须严格恪守下列基本原则：

（1）主权原则。公安机关办理国际刑事司法协助事务过程中，都必须在相互尊重国家主权、领土完整的前提下进行。

（2）对等互惠原则。"对等原则"是指若一国司法机关对他国公民、企业、组织的诉讼权利加以限制，他国司法机关可以对限制国的公民、企业、组织的诉讼权利予以同样限制的原则。"互惠原则"是指在一定条件下利益与特权的相互或相应让与。

（3）依法原则。公安机关进行国际刑事司法协助和警务合作，应当依照我国缔结或者参加的国际条约和公安部签订的合作协议的规定处理，不得违反有关的规定办理协助事宜，如果没有相应条款和协议规定的，可按照互惠原则通过外交途径或国际刑警组织进行。

2. 国际刑事司法协助和警务合作的中央主管机关与办理机关。

（1）中央主管机关。国际刑事司法协助和警务合作是国家间的司法活动，在我国属于国家外事权，必须通过中央有关机关进行，地方各级政府及其机关和部门不得擅自开展这种活动，除非有特别规定。《公安机关办理刑事案件程序规定》第364条第1款规定："公安部是公安机关进行刑事司法协助和警务合作的中央主管机关，通过有关国际条约、协议规定的联系途径、外交途径或者国际刑事警察组织渠道，接收或者向外国提出刑事司法协助或者警务合作请求。"第3款又规定："其他司法机关在办理刑事案件中，需要外国警方协助的，由其中央主管机关与公安部联系办理。"依此规定，我国进行国际刑事司法协助和警务合作的中央主管机关是公安部。

（2）办理机关。依据《公安机关办理刑事案件程序规定》第364条的规定，办理国际刑事司法协助和警务合作事务的机关有两类：

第一，地方各级公安机关。在开展国际刑事司法协助和警务合作的活动中，公安部不办理具体国际刑事司法协助和警务合作事宜，而是由地方各级公安机关依照职责分工办理。

第二，其他司法机关。包括人民法院、人民检察院、国家安全机关、司法行政机关、军队保卫部门等，这些机关在办理刑事案件过程中需要外国警察机关协助的，一律由公安部统一协调与办理。

3. 国际刑事司法协助和警务合作的实施。

（1）国际刑事司法协助和警务合作的内容。依据《公安机关办理刑事案件程序规定》第365条的规定，国际刑事司法协助和警务合作的内容主要包括：①犯罪情报信息的交流与合作；②调查取证；③送达刑事诉讼文书；④移交物证、书证、视听资料或者电子数据等证据材料；⑤引渡、缉捕和递解犯罪嫌疑人、被告人或者罪犯；⑥国际条约、协议规定的其他刑事司法协助和警务合作事宜。

（2）国际刑事司法协助和警务合作的途径。主要有三种：

第一，公安部进行国际刑事司法协助和警务合作的途径。公安部通过有关国际条约、协议规定的联系途径、外交途径或者国际刑事警察组织渠道，接收或者向外国提出刑事司法协助或者警务合作请求。

第二，地方公安机关进行国际刑事司法协助和警务合作的途径。一是地方各级公安机关接受国际刑事司法协助和警务合作任务的途径：公安部对于其所接受的国际刑事司法协助和警务合作请求，经过审查后认为应当提供协助的，则依照国内公安机关的管辖与分工规定下达指令，由地方各级公安机关办理。二是地方各级公安机关请求进行国际刑事司法协助和警务合作任务的途径：地方各级公安机关需要外国提供刑事司法协助和警务合作的，应当按照有关条约或者合作协议的规定，提交国际刑事司法协助和警务合作请求书，附上有关文件以及相应的译文，经省、自治区和直辖市公安机关审核后，报送公安部审批和办理。需要通过国际刑事警察组织缉捕犯罪嫌疑人、被告人或者罪犯、查询资料、调查取证的，应当提出申请层报国际刑事警察组织中国国家中心局。三是边境地区公安机关警务合作的特别授权与内容：《公安机关办理刑事案件程序规定》第366条规定，在不违背有关国际条约、协议和我国法律的前提下，我国边境地区设区的市一级公安机关和县级公安机关与相邻国家的警察机关，可以按照惯例相互开展执法会晤、人员往来、边境管控、情报信息交流等警务合作，但应当报省级公安机关批准，并报公安部备案。

第三，其他司法机关进行国际刑事司法协助和警务合作的途径。其他司法机关在办理刑事案件过程中，需要外国警方协助的，由具体办理的司法机关层报给主管的中央机关，再由该司法机关的中央主管机关与公安部联系办理。

（3）国际刑事司法协助和警务合作的程序。

第一，审查交办。公安部收到外国的刑事司法协助或者警务合作请求后，应当依据我国法律和国际条约、协议的规定进行审查。对于符合规定的，交有关省级公安机关办理，或者移交其他有关中央主管机关；对于不符合条约或者协议规定的，通过接收请求的途径退回请求方。

第二，执行回复。负责执行刑事司法协助或者警务合作的公安机关收到请求书和所附材料后，应当按照我国法律和有关国际条约、协议的规定安排执行，并将执行结果及其有关材料报经省级公安机关审核后报送公安部。

在执行过程中，需要采取查询、查封、扣押、冻结等措施的，可以根据公安部的执行通知办理有关法律手续。

请求书提供的信息不准确或者材料不齐全难以执行的，应当立即通过省级公安机关报请公安部要求请求方补充材料；因其他原因无法执行或者具有应当拒绝协助、合作的情形等不能执行的，应当将请求书和所附材料，连同不能执行的理由通过省级公

安机关报送公安部。

第三，办理引渡。《公安机关办理刑事案件程序规定》第 373 条规定："办理引渡案件，依照法律规定和有关条约执行。"

（4）国际刑事司法协助和警务合作的期限。《公安机关办理刑事案件程序规定》第 369 条规定："执行刑事司法协助和警务合作，请求书中附有办理期限的，应当按期完成。未附办理期限的，调查取证应当在 3 个月以内完成；送达刑事诉讼文书，应当在 10 日以内完成。不能按期完成的，应当说明情况和理由，层报公安部。"

（5）国际刑事司法协助和警务合作的费用。《公安机关办理刑事案件程序规定》第 372 条规定："公安机关提供或者请求外国提供刑事司法协助或者警务合作，应当收取或者支付费用的，根据有关国际条约、协议的规定，或者按照对等互惠的原则协商办理。"

 **知识链接**

### 一、猎狐行动

猎狐行动是打击虚假信息诈骗犯罪活动专项行动的代号。为了打击虚假信息诈骗犯罪活动，维护广大人民群众的经济利益和社会正常的经济秩序，确保社会安定稳定，树立方便群众的良好形象，构建和谐社会，公安部决定开展为期 1 年的打击虚假信息诈骗犯罪专项行动——代号"猎狐"行动。2014 年 7 月 22 日，公安部部署全国公安机关自当日起至年底，开展缉捕在逃境外经济犯罪嫌疑人专项行动，代号"猎狐 2014"。

### 二、"天网"行动

"天网"行动是中央反腐败协调小组于 2015 年 4 月部署开展的针对外逃腐败分子的重要行动，通过综合运用警务、检务、外交、金融等手段，集中时间、集中力量抓捕一批腐败分子，清理一批违规证照，打击一批地下钱庄，追缴一批涉案资产，劝返一批外逃人员。

"天网"行动由多个专项行动组成，分别由中央组织部、最高人民检察院、公安部、人民银行等单位牵头开展。中央组织部重点对领导干部违规办理和持有证照情况进行清查处理，并对审批、保管环节负有责任的人员进行追责；最高人民检察院牵头开展职务犯罪国际追逃追赃专项行动，重点抓捕潜逃境外的职务犯罪嫌疑人。公安部牵头开展"猎狐 2015"专项行动，重点缉捕外逃职务犯罪嫌疑人和腐败案件重要涉案人；人民银行会同公安部开展打击利用离岸公司和地下钱庄向境外转移赃款专项行动，重点对地下钱庄违法犯罪活动，利用离岸公司账户、非居民账户等协助他人跨境转移赃款等进行集中打击。

"天网"行动得到美国、澳大利亚、新加坡、柬埔寨等国家和地区政府的协助，成效显著。

### 三、从猎狐行动到天网行动，海外追逃快马加鞭不下鞍

2018 年 6 月 6 日，中央反腐败协调小组国际追逃追赃工作办公室发布《关于部分

外逃人员有关线索的公告》（以下简称《公告》），再次对外逃分子形成强力震慑，释放出海外追逃快马加鞭不下鞍的强烈信号。

这是党的十九大以来，中央追逃办首次向国内外批量通报涉嫌职务犯罪和经济犯罪的外逃人员线索，也是这一机构自成立以来第二次发布追逃公告，充分展现中国"有逃必追、一追到底"的坚定决心。

公开曝光外逃人员有关线索，是挤压外逃人员生存空间的利器。2017年4月，中央追逃办首次公布22名未归案"百名红通"人员藏匿线索，在海内外引发广泛反响，使得外逃人员如过街老鼠，人人喊打。中央纪委国家监委网站信息显示，这22人中迄今已有6人回国投案。

一年多后，利剑再出鞘。本次公布的50名外逃人员中，不少人级别高、影响大，其中"百名红通"人员32名。可以预计，随着"天网"继续收紧，不论"老虎"还是"苍蝇"，腐败分子将无处可遁，外逃贪官逍遥法外的"美梦"终将幻灭。

本次《公告》出台，除了公布外逃分子身份信息、证照号码、外逃时间以及可能藏匿国家地区，甚至精准标注部分外逃人员可能居住的社区和街道，广泛发动群众，织密天罗地网，让腐败分子陷入寸步难行、惶惶不可终日的境地。

海外非法外，避罪无天堂。从"猎狐行动"到"天网行动"，从集中公布"百名红通"人员名单到加强中外反腐合作，党的十八大以来，中国开辟全面从严治党和反腐败斗争的新战场，海外追逃捷报频传。

截至2018年4月底，中国通过"天网行动"先后从90多个国家和地区追回外逃人员4141人，其中国家工作人员825人，"百名红通"人员52人，追回赃款近百亿元人民币。

值得一提的是，随着国家监察体制改革的持续深入，党对反腐败的集中统一领导更有力，机制更趋完善，海外追逃资源充分整合，行动将更高效。在国际追逃追赃过程中，中国与更多国家的反腐败合作也不断扩大和深入。

官方数据显示，仍在外逃的人员中，90%以上藏身美国、加拿大、澳大利亚、新西兰等国家，不少外逃人员甚至已经取得当地合法身份。不过，天网恢恢、疏而不漏。正如党的十九大报告中指出的那样，"不管腐败分子逃到哪里，都要缉拿归案、绳之以法"。

腐败犯罪是人类社会的"毒瘤"，有腐必反、有贪必肃，是中国的行动，也是国际社会的共识。奉劝亡命天涯的腐败分子认清形势，丢掉幻想，早日回国投案自首，方为正途。

# 项目三　常规性侦查措施

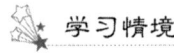 学习情境

**情境一：**20××年1月12日上午8时许，××市公安局接报，本市××家属楼内

哈××、张××夫妇被杀，4 万元现金被抢。现场中室内地面上有大量血迹；茶几上放着一空酒瓶和三个玻璃杯，均有酒味；地面上有摔坏的闹钟一个，指针停在 9 时 23 分。据调查发现：死者张××生前于 1 月 10 日从××市××机械厂借款 2 万元，又从××信用社以给其弟弟买汽车为名贷款 2 万元，并将 4 万元兑换成 100 和 50 元面值的现款拿回家中存放。据其弟反映：哈××、张××曾透露要和他人做一笔木材生意或石油生意，但未说具体人。据邻居反映：11 日下午 6 时，看见张××回家，此后再未见张××与哈××。

**情境二：**19××年 1 月 22 日上午 9 时许，江苏省××市公安局接报：市洁湖路西北角一池塘中发现两只分别盛有人体四肢和上躯干的麻袋。经现场勘查：现场位于市城郊接合部，池塘南侧临靠洁湖公路；尸体四肢被肢解，和上躯干分别装在两只标有"糖广东省番禺制"的灰色麻袋中。

法医检查结果表明：被害人为男性，年龄在 30～35 岁左右，身高 172cm，系被人用钝器猛击头颅后部致死，死亡时间为 3～4 天。尸块及麻袋血样血型均为 O 型。

为此，市公安局立即采取措施：利用市电视台播出查找无名尸体的通告；在全市范围内寻找失踪人和排查疑人疑事，并通报周围有关县（市）公安局，请求协查；提取尸体十指指纹；对现场提取的"糖广东省番禺制"的灰色麻袋开展查证工作。

1 月 25 日，在上报失踪的 23 人中，通过血型、指纹、照片认定死者叫黄××，男，33 岁，身高 171cm，离异，现单身，居住在市劳动巷××弄××号。19××年 8 月至 19××年 8 月曾因流氓罪被劳动教养 1 年。期满后回到市××机械厂电子车间工作。19××年 4 月停薪留职之后，长期在市××证券市场从事国库券、票证、外币等证券的黑市交易。

**情境三：**刘××，28 岁，汉族，吉林省××市人。文化程度为大专，无前科，系××市××厂工人，住××市××区××路××号。刘××于 20××年 8 月 17 日上午 9 时因涉嫌盗窃被拘传。嫌疑根据：①该厂财会室金库（简易铁柜）于 8 月 17 日零点至一点被撬开，盗走现金 20 300 元。当日上午侦查部门勘查了现场，在铁柜门上侧，提取指纹一枚，经比对鉴定，系刘××左手食指纹，但何时所留不能肯定。②刘××在案发当夜，在该车间工人王××家和李××、张××共 4 人玩麻将，据王、李、张证实：刘××当夜零点过二三分钟从王××家出来说回家，一点零几分到家。经侦查实验得知，从王××经过××厂大门前家到刘××自家共需二十一二分钟，其间有三四十分钟去向不明，刘××具有作案时间。③据××厂大门值班人员说：零点四十五分钟左右，在值班室透过玻璃窗看到一人从财会室后窗临街的小胡同走过，从房头灯光下，看到很像刘××，但未看清脸庞，只是着装和走路姿势大致相似。

📝 **工作任务**

常规性侦查措施是指侦查机关在侦查破案过程中，为了查明案情、收集证据、证实犯罪而经常使用的侦查措施。常规性侦查措施因其使用率高、群众性强、使用效果明显而成了侦查人员必备的基本技能，其主要有现场勘查（另章阐述）、摸底排队、调查询问、搜查、查封、扣押、查询、冻结、侦查实验、鉴定、辨认、视频侦查等措施。实践中侦查人员必须认真学习、掌握这些技能，并针对案情灵活加以运用，以适应侦查破案、打击犯罪的需要。

常规性侦查措施的内容较多，文中只是选择了一些情境案例来说明，情境一针对摸底排队、情境二针对调查询问、情境三针对侦查讯问，结合实际案例说明如何实施、开展摸底排队、调查询问、侦查讯问等措施，以此拓展对其他措施的学习方式、方法。

**学习和思考：**

1. 摸底排队的范围、条件，工作中如何实施摸底排队措施？

2. 调查询问的对象及其内容。

3. 侦查讯问的程序和方法。

4. 搜查的实施方法。

5. 查封、扣押和查询、冻结的实施对象、范围及方法。

6. 侦查实验的实施及其结果评断。

7. 侦查辨认的种类及方法。

8. 视频侦查的作用和实施。

 学习内容

**一、常规性侦查措施概述**

（一）常规性侦查措施的概念

常规性侦查措施，亦称"一般性侦查措施""经常性侦查措施"，是指侦查机关在侦查破案过程中，为了查明案情、收集证据、证实犯罪而经常使用的侦查措施。

正确运用常规性侦查措施是侦查人员必备的基本技能，侦查实践中侦查人员必须认真学习、掌握这些技能，并针对案情灵活加以运用。同时，随着犯罪情况的发展变化，要与时俱进，更新观念，不断探索常规性侦查措施的运用方式、方法，以适应侦查破案、打击犯罪的需要。

（二）常规性侦查措施的特点

1. **使用率高。**和其他种类的侦查措施相比，常规性侦查措施具有一个鲜明的特点，即在具体案件侦查中具有较高的使用率，如摸底排队、调查询问、讯问犯罪嫌疑人等，几乎每个案件的侦查都需要使用。

2. **群众性强。**常规性侦查措施几乎都是公开的，在实施过程中大多离不开人民群众的大力支持与配合，是侦查机关紧密联系群众，走群众路线的反映。

3. 效果明显。常规性侦查措施是侦查实践经验的总结，反映了侦查破案的一般规律，在侦查过程中针对具体案情，正确使用常规性侦查措施，往往能取得较显著的侦查效果。

（三）常规性侦查措施的内容

从当前我国的侦查实践来看，常规性侦查措施主要有现场勘查（另章阐述）、摸底排队、调查询问、搜查、查封、扣押、查询、冻结、侦查实验、鉴定和辨认等。

另外，随着信息化技术，包括计算机技术、监控与识别技术、电子信息显示与捕捉技术、数据库技术等技术的发展和普及，衍生出了信息化的侦查手段、方法，如视频侦查、数据侦查，以适应和满足新形势下打击犯罪的需要。

**二、摸底排队**

（一）摸底排队的概念

摸底排队简称"摸排"，是指侦查人员通过对已知犯罪信息的分析和判断，根据刻画的作案人的条件，依靠有关方面和广大群众的内助，在一定范围内对犯罪嫌疑线索逐个调查核实，从中筛选、甄别嫌疑，证实犯罪的一项侦查措施。

摸底排队是侦查机关根据长期实践经验总结而形成的一种有效的侦查措施，是获取犯罪线索、发现犯罪嫌疑人的一个重要途径，也是侦查专门工作与群众路线相结合的具体运用。

（二）摸底排队的范围

1. 摸底排队的范围的概念。摸底排队的范围是指侦查人员寻找和发现犯罪嫌疑人的特定范围。

摸底排队的过程就是发现犯罪嫌疑线索和犯罪嫌疑人并进行调查核实的过程。因此，摸排犯罪嫌疑人必须要有范围，不能盲目进行。

摸底排队的范围包括空间范围和社会范围。空间范围即地域范围，是指犯罪嫌疑人居住或活动的地域；社会范围即人员范围，通常是指犯罪嫌疑人所从事的职业及其所具有的个体特征，涵盖犯罪嫌疑人与被害人、与犯罪地点之间存在的某种特定联系。

2. 摸底排队的范围的确定依据。确定摸排范围，即解决在哪里寻找犯罪嫌疑人的问题。在侦查实践中，摸底排队的范围既不能划太大，也不能划太小，否则都对侦查破案不利。所以，摸底排队范围确定得是否准确、适当，直接关系到摸底排队的效果，甚至关系到侦查破案工作的成败。

确定摸底排队的范围，实践中可参照下列标准进行：

（1）根据犯罪现场位置确定。犯罪现场所在的区域可能与犯罪人员的生活、工作、行为活动有一定的关联，有的甚至就是犯罪人生活的地方，所以进行摸底排队时应以犯罪现场具体的位置为依据来确定其范围。

（2）根据案件性质确定。案件性质反映了犯罪人侵害的社会关系，指明了犯罪人犯罪行为所指向的对象，同时也指明了犯罪人作案的动机和目的，这些都可能为排查嫌疑人员的范围提供依据。

（3）根据现场遗留的印象信息确定。印象信息就是记忆信息，在侦查活动中，很多案件通过调查询问，可以了解犯罪嫌疑人的某些特征和作案过程，从而可以依此分析、判断犯罪嫌疑人的范围。

（4）根据现场遗留的物质信息确定。现场遗留的物质信息类型繁多，如犯罪工具、犯罪手段及现场痕迹物证等，很多都能反映出犯罪行为人实施犯罪行为时所使用的工具以及手段，有些甚至能直接反映出犯罪行为人的职业特征；有些案件根据遗留的现场痕迹和物证就能直接反映和推测出犯罪嫌疑人的身份、体态等，进而就可以确定排查的对象范围。

（5）根据现场及其周围的电子信息确定。实践中，常用的电子信息有车辆 GPS 系统定位信息、手机数据信息和视频监控信息，以此来确定嫌疑车辆、手机号码及其使用人和可疑人员视频资料，进而确定摸排范围。有的案件还可以通过银行卡信息、公安网内部信息和互联网信息等进行分析判断。

（三）摸底排队的条件

摸底排队的条件是指寻找、发现犯罪嫌疑人的条件和依据。确定摸排条件就是解决找什么样的犯罪嫌疑人的问题。准确确定摸排犯罪嫌疑人的条件，是及时发现犯罪嫌疑人的关键。一般来说，常见的摸排犯罪嫌疑人的条件有：

1. 时空条件。指犯罪嫌疑人实施犯罪活动所持续的时间和所涉及的场所、地点。任何案件都有作案时间和空间，没有离开时间、空间的案件。在摸底排查嫌疑对象时首先判断其有没有在案发时间进入过发案场所或地点。时空条件是进行摸底排队的首要条件。

2. 因果条件。因果关系是刑事案件本质与各种现象之间的内在联系，案件的发生都是由某些矛盾冲突或利害关系所引发的。由于犯罪行为的发生都有一定的原因，所以因果关系是摸底排队的重要条件。

3. 作案工具条件。犯罪人在实施犯罪时都会利用一定的工具或物品，如凶器、破坏工具、麻醉物等，利用与案件有关的作案工具也可以排查到实施犯罪行为的犯罪嫌疑人，所以作案工具也是条件之一。

4. 赃款赃物条件。赃款赃物是犯罪分子实施犯罪行为所获取的金钱和物品。有些犯罪分子实施侵犯财产的犯罪行为的直接目的是获取金钱和物品。所以如果侦查人员能够掌握赃款赃物的种类、名称、数量和特征，那么就可以把这些赃款赃物作为摸底排队的条件之一来发现嫌疑人员。

5. 现场痕迹、物品条件。犯罪人在实施犯罪行为时往往会接触到现场的物品从而留下一些痕迹物品，有些遗留的痕迹物品能直接反映犯罪人的个人特点。所以如果侦查人员通过现场勘查等措施掌握了现场痕迹、物品的特点，就可以根据这些特征去排查犯罪嫌疑人。

6. 体貌特征条件。犯罪嫌疑人在准备、实施犯罪行为时必然会将与自己有关的一些特征如体态、身高、相貌、口音等留于现场或是一些群众的头脑中，所以侦查机关只要找到目击者，就可以根据目击者提供的这些特征进行摸底排队了。

7. 知情条件。有一些犯罪行为通过犯罪现场或者被害人等可以推测到嫌疑人员可能是了解与案件有关的现场或者被害人等方面情况的人员，由此我们可以从可能了解内情、知道底细的人员中进行排查。

8. 信息条件。信息社会，人们在活动过程中会留下各种各样的信息，这些信息具有很强的利用价值，如车辆 GPS 信息、视频监控信息、通讯信息、网络数据信息、银行卡信息、住宿登记信息等，以这些信息为切入点，通过海量扩展信息查询、比对范围，从而发现犯罪嫌疑人或嫌疑线索。

9. 特殊技能条件。特殊技能条件是指犯罪行为人在实施犯罪活动过程中反映出来的专门知识与技能。有些犯罪行为人利用自己的专门技术或专门知识进行犯罪活动，如驾驶技能、爆破技能、计算机技术、开锁技术等，可以通过这些特殊技能来排查犯罪嫌疑人。

10. 反常表现条件。犯罪分子预谋阶段、实施犯罪阶段和犯罪后逃跑阶段都有不同于正常状态下的心理，这些心理都会通过行为表现出来，这就是所说的反常表现，既然有不同于正常的状态，那么侦查机关就可以通过这些反常表现排查犯罪嫌疑人，所以反常表现也是排查的条件之一。

实践中，鉴于刑事案件的种类不同，作案手段的千差万别，摸底排队条件多种多样，因此，摸底排队条件应根据不同案件的情况具体确定，这样才能使摸底排队措施的功效最佳化。

（四）摸底排队的实施

摸排范围和摸排条件确定后，就要开展具体的摸排工作。摸底排队的实施一般要经过普遍排查和重点排查两个步骤，由面到点逐步深入地发现和确定犯罪嫌疑人。

1. 普遍排查。普遍排查是侦查人员对已经发生的刑事案件，在一定范围内，全面"撒网捕鱼"，从各个方面发现、收集犯罪嫌疑线索，不遗漏犯罪嫌疑人的一种排查方法。普遍排查有基础排查和网络排查两种。

（1）基础排查。基础排查方法是指侦查人员在案情分析的基础上，在确定的范围内对可疑的人、事、物逐个进行核查，以发现嫌疑线索和犯罪嫌疑人的排查方法。基础排查主要是通过侦查人员的走访工作和人民群众的积极配合来完成的，具体排查方式有三种：一是公布案情，发动群众提供嫌疑线索；二是依靠基层公安、保卫组织进行排查；三是利用刑事侦查秘密力量排查。

（2）网上排查。网上排查是指侦查人员利用网络平台，收集、获取与犯罪有关的信息，并进行检索、查询、比对、分析，确定相关信息群，从中发现犯罪嫌疑人以及嫌疑线索的一种摸排方法。这种方法能在海量的信息中快速发现嫌疑目标，具有摸排范围大、速度快、方式多、质量高、隐蔽性强等优势与特点，能极大地提高摸排工作的效率和质量。

网上排查工作主要通过公安网和社会网两个途径进行。

第一，公安网排查。利用公安网开展排查是网上排查的常用方法，实践中具体应用有两种方式：一是利用"金盾工程"中的犯罪基础信息数据库，带动和提高犯罪情报信息的传递，实现信息资源的共享，使得异地查询和远程查询得以实现，这已成为刑事案件侦查通过网络查询而获取各类信息的最常用方法。二是通过"情报信息综合应用平台"，即"大情报"系统，可以排查凡是使用身份证办理各种事宜的人员信息，如住宿、网吧、医疗、银行卡、有线电视使用、子女出生、驾驶员、劳务市场用工、体检、手机号码、交通工具购票、出入境人员、进出航空港人员等信息，同时，工商、税务等企业信息系统也接入"大情报"系统，方便该系统的排查工作。另外还接入各种视频信息，如高速公路出入口视频信息、市区110监控视频信息、城市平安建设监控视频信息、交通系统监控视频信息、金融网点视频信息、商家店面视频信息、旅馆业视频信息等，将获取的视频信息结合案发时空条件及时序关系，检索和比对多点视频监控图像信息，拓展海量信息进行综合研判，摸排可疑线索和人员。

第二，社会网排查。利用社会网，主要是互联网信息开展排查是网上排查的有效方法。网络时代的到来，使人们的工作、生活、娱乐都和网络产生了密切的联系。在这一广阔的空间，很多人穿梭于"虚拟社会"与现实社会之间，通过在互联网交流、交易、娱乐等活动，把个人的许多信息存留在互联网上，留下网络活动痕迹，这给利用互联网信息开展排查提供了极大的便利和条件。

基础排查与网上排查作为普遍排查的两种方法，已经广泛地应用于侦查实践。实践证明，它们具有很强的互补性，两种方法结合运用，可以扩大排查的时空范围、地域范围、人员范围、行业范围，进一步提高排查速度和效率，也可以广泛地适用于各种类型的刑事案件，形成以物找人、以人找案、以案找案的多种摸排方式。

2. 重点排查。重点排查是指侦查人员依据摸排条件，针对普遍排查中发现的嫌疑人员和线索，进行严格的比对、分析，筛选重点嫌疑对象，深入调查的措施。

普遍排查是重点排查的基础，重点排查是普遍排查的继续和深入，两者是互相衔接、不可分割的。因此，要把普遍排查中发现的可疑人员和线索集中起来，对照摸排条件，运用公开和秘密的方式，逐个分析研究、调查核实、反复筛选、突出重点嫌疑对象，缩小侦查范围，开展有针对性的深入侦查。在实际工作中，通过普遍排查发现犯罪嫌疑线索后，一般是边排除、边复核，一旦发现有作案的重大嫌疑，即抓住时机展开深入侦查。

需要注意的有，一是不论是排除一般犯罪嫌疑人员和线索，还是确定重点犯罪嫌疑对象和线索，都要经过查证核实，做到排除有理由，肯定有根据。二是无论重点排查的结果是否准确，必须经过侦查实践的检验，客观、全面、深入、细致地核查、甄别每一个嫌疑对象和每一条嫌疑线索，灵活、准确把握排查方向。

### 三、调查询问

#### （一）调查询问的概念

调查询问，又称为调查访问，是指侦查人员为发现侦查线索，收集犯罪证据，查明案件事实，依法向知晓案件情况的人员查证案件有关问题的一项侦查措施。

调查询问是一项专门的调查活动，是侦查专门工作走群众路线的体现，既包括侦查人员依法向有关人员和知情群众了解、查证与案件有关的问题，也包括侦查人员为了解案件相关专业知识而对相关行业人员或专业人员进行的问询。

调查询问是贯穿侦查活动全过程的基本侦查措施，是获取犯罪线索和证据的主要渠道，尤其在侦查初始阶段，调查询问是最便捷、恰当的获知案件基本情况的方式，并据此决定如何采取进一步的措施。

#### （二）调查询问的对象及内容

1. 调查询问的对象。《刑事诉讼法》第 62 条规定，凡是知道案件情况的人，都有作证的义务。从这一法律或诉讼层面上讲，调查询问的对象是刑事证人。

但在具体的侦查实践中，调查询问的对象多指与案件有关的人或了解案件有关情况的人，具体包括：

（1）案件的事主、被害人及其亲友；

（2）案件的知情人和发案时的目击者；

（3）案件的检举揭发人；

（4）案件发生单位或地区的负责人；

（5）有关行业的从业或专业人员；

（6）案件的嫌疑对象；

（7）其他可能知悉案情的人员。

2. 调查询问的内容。在侦查实践中，调查询问的内容主要是与刑事案件有关的事实，概括体现为"七何"要素，即何事、何时、何地、何物、何情、何故、何人。

（1）何事。是指事件性质，具体包含两层含义：一是指是不是刑事案件的范畴；二是在确定该事件为刑事案件的基础上，进一步查明刑事案件的类型。

（2）何时。是指犯罪行为发生、发展的持续时间，具体是指犯罪活动实施过程是从什么时间开始、到什么时间结束的。

（3）何地。是指犯罪行为发生、发展过程的所在地点，即在什么地方发生的案件，周围环境有多大范围，与周围空间的关系等。

（4）何物。是指凡是与实施犯罪活动有关的客观事物。物的范围极其广泛，具体可分为：实施犯罪活动所用之物，主要指犯罪工具；犯罪活动的目标物，主要指赃款赃物；犯罪活动形成之物，主要指现场各类痕迹及各种遗留物等。

（5）何情。是指犯罪是在何种状态下进行的，具体包括犯罪的过程、活动的特点及方式等。

（6）何故。是指犯罪行为人作案的动机和目的。

（7）何人。是指犯罪行为人和与刑事案件有关的被害人、事主以及知情人等。

需要注意的是，上述调查询问的内容是就调查询问工作的整体目的而言的，在具体的案件侦查中，由于案件情况不同，调查询问对象、目的不同，调查询问中涉及的问题也不相同，需要侦查人员根据案件具体情况确定，并在询问过程中根据对象的回答和肢体语言等方面的信息随机应变。

（三）调查询问的方式

1. 依据调查询问方式的不同，分为公开调查询问和秘密调查询问。

（1）公开调查询问。是指侦查人员公开询问的身份和意图，直接与被访问人接触，询问与案件有关情况的一种询问方式。

公开调查询问的特点就是侦查人员的身份和询问意图向询问对象公开。在侦查实践中，当调查询问的对象为被害人和与犯罪嫌疑人没有密切关系的人时，多采用这一方式。公开调查询问可以采用走访、召开座谈会、个别询问和通知询问的形式进行。

（2）秘密调查询问。是指侦查人员在不暴露身份和侦查意图的情况下所进行的调查询问。秘密调查询问主要是基于访问对象和询问内容的特殊性而采取的一种访问方式，如对嫌疑对象或与案件存在利害关系的知情人的询问，可采用此方式进行询问。

在侦查实践中，秘密调查询问主要有两种形式：一是侦查人员隐蔽自己的真实身份和侦查意图，直接与被询问对象接触，了解与案件有关的情况；二是侦查人员不露面，而是物色适当人员与询问对象接触，间接了解与案件有关的情况。

2. 依据调查询问对象的不同，分为询问证人、询问被害人和询问相关人员。

（1）询问证人。是指侦查人员通过与证人的谈话或问话来了解案件情况的一项侦查措施。依据有关法律规定，证人是指知道案件情况并提供证言的人。在侦查实践中，对证人的询问必须个别进行，以避免证人间相互影响，同时在询问中必须向证人讲明法律责任并制作询问笔录。

（2）询问被害人。是指侦查人员通过与被害人的谈话或问话来了解案件情况的一项侦查措施。依据有关法律规定，被害人是指人身权利、财产权利以及其他权益遭受犯罪行为侵害的自然人和单位。在侦查实践中，大部分刑事案件都存在被害人，他们是犯罪行为的直接受害者，对犯罪分子实施犯罪的时间、地点、手段、过程、危害后果等情况，往往了解得比较清楚、具体，有的甚至可以直接指认犯罪嫌疑人，所有这些对侦查人员判断案件性质，确定侦查方向和范围，收集、核实证据，揭露和证实犯罪都有十分重要的意义。询问被害人必须制作询问笔录。

（3）询问相关人员。是指侦查人员为了解案件有关情况而与相关群众所进行的一般性访谈。这种访谈往往是非正式的询问，不具有法律效力，一般不制作询问笔录，可视情形做访谈笔记，但不能作为诉讼证据使用。在侦查实践中，询问相关人员和询问证人并不是对立的，一般来说，侦查人员都是以询问相关人员开始的，如果发现询问对象了解某些案情，而且有提取证言的必要，侦查人员就会做他们的工作，让其以证人的身份提供证言并制作询问笔录。如果没有发现有价值的情况，这种访谈可即时结束。

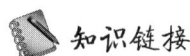 知识链接

## 询问证人的法律规范

1. 询问证人的地点和时间。《刑事诉讼法》第124条第1款规定："侦查人员询问证人，可以在现场进行，也可以到证人所在单位、住处或者证人提出的地点进行，在必要的时候，可以通知证人到人民检察院或者公安机关提供证言。在现场询问证人，应当出示工作证件，到证人所在单位、住处或者证人提出的地点询问证人，应当出示人民检察院或者公安机关的证明文件。"

2. 证人的权利。

（1）安全保障权。《刑事诉讼法》第64条对证人及其亲属的人身安全保障作出了明确规定。

（2）充分陈述权。侦查人员应当提供能使询问对象充分陈述的条件。

（3）核对笔录权。询问证人笔录应当交证人核对，如果记录有遗漏或差错，证人可以提出补充或者改正。

（4）证件知悉权。侦查人员询问证人，必须出示工作证明文件。

（5）侵权控告权。证人对侦查人员侵犯公民诉讼权利和人身侮辱的行为，有权提出控告。

（6）利益保障权。《刑事诉讼法》第65条规定，证人因履行作证义务而支出的交通、住宿、就餐等费用，应当给予补助。证人作证的补助列入司法机关业务经费，由同级政府财政予以保障。有工作单位的证人作证，所在单位不得克扣或者变相克扣其工资、奖金及其他福利待遇。

3. 证人的义务。《刑事诉讼法》第125条规定："询问证人，应当告知他应当

如实地提供证据、证言和有意作伪证或者隐匿罪证要负的法律责任。"

4. 非法证人证言、被害人陈述的排除。《刑事诉讼法》第56条第1款规定，……采用暴力、威胁等非法方法收集的证人证言、被害人陈述，应当予以排除。

**（四）调查询问的实施**

1. 调查询问的准备。

（1）了解基本案情。调查访问前，侦查人员应当尽可能先行了解基本案情，以便知悉调查询问的可能范围和对象，明确调查询问的内容、次序和重点等。

（2）了解访问对象的基本情况。侦查中的调查访问是侦查主体和询问对象之间的一种特殊形式的思想交流，询问对象在询问中占有极其重要的因素，他既可起积极的作用，也可起消极作用。因此了解询问对象的基本情况，是取得对象合作的关键之一，是确定询问方式、方法及策略的基础。侦查人员了解询问对象的基本情况，主要是了解询问对象与本案的关系和询问对象的个人情况两方面的内容。

（3）确定合适的询问时间和地点。《刑事诉讼法》第124条规定，侦查人员询问证人，可以在现场进行，也可以到证人所在单位、住处或者证人提出的地点进行，在必要的时候，可以通知证人到人民检察院或者公安机关提供证言。

上述规定只是对询问的时间、地点作了概括的表述，实践中，对询问时间和地点的选择，还应考虑以下因素：对询问时间要考虑询问对象是否比较方便或有空闲、询问对象情绪是否稳定、询问对象精力是否充沛等；对询问地点则要考虑是否有利于保密、是否比较安静且不易受外界干扰、是否有利于询问对象无拘无束地谈话等。

（4）拟定询问提纲。调查访问中，侦查人员往往要询问多名对象，由于询问对象个人情况不同，与案件关系不同，接受询问时的心理状态不同，了解案情的侧面与角度不同，询问的内容、方式各有差异。为防止工作中张冠李戴、相互混淆，保证询问工作有计划地进行，侦查人员在询问之前，应先拟定一个简要的询问提纲，包括：询问的目的、要求；询问的主要内容及侧重点；询问的方式、方法；询问中可能出现的问题及解决的办法等。对于特别重要的证人，事前还应制订出详细的书面计划，以提高询问的效率与效果。

2. 调查询问的基本步骤。调查询问大致可以分为初步询问、深入询问和补充询问三个基本步骤，不同步骤的主要内容和询问方式有所不同。

（1）初步询问。是侦查人员初步接触、熟悉调查询问对象、了解其知悉的大致案情，并据此确定、调整询问方式、方案的环节。在初步询问阶段，侦查人员应当做好两点：一是侦查人员做好自我介绍并告知相关法律规定，形成良好的第一印象；二是宜采取开放式提问，让询问对象自由、充分地陈述自己所知的案情内容，以便获取较多的案件信息。在这一阶段，侦查人员应当注意两方面问题：一是要注意观察询问对象的表情神态、动作语言，以便对其有所判断；二是认真聆听询问对象的陈述，除非确有必要，不要插言或提问，从中发现需要深入询问的问题或疑点。

（2）深入询问。是侦查人员根据初步询问获得的调查询问对象的个人情况及其提供的案情，就主要问题、关键情节以及可疑之处等进行充分、细致的询问，全面获取调查询问对象所掌握情况的环节。深入询问阶段是调查询问的核心环节，在这一阶段，侦查人员应询问的内容主要有：调查询问对象所知悉的有价值的案件线索和证据；调查询问对象在初步询问中陈述不清或有矛盾、可疑的情节；调查询问对象可能有所隐瞒或者记忆不清的情节等。在询问方法上，应结合调查询问对象陈述的情况及侦查人员的考量，可以采取查询提问、启发联想提问、考查提问、质证提问等方法，以便获取真实、可靠的案情信息。

（3）补充询问。是侦查人员结束调查询问之前确认询问对象有无补充陈述的环节。补充询问有助于拾遗补阙，防止调查询问对象因受侦查人员的提问方式或自身的记忆、陈述能力的限制而有所遗漏。

3. 调查询问的实施策略和方法。

（1）注意询问时的仪表神态。仪表神态是人体的身体语言，是无声的，合适的仪表神态有利于询问对象对侦查人员及其工作的理解和支持。询问中要注意衣着、礼节，以礼、以诚相待。

（2）注意使用合适的询问语言。调查询问工作是以语言为媒介的。询问中，侦查人员用语要文明、合适，以便控制询问的气氛，使询问对象感到没有拘束，同时要认真对待。还可以防止询问出现僵局，促使询问对象提供情况。

（3）稳定询问对象的情绪。当询问对象是案件的被害人及其亲属时，他们因身心或财产受到伤害，往往思想紧张，思绪紊乱；当询问对象是犯罪嫌疑人或是其亲属时，因怕事情败露，往往心理恐惧、矛盾；当询问对象是一般证人时，遇有侦查人员来访，容易产生警惕、戒备心理。所以，侦查人员应根据询问对象的情况，选择合适的话题，稳定询问对象的情绪，打破开始接触时的生疏、拘谨、紧张或散乱局面，营造无拘无束的询问气氛，做到态度和蔼、平等待人、语言文明、尊重询问对象的人格和风俗习惯。

（4）消除询问对象的思想障碍。调查询问要接触不同的对象，不同对象有不同的思想和态度，侦查人员要针对询问对象的思想障碍，做好化解工作，使询问对象由消极变为积极，由被动变为主动。

（5）促使询问对象回忆情况。调查询问所了解的问题，多是询问对象曾经感知的事物，由于时间间隔较长，或询问对象记忆力较差，有的问题往往记忆不清，相互混淆。为帮助询问对象再现事物的过程，侦查人员可以寻找一定的线索，使用接近回忆、相似回忆、对比回忆、关系回忆等方法，挖掘询问对象的记忆潜力，促进其回忆有关案件事实和情节。

（五）调查询问记录

调查询问时必须制作调查询问记录，调查询问记录是重要的证据材料。

公开的调查询问必须按照法定要求制作调查询问记录，记录主要采用笔录的形式，俗称"询问笔录"。如有必要和条件，也可以同时进行录音。询问笔录的制作可参见《公安机关刑事法律文书式样（2012版）》或司法文书写作课程的内容。

如询问对象因口述困难或不能口述，但有书写能力，调查询问时也可以让他作书面陈述。询问对象的书写陈述应当写明询问的时间、地点及询问对象的基本情况，并由询问对象签名、捺指印，侦查人员应签注自己的姓名与职务。

秘密的调查询问不能当着询问对象的面制作记录，应由侦查人员事后将秘密调查询问所得到的情况写成材料，装入侦查卷存档备查。

## 四、侦查讯问

### （一）侦查讯问的概念

侦查讯问，即讯问犯罪嫌疑人，是指侦查人员依照法定程序以言词方式向犯罪嫌疑人查问案件事实和其他与案件有关情况的一种侦查行为。

侦查讯问是侦查活动进行到一定阶段时所必须经历的一项重要程序，凡侦查机关办理的刑事案件，除犯罪嫌疑人死亡外，必须对犯罪嫌疑人进行讯问，以查清案件全部事实真相，完成案件侦查的任务。

### （二）侦查讯问的任务

从侦查实践看，侦查讯问的任务有：

1. 查明案件事实，收集犯罪证据；
2. 深挖余罪，追查同案犯，发现其他犯罪线索；
3. 核实证据，保障无辜的人不受刑事追究；
4. 对犯罪嫌疑人进行认罪伏法、改恶从善的教育；
5. 收集犯罪资料，研究掌握刑事犯罪动态。

### （三）侦查讯问的准备

侦查讯问是一场复杂尖锐的面对面的斗争，必须认真做好讯问前的各项工作，确保讯问活动的顺利进行。在讯问前须做好以下准备工作：

1. 组织好讯问力量。讯问前，应根据案件的性质、难易程度和犯罪嫌疑人的情况以及侦查人员的自身情况，选配好能胜任讯问任务的侦查人员；根据《刑事诉讼法》的规定，由2个以上侦查人员进行讯问，除讯问策略的需要或出现应予回避或其他意外情况，一般不宜在讯问中途变换侦查人员，确保讯问的连续性；讯问聋、哑或不通晓当地语言文字的犯罪嫌疑人，应当配备通晓聋、哑手语人员或翻译人员；讯问女性犯罪嫌疑人，应有女侦查人员参加。

2. 全面熟悉案情。熟悉案情是讯问准备工作的核心。讯问前，侦查人员应全面了解案件情况和证据情况，以了解和分析犯罪嫌疑人心理，正确制订和实施讯问计划。熟悉案情的内容主要有：犯罪嫌疑人的基本情况；案件的基本情况；证据和有关材料的基本情况；如涉及专门技术知识，还应进行必要的学习了解或请求有关专家指导等。

3. 研究犯罪嫌疑人心理。准确分析和了解犯罪嫌疑人心理，是正确制订和实施讯问计划的重要前提和依据。

4. 制订讯问计划。在全面熟悉案情和了解犯罪嫌疑人心理的基础上，应制订切实可行、周密细致的讯问计划，以保证讯问工作有计划、有步骤地进行。

（四）侦查讯问的程序

实践中，通常把第一次讯问称为初审，而最后一次讯问称为结束讯问，这两者间的讯问，只要在法律规定的羁押期限内进行的，不论次数统称为续讯。

第一次讯问具有讯问过程上的初始性和讯问时限上的紧迫性，对收集证据、突破案情和防止错拘、错捕及侵犯人权等都具有重要作用。因此，我国《刑事诉讼法》对第一次讯问作出了严格的规定，使第一次讯问的步骤和内容相对稳定并具程式化，且操作性强。这里我们主要结合侦查讯问实践的通常做法，阐述第一次讯问的程序，具体步骤为：

1. 问明犯罪嫌疑人的基本情况。犯罪嫌疑人的基本情况，内容包括：姓名、别名、曾用名、出生年月日、户籍所在地、现住地、籍贯、出生地、民族、职业、文化程度、家庭情况、社会经历、是否属于人大代表、政协委员、是否受过刑事处罚或者行政处理等情况。实践中把问明犯罪嫌疑人的基本情况放在第一步，主要是为了防止有错拘、错捕的情形，以便及时纠正。

2. 宣布讯问的有关情况。讯问实践中，向犯罪嫌疑人宣布侦查讯问的有关情况，主要包括两项内容：一是告知实施侦查讯问主体的有关情况；二是告知犯罪嫌疑人在讯问中的权利和义务。这涉及侦查回避和犯罪嫌疑人诉讼权利保障的问题，要做到讯问的公平、公正。

3. 讯问犯罪嫌疑人是否有犯罪行为。这是向犯罪嫌疑人正式讯问案情时应当首先进行的内容，让其充分、自由地陈述，听取其对有罪的供述和无罪的辩解。这一方面是保障犯罪嫌疑人诉讼权利的行使，更重要的是讯问策略要求的体现，在讯问之初，要切忌直接就某一具体犯罪事实进行讯问，以免暴露侦查讯问意图，影响讯问的展开。

4. 进行实质性提问。是侦查人员在前一步的内容，即讯问犯罪嫌疑人是否有犯罪行为的基础上，就讯问对象所陈述的内容，对其中的主要问题、关键情节、可疑之处以及可能隐瞒之处等事项，结合讯问计划，有目的地进行充分、细致的讯问。进行实质性提问是讯问的核心环节，实践中要巧妙地运用讯问策略和方法，推动侦查讯问活动向纵深发展，以实现讯问目标。

5. 结束讯问。经过之前的讯问活动，侦查人员对犯罪嫌疑人的认罪态度、所犯罪行情况已有了一些基本的了解，结合讯问计划，当第一次讯问达到预期目标时，应当适时结束讯问。结束讯问时，除要履行和完备各种法律手续外，还要肯定或批驳犯罪嫌疑人认罪或抗拒的态度，明确提出问题，责令其继续反省，为下一步讯问打好基础。

6. 核查。对犯罪嫌疑人供述的犯罪事实、无罪或者罪轻的事实、申辩和反证，以及犯罪嫌疑人提供的证明自己无罪、罪轻的证据，侦查机关应当认真核查。

（五）侦查讯问的方法

侦查讯问方法是指侦查讯问人员为实现讯问目标而针对犯罪嫌疑人进行具体讯问的有效措施和手段。在侦查讯问中，应根据案件及讯问对象的具体情况，选择和使用讯问方法，实践中，讯问犯罪嫌疑人的基本方法主要有三种：

1. 说服教育法。是指侦查人员在讯问中通过法律、政策、形势、前途和道德教育，促使犯罪嫌疑人弄清是非界限和权衡利弊得失，转变思想，消除对立，如实供述罪行的一种讯问方法。

说服教育具有较强的政策性和思想性，有消除对立、增进信任、转变观念、唤起良知、促其坦白、确保侦查讯问活动顺利开展的作用，是侦查讯问中最基本、使用最广泛的一种讯问方法，贯穿侦查讯问活动的始终。

说服教育讯问法的内容主要有：法律教育；政策教育；前途形势教育和伦理道德教育等。

说服教育讯问法的方法主要有：疏导法、例证法、激励法、利害选择法和规劝法等。

2. 使用证据法。是指侦查人员在讯问中有计划、有步骤地使用已获取的证据揭露犯罪嫌疑人的狡辩和虚假的供述，打消其抗拒的心理，促使犯罪嫌疑人如实供述罪行的最有效的讯问方法。

侦查讯问中证据的使用，对消除犯罪嫌疑人拒供、伪供心理，打击犯罪嫌疑人嚣张气焰，突破讯问僵局，迫使犯罪嫌疑人纠正虚假供述，如实交代所犯罪行等具有重要作用。

使用证据讯问法要把握好讯问时机，讯问过程中出示证据的时机主要有：犯罪嫌疑人思想动摇时；犯罪嫌疑人的陈述自相矛盾时；犯罪嫌疑人避重就轻，妄想蒙混过关时；犯罪嫌疑人翻供、乱供时；犯罪嫌疑人自以为是、气焰嚣张时等。

使用证据讯问的方式有：口头表述证据；直接出示证据；宣读并出示证据；播放录音、录像；对质、指认等。

使用证据讯问的方法有：直接出示、间接出示、暗示出示、点滴出示、连续使用和补充使用等。

3. 利用矛盾法。是指侦查人员在讯问中利用犯罪嫌疑人因编造谎言使口供出现的

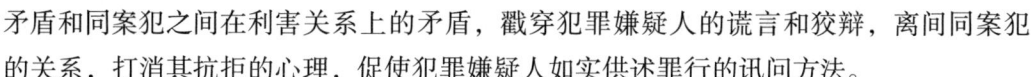

矛盾和同案犯之间在利害关系上的矛盾，戳穿犯罪嫌疑人的谎言和狡辩，离间同案犯的关系，打消其抗拒的心理，促使犯罪嫌疑人如实供述罪行的讯问方法。

矛盾讯问法对于分化瓦解犯罪嫌疑人的心理防线和攻守同盟，确保讯问、查证工作的开展，保障无罪的人不受刑事追究具有重要意义。

在侦查讯问过程中，可供利用的矛盾有：犯罪嫌疑人口中的矛盾；同案犯之间利害关系上的矛盾；犯罪嫌疑人心理上的矛盾。

利用矛盾讯问的前提是发现矛盾，侦查讯问中发现矛盾的途径有：审查案卷发现矛盾；通过侦查讯问发现矛盾；通过查证发现矛盾；通过观察分析发现矛盾；通过科学技术鉴定发现矛盾。

利用矛盾讯问的方法主要有犯罪嫌疑人口供矛盾的利用方法和同案犯利害关系矛盾的利用方法。其中犯罪嫌疑人口供矛盾利用的方法体现为借题驳斥法、事实驳斥法和证据驳斥法；同案犯利害关系矛盾利用的方法体现为直接利用法和间接利用法。

（六）侦查讯问记录

侦查讯问时必须制作侦查讯问记录，侦查讯问记录是重要的证据材料。

侦查讯问必须按照法定要求制作侦查讯问记录，记录主要采用笔录的形式，俗称"讯问笔录"。如有必要和条件，可以对讯问过程进行录音或者录像。对于可能判处无期徒刑、死刑的案件或者其他重大犯罪案件，应当对讯问过程进行录音或者录像。讯问笔录的制作可参见《公安机关刑事法律文书式样（2012 版）》或司法文书写作课程的内容。

犯罪嫌疑人请求自行书写供述的，应当准许；必要时，侦查人员也可以要求犯罪嫌疑人亲笔书写供词。犯罪嫌疑人应当在亲笔供词上逐页签名、捺指印。侦查人员收到后，应当在首页右上方写明"于某年某月某日收到"，并签名。

**五、搜查**

（一）搜查的概念

搜查是指侦查人员为了收集证据，查缉犯罪嫌疑人，依法对犯罪嫌疑人以及可能隐藏罪犯或者犯罪证据的人身、物品、住处和其他有关场所进行搜索和检查的一项侦查措施。

搜查是一项带有强制性的侦查措施，实施过程中必然会对特定公民的人身权、财产权、隐私权构成限制与损害，因此，实践中要严格按照法律的规定实施。

（二）搜查的作用

1. 发现犯罪现场。在一些杀人移尸、抛尸、碎尸案件及绑架人质等案件中，可以通过搜查的方法来发现和确认作案人实施犯罪活动的主体现场或第一现场，对于绑架案件，可以发现隐匿人质的地点，从而为采取其他侦查措施提供信息情报支持。

2. 查获犯罪嫌疑人。通过对可能藏匿犯罪嫌疑人的各种室内、室外及野外露天场所的搜查，可以查获隐匿其中的犯罪嫌疑人。

3. 获取犯罪证据。通过对查获的犯罪嫌疑人的人身、住所以及相关人员和场所的搜查，可发现各种涉案的作案工具、痕迹、物品和赃物等罪证。

4. 扩大侦查线索。通过搜查，不仅可以发现本案的侦查线索，还可以发现其他案件的侦查线索。

（三）搜查的种类

搜查的种类繁多，因划分依据的差异，搜查有不同的区分，常见的有：

1. 根据搜查对象的不同，搜查可分为人身搜查和场所搜查。人身搜查是指直接接触搜查对象的人体的搜查，又分为对人身体的搜查和对随身物品的搜查。场所搜查是指不直接触及对象的身体，而对其住所或其他相关地方实施的搜查，又可分为室内场所搜查、室外场所搜查、车辆搜查和其他物品搜查。

2. 根据搜查方式的不同，搜查可分为公开搜查和秘密搜查。公开搜查，通常简称"搜查"，是指侦查人员在实施搜查时，出示搜查证件，公开搜查意图，以彰显搜查行为的依法性和正当性。秘密搜查，通常又称为"密搜密取"，是指侦查人员为发现犯罪线索和证据，对重大犯罪嫌疑分子的住处或有关场所进行秘密搜寻检查的一项侦查措施。秘密搜查属技术侦查措施的范畴。

3. 根据搜查空间的不同，搜查可分为虚拟空间搜查和现实空间搜查。在网络技术普及的今天，社会活动除现实空间外，还有虚拟空间，这已成为不争的事实，尽管我国《刑事诉讼法》目前还没有将虚拟空间搜查纳入规范范畴，但在侦查实践中，通过对虚拟空间的搜查来获取侦查线索和证据的行为，已成为案件侦查的重要手段之一。

（四）搜查的组织实施

1. 做好搜查前的准备。

（1）确定搜查的时机。公开搜查作为一项搜索、查找犯罪嫌疑人或证据的侦查措施，具有很强的时机性，因此，一旦实体条件具备，应及时决定实施搜查，不然可能使得犯罪嫌疑人潜逃或者证据灭失。

（2）明确搜查对象。搜查的对象包括搜查的人和场所两方面，搜查前应当对搜查对象的信息资料进行收集，确保搜查的隐蔽性、安全性和有效性。实践中需要收集的信息资料包括：搜查对象的基本情况、兴趣爱好、家庭成员以及职业、交友等情况，搜查场所的房屋结构、安防设备、周围社会环境和地理环境等情况。

（3）确定搜查目标。搜查目标是指具体涉案的犯罪嫌疑人或证据资料。在实施搜查前，一方面应当全面了解涉案犯罪嫌疑人的数量、特征及其技能，特别要清楚其是否持有凶器的情况；另一方面，需要全面掌握涉案的赃款、赃物、工具、电子数据及其存储介质、涉案视频资料和痕迹等的种类特征和个体特征，以便识别和确认，保障

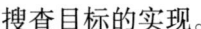

搜查目标的实现。

（4）制定搜查方案。内容包含：搜查的目的、要求；搜查的时间；搜查进行的顺序、重点；参与搜查的人员及分工；搜查需用的物品和工具；警戒的布置及应急对策等。

（5）办理好法律手续。搜查实践中，一般情况下都是实施有证搜查，因此，在搜查实施前要办理好《搜查证》，如需要拘留、逮捕犯罪嫌疑人的，应同时办理好《拘留证》《逮捕证》，以便实施抓捕。

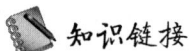 **知识链接**

### 无证搜查

《刑事诉讼法》第 138 条第 2 款规定："在执行逮捕、拘留的时候，遇有紧急情况，不另用搜查证也可以进行搜查。"《公安机关办理刑事案件程序规定》第 219 条对"紧急情况"作了说明，规定在执行拘留、逮捕的时候，遇有下列紧急情况之一的，不另用搜查证也可以进行搜查：①可能随身携带凶器的；②可能隐藏爆炸、剧毒等危险物品的；③可能隐匿、毁弃、转移犯罪证据的；④可能隐匿其他犯罪嫌疑人的；⑤其他突然发生的紧急情况。在前述情况下的搜查，称之为"无证搜查"。

由上述规定可见，开展无证搜查必须同时具备两个条件：一是在拘留、逮捕的时候；二是遇有紧急情况。

我国的无证搜查与其他国家的"逮捕附带搜查"规定有类似之处，但也有不同。其他国家的"逮捕附带搜查"不需要额外的正当性，只要逮捕是合法的，警察就有权在进行逮捕时附带搜查；而我国在拘留、逮捕时进行搜查必须是遇有紧急情况，否则无权搜查，如果无紧急情况就实施搜查，则属于非法搜查。

2. 控制搜查现场。由于搜查的强制性，在整个搜查过程中，侦查机关应当指派专人严密观察搜查现场的情况，并控制和监视被搜查人及其家属等人员，通过设置警戒线、专人监视控制、交通管制甚至封锁等方法，对搜查现场进行警戒与暂时封锁，严密控制局势，确保搜查顺利进行。

3. 搜查的施行。

搜查的施行应严格按照法律的规定进行，确保搜查的合法性和有效性，具体规定有：

（1）出示《搜查证》。《搜查证》是侦查人员依法进行搜查的法律凭证，在正常情况下，侦查人员应当持有并应当向被搜查人或者其家属出示之。

（2）搜查应当在侦查人员的支持下进行，执行搜查的侦查人员不得少于 2 人。

（3）搜查时，应当有被搜查人或者他的家属、邻居或者其他见证人在场。

（4）人民检察院、公安机关有权要求有关单位和个人交出可以证明犯罪嫌疑人有罪或者无罪的物证、书证、视听资料等证据，遇到阻碍搜查的，侦查人员可以强制搜查。

（5）搜查妇女的身体，应当由女工作人员进行。

4. 制作搜查笔录。搜查结束后，应及时做好有关人员、场所、物品或文件的善后处理工作。搜查的情况应当写成笔录，由侦查人员和被搜查人或者他的家属、邻居或者其他见证人签名或者盖章。如果被搜查人或者他的家属在逃或者拒绝签名、盖章，应当在笔录上注明。

（五）搜查的方法

1. 人身搜查的方法。人身搜查是指侦查人员对犯罪嫌疑人的身体及随身携带物品的搜寻和检查。

在对犯罪嫌疑人的住处进行搜查或拘捕犯罪嫌疑人时，通常要对犯罪嫌疑人的身体进行搜查，其目的是从被搜查人身上及其随身携带的物品中发现犯罪证据或侦查线索。人身搜查的对象一般有两种：一是被拘捕人的人身；二是可能携带有犯罪证据、管制刀具、毒品等物品的人的人身。实践中通过对人身的搜查，以达到解除犯罪嫌疑人的武装、发现犯罪工具、赃物、毒物等证据以及其身上是否遗留有伤痕、血迹、精斑和其他痕迹等的目的。

人身搜查时，要防止被搜查人反抗、逃跑、自杀、行凶报复，必须时刻提高警惕。具体搜查可以分成三阶段进行：第一阶段是要解除武装，设法让被搜查人在失去反抗能力的情况下进行搜查；第二阶段是仔细检查衣着及随身携带物；第三阶段是脱衣检查，即在搜查对象裸身的状态下，对其身体凹窝、自然孔窍处（如腋下、肛门等）以及贴有膏药、绷带处进行检查，必要时可以邀请法医协助搜查其隐匿体内的犯罪证据（如毒品）。

2. 室内场所的搜查方法。室内场所搜查是指侦查人员对犯罪嫌疑人的住所、工作场所及与案件相关联的其他地方的搜索查找和检查。室内场所搜查是搜查中较有难度的一种类型，主要是因为室内场所的形式多种多样，其中以住所搜查最为常见。实践中具体实施可参考如下操作：

（1）控制现场并警戒。搜查人员到达搜查地点后，应根据场所的特点，立即布置警戒人员，断绝被搜查场所与外界的联系；场所内其他人员都应集中在一处，不得随意走动和交谈；对犯罪嫌疑人进行初步搜查并控制其人身。

（2）确定搜查的顺序和重点。对场所进行搜查，应视场所的具体情况和搜查的目的来确定搜查的顺序和重点。正式搜查开始前，搜查人员应先巡视搜查场所，以便进一步了解建筑结构和室内布局，为确定搜查路线和顺序提供依据；如果是多人搜查，应明确每个人负责的部位或区域，以免遗漏或重复。搜查的重点应根据搜查目标属性、用途及搜查空间的具体环境，结合案情、搜查对象个人兴趣、爱好等情况分析确定，实践中确定搜查的重点还应考虑以下因素：一是搜查的任务，如搜查的任务是查找犯罪嫌疑人还是犯罪痕迹、物品；二是搜查场所的特点，不同的室内场所其结构和布局也不同；三是案件的性质，如杀人案件中搜查的重点是杀人工具等、盗窃案件中搜查的重点是赃款赃物等、贪污案件中搜查的重点是账单账册等。

（3）全面搜查。室内场所搜查的基本要求是全面彻底，结合之前确定的搜查顺序和重点进行全面、仔细地搜寻和检查，以实现搜查目标。

另外，对场所的搜查要和对被搜查人及其家属的思想教育和政策教育结合起来，当搜查取得初步结果时，这种教育工作往往能促使被搜查人或其家属交出尚未被发现的物证。

3. 室外场所的搜查方法。室外场所搜查，亦称露天场所搜查，是指侦查人员对可能隐藏和埋藏有关赃物罪证的一切室外场所进行的搜索和检查。

搜查室外场所，首先必须明确搜查范围，即在多大区域内进行搜查。正确确定搜查范围应当注意两点：一是犯罪嫌疑人的供述或其他知情人的陈述；二是现场环境，指搜查现场及周围的构造布局及自然环境。

室外搜查要根据室外地面广阔、地形复杂等特点和具体环境，在确定的搜查范围内，制订分片分段搜查的具体方案，定人定点包干，有序地进行搜查。搜查时，可采用地段法、条形法、螺旋式法、轮状法、纵横法等不同的方式进行，确保搜查全面、不遗漏。

另外，对室外场所的搜查，还要注意对地面下埋藏物品的观察和搜查，特别要注意新翻动的泥土，变动过的物堆，必要时借助工具和仪器试探或利用警犬搜索。搜查中发现的罪证物品连同被搜查人或其家属进行拍照固定。

4. 目标车辆搜查。目标车辆是指通过侦查证实为涉嫌犯罪工具的车辆。目标车辆搜查的重点为：工具箱和扶手箱，座椅周围及坐垫、脚垫，车尾箱等。对于目标明确的运输毒品和其他走私违禁品的车辆的搜查，可以进行专门的破拆搜查（到车辆专业维修点进行）或技术搜查（使用嗅毒犬、探测仪等进行）。

### 六、查封、扣押

（一）查封、扣押的概念

查封、扣押，即查封、扣押物证、书证的简称，是指在侦查活动中，对侦查机关发现的可用以证明犯罪嫌疑人有罪或者无罪的各种财物、文件，依法进行封存、扣留的一项侦查措施。

查封、扣押的目的是保全诉讼证据、保证公私财物不受损失。查封、扣押通常是在搜查和现场勘验、检查过程中进行的，有时也可单独进行。

（二）查封、扣押的对象与范围

查封、扣押的对象与范围应当是"可用以证明犯罪嫌疑人有罪或者无罪的各种财物、文件"。实践工作中，查封一般是针对土地、房屋等不动产或者船舶、航空器以及其他不宜移动的大型机器、设备等特定动产，而扣押主要针对一般动产。具体包括：

（1）在侦查过程中涉及犯罪活动的土地、房屋；

（2）在侦查过程中涉及犯罪活动的船舶、航空器以及其他不宜移动的大型机器、设备；

（3）在侦查过程中，发现的可用以证明犯罪嫌疑人有罪或者无罪的各种物品和文件；

（4）在侦查过程中，发现的违禁品及国家法律、法规规定不允许个人使用、持有的物品和文件；

（5）在侦查过程中，发现的与犯罪活动有关联，可用来补偿因犯罪行为而造成损失的各种财物；

（6）犯罪嫌疑人或者其社会关系人主动交出的与犯罪活动有关的物品和文件；

（7）在侦查过程中，在现场勘查或搜查中发现的物品和文件，需要查清这些财物、文件与犯罪活动关系的；

（8）与犯罪嫌疑人犯罪活动可能有关的犯罪嫌疑人的邮件、电子邮件、电报等。

另外，有时在人身搜查中发现的一些物品，虽然与犯罪无关，但也应暂时扣押，待结案以后再作处理，如从犯罪嫌疑人身上搜出的香烟、打火机、钥匙等物品。

（三）查封、扣押的实施

查封、扣押具有一定的强制性，在实施过程中，应当严格按照法律规定进行，既要做到有利于惩罚犯罪又要做到避免公民合法财产权遭到侵犯，具体要注意以下要点：

1. 查封、扣押的审批。依据相关法律、法规规定，查封、扣押的审批有如下情形：

（1）由办案部门负责人批准。一般情况下，根据案件侦办情况，需要查封、扣押财物、文件的，应当经办案部门负责人批准。

（2）由现场指挥人员决定。这种情形一般是指在案发以后、现场勘查过程中，或者在实施搜查工作过程中，对于需要查封、扣押财物、文件的，由现场指挥人员决定即可。

（3）由县级以上公安机关负责人批准。这种情况有三种情形：①在侦查过程中，查封、扣押的财物、文件价值较高或者可能严重影响正常生产经营的；②在侦查过程中，查封土地、房屋等不动产，或者船舶、航空器以及其他不宜移动的大型机器、设备等特定动产的；③扣押犯罪嫌疑人的邮件、电子邮件、电报的。

2. 查封、扣押的执行。

（1）对执行人员的规定。执行查封、扣押的侦查人员不得少于 2 人，并应有与本

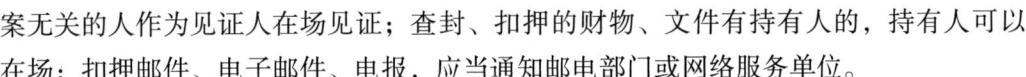

案无关的人作为见证人在场见证；查封、扣押的财物、文件有持有人的，持有人可以在场；扣押邮件、电子邮件、电报，应当通知邮电部门或网络服务单位。

（2）制作相应的法律文书。执行查封、扣押过程中可能需要制作的法律文书有：

第一，制作查封、扣押笔录。查封、扣押的情况应当制作笔录，由侦查人员、持有人和见证人签名。对于无法确定持有人或者持有人拒绝签名的，侦查人员应当在笔录中注明。

第二，开列查封、扣押清单。对查封、扣押的财物和文件，应当会同在场见证人和被查封、扣押财物、文件的持有人查点清楚，当场开列查封、扣押清单一式三份，写明财物或者文件的名称、编号、数量、特征及其来源等，由侦查人员、持有人和见证人签名，一份交给持有人，一份交给公安机关保管人员，一份附卷备查。对于无法确定持有人的财物、文件或者持有人拒绝签名的，侦查人员应当在清单中注明。

第三，贵重财物需拍照或录像。依法扣押文物、金银、珠宝、名贵字画等贵重财物的，应当拍照或者录像，并及时鉴定、估价。

第四，开具登记保存清单。对作为犯罪证据但不便提取的财物、文件，经登记、拍照或者录像、估价后，可以交财物、文件持有人保管或者封存，并且开具登记保存清单一式两份，由侦查人员、持有人和见证人签名，一份交给财物、文件持有人，另一份连同照片或者录像资料附卷备查。

（3）特别规定。查封、扣押执行过程中要注意下列特别规定：①在侦查过程中，对与案件无关的财物、文件，不得查封、扣押。②在执行过程中，财物、文件持有人拒绝交出应当查封、扣押的财物、文件的，公安机关可以强制查封、扣押。③对不便提取而交财物、文件持有人保管或者封存的财物、文件，持有人应当妥善保管，不得转移、变卖、毁损。④不需要继续扣押邮件、电子邮件、电报的，应当经县级以上公安机关负责人批准，制作解除扣押邮件、电报通知书，并立即通知邮电部门或者网络服务单位。⑤异地执行查封、扣押的，按照侦查协作的有关规定办理。

3. 查封、扣押财物、文件的处理。对于查封、扣押的财物、文件，依据有关法律、法规分别视不同情况可作出以下处理：

（1）妥善保管。对查封、扣押的财物及其孳息、文件，公安机关应当妥善保管，以供核查。任何单位和个人不得使用、调换、损毁或者自行处理。

（2）与案件无关的财物、文件的处理。对查封、扣押的财物、文件、邮件、电子邮件、电报，经查明确实与案件无关的，应当在 3 日以内解除查封、扣押，退还原主或者原邮电部门、网络服务单位；原主不明确的，应当采取公告方式告知原主认领。在通知原主或者公告后 6 个月以内，无人认领的，按照无主财物处理，登记后上缴国库。

（3）被害人合法财产及其孳息的处理。对被害人的合法财产及其孳息权属明确无争议，并且涉嫌犯罪事实已经查证属实的，应当在登记、拍照或者录像、估价后及时返还，并在案卷中注明返还的理由，将原物照片、清单和被害人的领取手续存卷备查。查找不到被害人，或者通知被害人后，无人领取的，应当将有关财产及其孳息随案移送。

（4）变卖、拍卖处理。对容易腐烂变质及其他不易保管的财物，可以根据具体情况，经县级以上公安机关负责人批准，在拍照或者录像后委托有关部门变卖、拍卖，变卖、拍卖的价款暂予保存，待诉讼终结后一并处理。

（5）违禁品的处理。对查封、扣押的违禁品，应当依照国家有关规定处理；对于需要作为证据使用的，应当在诉讼终结后处理。

### 七、查询、冻结

（一）查询、冻结的概念

查询、冻结是指侦查机关根据侦查犯罪的需要，依法向银行或者其他金融机构、邮电部门、证券部门查询、冻结犯罪嫌疑人的存款、汇款、债券、股票、基金份额等财产，有关单位和个人应予配合的一项侦查措施。

查询、冻结包含查询和冻结两项侦查措施，都是针对犯罪嫌疑人的存款、汇款、债券、股票、基金份额等财产的调查与控制，都是为了查明案情，保全诉讼证据，保障国家、公民财产的安全。但是在具体的侦查实践中，两者也有不同，如实施查询行为并不一定需要冻结，而冻结行为的实施往往需要先行予以查询；此外，查询直接干预的是犯罪嫌疑人的财产隐私权，而冻结行为是在一定时期内限制犯罪嫌疑人的财产支配权，并非财产占有权和收益权。

（二）查询、冻结的对象

依据有关法律、法规的规定，查询、冻结的对象是犯罪嫌疑人的存款、汇款、债券、股票、基金份额等财产。侦查实践中要注意以下问题：

1. 查询、冻结对象的确定。查询、冻结的对象与范围应根据侦查犯罪的需要来确定，即出于获取侦查线索、侦查取证、保全诉讼证据的目的，严禁借侦查工作之名，随意对合法财产实施查询、冻结。

2. 查询、冻结对象的范围。查询、冻结对象的范围仅限于与犯罪活动有关联的犯罪嫌疑人财产，既包括犯罪嫌疑人本人名下的财产，也包括犯罪嫌疑人以他人名义保存的财产。

3. 准确把握"存款、汇款、债券、股票、基金份额等财产"的含义。尤其需要把握：一是"债券"，既包括国库券、地方政府债券，也包括公司债券、企业债券等；二是"股票"，既包括犯罪嫌疑人所持有的上市公司股票，也包括其持有的未上市股份公司的股票及有限公司的股权。

4. 查询、冻结犯罪嫌疑人的财产，此中"犯罪嫌疑人"既可以是自然人，也可以是单位。

（三）查询、冻结的实施

1. 查询、冻结的审批与执行。侦查过程中，需要实施查询、冻结时，应当经县级以上公安机关负责人批准，制作协助查询、冻结财产通知书，通知金融机构等单位执行。冻结存款、汇款、债券、股票、基金份额等财产，应当登记并写明编号、种类、面值、张数、金额等。

2. 冻结的期限。冻结存款、汇款等财产的期限为 6 个月。冻结债券、股票、基金份额等证券的期限为 2 年。有特殊原因需要延长期限的，公安机关应当在冻结期限届满前办理继续冻结手续。每次续冻存款、汇款等财产的期限最长不得超过 6 个月；每次续冻债券、股票、基金份额等证券的期限最长不得超过 2 年。继续冻结的，应当重新审批、办理冻结手续。逾期不办理继续冻结手续的，视为自动解除冻结。

3. 轮候冻结的规定。犯罪嫌疑人的存款、汇款、债券、股票、基金份额等财产已被冻结的，不得重复冻结，但可以轮候冻结。

4. 冻结财产的处理。

（1）解除冻结。依据相关法律规定，解除冻结的情形有：①在侦查过程中，不需要继续冻结犯罪嫌疑人的财产时，应当经县级以上公安机关负责人批准，制作协助解除冻结财产通知书，通知金融机构等单位执行；②在侦查过程中，对冻结的财产经查明确实与案件无关的，应当在 3 日以内通知金融机构等单位解除冻结，并通知被冻结财产的所有人；③人民检察院作出不起诉决定的，根据人民检察院解除冻结财产的书面通知，及时解除冻结。

（2）申请出售或变现。对冻结的债券、股票、基金份额等财产，应当告知当事人或者其法定代理人、委托代理人有权申请出售。权利人书面申请出售被冻结的债券、股票、基金份额等财产，不损害国家利益、被害人、其他权利人利益，不影响诉讼正常进行的，以及冻结的汇票、本票、支票的有效期即将届满的，经县级以上公安机关负责人批准，可以依法出售或者变现，所得价款应当继续冻结在其对应的银行账户中；没有对应的银行账户的，所得价款由公安机关在银行指定专门账户保管，并及时告知当事人或者其近亲属。

 知识链接

调取证据，即"调取行政执法证据"的简称，是指侦查机关在办理刑事案件过程中，根据侦查案件的需要，依法调取行政机关在行政执法和查办案件过程中收集的物证、书证、视听资料、电子数据等证据材料的一项侦查措施。注意，概念中的"行政机关"是指具有行政执法权和行政处罚权的机关，具体包括公安（行使行政执法权部门）、税务、工商、环保、审计、国土、卫生、质监、央行等，还包括证监会等法律、法规授权管理公共事务并具有行政处罚权的组织，也包括行使查办案件职能的各级纪检监察部门。

调取证据的对象与范围是"物证、书证、视听资料、电子数据、检验报告、鉴定意见、勘验笔录、检查笔录等证据材料"，这类证据材料属于非言词证据，具有较强的客观性。而对行政机关在行政执法和查办案件过程中获取的证人证言、当事人陈述等调查笔录，侦查机关认为有必要作为刑事证据使用的，应当依法重新收集、制作，不能使用调取证据措施。

侦查机关向行政机关调取证据的，应当经办案部门负责人批准，并开具调取证据通知书。被调取证据的行政机关应当在通知书上盖章或者签名，拒绝盖章或者签名的，应当注明。

### 八、侦查实验

（一）侦查实验的概念

侦查实验，是指侦查人员在侦查过程中，为了确定与案件相关的某种事实或现象能否发生或者怎样发生，而参照原有的条件将事实或现象进行实验性重演或再现的一项侦查措施。

《刑事诉讼法》第135条第1款规定："为了查明案情，在必要的时候，经公安机关负责人批准，可以进行侦查实验。"可见，侦查实验是判明案情，核查证人、被害人和犯罪嫌疑人的陈述是否符合客观实际情况、是否真实可靠的一种有效方法，通过侦查实验，可以加深对案件的认识，对一些关键性问题加以证实，为查明案情提供依据。

（二）侦查实验的种类

侦查实验的种类较多，可依据不同角度进行分类，侦查实践中，比较常见的分类有：

1. 依据侦查实验的内容不同，可分为：

（1）感知可能性实验。指在一定条件下，某些现象通过感觉器官（视觉、听觉、嗅觉、触觉等）在人脑中直接反映的可能性实验。它用于确定感知人在案件发生的当时是否能确切感知到被感知的事件或现象，如是否能够听见某一声音、看见某一事物、闻到某种气味等。

（2）行为可能性实验。指在一定条件下实施某种外在活动的可能性实验，用于确定行为人在案件发生的当时实施某种行为的可能性。包括以下实验：①行为能力可能性实验。即胜任某种外在活动主观条件的可能性实验，用于确定行为人的主体条件能否胜任实施该行为。如能否驾驶、其身体能否穿过特定的孔洞实施作案过程等。②行为过程可能性实验。即从事某种外在活动所经过的顺序的可能性实验，用于确定在特定条件下能否按照一定顺序完成某种行为。如能否按照一定的路线在一定的时间内实施某一作案过程。③行为结果可能性实验。即实施某种外在活动所达到的最后结果的可能性实验，用于确定行为人实施特定行为能否造成与案件相同的后果。如行为人能否在一定条件下将偷来的 10 头耕牛全部从甲地转移到乙地。

（3）自然力可能性实验。指在一定条件下某些现象不经人力干预，自由发展的可能性实验。它用于确定自然力（如物质的挥发、自燃等）能否在一定条件下造成一定的后果。如草堆在特定的条件下能否自燃等。

2. 依据侦查实验所要解决的问题，即实验目的的差异，可分为：

（1）结果性实验。即验证某种结果在一定条件下能否发生的侦查实验。

（2）行为性实验。即验证某种行为在一定条件下能否完成的侦查实验。

（3）条件性实验。即验证某一结果发生应当具备哪些条件的侦查实验。

（三）侦查实验的实施

1. 侦查实验的原则。为充分保证侦查实验的科学性和合法性，进行侦查实验必须遵从下列原则：

（1）合法性原则。侦查实验是一种侦查措施，必须在严格遵守国家法律、法规的原则下实施，以正当的方法进行，确保侦查实验结果的客观、合法。

（2）必要性原则。这是侦查实验的普遍性原则，《刑事诉讼法》第 135 条第 1 款规定："为了查明案情，在必要的时候，经公安机关负责人批准，可以进行侦查实验。"此中规定的"必要的时候"是指案件的某一情节或现象非经侦查实验难以查明，否则影响案件的侦查和证明。

（3）相似性原则。是指进行侦查实验时的条件跟将要以实验验证的某种事实或现象发生时的实际条件应当尽可能相似。这些条件包括实验地点、时间、物品及自然条件等。

（4）反复实验验证原则。侦查实验中往往出现种种偶然因素影响实验的结果，坚持同一情况下的反复实验，可以提高侦查实验意见的可靠程度。

2. 侦查实验的步骤。

（1）申请批准。在进行侦查实验前，具体办案人员应当制作《呈请侦查实验报告书》，经县级以上公安机关负责人审核批准后方可进行侦查实验。

（2）侦查实验的准备。在正式开展侦查实验前，必须做好如下准备工作：明确实验任务；确定实验的内容和实施方案；确定实验的时间和地点；确定参加实验的人员；准备实验所需的工具和物品等。

（3）侦查实验的实施。实验开始前，应当向参加侦查实验的人员宣布实验纪律及注意事项，并将实验的任务告诉每一位实验参加者，明确各自的任务或负责的实验项目。在进行实验的过程中，侦查人员始终是组织指挥者，不应亲自去执行具体的实验项目，也不能让见证人去执行，以免影响实验的结果；有些实验应当事先聘请具有专门知识、技能的人执行；有些实验可由事主、被害人、证人或犯罪嫌疑人执行；有些实验应由数个具备不同条件的人依次分别执行；等等。

（4）得出侦查实验意见。

3. 制作侦查实验记录。侦查实验的过程和结果，应客观细致地制作记录，即使是在现场勘查过程中进行的侦查实验，也应单独制作记录，而不能合并在现场勘查记录中。

侦查实验从开始就应有专人依照实验进程，采用笔录、绘图、照相、录像等记录手段，将实验的过程和结果客观详细地记录下来。侦查实验记录只能记载实验的过程和客观结果，不应记录侦查人员根据侦查实验所作的分析判断。

此外，参加实验的人员如有某种说明性质的意见，可以在笔录的末尾加以注明。

（四）侦查实验意见的评断

对侦查实验意见进行评断是一项复杂、系统的工作，其审查判断过程就是要做到去粗取精、去伪存真、由此及彼、由表及里、排除各种矛盾和疑点，确保侦查实验意见的科学、合法和有效，以起到查明案件的作用。工作实践中，评断侦查实验意见应注意把握以下几点：

（1）实验时的条件和环境是否同待验证的某种事实或现象发生时的条件和环境基本一致。

（2）反复进行实验时是否出现同样的结果。

（3）要充分考虑个人主观素质对实验结果的影响。如参加实验的人员是否符合实验的要求、能否客观公正、心理和生理素质有无异常等。

（4）组织实施侦查实验的策略方法是否恰当。主要是要避免因执行实验项目的人员、器材、物品等的差异，导致结果的不同或出现偶然的巧合。

（5）实验结果与案内其他证据材料是否相一致。

## 九、鉴定

（一）鉴定的概念

根据《刑事诉讼法》第 146 条、《公安机关办理刑事案件程序规定》第 239 条和《公安机关执法细则》第 10－01 条的规定，鉴定是指侦查机关为了解决案件中的某些专门性问题，指派或聘请具有鉴定资格的人进行鉴别和判断，并作出鉴定意见的一项侦查措施。

依据上述法律、法规之规定，本书所指之鉴定属"刑事鉴定"。

（二）鉴定的种类

鉴定的种类较多，可依据不同角度进行分类，实践工作中，比较常见的分类有两种：

1. 依据《公安机关执法细则》的规定分类。鉴定可分为：为刑事技术鉴定、人身伤害医学鉴定、精神病鉴定、涉案物品价格鉴定、文物鉴定、珍稀动植物及其制品鉴定、违禁品和危险品鉴定、电子数据鉴定等，还包括会计学鉴定、声像资料鉴定、知识产权鉴定和技术问题鉴定等。

2. 依据鉴定程序的要求分类。鉴定可分为：初次鉴定、复核鉴定、补充鉴定、重新鉴定和会商鉴定等。

（三）鉴定的程序

为了保证鉴定活动的顺利进行以及鉴定结果的公正性、科学性、准确性，鉴定应当依照一定的程序，有计划、有步骤地进行。

1. 鉴定的启动与审批。鉴定的审批，是指鉴定的申请和批准。鉴定的申请也叫鉴定的提起或鉴定的启动，是指由谁作为鉴定的决定主体，采取何种方式委托鉴定的问题。在我国，鉴定的启动有两种模式：一是由侦查机关启动；二是由当事人自行委托启动。

（1）由侦查机关启动鉴定的审批制度。是指侦查机关为履行侦查职能，就刑事案件中涉及的专门性问题主动提起或启动鉴定程序的审批制度。即侦查机关无须当事人申请可直接就案件中的专门性问题指派或聘请有关人员进行鉴定。依据鉴定实施主体的不同，侦查机关启动的鉴定可分为指派鉴定和聘请鉴定，指派鉴定是指侦查机关指派本部门鉴定人员进行的鉴定，而聘请鉴定是指侦查机关聘请其他机构或部门的有关专业人员进行的鉴定。

侦查机关启动鉴定的审批一般包含呈批和批准两个步骤：①呈批。需要指派或聘请鉴定的，办案部门应制定《呈请鉴定报告书》，报县级以上公安机关负责人批准；②批准。经批准，由公安机关指派鉴定的，直接将检材送交鉴定，而需要聘请鉴定的，办案部门另制作《鉴定聘请书》。

（2）当事人自行委托鉴定的启动与审批。当事人自行委托鉴定是指在侦查过程中，当事人或其代理人提出鉴定请求，由侦查机关作出是否同意鉴定及委托鉴定的决定。在这种模式下，申请鉴定的主体是犯罪嫌疑人、被害人，但是否提起鉴定则由公安机关决定。刑事鉴定是侦查措施，当事人无权行使，因此，当事人自行委托鉴定机构、鉴定人出具的鉴定意见，没有法律效力。

2. 指派或聘请鉴定机构及鉴定人。依据《刑事诉讼法》第146条、《公安机关办理刑事案件程序规定》第239条的规定，为了查明案情，需要解决案件中专门性问题的时候，应当指派、聘请有专门知识的人进行鉴定。由此可见，鉴定人包括两种：一种是指派公安机关有鉴定资格的人；另一种是聘请公安机关以外的具有鉴定资格的人。

社会各鉴定机构之间无隶属关系，鉴定机构接受委托从事司法鉴定业务，不受地域范围的限制。

依据《公安机关执法细则》的相关规定，鉴定机构和鉴定人的确定或选定，一般遵循以下规则：

（1）刑事技术鉴定，由县级以上公安机关的刑事技术部门负责进行，由具有鉴定员以上职称的专业技术人员担任。必要时，可聘请有专门知识的人协助鉴定。

（2）对人身伤情进行鉴定，应当由县级以上公安机关鉴定机构2名以上鉴定人负责实施。伤情鉴定比较疑难，对鉴定意见可能发生争议或者鉴定委托主体有明确要求的，伤情鉴定应当由3名以上主检法医师或者4级以上法医官负责实施。需要聘请其他具有专门知识的人员进行鉴定的，应当经县级以上公安机关负责人批准，制作《鉴定聘请书》，送达被聘请人。对人身伤害的医学鉴定有争议需要重要鉴定的，由省级人民政府指定的医院进行。

（3）对犯罪嫌疑人、证人或者被害人、自诉人是否能辨认和控制自己的行为，是否具有刑事责任能力或作证能力、自我防卫能力、辨认能力、诉讼能力，应当进行精神病鉴定，由省级人民政府指定的医院进行。

（4）价格鉴定由价格部门设立的价格认证机构负责进行。

（5）文物鉴定由文物部门或者有关鉴定机构负责进行，但涉及文物价格鉴定的，由价格部门设立的价格认证机构负责进行。

（6）对淫秽物品的鉴定，由县级以上公安机关治安管理部门进行。

（7）对毒品的鉴定，由县级以上公安机关禁毒、刑侦或者刑事技术部门进行。

（8）对枪支弹药的鉴定，由地（市）级以上公安机关进行。

（9）对电子数据的鉴定，由公安机关网络安全保卫部门设立的电子数据鉴定机构负责进行。

（10）对假币的鉴定，由中国人民银行分支机构和中国人民银行授权的鉴定机构负责进行。

（11）对办理制黄贩黄、侵权盗版案件中所查获的光盘及母盘进行鉴定，以确定送检光盘及母盘的生产企业的，由光盘生产源鉴定中心负责进行。

（12）对在办理生产、销售伪劣产品，假冒商标，非法经营等严重破坏社会主义市场经济秩序的犯罪案件中，所涉生产、销售的产品是否属于"以假充真""以次充好""以不合格产品冒充合格产品"难以确定的，委托法律、行政法规规定的产品质量检验机构进行鉴定。

（13）对办理生产、销售假药犯罪案件和生产、销售不符合卫生标准的食品犯罪案件，委托省级以上药品监督管理部门设置或者确定的药品检验机构和省级以上卫生行政部门确定的机构进行鉴定。

（14）对医疗事故进行首次鉴定，由设区的市级和省、自治区、直辖市直接管辖的县（市）级地方医学会负责组织专家鉴定组进行。

（15）对发票真伪的鉴定，由税务机关进行。

（16）涉及国家秘密的案件，需要对有关事项是否属于国家秘密以及属于何种密级进行鉴定的，由国家保密工作部门或者省、自治区、直辖市保密工作部门进行。

（17）对查获的军服仿制品的认定存在争议的，由省军区（卫戍区、警备区）或者军分区（警备区）军需主管部门进行鉴定。

3. 鉴定的实施。

（1）侦查机关提供必要的鉴定条件。侦查机关应当为鉴定人进行鉴定提供必要的条件，及时向鉴定人送交有关鉴定检材及对比样本等原始材料，介绍与鉴定有关的情况，并且明确鉴定所要解决的问题。

（2）采取和保存检材。鉴定人员要对检材、样本及附送资料逐一登记，注明其名称、数量、现状、来源、收取及保管方法。

（3）准备器材、拟定鉴定方案。鉴定人员根据鉴定材料和鉴定要求，选择、确定鉴定所需的设备、仪器、耗材等，并拟定实施鉴定的方案，明确鉴定的方法和步骤。

（4）实施鉴定。鉴定人员应当根据鉴定方案的要求，按照国家有关鉴定适用的技术标准、操作规范等规定实施鉴定，并做好各项检验、鉴定的记录。

（5）制作鉴定意见书。鉴定人接受指派或聘请后，应当在法定或者约定时限内完成鉴定工作，并出具鉴定意见书。

（四）鉴定的其他规定

1. 鉴定期限的规定。

（1）精神病鉴定期限。《公安机关办理刑事案件程序规定》第248条规定："对犯罪嫌疑人作精神病鉴定的时间不计入办案期限，其他鉴定时间都应当计入办案期限。"

（2）伤害案件的鉴定期限。公安机关受理伤害案件后，应当在24小时内开具伤情鉴定委托书，告知被害人到指定的鉴定机构进行伤情鉴定。

根据国家有关部门颁布的人身伤情鉴定标准和被害人当时的伤情及医院诊断证明：①具备即时进行伤情鉴定条件的，公安机关的鉴定机构应当在受委托之时起24小时内提出鉴定意见，并在3日内出具鉴定文书。②对伤情比较复杂，不具备即时进行鉴定条件的，应当在受委托之日起7日内提出鉴定意见并出具鉴定文书。③对影响组织、器官功能或者伤情复杂，一时难以进行鉴定的，待伤情稳定后及时提出鉴定意见，并出具鉴定文书。

（3）初次鉴定、重新鉴定、复杂疑难鉴定的鉴定期限。初次鉴定、重新鉴定从受理之日起至出具鉴定意见书一般应在30日内完成，复杂疑难的鉴定应在60日内作出鉴定意见。因特殊情况不能在上述时限内完成的，可以与委托人协商，约定完成期限。需要补充鉴定文书资料或检材而发生的延时，不计入鉴定时限。

2. 补充鉴定、重新鉴定的规定。

（1）补充鉴定。根据《公安机关办理刑事案件程序规定》第245条的规定，经审查，发现有下列情形之一的，经县级以上公安机关负责人批准，应当补充鉴定：鉴定内容有明显遗漏的；发现新的有鉴定意义的证物的；对鉴定证物有新的鉴定请求的；鉴定意见不完整的，委托事项无法确定的；其他需要补充鉴定的情形。经审查，不符合上述情形的，经县级以上公安机关负责人批准，作出不准予补充鉴定的决定，并在作出决定后的 3 日以内书面通知申请人。

（2）重新鉴定。根据《公安机关办理刑事案件程序规定》第 246 条的规定，经审查，发现有下列情形之一的，经县级以上公安机关负责人批准，应当重新鉴定：鉴定程序违法或者违反相关专业技术要求的；鉴定机构、鉴定人不具备鉴定资质和条件的；鉴定人故意作虚假鉴定或违反回避规定的；鉴定意见依据明显不足的；检材虚假或者被损坏的；其他应当重新鉴定的情形。重新鉴定，应当另行指派或者聘请鉴定人。经审查，不符合上述情形的，经县级以上公安机关负责人批准，作出不准予重新鉴定的决定，并在作出决定后的 3 日以内书面通知申请人。

3. 鉴定意见的告知。对作为证据使用的鉴定意见，公安机关应当及时告知犯罪嫌疑人、被害人或者其法定代理人。告知时，可以告知鉴定意见的结论部分，对鉴定过程等其他内容不予告知。

4. 鉴定费用的规定。

（1）鉴定的费用，由公安机关承担。

（2）犯罪嫌疑人的辩护人或者近亲属以犯罪嫌疑人有患精神病的可能而申请的鉴定，由申请人承担鉴定费用。

（3）重新鉴定费用由申请人承担，但原鉴定违反法定程序或者鉴定意见与原来的鉴定意见不一致的，由公安机关承担鉴定费用。

## 十、辨认

### （一）辨认的概念

辨认即刑事辨认，是指在刑事侦查过程中，侦查人员为了查明案件事实，依照有关法律规定及程序要求，组织被害人、犯罪嫌疑人、证人对与案件有关的物品、尸体、场所或者犯罪嫌疑人进行辨别和认定的一项侦查措施。

 **知识链接**

依据《刑事诉讼法》第 50 条的规定，辨认笔录与勘验、检查、侦查实验等笔录并列在第 7 种证据类型中，这明确了辨认笔录的证据地位，对于侦查实践和刑事诉讼都具有十分重要的意义。由于侦查辨认是侦查机关一项常用的侦查措施，《公安机关办理刑事案件程序规定》和《人民检察院刑事诉讼规则（试行）》等都有专门章节对其进行详细规定，使其具有较强的可操作性。此外，《关于办理死刑案件审查判断证据若干问题的规定》等法律法规也对侦查辨认进行了规定，因而，侦查辨认成为一项规范性较为完善的侦查措施。

（二）辨认的目的

辨认是利用客观事物作用于人的各种感觉器官并在大脑中留下印象而进行的辨别和认定活动，通过辨认主要是审查与犯罪有关的人、物、场所是否与案件存在某种关系，目的是查明案件线索，澄清嫌疑、认定犯罪嫌疑人，为破案提供依据。具体体现为：

（1）通过对尸体（尸块）的辨认，确定无名尸体（尸块）的身份；

（2）通过对人员的辨认，确定被辨认人是否为本案的作案人、被害人或证人；

（3）通过对地点的辨认，查明犯罪嫌疑人作案的地点；

（4）通过对已查获的物品、文件的辨认，确定该物品、文件与案件或犯罪嫌疑人、被害人的关联性；

（5）通过对某种声音、气味、图像等的辨认，发现、确定犯罪嫌疑人。

（三）辨认的种类

辨认的种类较多，可依据不同角度进行分类，侦查实践中，比较常见的分类有两种：

1. 根据辨认对象不同分类。

（1）人员辨认。人员辨认是最常见的辨认类型，其目的主要是证明辨认对象的身份及其与辨认人的关系，其中绝大多数对象为犯罪嫌疑人，常见的有犯罪嫌疑人对同伙的确认，被害人、证人对犯罪嫌疑人的辨认。人员辨认可以直接进行，也可以借助照片、录音录像间接进行。

（2）物品、文件辨认。涉案物品、文件的辨认主要是为了解决物品的归属、来源及其与犯罪嫌疑人、被害人的关联关系等问题，通过辨认涉案物品、文件，可以为诉讼提供证据，或为侦查提供线索。常见的物品、文件有作案工具、现场遗留物、赃物、遗物等。

（3）尸体（尸块）辨认。是指在发现不知名尸体（尸块）后，在一定范围内发动群众，通过辨认查清尸体（尸块）的真实身份和生前的行踪等。对尸体（尸块）进行辨认，可以直接辨认尸体（尸块）和死者遗物，也可以辨认尸体（尸块）和死者遗物的照片。

（4）场所辨认。是指对犯罪相关场所的辨认，辨认主体通常为犯罪嫌疑人，实践中常称为"现场指认"。通过对犯罪相关场所的辨认，可确认场所的具体位置、获取新的犯罪线索和证据、甄别犯罪嫌疑人供述的真伪等。

2. 根据辨认活动是否公开分类。

（1）公开辨认。是指侦查人员组织辨认人，在公开场合和在被辨认的人或辨认物的持有人完全明了的情况下所进行的辨认。

（2）秘密辨认。由侦查人员安排，辨认人在被辨认的人或辨认物的持有人不知情的情况下所进行的辨认。秘密辨认通常只做收集侦查线索目的使用，即寻查犯罪嫌疑人或发现犯罪场所等，秘密辨认的结果不能作为证据使用，如需要，必须转化为公开辨认的形式。

（四）辨认的规则

辨认的规则指在辨认过程中应当遵守的规定和原则。实践中遵循一些约定俗成的规则，可以有效降低辨认错误的出现率，保证辨认结果的客观、准确。具体包括：

1. 自主辨认。是指在辨认过程中应保证辨认人的独立意志主导，不受任何干扰和诱导。辨认是一种再认识活动，很容易受外界干扰，只有让辨认人完全处于独立状态时，才能保证结果的准确、可靠。这就要求侦查人员在辨认过程中不能以任何方式对辨认人进行暗示或诱导，以及在辨认前不得向辨认人介绍辨认对象的情况等。

2. 混杂辨认。是指在对人、物品、文件进行辨认时，要选择一定数量的陪衬人或物混杂后进行辨认。依据有关规定，辨认时要根据辨认对象的情况选择符合规定的陪衬人（物、照片），并与辨认对象相近且符合法定数量。

根据《公安机关办理刑事案件程序规定》第251条的规定：……辨认犯罪嫌疑人时，被辨认人的人数不得少于7人；对犯罪嫌疑人照片进行辨认的，不得少于10人的照片；辨认物品时，混杂的同类物品不得少于5件。

3. 分别辨认。是指当有2个以上的辨认主体或对2个以上的同类辨认对象进行辨认时，应当分别单独进行，避免互相干扰，影响辨认结果。具体有两层含义：就辨认主体而言，当有2个以上的辨认主体时，应当让辨认人分别、单独对辨认客体进行辨认；就客体而言，当需要同一个辨认人对2个以上辨认客体进行辨认时，也应当把辨认客体分别提供辨认。

（五）辨认的实施

1. 批准辨认。需要对人、尸体（尸块）、物品、文件、场所进行辨认的，应当制作《呈请辨认报告书》，报办案部门负责人批准。

2. 准备辨认。

（1）事前询（讯）问辨认人。是指在实施辨认之前，侦查人员应当向辨认人询（讯）问辨认对象的特征、感知过程情况以及辨认人自身的相关情况，并记录在卷。

（2）选择混杂辨认的客体。在询问清楚的前提条件下，侦查人员应根据需要审查确认与犯罪有关的物品和犯罪嫌疑人的种类和特征，按照前面所规定的原则要求选择混杂的辨认客体，在选择混杂人员、物品或相关照片时，应当注意混杂的人员、物品与辨认对象之间的相似性，结合案情，突出于辨认对象的"主要特征一致性"，避免特征相似性过高或过低，并按顺序予以编号。

（3）确定辨认的时间地点和方式。侦查人员要根据具体案情和辨认人的情况，确定具体辨认的时间地点及方式。

（4）邀请见证人。公开辨认，侦查人员应事前邀请 2 名与案件无关的见证人到场，对辨认过程和结果予以见证。

3. 进行辨认。辨认应当在见证人的见证下，在不少于 2 名侦查人员的主持下，依据自主辨认、混杂辨认、分别辨认的规则进行辨认。同时要注意安全及警戒，尤其是组织犯罪嫌疑人进行指认或对犯罪嫌疑人进行辨认的情形。

4. 记录辨认。公开辨认的，侦查人员应当制作笔录。依据《公安机关办理刑事案件程序规定》第 253 条规定："对辨认经过和结果，应当制作辨认笔录，由侦查人员、辨认人、见证人签名。必要时，应当对辨认过程进行录音或者录像。"

秘密辨认不制作辨认笔录，由主持辨认的侦查人员写出秘密辨认报告，存入侦查工作卷备查。如果需要作证据使用，应当转为公开辨认。

（六）辨认结果的评断

辨认要经过感知（识记）、记忆（保存）、辨识（回忆和再现）三个心理阶段，是一种复杂的心理认知过程，易受到主客观因素的影响。而辨认结果是一项重要的诉讼证据，侦查人员通过对辨认这一复杂的认知过程的结果及时进行科学的分析和有效的评断，有利于保障辨认结果的可靠性。实践中，侦查人员评断辨认结果的依据有：

1. 辨认人因素。辨认人是辨认活动的主体，辨认人所具有的内在特点是决定辨认准确度的重要因素。尽管辨认人的因素不是侦查人员所能控制的，但可以通过对辨认人的状态作出评估，以确定其是否存在影响辨认准确性的情况。这里主要考察辨认人的两种情况：一是辨认人的生理因素，主要是指辨认人的感觉器官是否正常，在感知、记忆、辨识等方面是否存在障碍。二是辨认人的心理因素，主要考察辨认人的精神状态、有无缺陷等，具体考察辨认人在案件发生时的精神紧张度和辨认人在辨认时的精神紧张度及神智状态。

2. 辨认对象的因素。辨认对象是辨认的客体，辨认对象的复杂程度、与其他对象的相似程度、主要特征变化都会对辨认结果产生影响。辨认对象特征的特定性和稳定性使研究辨认对象因素主要有两种情形。

3. 客观环境因素。辨认需要对客观对象进行感知和辨识，因此，当辨认对象处于不同的客观环境之中，可能对辨认人的感知和辨识产生一定的影响，具体指辨认人感知阶段的环境因素和辨识阶段的环境因素。

4. 辨认组织过程因素。侦查人员是辨认工作的组织者，在实施过程中，侦查人员有无提供必要的辨认条件并严格依法依规地组织辨认，也是影响辨认的主要因素。

## 十一、视频侦查

（一）视频侦查概述

视频侦查，是指侦查主体在侦查破案过程中，以视频监控与识别、计算机、信息显示及捕捉、数据库等技术为依托，通过实时监控或依法调取的视频图像，综合运用信息处理技术和相关侦查措施，进行关联、分析、比对和碰撞，从中获取侦查线索和犯罪证据，查获犯罪嫌疑人，实现防控、打击犯罪目的的一种侦查行为。

现代计算机技术的发展、普及和视频监控技术的推广、应用，产生了视频侦查，并逐渐得到推广，这是刑事侦查工作与时俱进、满足新形势下打击犯罪需要的产物，已成为侦查应用之常态。据此考虑，把视频侦查置于常规性侦查措施中阐述。

视频侦查是一种信息化侦查方法，涉及多种专门知识，具有较强的专业性，但最终目的是以侦查为主导、为侦查破案服务。实践中，视频侦查主要以视频监控技术、图像处理技术、数据挖掘技术等为支撑。

1. 视频监控技术。视频监控技术是随着电视技术和摄影技术的发展而逐步发展起来的，是指利用图像采集、传输、控制、显示等设备和控制软件组成的对固定区域进行监视、跟踪和信息处理的技术。

2. 图像处理技术。是指利用计算机对数字图像进行处理。视频图像是开展视频侦查的载体，通过后期的图像处理技术来提高图像质量，可确保视频侦查的顺利开展。目前与视频侦查密切相关的图像处理技术主要包括模糊图像处理技术、三维人像处理技术、人脸自动识别技术和 GIS（Geographic Information Systems，"地理信息系统"的英文缩写）数字图像处理技术。

3. 数字挖掘技术。数据挖掘（Data Mining，DM）是指从大量的数据结构化和非结构化中提取有用的信息和知识的过程，在人工智能和机械学习领域也称为数据库中的知识发现。侦查的过程实际上就是一个信息发现的过程，在传统侦查中，侦查人员利用敏锐的观察力和严谨的逻辑分析来发现案件的关联信息，而在信息社会中，各种信息呈爆炸性增长，刑事案件侦查除了要用传统的信息分析技术来发现案件相关信息外，还需要利用数据挖掘技术来发现那些表面与案件无关实际上又与案件有关的信息。

为了更好、更准确地理解视频侦查及相关技术，需了解其中涉及的一些基本概念，主要包括图像、视频、音频等。

1. 图像。是指客观世界的物体及周围景物发出或反射的光线，经光学器件的折射和反射，在光化学或光电等材料上形成的影像，或者说图像是客观对象的一种表现，是对客观对象的一种相似性、生动性的描述或写真。图像的种类很多，按照图像空间坐标和亮度或色彩的连续性可分为模拟图像和数字图像。模拟图像是指空间坐标和亮度都是连续变化的图像；数字图像是指空间坐标和强度均不连续的、用离散数字（一般用整数）表示的图像，也可以说数字图像是由按一定间隔排列的亮度不同的像点构成的图像。其中形成像点的单位称为"像素"，像素是组成图像或用点阵方式描述图像的最小单位，像素具有固定的形状，但却不具有固定的尺寸。

2. 视频。视频是泛指将一系列的静态影像以电信号方式加以捕捉、记录、处理、储存、转送与重现的各种技术。视频是现代生活中一种常见的存储和传递信息的方式，

"视频"一词源于拉丁语"我能看见",通常指不同种类的活动画面,加上各种声音、文字、过渡等辅助,能够实现各种场景的正确表达和再现,日常生活中常见的 MP4、VCD、DVD、监控录像等就是视频的主体。根据视觉暂留原理,人眼无法辨别单幅的静态画面,但对连续的图像变化每秒超过 24 帧(frame)画面以上时,看上去是平滑连续的视觉效果,这样连续的画面叫作视频。

3. 音频。音频是指由监控视频采集卡附带的音频采集系统记录监控现场环境的声音,通过回放可以再现现场声音。在一些案件中,可以起到辨别嫌疑人说话内容、认定嫌疑人的作用。

(二)视频侦查的作用

视频侦查的作用可贯穿于整个侦查过程中,在侦查实践中,视频侦查愈受侦查主体的重视和应用,在不同的侦查犯罪阶段,视频侦查都能发挥其重要作用。

1. 预期控制——破获预谋案件。将犯罪活动控制在预谋阶段是打击犯罪的理想状态,是侦查机关实施主动进攻的具体体现,具有重大的社会效益。由于犯罪行为的隐蔽性和迷惑性,尤其在预谋阶段更是如此,预谋案件往往很难被发现。而视频侦查却给侦查主体提供了新的视角,通过视频监控这一隐蔽的眼睛,在发现预谋犯罪行为方面具有了得天独厚的优势,为实现对犯罪行为的预期控制提供了现实可能。

2. 案后速控——动态追踪目标。随着社会基础设施建设的提高和完善,人、财、物的流通越来越便利、快捷,这既给犯罪的快速流转和嫌疑人的流窜提供了便利,也对侦查的快速反应提出了更高的要求。侦查是一种时机性很强的工作,特别在侦查工作的开始阶段尤显重要,侦查实践中,抓住案发后的最初时间要素,往往对侦查破案的成功率和侦查效益具有重要作用。而通过视频监控,侦查主体就能快速发现案件、引导侦查和追缉、快速抓获犯罪嫌疑人。

3. 回溯查明——寻找认定犯罪嫌疑人。侦查实践中,侦查主体面对的多数是已发案件,对于这种类型的案件,侦查的过程是一种由果溯因的逆向分析、推理过程,其需要以充分的信息资源为基础,尽量真实地还原案发过程。视频侦查就是通过调取监控视频,回溯查阅案发时间前后的图像画面,寻找与案件相关的人、事、物等要素,从而开展工作,核实查证,以发现和确定犯罪嫌疑人。

4. 证明犯罪——有效推进诉讼。视频监控资料属于视听资料的范畴,视听资料是《刑事诉讼法》明确规定的法定证据形式之一,因此,实践中应充分发掘视频监控资料的证据属性,即要注意视频资料收集、提取的合法性,视频资料内容的关联性以及客观性,从而充分发挥其推进刑事诉讼的作用。

(三)视频侦查的方法

视频侦查方法的实质是一种信息处理方法,是侦查主体以侦查破案为目的,运用各种思维形式,借助视频监控及辅助技术,从作为客体的视频监控资料中感知与识别对象信息、背景信息和过程信息的行为。视频侦查的任务就是从视频资料中提取侦查破案需要的信息，并将其应用到具体的侦查活动中，侦查实践中，总结出如下视频侦查方法。

1. 视频扩面查证法。是指按照事件发展的趋势，采用扩大信息来源和范围的方式，寻找、发现与案件相关的信息、线索的一种方法。事件都是沿着一定的趋势发展的，工作中可以沿着这一趋势进行顺查或回查，如沿着时间轨迹或空间轨迹，抑或逻辑轨迹等，因此，视频侦查中扩面查证的常见途径有：以时间为基准的扩面查证；以空间为基准的扩面查证；以逻辑顺序为基准的扩面查证。

2. 视频串联查证法。是指以若干视频资料中出现的存在某种联系的信息或具有共同特征的事物（如共同的人、事、物等）为纽带，把这些视频资料串联起来，以扩大分析的信息基础，拓宽侦查途径，实现侦查目标的一种方法。

3. 视频信息联查法。是指以视频中出现的特定时间、空间等为关键点，开展信息联查，发掘隐藏其中的案件信息的一种方法。在对视频资料进行分析过程中，除了要对视频资料中本身的显性信息进行分析外，还要注意对视频资料中隐含的隐性信息进行发掘和查证，由于视频资料中同时附带许多的时间、空间信息，而且定位非常准确，这就为我们到关键点位去寻找相关信息提供了条件，如反映犯罪行为人行走、交谈、购物、取款、住宿等细节，把这些细节与精确的时空定位结合起来，就能发现、收集到与其相关联的信息，如通讯信息、购物信息、银行卡信息、身份信息等，从而实现"科技战、信息战、合成战、证据战"的多维立体侦查模式。实践中，常用的视频信息联查方法有：视频资料信息与通讯、银行卡、上网、住宿、痕迹物证、车辆 GPS、交通、人口数据库等信息联查法。

（四）视频侦查的实施

视频侦查在侦查实践中的运用越来越广泛，已成为一种常规的新型侦查手段。侦查的实施主要是对信息的发现和运用，视频侦查亦是如此，即要通过一定的方式方法去发掘视频资料中可用的信息和线索。应用视频资料既要考虑视频资料的技术特点，也要考虑侦查活动自身的规律特点，视频资料信息主要以图像形式体现，且信息量大，如何快捷、有效地从大量的视频资料中找到与案件有关的信息，是视频侦查的重要问题。实践中主要是结合刑事侦查的特点，依据案发前后的人、事、物、时空等各种要素与视频信息进行对接、分析、碰撞，以发现、获取与案件有关的视频资料信息。因此，在侦查中，视频侦查要与其他侦查手段综合运用、有机结合，才能发挥其作用。

1. 视频资料的收集。视频侦查的载体是视频（监控）资料，所以，视频侦查的实施首先是要收集视频资料，实践中具体的步骤为：

（1）了解案情，划定范围。主要是了解案件发生、发现的时间、地点、经过、可疑的事、可疑的人及其特征和来去路线、可疑的车辆及其特征和来去路线等，这有利于发现和梳理视频目标；了解现场周边视频监控分布情况及其管理主体；根据案情合理确定搜索区域范围及其监控点；犯罪嫌疑人可能经过的道路周边及重要路口、卡口的视频监控点；等等。

（2）观看搜索涉案视频。根据划定的视频监控范围，对可能涉案的视频资料及时进行查看搜索，并结合了解案情的人、事、物、时空等关键点信息，确定可能的涉案视频资料。

（3）提取视频资料。通过观看搜索涉案视频，并根据具体案情，按照"先校时、后查看、再提取"的步骤，确定所需提取、保存的视频资料。由于不同视频监控设备的保存格式和操作方式的差异，视频资料的提取、保存方法也各不相同。另外，视频资料是一种电子证据，对涉案视频资料的提取、保存，应严格执行存取登记制度，防止出现被篡改的情形，确保其合法有效。

2. 视频资料的技术处理。视频监控资料因其连续不间断录制，除信息量大外，还因为视频监控技术的差异、监控环境的干扰、犯罪嫌疑人的伪装等因素的影响，使视频信息显得相对复杂。所以，为了便于解读和识别视频信息，有必要对视频信息进行一定的技术处理，使其可读、可辨和可用。

（1）视频图像处理。是指对视频图像的清晰化技术处理。实践中，受设备、环境、目标本身和存储等因素的影响，都可能导致视频监控录像资料变得模糊不清，如果这些模糊图像中隐含着与案件相关的信息，就需要对这些模糊图像进行清晰化处理。在进行模糊图像处理时，要分析造成图像模糊的原因，然后再根据原因通过特定的算法进行图像处理，目前，图像处理的常用方法有：单帧模糊图像处理，如图像增强、图像复原；模糊视频处理，如多帧图像的融合处理、多帧图像超分辨率处理等。

（2）视频语音处理。监控设备一般架设在较高的位置，其录音设备与说话人之间的距离较远，远大于一般条件下的录音距离，所以，视频监控中的语音采集能量较小、混响大，实践中往往要对其进行增强与降噪处理。语音的增强与降噪处理是指采用滤波手段来降低和消除背景噪音，增强语音信号，进而提高录音内容的清晰度和可信度的一种技术方法。

（3）视频检验。视频资料作为视听资料证据的重要组成部分，它的证据效力也受到新技术的冲击和影响。因此，对于收集到的视频资料，需要通过相关技术的证据属性检验，才能具有应用效力和证据效力。结合视频资料的特征，一份视频资料必须满足原始性、连续性或完整性、真实性三个属性中的一个属性才能具备证据效力，从视频的证据属性的内容可以看出，三个属性是相互关联的，原始性的改变未必导致真实性的改变；完整性的改变必将导致原始性的改变；真实性的改变必将导致原始性、完整性的改变。所以，应对视频资料的原始性、完整性或真实性进行检验。

3. 视频资料的分析。在视频信息中，蕴含了大量的信息，既包含有犯罪嫌疑人的体貌特征等显性信息，也包含有许多隐性信息。

（1）视频内容的分析。即对视频资料所记载的显性信息的分析。视频监控中蕴含的信息，既有空间信息，也有时间信息，这种时空的双重性决定了视频具有非常高的应用价值。侦查实践中，对视频内容的分析主要包含视频画面的目标测量，视频中目标人、车、物的属性描述，语音分析与检验，事件过程的分析与检验等内容。

（2）视频信息挖掘与关联。即对视频隐性信息的发掘与分析。针对视频中出现的时间、空间等节点，结合其他侦查措施，开展信息关联查找，发掘隐藏其中的案件信息。如视频中反映犯罪行为人的取款行为，把这一细节行为与精确的时空定位结合起来，就能发现、收集到与其相关联的银行卡及身份信息等。实践中，常用的视频信息关联有：视频资料信息与通讯、银行卡、上网、住宿、痕迹物证、车辆 GPS、交通、人口数据库等信息的关联。

（3）视频信息验证。视频资料分析中遇到最大的困惑往往就是视频质量的不理想，即视频图像不清晰、视频现象不明确、视频情节不可辨等，导致视频资料的分析条件不理想或分析结果不可靠，所以，实践中对于某些质量不理想的视频进行分析时，可以运用同类视频印证、视频实验论证和现场勘查等其他侦查手段的方法进行视频验证。

4. 视频资料的应用。在视频资料中我们可以发现涉案的人、车、物、事等案件要素，也可以利用这些要素在视频图像中进行深化和扩展，如进行视频追踪、视频串并等。但这些视频信息必须要最终"落地"才能有结果，才能真正为侦查服务，因为对视频资料的分析和扩展只是虚拟的"由图到图"。真正想要破获案件，还必须要把这些虚拟的人、车、物、事的要素在现实社会中应用，实现"由图到人""由图到车""由图到物""由图到案"，以实现视频侦查之功能。

# 项目四　强制性侦查措施

⭐ 学习情境

**情境一：** 王×因与邻居发生纠纷引发殴斗，一方受轻微伤。公安派出所一连几天传唤王×，每天让王×到派出所，20 多个小时后（不超过 24 小时）才让回家，回家后不到 3、4 小时，再次被传唤到派出所，连续 5 天，每天如此，询问王×同样的问题。王×的生产、生活受到很大影响。

**情境二：** 杜×因与公司发生争执，打电话召集老乡帮忙，双方发生持械斗殴。双方都有不同程度的受伤，报案后杜×等被带到公安机关。经调查，杜×在斗殴过程中情节轻微，公安机关决定对杜×取保候审。

**情境三：** 张×因使用电脑与同事李×发生纠纷，下班后张×纠集多人对李×进行伤害，接到报案后公安机关赶到现场，将张×等人拘留起来。

**情境四：** 公安机关接到报案赶到现场，发现有人手持刀具正在行凶，警察采用警械将持刀人隔离。经调查持刀人是朱×，被害人陈×经抢救无效死亡。随后公安机关对朱×实施了逮捕。

　　**工作任务**

　　侦查中的强制性措施，即刑事诉讼中的强制措施，是对人身自由的暂时限制或剥夺，包括拘传、取保候审、监视居住、拘留、逮捕五项措施。因涉及人身自由权利，《刑事诉讼法》对其作了详细的规定，实践中要结合《刑事诉讼法》的规定及内容深入学习。

　　结合上述情境案例，参照《刑事诉讼法》的规定和学习内容，分析、思考公安机关采取的强制措施是否得当。

　　**学习和思考：**

　　1. 拘传的适用对象与实施。

　　2. 取保候审和监视居住的适用对象与实施。

　　3. 拘留、逮捕的条件。

　　4. 逮捕的程序与执行。

　　**学习内容**

　　强制性侦查措施，是指由《刑事诉讼法》规定的刑事诉讼中的强制措施，即公安机关、人民检察院和人民法院为保障刑事诉讼活动的顺利进行，依法对犯罪嫌疑人、被告人的人身自由暂时进行限制或剥夺的各种强制性行为。

　　《刑事诉讼法》第一编"总则"第六章"强制措施"，专章对强制措施进行了规定，共有 35 条法律条文（第 66～100 条），包含了拘传、取保候审、监视居住、拘留和逮捕五项强制措施。本项目内容的编写，则依据上述法律规定及有关法规展开。

　　**一、拘传**

　　（一）拘传的概念和特点

　　1. 拘传的概念。拘传是指公安机关、人民检察院、人民法院对未被羁押的犯罪嫌疑人、被告人采取的强制其到指定的地点接受讯问的一种刑事强制措施。

　　2. 拘传的特点。

　　（1）拘传的对象是未被羁押的犯罪嫌疑人、被告人，对其他诉讼参与人不适用拘传。

　　（2）拘传的目的是强制就讯，而不是强制待侦、待诉，因此，拘传没有羁押的效力。

　　（3）拘传不以是否经过合法传唤为前提条件。

　　（二）拘传的实施

　　1. 拘传的申请。公安机关等办案单位需要拘传犯罪嫌疑人、被告人时，首先要按照法律规定，由侦查人员制作《呈请拘传报告书》，说明拘传的理由和法律依据，同时附送相关材料，说明被拘传人的基本情况和主要犯罪事实，然后将《呈请拘传报告书》及有关材料报送县级以上公安机关负责人批准后即可填发《拘传证》。

2. 拘传的执行。执行拘传人员不得少于 2 人，执行拘传时执行人要向被拘传人出示《拘传证》，并责令其在《拘传证》上签名（盖章）、捺指印。犯罪嫌疑人、被告人到案后，应当责令其在《拘传证》上填写到案时间；拘传结束后，应当责令其在《拘传证》上填写讯问结束时间。犯罪嫌疑人、被告人拒绝填写的，侦查人员应当在《拘传证》上注明。

3. 拘传的时间。被拘传的犯罪嫌疑人、被告人到案后，侦查人员应当立即对其进行讯问，查明案情。拘传持续的时间不得超过 12 小时；案情特别重大、复杂，需要采取拘留、逮捕措施的，经县级以上公安机关负责人批准，拘传持续的时间不得超过 24 小时。

不得以连续拘传的形式变相拘禁犯罪嫌疑人、被告人。

持续时间是从犯罪嫌疑人、被告人到案时开始计算，到案之前的路途时间不计算在内。

对同一对象，每拘传一次，都必须重新出示和填写《拘传证》。

4. 拘传的解除。拘传期限届满，未作出采取其他强制措施决定的，应立即结束拘传。

## 二、取保候审

### （一）取保候审的概念

取保候审，是指在刑事诉讼过程中，公安机关、人民检察院和人民法院根据案件情况责令犯罪嫌疑人、被告人提出保证人或者交纳保证金等方式，保证不逃避或者妨碍侦查、起诉和审判，并且随传随到的一种刑事强制措施。

### （二）取保候审的适用对象

《刑事诉讼法》第 67 条第 1 款规定："人民法院、人民检察院和公安机关对有下列情形之一的犯罪嫌疑人、被告人，可以取保候审：①可能被判处管制、拘役或独立适用附加刑的；②可能判处有期徒刑以上刑罚，采取取保候审不致发生社会危险性的；③患有严重疾病、生活不能自理，怀孕或者正在哺乳自己婴儿的妇女，采取取保候审不致发生社会危险性的；④羁押期限届满，案件尚未办结，需要采取取保候审的。"

另外，依据《公安机关办理刑事案件程序规定》第 77 条第 2 款的规定，对拘留的犯罪嫌疑人，证据不符合逮捕条件，以及提请逮捕后，人民检察院不批准逮捕，需要继续侦查，并且符合取保候审条件的，可以依法取保候审。

除上述规定外，《公安机关办理刑事案件程序规定》第 78 条规定了不得采取取保候审的情形，即对累犯、犯罪集团的主犯，以自伤、自残办法逃避侦查的犯罪嫌疑人，严重暴力犯罪以及其他严重犯罪的犯罪嫌疑人不得取保候审。但犯罪嫌疑人具有本规定第 77 条第 1 款第 3 项、第 4 项规定情形的除外。

（三）取保候审的实施

取保候审的启动有两种方式，一是依申请，二是依职权。在此阐述第一种方式，其中实际上也包含了第二种方式的审查决定过程。

1. 提出申请。依据《刑事诉讼法》第 38、67、97 条的规定，有权提出取保候审申请的人员包括犯罪嫌疑人、被告人及其法定代理人、近亲属或者辩护人。

取保候审的申请，一般应以书面形式提出，只有在特殊情况下，才可以使用口头形式。

2. 审查与决定。依据《刑事诉讼法》第 66、68 条的规定，人民法院、人民检察院和公安机关在办理案件的过程中均可以决定对犯罪嫌疑人、被告人采取取保候审。

（1）审查。决定机关除了要审查犯罪嫌疑人、被告人的条件外，还要根据保证方式的不同进行不同的审查。采取保证人保证的，应当审查保证人是否符合法定的条件；采取保证金保证的，应当审查犯罪嫌疑人、被告人是否具备缴纳保证金的能力。

（2）决定。取保候审的决定，包括两部分：一是审批决定前，由办案人员制作《呈请取保候审报告书》，说明取保候审的理由、采取的保证方式以及应当遵守的规定，经县级以上公安机关负责人审批，结果有同意和不同意两种；二是审批决定后，审批同意后，应当制作《取保候审决定书》，《取保候审决定书》应当向犯罪嫌疑人、被告人宣读，由犯罪嫌疑人、被告人签名、捺指印。

3. 责令犯罪嫌疑人、被告人提出保证人或者交纳保证金。决定对犯罪嫌疑人、被告人采取取保候审的，应当责令犯罪嫌疑人、被告人提出保证人或者交纳保证金。对同一个犯罪嫌疑人、被告人，不得同时责令其提出保证人和交纳保证金。

（1）保证人保证。保证人是具备法定条件的，由犯罪嫌疑人、被告人提出的，监督被保证人遵守法律和纪律规定并能承担违反法定义务而产生的法律后果的公民。

第一，保证人的条件。《刑事诉讼法》第 69 条规定，保证人必须具备以下条件：与本案无牵连；有能力履行保证义务；享有政治权利，人身自由未受到限制；有固定的住处和收入。

第二，保证人的义务。《刑事诉讼法》第 70 条第 1 款规定，保证人应当履行以下义务：监督被保证人遵守本法第 71 条的规定；发现被保证人可能发生或者已经发生违反本法 71 条规定的行为的，应当及时向执行机关报告。保证人在保证承担上述义务后，应当填写《保证书》，并在保证书上签名、捺指印。保证人应严格履行保证义务。

第三，保证人的责任。被保证人违反应当遵守的规定，保证人未履行保证义务的，查证属实后，经县级以上公安机关负责人批准，对保证人处 1000 元以上 2 万元以下罚款；构成犯罪的，依法追究刑事责任。

第四，保证人的变更。对于犯罪嫌疑人、被告人采取保证人保证的，如果保证人在取保候审期间情况发生变化，不愿继续担保或者丧失担保条件的，应当责令被取保候审人重新提出保证人或者交纳保证金，或者作出变更强制措施的决定。

（2）保证金保证。采取保证金方式的，应当交纳保证金。交纳人可以是犯罪嫌疑人、被告人本人，也可以是犯罪嫌疑人、被告人之外的其他人。

第一，保证金的数额。犯罪嫌疑人、被告人的保证金起点数额为人民币1000元。具体数额应当综合考虑保证诉讼活动正常进行的需要，犯罪嫌疑人、被告人的社会危险性，案件的性质，情节，可能判处刑罚的轻重以及犯罪嫌疑人、被告人的经济状况等情况确定。

第二，保证金的交纳方式。提供保证金的人，应当一次性将保证金存入取保候审保证金专门账户，保证金应当以人民币交纳。

第三，保证金的管理。保证金应当由办案部门以外的部门管理。县级以上公安机关应当在其指定的银行设立取保候审保证金专门账户，委托银行代为收取和保管保证金，严禁截留、坐支、挪用或者以其他任何形式侵吞保证金。

第四，保证金的没收和退还。被取保候审人在取保候审期间违反应当遵守的规定，已交纳保证金的，公安机关应当根据其违反规定的情节，决定没收部分或者全部保证金，并且区别情形，责令其具结悔过、重新交纳保证金、重新提出保证人、变更强制措施或者给予治安管理处罚；被取保候审人在取保候审期间，没有违反相关规定的，在解除取保候审、变更强制措施的同时，公安机关应当制作退还保证金决定书，通知银行如数退还保证金。

4. 取保候审的执行。

（1）执行机关。根据《刑事诉讼法》第67条第2款的规定，取保候审由公安机关执行。即无论是公安机关决定采取的还是人民检察院或者人民法院决定采取的取保候审强制措施，均由公安机关执行。

（2）执行规定。被取保候审的犯罪嫌疑人、被告人在取保候审期间，应当遵守《刑事诉讼法》第71条的规定：①未经执行机关批准不得离开所居住的市、县；②住址、工作单位和联系方式发生变动的，在24小时以内向执行机关报告；③在传讯的时候及时到案；④不得以任何形式干扰证人作证；⑤不得毁灭、伪造证据或者串供。人民法院、人民检察院和公安机关可以根据案件情况，责令被取保候审的犯罪嫌疑人、被告人遵守以下一项或者多项规定：①不得进入特定的场所；②不得与特定的人员会见或者通信；③不得从事特定的活动；④将护照等出入境证件、驾驶证件交执行机关保存。

5. 取保候审的期限及解除。根据《刑事诉讼法》第79条规定，人民法院、人民检察院和公安机关对犯罪嫌疑人、被告人取保候审最长不得超过12个月。在取保候审期间，不得中断对案件的侦查、起诉和审理。

根据《刑事诉讼法》第79条第2款的规定，取保候审在下列两种情况下应当解除：①在取保候审期间，发现被取保候审人属于不应当追究刑事责任的人；②取保候审的期限届满。出现这两种情况，都应当及时解除取保候审，并及时通知被取保候审人和有关单位。

### 三、监视居住

（一）监视居住的概念

监视居住，是指刑事诉讼过程中，公安机关、人民检察院、人民法院依法责令犯罪嫌疑人、被告人不得擅自离开固定住所或指定的居所，并对其予以监控及限制其人身自由的一种强制措施。

（二）监视居住的适用对象

适用监视居住的犯罪嫌疑人、被告人，必须同时符合两个方面的条件：一是符合逮捕条件；二是具备法定情形。《刑事诉讼法》第81条对逮捕条件作了规定。

根据《刑事诉讼法》第74条第1款规定：人民法院、人民检察院和公安机关对符合逮捕条件，有下列情形之一的犯罪嫌疑人、被告人，可以监视居住：①患有严重疾病、生活不能自理的；②怀孕或者正在哺乳自己婴儿的妇女；③系生活不能自理的人的唯一扶养人；④因为案件的特殊情况或者办理案件的需要，采取监视居住措施更为适宜的；⑤羁押期限届满，案件尚未办结，需要采取监视居住措施的。

此外，根据《刑事诉讼法》第74条第2款规定：对符合取保候审条件，但犯罪嫌疑人、被告人不能提出保证人，也不交纳保证金的，可以监视居住。

需要注意的是，上述法定情形是采取监视居住的必要条件而不是充分条件，换言之，在符合上述条件下，不一定都采取监视居住。

（三）监视居住的实施

1. 监视居住的决定。根据有关司法解释和实践，人民法院、人民检察院和公安机关对犯罪嫌疑人、被告人采取监视居住，由办案人员制作《呈请监视居住报告书》，经部门负责人审核后，由人民法院院长、人民检察院检察长、公安局局长批准，制作《监视居住决定书》和《监视居住执行通知书》。

2. 监视居住的执行。

（1）执行机关。根据《刑事诉讼法》第74条第3款规定，监视居住由公安机关执行。即人民法院、人民检察院和公安机关决定的监视居住均由公安机关执行。

公安机关决定监视居住的，由犯罪嫌疑人、被告人住处或者指定的居所所在地的派出所执行。人民法院、人民检察院决定监视居住的，负责执行的县级公安机关应当在收到法律文件和有关材料后，及时指定被监视居住人住处或者居所所在地派出所执行。

（2）执行程序。

第一，宣布决定。公安机关向犯罪嫌疑人、被告人宣布监视居住，应宣读并送达《监视居住决定书》，责令其在《监视居住决定书》副本上签名、捺指印。对人民法院、人民检察院决定的监视居住，人民法院、人民检察院应当将《监视居住决定书》和《监视居住执行通知书》及时送达公安机关。

第二，交付执行。侦查人员应当将被监视居住人带到其住处或者指定的居所所在地的派出所执行，将《监视居住执行通知书》和有关材料送达执行的派出所，副本由派出所签收。

第三，备案。办案部门应当在监视居住实施后1小时内通过电话、传真、直接送达法律文书复印件等形式，将被监视居住人的基本情况、涉案情况、主办单位及民警等情况报本级公安机关警务督察部门备案。

第四，通知。由于监视居住原则上在被监视居住人的住处执行，所以通常情况下无需通知家属。但是，指定居所监视居住的除外。根据《刑事诉讼法》第75条第2款的规定，指定居所监视居住的，除无法通知的以外，应当在执行监视居住后24小时以内，通知被监视居住人的家属。

（3）执行场所。根据《刑事诉讼法》第75条第1款的规定，监视居住应当在犯罪嫌疑人、被告人的住处执行；无固定住处的，可以在指定的居所执行。对于涉嫌危害国家安全犯罪、恐怖活动犯罪，在住处执行可能有碍侦查的，经上一级公安机关批准，也可以在指定的居所执行。但是，不得在羁押场所、专门的办案场所执行。

（4）执行期限。根据《刑事诉讼法》第79条的规定，人民法院、人民检察院和公安机关对犯罪嫌疑人、被告人监视居住最长不得超过6个月。

在监视居住期间，侦查机关不得中断对案件的侦查。

需要注意的是，考虑到指定居所监视居住对被监视居住人的人身自由进行了较大限制，《刑事诉讼法》第76条又规定，指定居所监视居住的期限应当折抵刑期。

3. 监视居住的解除。根据有关法律规定，监视居住在两种情形下应当解除：①在监视居住期间，发现被监视居住人属于不应当追究刑事责任的人；②监视居住期限届满。在上述两种情形下，应当及时解除监视居住，并及时通知被监视居住人和有关单位。

（四）被监视居住人应当遵守的规定及违规的处理

根据《刑事诉讼法》第77条第1款的规定，被监视居住的犯罪嫌疑人、被告人应当遵守以下规定：①未经执行机关批准不得离开执行监视居住的处所；②未经执行机关批准不得会见他人或者通信；③在传讯的时候及时到案；④不得以任何形式干扰证人作证；⑤不得毁灭、伪造证据或者串供；⑥将护照等出入境证件、身份证件、驾驶证件交执行机关保存。

为了监督被监视居住人遵守上述规定，除了常规监控手段外，《刑事诉讼法》第78条又规定："执行机关对被监视居住的犯罪嫌疑人、被告人，可以采取电子监控、不定期检查等监视方法对其遵守监视居住规定的情况进行监督；在侦查期间，可以对被监视居住的犯罪嫌疑人的通信进行监控。"

根据《刑事诉讼法》第77条第2款的规定，被监视居住的犯罪嫌疑人、被告人违反上述规定，情节严重的，可以予以逮捕；需要予以逮捕的，可以对犯罪嫌疑人、被告人先行拘留。

### 四、拘留

#### （一）拘留的概念

拘留，即刑事拘留，是指公安机关、人民检察院在侦查过程中，在紧急情况下，依法临时剥夺现行犯或者重大嫌疑分子人身自由的一种强制措施。《刑事诉讼法》第71、77、82、83、85、86、91、92、115、165～167条，《最高人民法院、最高人民检察院、公安部、国家安全部、司法部、全国人大常委会法制工作委员会关于实施刑事诉讼法若干问题的规定》（以下简称《六部委规定》）第16条，《人民检察院刑事诉讼规则》（2019修订）第121～127条，《公安机关办理刑事案件程序规定》第120～128条，对刑事拘留制度作出了较为详细的规定。

采取拘留措施的主要意义在于及时控制现行犯或者重大犯罪嫌疑人，防止其逃跑或者影响取证。

#### （二）拘留的条件

拘留必须同时具备两个条件：一是拘留的对象是现行犯或者是重大嫌疑分子。二是具有法定的紧急情形之一，即《刑事诉讼法》第82条、第165条的规定。

根据《刑事诉讼法》第82条的规定：公安机关对于现行犯或者重大嫌疑分子，如果有下列情形之一的，可以先行拘留：①正在预备犯罪、实行犯罪或者在犯罪后即时被发觉的；②被害人或者在场亲眼看见的人指认他犯罪的；③在身边或者住处发现有犯罪证据的；④犯罪后企图自杀、逃跑或者在逃的；⑤有毁灭、伪造证据或者串供可能的；⑥不讲真实姓名、住址、身份不明的；⑦有流窜作案、多次作案、结伙作案重大嫌疑的。

根据《刑事诉讼法》第165条的规定，人民检察院在直接受理的案件侦查过程中，对于具备上述第4种和第5种情形的，可以决定拘留犯罪嫌疑人。

#### （三）拘留的程序

拘留的程序大体上可以分为决定和执行两个阶段。

1. 拘留的决定。在司法实践中，公安机关依法拘留现行犯或者重大嫌疑分子，由承办单位填写《呈请拘留报告书》，经县级以上公安机关负责人批准，签发《拘留证》，然后由提请批准拘留的单位负责执行。

人民检察院决定拘留的案件，应当由办案人员提出意见，经办案部门负责人审核后，由检察长决定。决定拘留的案件，人民检察院应当将拘留决定书送交公安机关，由公安机关负责执行。

需要注意的是，对于人大代表的拘留需要经过特别的报告或许可程序。

2. 拘留的执行。拘留皆由公安机关负责执行。执行拘留时，应当遵守下列程序：

（1）出示拘留证。执行拘留的时候，必须向被拘留人出示《拘留证》，宣布拘留，并责令被拘留人在《拘留证》上签名或按手印，并写明被拘留的时间。如果被拘留人拒绝的，执行人员应在《拘留证》上注明。

执行拘留时，如遇有反抗，执行人员可以使用武器和戒具等强制方法。

对异地执行拘留的，应当通知被拘留人所在地的公安机关，被拘留人所在地的公安机关应当予以配合。

（2）立即送看守所。拘留后，应当立即将被拘留人送看守所羁押，至迟不得超过24小时。异地执行拘留的，应当在到达管辖地后24小时内将被拘留人送看守所羁押。

（3）通知家属。除无法通知或者涉嫌危害国家安全犯罪、恐怖活动犯罪，通知可能有碍侦查的情形以外，应当在拘留后24小时以内，通知被拘留人的家属。有碍侦查的情形消失以后，应当立即通知被拘留人的家属。

此外，根据《律师法》第37条规定，律师在参与诉讼活动中因涉嫌犯罪被依法拘留，侦查机关应当依照刑事诉讼法的规定通知该律师的家属并及时通知其所在的律师事务所以及所属的律师协会。

（4）及时讯问。公安机关、人民检察院对被拘留的人，应当在拘留后的24小时以内进行讯问。在发现不应当拘留的时候，必须立即释放，发给释放证明。

（5）提请逮捕。公安机关对被拘留的人，认为需要逮捕的，应当提请人民检察院审查批准。关于提请逮捕的期限，法律对此有明确的规定。

对于人民检察院直接受理的案件，认为需要逮捕的，应当在14日以内作出决定。

### 五、逮捕

（一）逮捕的概念

逮捕，是指在刑事诉讼过程中，公安机关、人民检察院和人民法院为防止犯罪嫌疑人或者被告人逃避侦查、起诉和审判，进行妨碍刑事诉讼的行为或者发生社会危险性，依法剥夺其人身自由并予以羁押的一种强制措施。

逮捕是刑事强制措施中最严厉的一种，是直接对人身自由的剥夺。不同于西方国家的逮捕与羁押分离原则，我国适用逮捕措施后将直接导致羁押的效果，且羁押产生的期限通常附随于办案期限，所以，逮捕后往往导致较长期间的羁押，实践中一般要到人民法院判决生效为止。为正确适用逮捕措施，保障犯罪嫌疑人诉讼权利，《刑事诉讼法》第80、81、83、87~100条，《六部委规定》第17条，《最高人民法院关于适用〈中华人民共和国刑事诉讼法〉的解释》第128~136条，《人民检察院刑事诉讼规则》（2019修订）第128~141、280~304条，《公安机关办理刑事案件程序规定》第129~143条，对逮捕制度作出了较为详细的规定。

使用逮捕措施，对于证据的收集和保全，防止犯罪嫌疑人、被告人逃跑、自杀自残、继续实施危害社会的行为等均有重要意义。

（二）逮捕的条件

根据《刑事诉讼法》第81条的规定，逮捕须同时具备三个条件：一是证据条件；二是罪责条件；三是社会危险性条件。逮捕犯罪嫌疑人、被告人的三个条件相互联系、缺一不可，只有严格掌握逮捕条件，才能适用逮捕措施，防止出现错捕和滥捕现象。

1. 证据条件。逮捕的证据条件，是指《刑事诉讼法》第81条第1款规定的"有证据证明有犯罪事实"。何谓"有证据证明有犯罪事实"？《刑事诉讼法》中没有明确规定，根据相关司法解释和规定，在司法实践中一般要求同时具备下列情形：①有证据证明发生了犯罪事实；②有证据证明该犯罪事实是犯罪嫌疑人实施的；③证明犯罪嫌疑人实施犯罪行为的证据已经查证属实的。此外，如果犯罪嫌疑人犯有数罪，只要有一个犯罪事实有证据证明，就可以逮捕。

2. 罪责条件。逮捕的罪责条件，是指《刑事诉讼法》第81条第1款规定的"可能判处徒刑以上刑罚"。即根据有证据证明的犯罪事实以及刑法的规定，衡量其所犯罪行，最低也要判处有期徒刑的刑罚。如果只可能判处管制、拘役或独立适用附加刑，不可能判处徒刑以上刑罚的，就不得适用逮捕措施。

3. 社会危险性条件。逮捕的社会危险性条件，是指采取取保候审尚不足以防止发生特定的社会危险性。根据《刑事诉讼法》第81条第1款的规定，这些社会危险性包括：①可能实施新的犯罪的；②有危害国家安全、公共安全或者社会秩序的现实危险的；③可能毁灭、伪造证据，干扰证人作证或者串供的；④可能对被害人、举报人、控告人实施打击报复的；⑤企图自杀或者逃跑的。

一般而言，对同时符合上述三个条件的犯罪嫌疑人、被告人，就应当予以逮捕。此外，《刑事诉讼法》第81条第3、4款又补充规定了三种逮捕之情形：①有证据证明有犯罪事实，可能判处10年有期徒刑以上刑罚的；②有证据证明有犯罪事实，可能判处徒刑以上刑罚，曾经故意犯罪或者身份不明的；③被取保候审、监视居住的犯罪嫌疑人、被告人违反取保候审、监视居住规定，情节严重的。其中，前两种属"应当"逮捕的情形，后一种属"可以"逮捕的情形。

（三）逮捕的程序

1. 逮捕的批准、决定程序。

（1）逮捕的批准程序。即人民检察院对公安机关提请逮捕犯罪嫌疑人的批准程序。具体程序为：

第一，提请逮捕。公安机关认为需要逮捕犯罪嫌疑人时，由立案侦查的单位制作《提请批准逮捕书》，经县级以上公安机关负责人签署后，连同案卷材料和证据，一并移送同级人民检察院提请批准。

第二，审查逮捕。对于公安机关提请逮捕的案件，由检察机关侦查监督部门办理。一般先由侦查监督部门的具体办案人员阅卷，审查公安机关提交的报捕材料。

第三，批准逮捕。侦查监督部门办案人员经过审查之后，提出批准或者不批准的意见，经部门负责人审核后，报检察长批准。重大案件应经检察委员会讨论决定。

（2）逮捕的决定程序。包括人民检察院的决定逮捕程序和人民法院的决定逮捕程序。

第一，人民检察院的决定逮捕程序。人民检察院决定逮捕犯罪嫌疑人有三种情形：①省级以下（不含省级）人民检察院直接受理立案侦查的案件，需要逮捕犯罪嫌疑人的，应当报请上一级人民检察院审查决定。监所、林业等派出人民检察院立案侦查的案件，需要逮捕犯罪嫌疑人的，应当报请上一级人民检察院审查决定。下级人民检察院报请审查逮捕的案件，由侦查部门制作报请逮捕书，报检察长或者检察委员会审批后，连同案卷材料、讯问犯罪嫌疑人录音、录像一并报上一级人民检察院审查，报请逮捕时应当说明犯罪嫌疑人的社会危险性并附相关证据材料。②最高人民检察院、省级人民检察院办理直接受理立案侦查的案件，需要逮捕犯罪嫌疑人的，由侦查部门填写逮捕犯罪嫌疑人意见书，连同案卷材料、讯问犯罪嫌疑人录音、录像一并移送本院侦查监督部门审查。③人民检察院对于公安机关移送审查起诉尚未逮捕犯罪嫌疑人的案件，认为需要逮捕的，由侦查起诉部门填写逮捕犯罪嫌疑人意见书，连同案卷材料和证据移送侦查监督部门审查。

人民检察院决定逮捕的，由检察长签发《逮捕决定通知书》，通知公安机关执行。

第二，人民法院的决定逮捕程序。人民法院决定逮捕被告人有两种情形：①对于直接受理的自诉案件，认为需要逮捕被告人的，由办案人员提交人民法院院长决定，对于重大、疑难、复杂案件的被告人的逮捕，提交审判委员会讨论决定。②对于检察机关提起公诉时未予逮捕的被告人，人民法院认为符合逮捕条件应予逮捕的，也可以决定逮捕。

人民法院决定逮捕的，由人民法院院长签发《逮捕决定通知书》，通知公安机关执行。如果是公诉案件，还应当通知人民检察院。

（3）对担任人民代表大会代表的犯罪嫌疑人进行逮捕的特别审批程序。

对担任本级人民代表大会代表的犯罪嫌疑人批准或者决定逮捕，应当报请本级人民代表大会主席团或者常务委员会许可。报请许可手续的办理由侦查机关负责。

对担任上级人民代表大会代表的犯罪嫌疑人批准或者决定逮捕，应当层报该代表所属的人民代表大会同级的人民检察院许可。

对担任下级人民代表大会代表的犯罪嫌疑人批准或者决定逮捕，可以直接报请该代表所属的人民代表大会主席团或者常务委员会许可，也可以委托该代表所属的人民代表大会同级的人民检察院报请许可；对担任乡、民族乡、镇的人民代表大会代表的犯罪嫌疑人批准或者决定逮捕，由县级人民检察院报告乡、民族乡、镇的人民代表大会。

对担任两级以上的人民代表大会代表的犯罪嫌疑人批准或者决定逮捕，分别报请许可。

对担任办案单位所在省、市、县（区）以外的其他地区人民代表大会代表的犯罪嫌疑人批准或者决定逮捕，应当委托该代表所属的人民代表大会同级的人民检察院报请许可；担任两级以上人民代表大会代表的，应当分别委托该代表所属的人民代表大会同级的人民检察院报请许可。

2. 逮捕的执行。我国实行逮捕的决定权和执行权分离的原则，逮捕犯罪嫌疑人、被告人，一律由公安机关执行。必要时，人民法院、人民检察院可以协助执行。公安机关执行逮捕，应当遵守以下程序：

（1）签发逮捕证。接到人民检察院批准逮捕决定书或人民法院、人民检察院决定逮捕的法律文书后，应当由县级以上公安机关负责人签发逮捕证，并立即执行。

（2）出示逮捕证。执行逮捕的时候，必须出示逮捕证，并责令被逮捕人在逮捕证上签名、捺指印，拒绝签名、捺指印的，侦查人员应当注明。

执行逮捕的侦查人员不得少于 2 人。

对犯罪嫌疑人执行逮捕的过程中，应当依法使用约束性警械，遇有暴力性对抗或暴力犯罪行为，可以依法使用制服性警械或者武器。

对异地执行逮捕的，应当通知被逮捕人所在地的公安机关，携带《批准逮捕决定书》及其副本、逮捕证、介绍信以及被逮捕人犯罪的主要材料等，由当地公安机关协助执行。

（3）立即送看守所。逮捕后，应当立即将被逮捕人送看守所羁押。看守所收押犯罪嫌疑人、被告人，应当进行健康和体表检查，并予以记录。

（4）通知家属。除无法通知以外，应当在逮捕后 24 小时以内，制作逮捕通知书，通知被逮捕人的家属。逮捕通知书应当写明逮捕原因和羁押处所。无法通知的情形消除后，应当立即通知被逮捕人的家属。

（5）讯问。人民法院、人民检察院对于各自决定逮捕的人，公安机关对于经人民检察院批准逮捕的人，都应当在逮捕后的 24 小时以内进行讯问。在发现不应当逮捕的时候，必须立即释放，发给释放证明。

（6）通知决定机关。公安机关对检察机关批准逮捕的案件，应当将执行回执送达作出批准逮捕决定的人民检察院，如果未能执行，也应将回执送达人民检察院，并写明未能执行的原因。对人民法院、人民检察院决定逮捕的案件，公安机关执行逮捕后，应当及时通知决定机关。

# 项目五　紧急性侦查措施

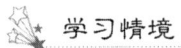 学习情境

**情境一：** 公安部 2004 年 3 月 1 日发布 A 级通缉令，通缉在逃杀人犯罪嫌疑人马××。

2004 年 2 月 23 日，云南省昆明市发生一起 4 人被杀案件。经工作认定，马××有重大作案嫌疑，现已潜逃。

马××，男，19×× 年 5 月 4 日出生，汉族，云南大学 ×× 学院 ×× 专业 2000 级学生，户籍地址：广西壮族自治区宾阳县 ×× 镇 ×× 村一队 12 号。身高 1.71 米左右，体型中等，方脸，高颧骨，尖下巴，双眼皮，凹眼，蒜头鼻，大嘴，下唇外翻。操广西口音。身份证号码为：45212319××0504×××。马×× 在潜逃时随身携带 2 名被杀害者身份证：龚××：61232519××0612×××，邵××：45042119××0117××××。

公安机关将对提供准确线索的公民给予 20 万元人民币奖励。发现线索举报的公民，请拨打 110 报警电话，或向当地公安机关报警。凡知情不报，包庇或窝藏犯罪嫌疑人的将依法追究其刑事责任。

**情境二：** 某年 11 月 2 日在山西省 ×× 县发生了一起杀人抢枪的特大案件，11 月 2 日深夜以田×× 为首的 8 名案犯，袭击了 ×× 县境内的一家国营机械厂的经济民警队，打死指导员，打伤数人，抢走队长、指导员、副队长的 3 支手枪和执勤民警的 1 支半自动步枪，而后逃窜。公安机关接到报案后，迅速组成了一支由多层次、多地区、多警种参加的追缉查控网络。下午，指挥部接到群众报告，案犯正沿着山间河谷向临县 ×× 镇方向逃窜。指挥部当即决定兵分两路前后夹击，一路兵力飞速直插 ×× 镇进行堵截，另一路顺案犯行经的河槽路火速跟踪追缉。下午 4 点 40 分，当案犯逃至 ×× 镇亩坪河畔沙草嘴时，被警方截获包围，在案犯负隅顽抗的情况下，干警果断还击，当场击毙 4 名，击伤、活捉各 2 人，及时破获案件。

**情境三：** 20×× 年 6 月 23 日晚 8 时许，无锡市 ×× 区 ×× 浜 52 号 102 室发生一起特大入室抢劫、杀人、放火案。犯罪嫌疑人闯门入室，采取锤子砸头、锐器割颈等手法，将该室居民李××（男，73 岁）和其妻子赵××（69 岁）、女儿李文×（33 岁）、李艳×（41 岁）杀死，然后在室内大面积翻动、搜劫钱财，并将尸体集中一卧室纵火焚烧，企图焚尸灭迹。现场勘查结束后，侦查人员对现场进行了清理，并结合死者亲属反映的情况，确定死者李文× 的一只银灰色"摩托罗拉 2688"型手机（号码

1306367××××）被劫。公安机关根据这一线索，果断采取赃控措施，对全市200多个收旧手机摊位、特别是对市区"××场""××岛"等旧手机交易市场进行了布控。由于赃控措施严密、及时、准确，于7月6日在"××场"旧手机交易市场摊主芮××处查获被劫手机（已无GSM卡，电池电量已尽）。公安机关以此为突破口，顺藤摸瓜，找到并抓获了犯罪嫌疑人。

### 工作任务

紧急性侦查措施是侦查机关在犯罪案件发生后，根据侦查破案的实际需要，依法采取的紧急行动。紧急性侦查措施既适用于严重暴力犯罪案件，也适用于已经明确但畏罪潜逃的犯罪嫌疑人；既可以在现场勘查前后或同时进行，也可以在侦查活动中结合其他措施进行。实践中通常采用的紧急性侦查措施有通缉、通报、追缉堵截、控制销赃等。

上述情境案例中，情境一采用的是通缉措施，情境二采用的是追缉堵截措施，情境三采用的是控制销赃措施。每一种紧急措施都有其适用的对象和条件，实践中要采用有针对性的侦查措施，方能收到侦查效果。

**学习和思考：**

1. 通缉的条件与对象。

2. 通报的种类与方式。

3. 追缉堵截的条件与方法。

4. 控制销赃的范围和方法。

### 学习内容

#### 一、紧急性侦查措施概述

（一）紧急性侦查措施的概念

紧急性侦查措施是指侦查机关在侦查破案过程中，为了迅速查获犯罪嫌疑人、收集犯罪证据以及保护人民群众的安全而依法紧急采取的侦查措施。

紧急性侦查措施主要适用于严重暴力犯罪案件以及在侦查过程中需要紧急处置的事项，其突出特点就在于它是紧急情况下的快速反应，做到以快制快、打破常规，取得侦查工作的主动权，即在现场勘查、案件侦查过程中，如发现犯罪嫌疑人逃跑、有严重暴力性犯罪活动、犯罪信息载体流失等紧急情况时，不要按部就班、依照办案的一般程序开展调查，而是要及时组织侦查力量，迅速实施紧急性侦查措施，以实现侦查之目的。

（二）紧急性侦查措施的运行机制

便利和快捷是当前社会的主要特点，使得刑事犯罪活动的突发性、流动性等特点以及犯罪分子作案快、逃跑快等特征得以进一步凸显，这就要求侦查机关在对各种侦查措施进行全面研究的基础上，必须更加重视并加强紧急性侦查措施的研究和探索，充分发挥其在侦查破案中的作用。为此，必须建立健全一套科学、合理、长效的快速反应运行机制，做到以快制快，才能掌握斗争的主动权。该机制应包含下面三方面的内容：

1. 快速决策。这就需要侦查机关打破常规，代之以步步紧逼，建立时效性和针对性更强，且易于操作的系统化、制度化的，能实现快速反应的侦查运行机制。

2. 合理配置警力资源。紧急性侦查措施的实施需要足够的警力支撑，需要一支时刻保持旺盛战斗力的侦查力量，实践中可以通过数量（如适当增加编制）、质量（提升内部潜力）和跨警种配合作战等方式，建立、健全更加科学、合理的警力资源配置机制。

3. 警用装备保障。警用装备保障是紧急性侦查措施的物质保障系统，是采取紧急性侦查措施必不可少的硬性条件，警用装备包括交通设备、通讯设备、武器、械具、防护设备、照明设备、信息网络设施、警用直升机等能够有效控制犯罪活动的各种设施。这些设备对于快速部署警力、迅速交流信息、获取犯罪线索和证据、缉捕和制服犯罪分子有重要作用。

（三）紧急性侦查措施的内容

从当前我国的侦查实践来看，紧急性侦查措施常用的有通缉、通报、追缉堵截、控制销赃等。

## 二、通缉、通报

（一）通缉

1. 通缉的概念。通缉是指公安机关对应当逮捕而在逃的犯罪嫌疑人、被告人或者罪犯，以发布通缉令的形式请求有关单位、部门和群众协助缉捕其归案的一项紧急性侦查措施。

通缉是侦查机关践行侦查专门工作与群众路线相结合的重要表现形式，是侦查活动主动进攻的积极举措。

2. 通缉的条件与对象。

（1）通缉的条件。根据《刑事诉讼法》第155条第1款规定："应当逮捕的犯罪嫌疑人如果在逃，公安机关可以发布通缉令，采取有效措施，追捕归案。"依此规定，通缉的对象必须同时具备两个条件：一是实质条件，应当逮捕且身份已查清；二是形式条件，即犯罪嫌疑人在逃。

（2）通缉的对象。实践中，通缉的对象具体包括：

第一，已决定逮捕而在逃的犯罪嫌疑人。指具备我国《刑事诉讼法》第81条规定的逮捕条件，依法应当逮捕且身份已经查明的在逃犯罪嫌疑人。

第二，已经拘留或逮捕，在讯问、押解和羁押期间逃跑的犯罪嫌疑人、被告人。

第三，在取保候审、监视居住期间逃跑的犯罪嫌疑人、被告人。具体是指违反我国《刑事诉讼法》第71条、第77条规定，在取保候审、监视居住期间逃跑的，应当逮捕的犯罪嫌疑人、被告人。

第四，在服刑期间越狱逃跑的罪犯。

3. 通缉令的种类。公安部对重大在逃人员实行"A、B级通缉令"。

（1）A级通缉令：是指为了缉捕公安部认为应该重点通缉的在逃人员而在全国或一定区域内发布的通缉令。

（2）B级通缉令：是指公安部应各省级公安机关的请求而在一定区域内发布的通缉在逃人员的通缉令。

4. 通缉的实施。

（1）批准通缉。需要通缉犯罪嫌疑人时，办案部门制作《呈请通缉报告书》，说明犯罪嫌疑人基本情况、简要案情及通缉的范围、种类、理由等内容，报县级及以上公安机关负责人批准。超越自己辖区范围的，层报上级公安机关审批，需要在全国范围采取的，层报公安部批准。

（2）制作《通缉令》。通缉批准后，办案人员应制作《通缉令》，《通缉令》的制作参见《公安机关刑事法律文书式样（2012版）》。发布通缉令要注意三方面事项：一是及时通缉，即在侦查工作中需要通缉时，要抓紧时间发布。二是通缉令的发布范围要适当、准确，只有发布范围准确，才能发挥通缉的作用。三是发布通缉令应注明发文号、联系人和联系电话，以便有关单位联系和回复。

（3）发布通缉令。

第一，发布范围与权限。根据案情，由签发通缉令的公安机关负责人决定发布的范围。县级及以上公安机关在本辖区内，可以直接发布，超越自己辖区的，应报请有权决定的上级公安机关发布。需要注意的是，通缉令的发布范围要适当、准确，只有发布范围准确，才能发挥通缉的作用。

第二，发布形式。在侦查工作中，通缉令的发布形式灵活多样，既可以采用传统张贴布告的方法发布，也可以通过报纸、杂志、广播、电视、网络等方式发布。

第三，通缉令的补充、更正。通缉令发出后，如果发现新的重要情况，可以补发通报，但必须注明原通缉令的编号和日期，以便查对。

（4）布置查缉。有关公安机关接到通缉令后，应当及时布置和落实查控工作，组织力量对被通缉对象可能涉及的地方进行有效的控制。抓获通缉对象后，应迅速通知通缉令发布机关和办案单位，经其派人核实后押回。

其他相关单位和公民接到或阅视通缉令后，应积极协助公安机关的工作，获悉通缉对象的情况要及时向公安机关报告或直接扭送、移交给公安机关处理。

（5）撤销通缉令。被通缉的犯罪嫌疑人归案、死亡，以及发现有其他不需要采取通缉的情形的，发布机关应当在原通缉的范围内，撤销通缉令。

（二）通报

1. 通报的概念。通报，也称协查通报，是指公安机关为了及时发现犯罪线索、查获赃款赃物、查明犯罪嫌疑人、查找尸源或可能遇害的失踪者下落等与刑事案件、刑事犯罪有关的问题，请求有关公安机关、单位和公民协查的一项紧急性侦查措施。

通报是侦破案件的辅助手段，是加强公安机关之间联系的纽带，也是收集犯罪情报资料的重要途径，是打防并举、积极侦查的一项具有长期性的警务实践活动。

2. 通报的种类。根据通报内容和使用通报所要达到的目的不同，侦查部门使用的通报基本可以分为请求有关地区协查、协控的通报，通告犯罪情报的预警通报和涉外案件的国际刑事通报三大类。工作实践中，具体的通报有以下几种：

（1）案情协查通报。对未破的重大疑难案件、严重暴力犯罪、流窜犯罪、结伙作案的犯罪案件，办案部门应及时向犯罪嫌疑人可能逃窜或潜逃的地区的公安机关发出案情通报。

（2）赃物协查通报。对于有赃可查的案件，为了以赃查人，从犯罪嫌疑人销赃、窝赃、使用赃物的环节中发现犯罪嫌疑人，公安机关可向有关地区、行业发出协查通报。

（3）犯罪嫌疑人协查通报。需要通报协查的犯罪嫌疑人有两种：一是已知道犯罪嫌疑人姓名、身份、个人特点及其作案手段、携带物品等情况，但未确定拘捕、不宜使用通缉措施而下落不明或潜逃的；二是在侦查中抓获的身份不明的犯罪嫌疑人。

（4）无名尸体（尸块）协查通报。对于发现的无名尸体、尸块，经组织当地群众辨认而未查明死者身份时，公安机关应及时发出协查尸源的通报。

（5）失踪人员协查通报。对于下落不明的人员，根据对该人的调查了解，判断其可能被害时，公安机关可向有关地区发布协查通报。

（6）枪支、弹药协查通报。在发生盗窃枪支弹药的案件后，应根据案情向犯罪嫌疑人可能前往活动的地区及周围地区迅速发出通报，请有关单位协助查控。

（7）重要痕迹物证协查通报。多用于在现场勘查中发现的指纹、足迹、生物检材等痕迹物证方面无法查证，目的是确定并案线索、犯罪嫌疑人的身份等。

（8）预警通报。预警通报有两种情况：一是发生严重暴力犯罪案件后，对有可能效仿的地区和犯罪嫌疑人可能前往继续作案的地区发出预警通报；二是侦查部门将一个时期刑事犯罪新的规律、特点、手法和可能发展蔓延的趋势等情况及时向有关侦查部门发出的通报。

3. 通报的方式。在侦查工作中，公安机关目前发布通报的主要形式有：侦查协作网络平台发布、电话、传真、函件、电子邮件等。

4. 通报的要求。

（1）及时。要求有三：一是通报的发布应当遵循紧急性侦查措施的基本要求，即及时发布；二是一旦发现有新的情况应当及时补充、更新；三是通报事项查明后，发布单位应当及时告知协作单位撤销通报。

（2）内容要简明、准确。不管是语言交流还是书面、电子传输，通报的内容要求简明、准确，满足"人要具体、物要特定、事要关键、形要规范"的要求。

（3）专人负责、及时查证反馈。各级公安机关应当确立长期经营的思想，树立整体作战的观念，强化侦查协作意识，成立专门机构配齐人员，负责落实和管理通报工作，并及时向请求机关反馈查证情况。

 知识链接

**一、边控通知**

边控通知，是指侦查机关为防止犯罪嫌疑人逃往境外，依法通知边境口岸机关阻止犯罪嫌疑人出境或者进一步采取抓捕行动的一项紧急性侦查措施。边境口岸机关接到公安机关的边控通知后，应立即对准备出境的可疑人员进行盘查、堵截，及时发现企图逃往境外的犯罪嫌疑人。

《公安机关办理刑事案件程序规定》第269条规定，需要对犯罪嫌疑人在口岸采取边控措施的，应当按照有关规定制作边控对象通知书，经县级以上公安机关负责人审核后，层报省级公安机关批准，办理全国范围内的边控措施。需要限制犯罪嫌疑人人身自由的，应当附有关法律文书。紧急情况下，需要采取边控措施的，县级以上公安机关可以出具公函，先向当地边防检查站交控，但应当在7日以内按照规定程序办理全国范围内的边控措施。

**二、悬赏通告**

悬赏通告，是指侦查机关为了发现重大犯罪线索，追缴涉案财物、证据，查获犯罪嫌疑人，借助有关媒体向社会公开发布通告，要约案件知情者提供线索和证据并承诺支付一定报酬的一项侦查方法。

适用悬赏通告的案件，通常是指采用常规的侦查方法侦查破案较困难或可能贻误战机，为了加快破案进程，节省办案成本而及时采用悬赏通告。《公安机关办理刑事案件程序规定》第270条第1款规定，为发现重大犯罪线索，追缴涉案财物、证据，查获犯罪嫌疑人，必要时，经县级以上公安机关负责人批准，可以发布悬赏通告。

《公安机关办理刑事案件程序规定》第271条规定，悬赏通告应当广泛张贴，并可以通过广播、电视、报刊、计算机网络等方式发布。

侦查实践中，悬赏通告的使用和发布应注意下列问题：悬赏通告中案情公布要适度，注意保密内容不得泄露；悬赏通告文字内容要准确、规范和简洁，提供的指纹和照片要清晰；悬赏通告发布的范围要确定；悬赏的金额要具体、方式要明确、兑换要

及时；注意保护举报人；犯罪嫌疑人归案、死亡，以及发现有其他不需要采取通告的情形的，发布机关应在原通告范围内撤销悬赏通告。

### 三、追缉堵截

#### （一）追缉堵截的概念

追缉堵截，是指在侦查工作中，针对逃跑的犯罪嫌疑人，公安机关根据其逃跑的方向和路线，组织力量进行追踪缉捕和设卡堵截的一项紧急性侦查措施。

追缉堵截，实际上包括追缉和堵截两项措施。追缉是指沿着犯罪嫌疑人逃跑的方向和路线进行寻踪追捕、缉获犯罪嫌疑人的措施；堵截是指根据犯罪嫌疑人逃跑的方向和路线，组织力量设卡查缉，截获犯罪嫌疑人的措施。在侦查实践中，二者相辅相成，往往同时并用，形成前后夹击的追堵局面，容易及时捕获犯罪嫌疑人，提高破案速度和减少甚至避免财物损失。另外，如果追缉堵截及时，还可以在犯罪嫌疑人逃跑的沿途发现新的线索，防止其毁灭罪证。

#### （二）追缉堵截的条件

追缉堵截措施的运用具有一定的前提条件，侦查实践中，具备下列条件的可酌情使用：

1. 掌握犯罪嫌疑人的有关情况。实施追缉堵截必须搞清楚犯罪嫌疑人的体貌特征；或逃跑时携带的物品、衣着特征；或逃跑时所驾乘的交通工具特征；或有犯罪嫌疑人因受伤而遗留的血迹；或犯罪嫌疑人遗留在现场的物品可作嗅源；或在现场留有犯罪嫌疑人的足迹和步法；等等。

2. 确定犯罪嫌疑人的逃跑方向、路线。实施追缉堵截必须明确犯罪嫌疑人的逃跑方向、路线或落脚点。

3. 确定犯罪嫌疑人还未逃远。实施追缉堵截必须是距离发案时间不长，逃跑时间不久，或未及逃远，或就地隐藏，或明确使用的交通工具，可以追缉堵截的。

#### （三）追缉堵截的方法

追缉堵截是形式多样、灵活机动的侦查措施，根据敌我双方的不同情况和客观外部因素，实践中的方式有：

1. 追缉堵截的主要方法。

（1）尾追前堵法。指根据犯罪嫌疑人逃跑的方向和路线，一方面组织力量尾随其后追缉，另一方面在其逃跑的前方布置力量、设卡堵截，形成前后夹击来追捕犯罪嫌疑人的一种方法。这种方法是追捕犯罪嫌疑人最常用的，使用率和成功率都比较高。采用这种方法的前提是犯罪嫌疑人逃跑的方向和路线比较明确，变动的可能性较小。

（2）穿插迂回法。如果犯罪嫌疑人逃入地形地物复杂、范围广大的地区地带，此时警方可使用多个追捕小队，分头采用中间穿插、两侧迂回的方法，相互策应，使犯罪嫌疑人始终处于被追缉、堵截的范围之内，从而被发现和抓获。

（3）合围包剿法。在追缉堵截的过程中，如果确认犯罪嫌疑人已经隐藏在一个明确的地点，或被逼入一个较小的区域范围内时，将其包围起来，采取机动灵活的办法将其抓获或促使其缴械就擒。对那些顽固抵抗，有可能造成群众、警方伤亡的犯罪嫌疑人，可就地击毙。

（4）立体追堵法。是指使用现代化的海、陆、空交通工具，使地面、水上的追堵和空中的观察控制及指挥紧密结合起来，把犯罪嫌疑人始终控制在一个有限的空间范围内，最后将其捕获。

2. 追缉堵截的辅助性方法。

（1）步法追踪。即在步法追踪技术人员带领下，熟练掌握不同道路、地面，不同条件下的犯罪嫌疑人的步法和足迹的特点，判明犯罪嫌疑人的一些具体特征和逃跑方向，由此来配合追缉、堵截。

（2）警犬追踪。警犬追踪是利用犯罪嫌疑人的遗留物作为嗅源，或根据犯罪嫌疑人的足迹，使用警犬发现其逃跑的方向、路线和落脚点，配合追缉堵截的一种方法。

（3）架网监控。一般情况下，任何追缉堵截都不能单线进行，而必须全面架网控制。一是在追捕的同时，通知犯罪嫌疑人可能逃往的地区的公安机关守候堵截，前后夹击，也可直接派出机动力量，利用最快的交通工具赶赴犯罪嫌疑人可能途经的车站、码头、机场、交通要道口，组织力量拦截。二是迅速了解犯罪嫌疑人的社会关系及其地址，及时将其关系人的情况通知所在地的公安机关，组织力量监控，张网以待。

（四）追缉堵截的要求

1. 统一指挥，协同作战。追缉堵截的实施所涉及的警种多、人员多、地域广，因此，统一有效的指挥、多个参战单位协同作战就显得尤为重要。

追缉堵截的实施要求具体的指挥权必须集中统一行使，要打破条块界限、减少指挥层次、理顺指挥关系、克服多头指挥等现象。组织各警种、各部门、各社会阶层的力量，相互协调配合，形成"合力"，才能使犯罪嫌疑人无隙可乘。

2. 快速反应，因案施策。快速反应是追缉堵截措施的必然要求，是指公安机关在得到案件情况报告后，能够正确果断地采取相应措施，迅速出击，掌握追缉堵截工作的主动权，及时制止、控制犯罪嫌疑人。但是，快速反应不是盲目动作，而是以多种因素的有机结合为前提的，如决策的正确性、组织的有效性、各方人员的协同性、后勤保障的及时性等。

**四、控制销赃**

（一）控制销赃的概念

控制销赃，是指在侦查有赃物可查的刑事案件时，侦查部门组织专门力量或依靠群众，及时对犯罪嫌疑人可能销赃的有关行业和场所进行监视控制，进而发现赃物，查获犯罪嫌疑人的一项侦查措施。

控制销赃这一侦查措施，除追缴赃物外，其最终的目的是抓获犯罪嫌疑人，即所谓的"以物找人"。对于涉及财物的刑事案件，一般都有赃款赃物可查。犯罪嫌疑人获得赃款赃物后，总要对其进行种种处理，如隐藏、转移、变卖、使用、维修、挥霍、兑换等，侦查部门只要在这些环节中加强监视控制，就可能查获赃物，获取罪证，进而查获犯罪嫌疑人，甚至是人赃俱获，实现破案目的。

（二）犯罪嫌疑人销赃的方式

采取控制销赃措施，除应当全面查清赃物的基本情况外，更应该熟知犯罪嫌疑人销赃的方式。犯罪嫌疑人获得赃款赃物后，通常会采用各种手段，企图尽快将其脱手来逃避侦查。犯罪嫌疑人销赃活动的这一特点，要求我们及时做好控制销赃工作，为侦查破案服务。因此，在侦查活动中，应当研究犯罪嫌疑人不断变化的销赃方式方法，了解、掌握犯罪嫌疑人的销售渠道，以便采取相应的控制措施。实践中，犯罪嫌疑人销赃的常用手法有：

1. 异地销赃。这是犯罪嫌疑人最常用的销赃方法，即犯罪嫌疑人将赃物转移至远离其居住地或发案地的地方进行销售变卖，造成销赃地与案件管辖地的分离，意图逃避侦查。

2. 化整为零，廉价出售。有的犯罪嫌疑人将数量较多的赃物，如手机、手表、烟酒等，分成若干份，少量出售，避免一次性大宗出售，企图避开侦查视线。

3. 改装后销赃。犯罪嫌疑人将违法所得物品，如车辆，拆卸成单独使用的零部件进行重新改装、拼装，通过改头换脸、变换特征，使失主难以辨认，然后折价转手。

4. 窝点销赃。即利用有些专门从事收购、贩卖赃物的窝点，具有非法的经营渠道，形成互相勾结的盗（抢、骗）、购、销"一条龙"的作案模式。

5. 场外销售。有些犯罪嫌疑人活动于各种合法、非法集市贸易场所，装扮成采购物品的模样，从市场人群中物色买主，一旦搭上关系，便把买主带出来交易。

6. 变相销售。有的犯罪嫌疑人把赃物用折价抵押、替代赌资、以物换物等方式，把赃物转手给他人。

7. 预售销赃。有的犯罪嫌疑人在选择了一定的作案目标后，在尚未实施犯罪活动时，为顺利将赃物脱手，便提前物色买主，预售赃物，一旦实施犯罪，赃物即可迅速脱手变现。

8. 网上销售。有的犯罪嫌疑人利用现代网络销售的途径和方法，在互联网上完成交易，通过物流转运赃物进行销售，这成为侦查机关在新时期面临的新课题。其销售手段多种多样，如自己注册网店、利用他人网店、网上发布消息等，由于这种方式双方不用见面，且销售的地域可由犯罪嫌疑人自主选择，隐蔽性极强。

（三）控制销赃的范围

控制销赃的范围，应根据赃款赃物的种类、特征和犯罪嫌疑人销赃活动的规律来确定。在通常情况下，控制销赃的范围有：

1. 特种行业。特种行业是治安学中的概念，在控制销赃中，主要指：饮食服务业，如饭店、酒店、旅馆等；修理业，如车辆修理、电器修理等；物品收购业，如废品收购、旧货市场；文物商店、珠宝玉器店等；二手机动车交易市场；典当行；等等。

2. 各种商品交易场所。主要指商场、集贸市场、手机专卖店（二手手机市场）、汽车交易市场（二手车市场）等。

3. 公共复杂场所。是指车站、码头、娱乐场所、货物集散地、公园等。

4. 金融机构。是指银行、外汇兑换场所、证券交易场所等。

5. 典当行、金银加工店等。

6. 信托、寄卖部门、委托行、行李寄存处。

7. 黑市、赌博场所、吸毒场所、窝点等。

8. 互联网的网点、社区网站等。

应注意的是，在当前市场经济日益发展的条件下，各种贸易、交易场所日益增多，私人交易的方式变化无常，地点难测。这就要求控制销赃工作要根据不断变化的情况扩大和调整控制范围，防止失控，使犯罪分子无隙可乘。

（四）控制销赃的方法

对于不同的刑事案件、不同的赃款赃物、不同的社会环境，应采取不同的控制方法。在控制销赃中，总体的方法有两大类：

1. 控制销赃的一般方法。

（1）及时印发赃物协查通报，请求有关地区、行业和有关部门协助查控。案件发生后，首先要搞清楚赃款赃物的特征，这是控制销赃的前提和基础，在此基础上，研究犯罪嫌疑人可能的销赃方式方法，确定控制的范围，如需要有关地区、部门和行业协助，及时向他们印发协查通报，请求协助查控。

（2）依靠有关行业职工组成城市查控赃物的行业网络。城市查控赃物的网络是区域性查控赃物网络的基础和组成部分，主要依靠有关行业职工，构筑其"三道"查控防线，即一道防线：车站、码头、机场；二道防线：市内公共交通工具和公共复杂场所；三道防线：旅店业。

（3）依靠治安、工商税务、边防、海关等职能部门，在公开的行政管理中查控赃物。对于特种行业，应依靠公安机关治安部门日常的治安行政管理工作加强查控。对于各类集贸市场，应依靠工商、税务、城管、卫生防疫、市场管理等部门的行业管理发现和控制赃物。对于走私、贩毒、拐卖人口等过境犯罪，则应同边防、海关部门加强合作，发现、查获赃物和犯罪嫌疑人。

（4）布建秘密力量，做好重点场所的控制。对于犯罪嫌疑人经常销赃的重点场所和地区，尤其是违法犯罪人员相对集中的地段、地下色情娱乐场所和赌博窝点、部分特种行业等高危地区，侦查机关应布置足够的秘密力量进行查控。对于重、特大案件，如有具体的查控目标和范围，侦查机关应运用专案秘密力量和情报秘密力量相结合开展活动，以便构筑更为严密的控制网络。

（5）组织治安保卫组织和治安积极分子，严密社会面的查控。对于那些易于犯罪嫌疑人销赃的偏僻街巷、里弄、广场、公园和其他阴暗角落等处所，要组织治安保卫组织和治安积极分子实行分片包干、落实责任的办法，进行控制。

（6）推行技术控制。运用现代科技设备，对有关场所和行业进行控制。技术装备是控制工作的现代化秘密力量，它可以弥补人们凭感觉感官直接感知能力的局限性，不受时间和环境的限制，而且传递信息速度快，起到及时、快速地查获和控制犯罪嫌疑人销赃的作用。

2. 几种特殊销赃情况的控制方法。

（1）涉案车辆的控制方法。涉案车辆主要是指犯罪嫌疑人盗抢的车辆（赃物）和犯罪嫌疑人作案过程中所使用的车辆（作案工具）。对车辆的查控主要从以下几方面进行：①通过视频监控系统确定车辆行驶轨迹（方向和范围）；②利用公安信息平台，查明车辆所有人及其使用情况；③利用 GPS 数据查明车辆所在位置；④加强对车辆修理行业和二手车交易市场的查控；⑤加强对典当行业的查控；等等。

（2）涉案通讯工具的控制方法。对被盗、抢的通讯工具（主要为手机）的控制主要从以下几方面进行：①通过公安机关的技侦部门查控或通讯网络运营商协助查控；②加强对手机市场、特别是二手手机市场的控制；③加强对典当行、寄卖行的控制；等等。

（3）网上销赃的控制方法。随着网络技术的发展和网络交易的盛行，利用网络来进行销赃已成为犯罪嫌疑人处理赃物的主要渠道之一，对于网上销赃的控制方法，侦查人员应根据赃物的种类、数量等情况采取具体的查控措施，主要从两方面进行：①通过网络侦查部门进行监控；②留意网络上的销售广告、留言的信息，对赃物进行查控。

# 项目六　技术侦查措施

✦ 学习情境

19××年7月，云南省某地公安机关接到秘密力量张××的报告，境外毒贩王××请他运输毒品到楚雄，交给李氏姐妹。8月8日，王××把海洛因偷运到张××家中，并要求张××及时运到楚雄。

张××向侦查机关汇报后，侦查人员认真分析了案情，认为这是一起特大跨国贩毒案件，应立案侦查。设计由张××运输毒品到楚雄，然后实施控制下交付，但是在毒品运输过程中要严密监控，防止出现意外、毒品失控。这样做，一是可以将毒品的买方抓获，二是将来在诉讼中对张××也不会有麻烦。

8月14日，张××把毒品运到楚雄后，李氏姐妹坚持要求张××再把毒品运到广西柳州。在案情出现变化、秘密力量无法作出决定的情况下，张××托词要征得"货"主的同意才行，拖延时间以向侦查人员汇报。侦查人员听取了张××的汇报后，认为案情的变化有其合理性的一面，于是决定让张××听从李氏姐妹的安排，运"货"到柳州，在柳州实施控制下交付，并要求张××尽可能了解接"货"人的情况，为一网打尽创造条件。

之后，在侦查人员的严密监控下，张××又驾车到柳州，在进行交接时，被侦查人员"人赃俱获"，成功破获了这起特大贩毒案件。

### 工作任务

技术侦查措施的前身是"秘密侦查措施"，为加强法治建设，2012年《刑事诉讼法》修正时在第二编"立案、侦查和提起公诉"第二章"侦查"中增加一节，即第八节"技术侦查措施"，专节对技术侦查措施进行了规定，包括了实践中的技术侦查措施、隐匿身份侦查和控制下交付三项侦查措施，并非一般意义上所特指的技术侦查措施。技术侦查措施主要针对具有较强隐蔽性且使用常规侦查措施难以发挥作用的犯罪案件，有严格的审批要素。技术侦查措施是"由人到案"侦查模式的典型，是增强打击犯罪的主动性，提高侦查工作效率的重要举措。

情境案例揭示的是一起采用控制下交付措施成功实施侦破的案件。

**学习和思考：**

1. 技术侦查措施的适用主体、适用范围和对象。

2. 技术侦查措施的实施要点。

3. 隐匿身份侦查的种类和方法。

4. 隐匿身份侦查的实施要点。

5. 控制下交付的实施要点。

### 学习内容

《刑事诉讼法》第二编"立案、侦查和提起公诉"第二章"侦查"第八节"技术侦查措施"，专节对技术侦查措施进行了规定，共有5条法律条文（第150~154条），包括了实践中的技术侦查措施、隐匿身份侦查和控制下交付三项侦查措施，并非一般意义上所特指的技术侦查措施。其中，第150~152条是对技术侦查措施的规范，第153条对隐匿身份侦查、控制下交付进行了规范，第154条是对以此三项侦查措施收集的材料作为证据使用时的规范。本项目内容的编写，依据上述法律规定及有关法规展开。

### 一、技术侦查措施

**（一）技术侦查措施的概念**

技术侦查措施，又称技术侦查手段或行动技术手段，简称"技侦"，即采用技术手段侦查破案。是指公安机关根据侦查严重危害社会的犯罪案件的需要，由设区的市一级以上公安机关技术侦查部门对犯罪嫌疑人、被告人以及与犯罪活动直接关联的人员实施的记录监控、行踪监控、通信监控、场所监控等措施。

对于技术侦查措施概念理解，主要是要掌握四个"特定"：

1. 主体特定。即有专门的机构和专业的人员，具体由设区的市一级以上公安机关负责技术侦查的部门组织实施。

2. 范围特定。技术侦查措施只能适用于严重危害社会的犯罪案件。具体包括：①危害国家安全犯罪、恐怖活动犯罪、黑社会性质的组织犯罪、重大毒品犯罪案件；②故意杀人、故意伤害致人重伤或者死亡、强奸、抢劫、绑架、放火、爆炸、投放危险物质等严重暴力犯罪案件；③集团性、系列性、跨区域性重大犯罪案件；④利用电信、计算机网络、寄递渠道等实施的重大犯罪案件，以及针对计算机网络实施的重大犯罪案件；⑤其他严重危害社会的犯罪案件，依法可能判处 7 年以上有期徒刑的。此外，公安机关追捕被通缉或者批准、决定逮捕的在逃的犯罪嫌疑人、被告人，可以采取追捕所必需的技术侦查措施。

3. 对象特定。技术侦查措施的适用对象是严重危害社会的犯罪案件的犯罪嫌疑人、被告人以及与犯罪活动直接关联的人员。

4. 内容特定。技术侦查措施包括记录监控、行踪监控、通信监控、场所监控等。

**（二）技术侦查措施的种类**

《公安机关办理刑事案件程序规定》第 255 条第 1 款规定，技术侦查措施有记录监控、行踪监控、通信监控、场所监控等四类。结合侦查实践，依据技术侦查措施适用工作内容的差异，技术侦查措施可具体划分为六个类型：

1. 监视与侦听。监视是指侦查人员通过摄影机、望远镜、夜视仪等技术设备，秘密地观察、记录，掌握侦查对象活动轨迹的侦查手段。侦听是指侦查人员通过侦听设备，秘密、直接地对侦查对象的谈话进行侦听的一种侦查手段，如在办公室、家中安装侦听器进行侦听。

监视与侦听一个是视觉监控，一个是听觉监控，在侦查实践中，既可单独使用，也可同时使用；另外，监视与侦听往往与跟踪、守候一同使用。

2. 电信监控。是指侦查机关通过技术手段对侦查对象的电话、手机等各种通信联系方式进行的监控，包括电话监控、手机监控与定位及短信内容查询等。

3. 邮件检查。是指侦查机关通过与邮电、物流等部门的密切配合，对侦查对象的纸质通信、物流包裹及快递等进行的秘密检查。

4. 密搜密取。是秘密搜查、秘密提取证据的简称，是指侦查人员在不被侦查对象察觉的情况下，对其住所、办公场所或其他可能藏犯罪痕迹、物证、赃款赃物等罪证的场所进行的秘密搜索、检查，以发现和获取鉴定比对样本的物证材料和犯罪证据的一项侦查手段。

5. 外线侦查。是指侦查机关实施的具有一定技术含量的跟踪、盯梢、守候、监视及秘密逮捕等侦查手段。

6. 网络监控。又称网络侦查，是对互联网这一虚拟空间开展的秘密侦查，是指侦查机关为了搜查证据而采取的，对于涉嫌犯罪行为的计算机信息系统及通信系统进行监控、记录、跟踪、定位等侦查手段的统称。具体指通过计算机安全系统、网络操作系统、应用软件、专用安全监测软件等电子、信息设备，对网络系统中传输、储存的数据、图像、声音等信息进行的监控、调取，以及对网上轨迹的查询、定位等。

（三）技术侦查措施的实施

1. 技术侦查措施的适用主体。依据《刑事诉讼法》第 4 条、第 150 条的规定，技术侦查措施的适用主体有三类，即公安机关、国家安全机关和人民检察院。

2. 技术侦查措施的适用对象。《公安机关办理刑事案件程序规定》第 255 条第 2 款规定："技术侦查措施的适用对象是犯罪嫌疑人、被告人以及与犯罪活动直接关联的人员。"

3. 技术侦查措施的适用范围。依据《刑事诉讼法》第 150 条的规定，技术侦查措施的适用范围有三种情形：

（1）公安机关管辖案件的适用范围。具体包括：①危害国家安全犯罪、恐怖活动犯罪、黑社会性质的组织犯罪、重大毒品犯罪案件；②故意杀人、故意伤害致人重伤或者死亡、强奸、抢劫、绑架、放火、爆炸、投放危险物质等严重暴力犯罪案件；③集团性、系列性、跨区域性重大犯罪案件；④利用电信、计算机网络、寄递渠道等实施的重大犯罪案件，以及针对计算机网络实施的重大犯罪案件；⑤其他严重危害社会的犯罪案件，依法可能判处 7 年以上有期徒刑的。

（2）人民检察院管辖案件的范围。具体包括：①对于涉案数额在 10 万元以上、采取其他方法难以收集证据的重大贪污、贿赂犯罪案件，即《刑法》第八章规定的贪污罪、受贿罪、单位受贿罪、行贿罪、对单位行贿罪、介绍贿赂罪、单位行贿罪。②利用职权实施的严重侵害公民人身权利的重大犯罪案件，包括有重大社会影响的、造成严重后果的或者情节特别严重的非法拘禁、非法搜查、刑讯逼供、暴力取证、虐待被监管人、报复陷害等案件。

（3）追捕被通缉或者批准、决定逮捕的在逃的犯罪嫌疑人、被告人。具体包括：①公安机关追捕被通缉或者批准、决定逮捕的在逃的犯罪嫌疑人、被告人。②人民检察院办理直接受理立案侦查的案件，需要追捕被通缉或者批准、决定逮捕的在逃的犯罪嫌疑人、被告人。③需要追捕被通缉的越狱人员。

4. 技术侦查措施的适用原则。

（1）重罪原则。《公安机关办理刑事案件程序规定》第254条规定，公安机关在立案后，根据侦查犯罪的需要，对严重危害社会的犯罪案件可以采取技术侦查措施。在侦查实践中基于两个因素考虑：一是社会危险性大；二是犯罪行为的隐秘化、技术化、组织化，导致发现难、取证难，不采取技术侦查措施难以揭露和打击。

（2）必要性原则。是指侦查犯罪需要时，才能采取技术侦查措施，只有在采取常规的侦查措施或者公开侦查难以查清犯罪事实时，才能采取技术侦查措施。即必须坚持技术侦查措施的绝对必要性（最后手段性）原则。

（3）严格审批原则。是指采用技术侦查措施必须经过严格的审批手续。

（4）保密原则。是指侦查人员对于适用技术侦查措施所涉及的案件进展情况和工作部署，都应当保密。《刑事诉讼法》第152、154条作了如下规定：①侦查人员对采取技术侦查措施过程中知悉的国家秘密、商业秘密和个人隐私，应当保密。②公安机关依法采取技术侦查措施，有关单位和个人应当配合，并对有关情况予以保密。③采取技术侦查措施收集的材料在刑事诉讼中可以作为证据使用，如果使用该证据可能危及有关人员的人身安全，或者可能产生其他严重后果的，应当采取不暴露有关人员身份、技术方法等保护措施。

（5）禁止原则。《刑事诉讼法》第152条第3款规定，采取技术侦查措施获取的材料，只能用于对犯罪的侦查、起诉和审判，不得用于其他用途。

（6）补救原则。《刑事诉讼法》第152条第2款规定，侦查人员对采取技术侦查措施获取的与案件无关的材料，必须及时销毁。

5. 技术侦查措施的实施程序。

（1）技术侦查措施的审批。公安机关在侦查过程中需要采取技术侦查措施的，应制作《呈请采取技术侦查措施报告书》，提请设区的市一级以上公安机关负责技术侦查的部门审核，报设区的市一级以上公安机关负责人批准；人民检察院根据侦查犯罪的需要，有权决定实施技术侦查措施。

（2）执行。①执行主体：根据《刑事诉讼法》第150条以及《国家安全法》第42条、《人民警察法》第16条的规定，在刑事诉讼领域，我国技术侦查措施的执行主体包括公安机关、国家安全机关的技术侦查部门，人民检察院具有对部分案件使用技术侦查措施的决定权，但不具有执行权，在人民检察院决定使用技术侦查措施后，依法应当交由公安机关或者国家安全机关的技术侦查部门执行。②执行期限：技术侦查措施的有效期限为3个月，对于复杂、疑难案件，期限届满仍有必要继续采取技术侦查措施的，经过批准，有效期可以延长，每次不得超过3个月。③执行过程：技术侦查部门及人员在执行技术侦查措施过程中，应讲究策略，做好与承办案件的侦查人员、相关单位与个人的协作、配合，做好技术侦查措施获取证据材料的查证工作。④执行变更：在技术侦查措施有效期限内，需要变更种类或者适用对象的，应当重新办理批准手续。⑤执行解除：技术侦查措施批准决定自签发之日起3个月内有效，在有效期限内，对不需要继续采取技术侦查措施的，办案部门应当解除技术侦查措施；或者有效期限届满，负责技术侦查的部门应当立即解除技术侦查措施。

6. 技术侦查措施证据材料的运用。《刑事诉讼法》第154条规定，依照法律规定采取技术侦查措施收集的材料在刑事诉讼中可以作为证据使用。如果使用该证据可能危及有关人员的人身安全，或者可能产生其他严重后果的，应当采取不暴露有关人员身份、技术方法等保护措施，必要的时候，可以由审判人员在庭外对证据进行核实。需要注意的是，实践工作中应当坚持"最后使用"原则，即技术侦查措施获取的证据能不用就尽量不用，以避免因技术侦查措施的手段与过程的曝光所引发的消极效果。

**二、隐匿身份侦查**

（一）隐匿身份侦查的概念

隐匿身份侦查，是指侦查机关在侦查办案的过程中，为了查明案情，在必要的时候，经县级以上公安机关负责人决定，由侦查人员或者侦查机关指定的其他人员以隐匿身份的形式，实施秘密侦查活动的一种侦查措施。

《刑事诉讼法》第153条第1款规定："为了查明案情，在必要的时候，经公安机关负责人决定，可以由有关人员隐匿其身份实施侦查。但是，不得诱使他人犯罪，不得采用可能危害公共安全或者发生重大人身危险的方法。"《公安机关办理刑事案件程序规定》第262条规定："为了查明案情，在必要的时候，经县级以上公安机关负责人决定，可以由侦查人员或者公安机关指定的其他人员隐匿身份实施侦查。隐匿身份实施侦查时，不得使用促使他人产生犯罪意图的方法诱使他人犯罪，不得采用可能危害公共安全或者发生重大人身危险的方法。"上述法律、法规，既是对隐匿身份侦查措施的合法授权，也对隐匿身份侦查措施的使用进行了规范。

（二）隐匿身份侦查的作用

隐匿身份侦查在侦查办案、打击犯罪中有其他侦查措施所不能替代的独特作用，主要表现在以下几方面：

1. 调查和了解犯罪团伙或集团的有关情况。如犯罪团伙或集团的组织结构、人员状况、经济往来、活动规律、犯罪计划及下一步的动向等情况。

2. 调查和了解具体侦查对象的有关情况。如侦查对象的个体特征、社会关系、犯罪线索或证据材料等情况。

3. 调查和了解某一场所、行业、领域的犯罪人员情况及规律特点。实践中，通过隐匿身份，乔装成某一场所、行业、领域的相关人员，从而对其中的犯罪人员及其活动规律进行秘密调查和了解，以获取情报信息和打击犯罪。

4. 协助、配合其他侦查措施的顺利实施。实践中，隐匿身份侦查措施往往协助、配合其他侦查措施一起使用，如阵地控制、专案侦查、专项整治、控制下交付等，确保侦查活动的顺利开展。

（三）隐匿身份侦查的种类

按照不同的标准划分，隐匿身份侦查有不同的种类，实践中，通常以具体实施隐匿身份侦查措施的主体人员的身份不同，分为侦查人员隐匿身份侦查和其他人员隐匿身份侦查。

1. 侦查人员隐匿身份侦查。俗称"卧底侦查"，是指侦查机关在打击刑事犯罪的过程中，根据侦查办案的需要，经公安机关负责人决定，由侦查人员以隐匿身份的形式，主动深入犯罪团伙或集团、接近犯罪嫌疑人，获取犯罪线索和证据材料的一项专门调查工作。

2. 其他人员隐匿身份侦查。又称"刑事秘密力量侦查"或"刑事特情侦查"，是指侦查机关在打击刑事犯罪的过程中，根据侦查办案的需要，经公安机关负责人决定，指定由侦查人员以外的其他人员以隐匿身份的形式，秘密进行收集犯罪活动情报、协助侦查破案的一项专门工作。需要注意的是，因隐匿身份侦查的专业性和秘密性，为确保隐匿身份侦查的顺利开展，在工作实践中，指定由"侦查人员以外的其他人员"实施隐匿身份侦查时，侦查机关通常指定"刑事特情"来实施。

（四）隐匿身份侦查的方法

隐匿身份侦查在具体的实施过程中，实施方法主要有以下四种：

1. 潜入侦查。是指侦查机关采取隐匿身份的形式，指派特定人员打入犯罪团伙或集团内部，潜伏下来，收集犯罪情报和证据材料，秘密开展侦查的专门工作。潜入侦查主要是针对团伙或集团犯罪、有组织犯罪和毒品犯罪等案件。

2. 贴靠侦查。是指侦查机关采取隐匿身份的形式，指派特定人员以合情、合理的身份和方式接近侦查对象或侦查对象亲近的人，秘密开展侦查，从中获得犯罪情报和证据材料的一项专门工作。需要注意的是，在侦查实践中，贴靠侦查与上述潜入侦查有着密不可分的联系，潜入侦查在很多情况下要先实现有效贴靠，并在此基础上深入犯罪组织内部。

3. 逆用侦查。是指侦查机关经过精心设计和工作，将犯罪组织中的特定人员或其关系人，经过教育和培训，让其为我工作，并使其以该身份重返犯罪组织，让其收集犯罪情报和证据材料，秘密开展侦查的专门工作。

4. 复线侦查。是指在侦办重、特大的有组织犯罪、集团犯罪等案件中，根据侦查办案的需要，侦查机关指派 2 名或以上的特定人员，以隐匿身份的形式深入犯罪集团内部或接近特定侦查对象，以此收集情报或证据材料，秘密开展侦查的一项专门工作。

复线侦查可以说是潜入侦查、贴靠侦查和逆用侦查的综合运用，实践中，主要是因为单线侦查工作不甚理想，如能力问题、身份问题甚至是立场问题，所以才需要利用复线侦查。需要注意的是，同一案件侦查中的 2 名或 2 名以上隐匿身份人员分别与侦查机关单线联系，相互之间不能联络。

（五）隐匿身份侦查的实施要点

隐匿身份侦查的核心要做到两个"合理"：一是隐匿合理，即隐匿的理由合理，让其无可挑剔、令他人深信不疑；二是身份合理，即隐匿后使用的身份合理，使其毫无破绽，顺利打入或贴靠。侦查实践中，结合上述要求，隐匿身份侦查的实施要做好以下几点：

1. 隐匿身份人员的选建。隐匿身份侦查的实施需要深入犯罪组织或贴靠侦查对象，具有极大的风险性。因此，在实施隐匿身份侦查时，对隐匿身份人员有特殊的要求，要根据案件的特点和实际情况，科学合理地选建隐匿身份人员，力求做到两个"合理"，确保措施的顺利实施。在侦查实践中，对隐匿身份人员的选建具体要注意两点：

（1）隐匿身份人员的来源。即从源头上加以考量，实践中来源主要从下列三方面选择：①从侦查部门中从事侦查工作的人员中选建；②从公安院校或其他院校学习的恰当人员中选建；③从社会人员，尤其是特情或侦查对象身边的人员中选建。

（2）隐匿身份人员的具体条件。在选建过程中，应对结合隐匿身份侦查案件、侦查对象等情况，严格审核隐匿身份候选人员的条件。在深入了解候选人员的个人情况、家庭背景、社会关系后，还需重点考核以下条件：①主观性条件，是指候选人员是否自愿参加的，即要在跟候选人员讲明案件侦查需要及侦查条件的情况下，让候选人员自由考量，而不能逼迫候选人员参加。②心理状态和性格特征条件，是指候选人员心理素质要能适应所隐匿的环境，具体反映在性格上就是要平和、稳定、自信等。③身体素质条件，是指候选人员的身体健康状态能适应隐匿身份侦查的需要。④能力条件，是指候选人员的适应、反应等能力，即善于沟通、乐于交际，并能随机应变，灵活处理各种问题。

2. 隐匿身份侦查实施前的准备。

（1）对隐匿身份人员进行必要的培训。是指要结合案件侦查需要，有针对性地对隐匿身份人员进行必要的侦查技能和法律知识的培训。

（2）全面了解侦查对象及其犯罪组织的情况。如侦查对象及其犯罪组织的自身情况，侦查对象及其犯罪组织所住的环境等。

（3）深入分析隐匿身份，制作隐匿身份人员身份档案。

（4）设计隐匿身份侦查方案。方案内容要包括潜入的方案、开展工作方案、联络方案、撤离方案、对隐匿身份人员及其亲属的保护方案等。

3. 隐匿身份侦查的实施。

（1）隐匿身份人员要牢记虚拟身份，行为举止尽量符合虚拟身份，积极取信于侦查对象或犯罪组织及其成员。

（2）工作中要把握机会、创造条件，积极开展侦查取证工作。

（3）做好与侦查机关或指挥人员的联系工作，这样，隐匿身份人员才能把获取的犯罪情况及时传递出来，而侦查机关或指挥人员也能把侦查意图、计划以及其他新情况及时反馈给隐匿身份人员，以利于其开展侦查工作。

（4）注意做好隐匿身份人员的保护和撤离工作。

（六）隐匿身份侦查中要注意的问题

1. 《公安机关办理刑事案件程序规定》第262条第2款规定，隐匿身份实施侦查时，不得使用促使他人产生犯罪意图的方法诱使他人犯罪，不得采用可能危害公共安全或者发生重大人身危险的方法。

2. 《公安机关办理刑事案件程序规定》第264条第2款规定，使用隐匿身份侦查收集的材料作为证据时，可能危及隐匿身份人员的人身安全，或者可能产生其他严重后果的，应当采取不暴露有关人员身份等保护措施。

### 三、控制下交付

（一）控制下交付的概念

控制下交付，是指公安机关在侦查办案过程中，根据侦查犯罪需要，经县级以上公安机关负责人决定，对涉及给付毒品等违禁品或者财物的犯罪活动，运用各种方式方法予以严密控制，并假意按照犯罪嫌疑人的意向进行接触并实施交付，以便获取证据、查明案情的一项秘密侦查措施。

《刑事诉讼法》第153条第2款规定，对涉及给付毒品等违禁品或者财物的犯罪活动，公安机关根据侦查犯罪的需要，可以依照规定实施控制下交付。《公安机关办理刑事案件程序规定》第263条规定，对涉及给付毒品等违禁品或者财物的犯罪活动，为查明参与该项犯罪的人员和犯罪事实，根据侦查需要，经县级以上公安机关负责人决定，可以实施控制下交付。上述法律、法规，既是对控制下交付侦查措施的合法授权，也对控制下交付侦查措施的使用进行了规范。

对于控制下交付概念的理解，应该把握以下几点：

1. 主体与审批。公安机关在侦查办案过程中，根据侦查犯罪需要，经县级以上公安机关负责人决定，可以依照规定实施控制下交付。由此可见，控制下交付的主体是公安机关，审批是由县级以上公安机关负责人决定。

2. 适用对象。依据相关法律、法规规定，控制下交付的适用对象是"涉及给付毒品等违禁品或者财物的犯罪活动"。

3. 核心。控制下交付这一措施的核心是"控制",而非"交付",指公安机关在实施控制下交付时,不但要控制交付标的,即毒品等违禁品或者财物,还要对交付的时间、地点、方式方法、交付过程、交付人(犯罪嫌疑人)等进行严密的控制,使其完全置于公安机关的掌控之下。

4. 目的。实施控制下交付的目的是获取证据、查明案情。

5. 性质。控制下交付是一项秘密性侦查措施。

(二)控制下交付的种类

依据不同的分类标准,控制下交付有不同的表现形式,常见的有以下三种:

1. 依据实施的地域不同,分为国内控制下交付和涉外控制下交付。

2. 依据交付的物品不同,分为毒品等违禁品控制下交付和财物控制下交付。

3. 依据案件的类型不同,分为毒品犯罪控制下交付、走私犯罪控制下交付、绑架勒索犯罪控制下交付等。

(三)控制下交付的实施要点

1. 掌握时机。是指侦查破案过程中,要善于及时地发现可实施控制下交付的条件。侦查破案中,时机的掌握很重要,一般来说,侦查部门在侦查实践中如果遇到涉及给付毒品等违禁品或者财物的犯罪活动,并且需要通过对该涉案物品进行控制下的交付,以便发现涉案人员、获取犯罪证据材料的时候,就可以考虑实施控制下交付。

2. 报请批准。侦查部门根据之前掌握的案件情况,发现符合实施控制下交付的条件,应向县级以上公安机关负责人做出申请报告,县级以上公安机关负责人审核申请报告后,签署实施控制下交付的决定。

3. 制定实施方案。侦查部门获得批准决定后,应当进一步分析案情,并制定控制下交付的可行性实施方案。

4. 实施控制下交付。实施控制下交付的核心是要做好"控制"工作,实践中应做好:在涉案物品交付前,要根据案件情况和情报信息以及物品流向等预判可能实施交付物品的场所,及时埋伏力量、架设器材、定点监视等;在涉案物品交付过程中,要根据案件总体情况部署取证工作,成功获取交付场面的证据材料;在涉案物品交付后,如需要拘捕的,就要确保人赃俱获,对暂时不拘捕而需要延伸侦查的,则要采取科学可行的方式,公密结合,综合运用技术侦查、隐匿身份侦查及视频侦查等措施,全方位、多方面地控制掌握各类情报信息资源和取证。需要注意的是,在这一过程中,要做好措施的保密工作,尤其是有隐匿身份人员参与交付行为,要注意做好隐匿身份人员的撤离和保护。

(四)控制下交付获取的证据材料的运用

《公安机关办理刑事案件程序规定》第 264 条规定,公安机关依法规定实施控制下交付收集的材料在刑事诉讼中可以作为证据使用。使用控制下交付收集的材料作为证据时，可能危及有关人员的人身安全，或者可能产生其他严重后果的，应当采取不暴露有关人员身份等保护措施。

# 项目七　综合性侦查措施

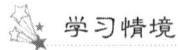 学习情境

19××年4月5日，南京市公安局秦淮分局接到报案称：辖区内××坊51号507室被盗。接报后，分局刑警大队迅速派侦查人员赶到现场开展勘验调查。作案人系趁事主家中无人之际，用撬棍撬开防盗门并撞开木门后入室，现场翻动较大，一片狼藉。经事主清点，共被盗走人民币1500元及金项链等物，总价值5000余元。侦查人员正在紧张勘验调查之时，又接到同一住宅楼的1205室居民的报案，其家防盗门也被撬开，被窃人民币1700元及金戒指等物，损失财物价值6000余元。通过勘验，侦查人员提取了两案现场的撬棍痕迹及作案人遗留的手印足迹，并很快确认两案现场的痕迹存在相同之处，但现场走访却没有发现有价值的线索。

综合各方情况，警方分析后判断：两案为同一伙人所为，作案人为2人或2人以上，作案人选择住户上班家中无人之际，撬门、撞门入室作案，胆大妄为，不计后果，见物就拿，经济欲望强烈。

4月6日，辖区内的××府路45号701室又发生盗窃案，作案人撬防盗门入室，盗走人民币300元、金项链及中华牌等高档香烟，总价值约2000元。通过现场勘验，认定本案与昨天发生的两案系同一伙作案人所为。负责走访的侦查人员获得了一条重要信息：6日上午9时许，有人看见现场楼道口有一高一矮2名形迹可疑的男青年，高个身高约1.73米，长脸，皮肤白，手上拿着中华牌香烟，而现场被盗物中恰有两条同品牌香烟。结合2人出现的时间等情况，侦查人员认定此2人极可能就是作案人。据此秦淮分局立即派出警力赶往全区的车站、码头及中小旅馆进行布控。

2天内连续发生3起入室盗窃案件，而且又是发生在全市反盗窃专项斗争刚刚开始期间，分局领导对此非常重视，当即责成刑警大队组织精干警力成立专案组进行挂牌攻坚。

为全面掌握情况，深入认识案情，专案民警首先对上述3起案件进行了认真详尽的研究。认为3案具有以下几个共同特征：①作案时间均为白天；②作案地点选择在市区主干道两侧且靠近公交车站；③侵害目标为住宅楼房的高层；④撬防盗门的技术比较熟练；⑤作案时不戴手套，不怕留下手印、足迹。

这些特征都集中反映出3起案件系流窜作案的可能性很大。针对流窜作案的特点，专案组立即开展了以下几项工作：

（1）将现场所提取的指纹送市局指纹中心进行检索查档，争取直接认定作案人；

（2）针对近期全市发生的撬防盗门案件进行串并，向周边地区发出协查通报并附上作案人指纹，进一步拓宽串并范围，广泛获取线索；

（3）针对目击者提供的 2 名嫌疑人的特征，结合携带物品、被盗赃物等，对旅馆业、出租户进行清查、走访，力争直接发现作案人；

（4）考虑到流窜作案的特点，前往邮局核查汇款单、包裹单，重点查证有大量现金汇出、寄件人登记为非本市人员及其他可疑情况，以便迅速进行反查；

（5）加强阵地控制，重点在典当行业及地下销赃场所对被盗的金银首饰进行布控。

经过全市串并，从 4 月 2 日至 8 日在本市的玄武、建邺、鼓楼等区相继发生了 8 起同类案件，并认定其中的 5 起案件可与上述案件串并。据该市鼓楼区××西路 156 号 302 室被盗事主侯××（女，56 岁）提供：4 月 6 日上午，她从外面回家时见门开着，当时也未在意，还以为是保姆回来了。没想到刚一进门就从门后跳出 2 名男子，并持撬棍和匕首威胁说："不要喊，喊就要你的命！"2 人将她逼坐到房间的沙发上，其中一人看着她，另一人则在屋内大肆翻劫财物，抢走貂皮大衣及照相机等物，价值近 1 万元。离开现场前，2 名作案人还将她手上金戒指、身上的手机及仅有的 70 元现金一并抢走。由于作案人在现场活动时间较长且与她有过一段时间的正面接触，因此她对 2 名作案人的特征看得比较清楚，而且与当日发生的秦淮区××府路 45 号 701 室被盗案目击者反映的情况一致。更为重要的是，侯××十分肯定作案人操东北口音，因侯××本人是东北人，因此这一点比较可信。

秦淮分局获取这一情况后，立即召集了专案组成员进行再研究、部署，要求调整侦查方向，将工作重点放在 4 月 4～7 日来南京住宿的东北人身上，同时全面、细致清查这一时段内寄往东北的包裹单、汇款单，并对案中被盗抢的手机信息进行查控，力求从中寻找二者的碰撞点，发现可疑对象。

专案组先通过市局三处调出案发期间 50 余家旅馆的百余名东北人住宿登记，再与全市邮局在该时间段内寄往东北的 200 多份包裹单、汇款单逐一进行核查。

5 月 19 日，专案组终于获取了一条重要信息：有人持 4 月 5 日建邺区××新村 3 幢 501 室被盗的一部手机打往齐齐哈尔市的 126 寻呼台，据此分析作案人系齐齐哈尔人或与齐齐哈尔有密切关系的可能性极大。因此立即将核查的重点投向齐齐哈尔，结果发现这一期间仅有 4 份是寄往该市的。

这一结果使专案组非常振奋，当即对这 4 份包裹进行了认真仔细的研究。发现有 2 份于 4 月 6 日、7 日分别从本市××路邮局、××门邮局寄出的包裹单均署名"付×达"，且收件人同为齐齐哈尔铁西 25—12—××—××号的"付×华"，而寄件人的地址分别为鼓楼区××巷 42 号、秦淮区××巷 124 号。然而经查证，发现上述地址纯属子虚乌有，"付×达"也系假名。寄件人为何要用假姓名、假地址，且在案发期间连续两次在相距较远的两个不同邮局寄出大宗包裹至齐齐哈尔？其中必有蹊跷！"付×达"的嫌疑迅速上升。

为此，专案组迅速与齐齐哈尔市公安机关联系，请求协查收件人"付×华"的家庭情况以及家庭成员中有无前科劣迹者。很快得到回复，当地确有付×华其人，其子付××已于5月12日因盗窃被苏州市公安局××分局关押审查。

5月24日，专案组派员立即携带从现场提取到的指纹、足印以及串并案件资料赶赴苏州。据苏州同行介绍，5月12日他们在大清查中发现投宿在一家旅馆的付××、李××2人携带有撬棍，即将其带回派出所审查，由此破获了该市盗窃案件1起，除此之外，付××、李××2人再没有交代其他犯罪事实。

获知这一信息后，专案组首先采集了付××、李××2人的指纹及脚印，并将苏州同行缴获的作案工具撬棍压模制痕，进而认定南京市在侦的串案也系此2人所为。之后，专案组成员在当地同行的大力配合下，制定了周密计划，对付××、李××2人进行了突审，2人如实供述了今年4月5日流窜南京后疯狂作案的全部犯罪事实。鉴于在南京市的案值巨大，5月25日专案组成员将付××、李××2名犯罪嫌疑人带回南京审理，2人又相继供述了今年以来结伙在石家庄、天津等地撬窃作案15起，盗窃总价值达15万余元。

### 📝 工作任务

综合性侦查措施，是指侦查主体在同刑事犯罪作斗争中，为有效地打击现行刑事犯罪活动，根据斗争的需要，将多种侦查措施加以综合运用，实行全方位、多角度、多渠道的侦查活动所采取的整体措施。综合性侦查措施具有集中性、综合性和协调性的特点，在实施过程中要做到统筹安排、统一指挥、集中力量、多方动员，以达到斗争目的。在实际工作中，常用的综合性侦查措施主要有专案侦查、并案侦查、专项斗争等。

情境案例既体现了专案侦查措施的应用，也体现了并案侦查措施的应用，两者结合，实现了案件的侦破。这种综合性、协调性是综合性侦查措施的最好体现。

**学习和思考：**

1. 专案侦查措施的适用条件及其组织实施。
2. 并案侦查措施的适用条件及其组织实施。
3. 专项斗争措施的适用条件及其组织实施。
4. 侦查实践中，如何做好侦查措施的综合适用，以达到侦查工作的最佳效果？

### 📖 学习内容

综合性侦查措施，是指侦查机关在侦查破案的过程中，为了有效地打击刑事犯罪活动，根据案件侦查的需要，综合运用多种侦查措施和手段，组织相关侦查力量，实现全方位、多角度、多渠道打击犯罪活动、获取犯罪证据的一种侦查措施。

综合性侦查措施具有集中性、综合性和协调性的特点，在实施过程中要做到统筹安排、统一指挥、集中力量、多方动员，才能达到斗争目的。在实际工作中，常用的综合性侦查措施有专案侦查、并案侦查、专项斗争等。

### 一、专案侦查

（一）专案侦查的概念

专案侦查是指侦查机关针对重、特大刑事案件，根据需要和实践，立为专案来侦办，通过组织专门力量、综合运用各种侦查措施和手段、实行专案专办的一种侦查形式。

侦查工作中，因实施犯罪行为的主体差异及犯罪结果的危害程度不同等因素，可以将刑事案件分为一般刑事案件和重、特大刑事案件，专案侦查就是一种以重、特大刑事案件为目标，采取公密结合的侦查手段，揭露犯罪的专门工作形式。

（二）专案侦查的作用

1. 提高破案率。专案侦查从本质上看是一种集中制的侦查方式，即侦查部门集中优势警力打歼灭战。因此，在组织专案侦查时，需在侦查力量的配备、领导的重视程度、时间与精力的投入和后勤保障等方面保持一定的优势，以及时打击犯罪、有效提高破案率。

2. 强化侦查职能。重、特大刑事案件的社会危害性、影响性大，侦查机关针对其开展专案侦查，实施专案专办，快速破案，不但有利于社会稳定，也是公安机关强化侦查职能的重要表现。

3. 提高侦查水平。专案侦查通过集中优势警力，综合运用各种侦查措施，实现快速侦破重、特大刑事案件，以提高侦查机关打击犯罪的能力和水平。

（三）专案侦查的条件

专案侦查是侦查机关针对重、特大刑事案件开展实施的。

重、特大刑事案件是指造成重大人员伤亡、财产损失或影响恶劣的刑事案件，在《刑法》法条中的标志通常是"危害特别严重""情节特别恶劣""后果特别严重""数额特别巨大"等。在侦查实践中，一般具备下列情形，可视为重、特大刑事案件：

（1）致死或死伤多人并造成恶劣影响的严重暴力犯罪案件；

（2）严重危害公共安全并造成恶劣影响的爆炸、放火、投毒及绑架等案件；

（3）同一地区连续发生的对群众安全感造成较大影响的系列案件；

（4）涉黑涉恶犯罪案件；

（5）犯罪集团案件；

（6）有组织犯罪案件；等等。

符合上述条件或范围的，可以列为专案开展侦查。

（四）专案侦查的组织实施

1. 准备阶段。一是要认真审查专案的立案条件，如审查是否有犯罪事实存在、审查犯罪后果是否严重、案件情况是否复杂、是否需要采取综合的特殊的侦查手段等。二是要根据案件情况抽调专门警力，组成专案组并进行分工。专案组成员一般由案件管辖范围内相应侦查机关的人员组成，必要时，上级侦查机关可以派员协调。因专案组成员涉及部门多、范围广，必须确立统一指挥、领导，专案组指挥、领导机构要根据每个成员的特点、专长对其进行分工，分为各侦查小组，各自负责、分工合作。三是要做好专案组办公场所、办公设备等办公条件的准备工作。

2. 实施阶段。准备工作做好之后，就开始进行案件的侦查工作。实施专案侦查时，具体需做好：根据分工做好负责范围内的调查工作；采取各种侦查措施和手段，做好收集犯罪证据材料、线索材料的工作；制定计划做好抓捕工作；安排力量做好讯问工作；等等。

3. 结束阶段。专案侦查进入结束阶段后，侦查人员应尽快做好案件卷宗的整理和归档工作，对一些复杂的案件，要组织力量反复对证据材料进行审核，确保侦查工作的质量，真正发挥专案侦查的优势作用。

## 二、并案侦查

（一）并案侦查的概念

并案侦查是指侦查机关在侦查破案过程中，将疑似为同一个（伙）作案人实施的若干起刑事案件合并起来开展侦查的一项综合性侦查措施。

并案侦查是侦查机关在与刑事犯罪活动长期作斗争的实践中逐步摸索出来的、针对系列性犯罪行之有效的侦查措施，前提是基于侦查机构正在侦查的若干起刑事案件疑为同一个（伙）作案人实施的这一假设。该假设是经过前期的初步侦查和缜密分析而提出的，且必须在后续的侦查中加以验证。

并案侦查实质上符合专案侦查的一种侦查形式，在具体实施上，并案侦查除具有专案侦查的一般特点外，也有自身的特点，体现为：

1. 系列性。是指犯罪主体的同一性和刑事案件的系列性，即并案侦查主要适用于同一（伙）作案人所实施的系列性刑事案件。

2. 关联性。是指正在侦查的若干起刑事案件之间存在特征的相似性和痕迹物证的关联性。

3. 统一性。是指实施并案侦查能有效突破侦查单个刑事案件的局限性，调动各个业务部门或地区的整体作战功能，并由案件涉及区域的侦查机关联合形成专案组，达到侦查力量的整合和侦查指挥的统一。

4. 综合性。是指各案件情报的集中、共享与侦查措施的综合运用。

（二）并案侦查的作用

并案侦查能把原本分散于单个刑事案件的犯罪信息集中起来，实现各个案件的互通互补和信息共享，利于侦查机关深化对案件的认识，有效整合侦查资源，在侦查实践中具有广泛的应用，是对付常发性、连续性、流窜性犯罪的有效办法。

1. 可以集中更多的案情材料，深化对案件的认识，拓宽侦查途径，提高侦查效率。并案侦查是针对一定时期内相同、相邻或不同地区连续发生的一连串或一系列案件，经初步侦查认为犯罪活动有某些方面的共同特点和内在联系，可能是同一个（伙）人作案而组织实施的。并案侦查中的每一起案件中都有不同程度的暴露，汇集这些信息能为侦查破案提供更多的线索，拓宽侦查途径，利于实施破案，往往会出现破一案带一串、破一串定一方的局面。

2. 可以集中侦查资源，联合组织侦查行动，发挥整体作战功能，提高侦查效益。并案侦查可以根据同一个（伙）人作案涉及的范围和侦查工作的需要，联合多地区、多单位、诸警种统一开展侦查行动，既可以发挥各自的优势，又可以紧密配合，协调一致，形成整体合力，还能节省办案经费，提高侦查效益。

3. 可以认识犯罪活动的特点、规律，加强犯罪预防。并案侦查破获的是同一个（伙）作案人所为的一连串案件，使我们不仅可以认识犯罪活动的特点和规律，还可以分析、研究犯罪得逞的主、客观原因，发现基础工作存在的问题和防范工作中的弊病、漏洞，有针对性地采取各种对策和措施，加强犯罪预防工作。

（三）并案侦查的条件

开展并案侦查首先要判明所串并的案件是否为同一个（伙）作案人所为，要作出正确的判断就必须对每一起案件的基本信息进行仔细、缜密的分析。在侦查实践中，具备下列共同特征的若干起案件，通常可以开展并案侦查：

（1）案件痕迹、物证认定同一或存在内在联系；

（2）犯罪嫌疑人的体貌特征相似或相同；

（3）犯罪时间、地点的选择具有相似性；

（4）作案手段、工具、方法手段、过程及现场伪装方法等具有相似性；

（5）案件的性质和侵犯对象选择具有相似性。

上述五个条件，有的可以直接确定若干起案件是同一个（伙）作案人所为，如案件痕迹、物证的同一认定特征，这是特定的并案条件。有的条件则不能直接确定若干起案件是同一个（伙）作案人所为，而只能推断其可能性的大小，这属于一般并案条件。在确定是否采取并案侦查时，应把若干起案件中所具备的相同条件联系起来进行综合分析，从中找出它们之间的内在联系，客观地作出判断。

（四）并案侦查的组织实施

1. 广泛搜集信息，寻找、发现并案线索。实施并案侦查首先要广泛开辟情报来源，积极发现并案线索，切实把可能是同一个（伙）作案人所为的案件联系起来。同一个（伙）作案人连续、多次实施一种或多种犯罪行为的现象是客观存在的，联系这种现象的并案线索也是客观存在的，关键在于我们要具有强烈的并案意识，积极主动地寻找、发现并案线索。在实践中，主要通过以下途径去发现：

（1）通过侦查破案活动发现并案线索。这是发现并案线索的主要渠道，是以搞好现场勘查和完善个案登记为基础，通过案情分析和痕迹、物证的检验鉴定以及个案的侦查调查等途径，有意识地分析和认识各案件所暴露的不同程度的相同点或相似点，把可能是同一个（伙）作案人所为的不同案件联系起来。这种联系应该是全方位开放性的，既可以就此案联系彼案、现行案件联系以往积案、本地案件联系外地案件，也可以就不同案件的某一方面或某几个方面进行联系。

（2）通过网络犯罪情报资料分析发现并案线索。主要指依托信息网络，通过对案件信息相关内容的查询检索，寻找发生在不同时间、不同区域的同类案件，以达到串并案的目的，提高侦破工作效率。并案的线索既可能存在于本地已发生的案件中，也可能存在于外地已发生的案件中。传统的并案侦查工作，需要通过多种渠道从各个方面搜集并案线索。随着警务信息化程度的提高，侦查人员随时可以通过网络检索到并案的线索，拓宽了并案线索的来源渠道，简化了搜集并案线索的方法，为及时侦破系列性犯罪案件赢得时间。

在实战应用中，要充分利用案件信息中的作案时间、作案地域、作案工具、手段特点、侵害对象、嫌疑人情况等要素，在网上进行查询搜索，寻找相同或相似的案件。当发现一批相同或相似案件后，可通过进一步地比对现场痕迹、物证，并开展必要的查证活动，最终达到并案目的。如通过在公安部门建立的案件信息应用系统中，设置以定性、定量分析相结合的自动串并案功能模块，可为网上串并案工作提供更加快捷的操作应用方法。

（3）从研究犯罪动态中发现并案线索。在研究一个时期犯罪活动的规律、特点、新情况、新动向时，可从发生的一系列案件、流窜作案案件和刑满释放、逃跑人员作案案件中，发现并案线索。发案较多或连续发生系列性案件时，可专门召开会议，由侦查员、技术员交流本地区、单位刑事犯罪活动情况，把各个单位发生的案件集中一起研究，横向对比，从中发现并案线索，还可以印发刑事犯罪情况简报，交流犯罪信息，以便基层单位发现并案线索。

（4）从审查处理中发现并案线索。对拘留、逮捕的犯罪嫌疑人，阵地控制中查获的犯罪嫌疑人，在对他们进行审查处理中，把他们的体貌特征、犯罪活动特点同未破获的案件对照，用他们携带的赃物同未破案件中丢失的物品对照，把他们的指纹同未破获案件的现场指纹对照，也是发现并案线索的途径。

（5）从其他地区犯罪信息中发现并案线索。从各地的通缉、通报中，从与相邻地区召开的联防协作会议中，从各地交流的刑事犯罪活动通报中，以及上级下发的通报中研究发现并案线索。

2. 进行串并案分析，认定并案。发现了并案线索，并不等于这些案件就是同一个（伙）作案人所为。要确定这一点，还必须根据掌握的大量事实材料进行科学的分析、逻辑推理及严格的技术方面的检验鉴定。这实际上就是对若干起案件是否为同一个（伙）作案人作案进行同一认定的过程。组织并案分析，一般可按以下步骤、方法进行：

（1）个案剖析。即对个案及内部诸要素的认识。分析研究个案案情及其各自的基本结构要件，全力找出个案各自所固有的特殊性，特别是犯罪人的个体特征及作案条件。

（2）对有关痕迹、物品进行检验鉴定。即在个案剖析的基础上，运用各种科学技术手段，对各个案中的犯罪痕迹、物品进行检验鉴定，尽可能找出被检验客体的相同点和相异点。

（3）类比分析。即运用比较和类推等思维方法，根据具体的并案条件和各项可比性指标，对若干起案件中犯罪活动的共同点和差异点进行全面系统的分析研究，探寻这些案件犯罪活动共同的一般属性，排除那些具有本质上差异（如并案条件不同）的其他案件。.

（4）综合认定。即在个案剖析、相关痕迹、物证检验鉴定和类比分析的基础上，进行系统、完整、全面的分析研究和综合认定，从而对若干起案件中哪些案件系同一个（伙）犯罪人所为作出符合客观实际的科学的分析判断。

3. 统一组织力量，开展侦查。并案侦查的实施过程实质上就是把并案侦查中涉案的地区、单位、警种进行整体协同和联合作战的过程。从个案信息源中发现并案线索，通过并案分析认定并案，再以认定的并案为对象组织实施侦查，其间经历了一个复杂的认识过程和侦查实践过程。因此，对于已经认定的并案案件的侦查，必须精心组织实施。

（1）明确主办单位或指定主办人，组织专门力量，实行专案专办。这是并案侦查的组织保证，要求涉案地区有关单位指定某一单位为主，协调一定力量，组成专案队伍，实行专案专办。

（2）全面深入分析研究案情，精心设计并案侦查计划，选择最佳破案途径。在主办单位或主办人组织下，集中所有并案案件的案情材料，全面深入地分析研究案情，准确地确定侦查方向、范围，根据侦查计划和各种有利的破案条件，选取各种侦查途径多管齐下或集中优势兵力于最佳侦查途径开展侦查调查。

（3）积极运用各种破案条件，采取各种有针对性的侦查措施与策略，全力寻查侦查线索和犯罪嫌疑人。如根据对犯罪人的分析刻画，开展摸排调查；根据对犯罪活动特点、规律的分析研究，守候抓现行；通过对赃物的查挖，以物找人；等等。

（4）充分而有效地运用各种事实证据，对犯罪人进行细致的审查深挖。由于受诸多因素的影响和客观条件的制约，初步认定的并案案件往往比破案后带破的案件要少。这就要求侦查员在抓获犯罪人后，充分有效地运用各种事实证据，对犯罪人进行深入细致的审查深挖，对犯罪人所作的每一起案件进行反复查证核实，力争挖清余罪，扩大并案侦查战果。

### 三、专项斗争

#### （一）专项斗争的概念

专项斗争，又称"集中打击""严打"，是指在一定的条件下，侦查机关针对某一特定区域内的某一特定犯罪活动而实施的严厉打击犯罪和集中整治社会治安秩序的一项综合性重大侦查措施。

专项斗争是在一定的时间和范围内，集中力量，有针对性地解决某类突出的犯罪活动而采用的一种斗争形式。具体来说，就是在全面深入地研究敌情、社情的基础上，在某些刑事犯罪活动猖獗、治安问题突出的情况下，公安政法机关集中一段时间，在一定地区乃至全国范围内开展集中统一的严厉打击刑事犯罪和专项整治行动，以对犯罪形成强大震慑的综合性侦查措施。专项斗争是继1983年全国开展"三年为期，三个战役"严厉打击严重刑事犯罪的战役行动之后，各地为保持"严打"声威，巩固斗争成果，开展各项专项打击、专项整顿和专项治理，一个一个地解决问题而摸索出来的一条成功经验。实践证明，专项斗争是在新形势下，坚持党委领导、群众路线的优良传统的重大发展，是确保我国社会稳定、人民生活安宁的重要措施，是为国民经济发展提供保障的有力后盾。

#### （二）专项斗争的特征

专项斗争作为一种同刑事犯罪作斗争的综合性重大侦查措施，与其他侦查措施相比，具有如下基本特征：

1. 地位重要。专项斗争既有法制、更有政治的意义，其不仅具有打击功能，更具有保卫、预防、教育、治理等广泛功能；不仅是为了解决社会治安问题，更重要的是为了巩固我们党的执政地位、捍卫人民民主专政、切实维护和促进改革发展稳定的大局，为社会主义改革开放和现代化建设提供有力的保障。

2. 预期目标明确。专项斗争具有政府在整治社会治安秩序方面对公安机关提出的短期目标和要求，以及民众对尽快控制和减少犯罪的强烈愿望。

3. 集中突击行动，针对性强。专项斗争是一种疾风暴雨式的斗争形式，具有突击性，即参战地区、单位和人员，都要把专项斗争作为这一时期的中心任务来抓，集中时间、警力、经费，集中采取查缉和逮捕等措施，针对某些特定犯罪或特定犯罪地区以及突出的治安问题，快攻猛打，力争在短时间内解决问题，达到预期目标。

4. 统一性和联合性。专项斗争的统一性是指对专项斗争认识的统一和行动的统一，专项斗争的联合性是指参战力量的联合和参战区域的联合。

5. 警务工作效率提高，震慑犯罪的效果明显。实践证明，专项斗争是加强侦查工作的一项有效措施，公安机关在开展专项斗争行动期间的工作效率要大大高于日常的警务工作，因而最容易引起政府的重视和民众的关注。另外，在开展专项斗争期间，犯罪分子因受到集中打击行动声势的威慑而减少或中止犯罪，起到了预防犯罪的作用。

（三）专项斗争的实施

组织开展专项斗争，应分阶段进行。专项斗争的实施步骤，需根据专项斗争各个不同时期工作的重点，进行明确、统一的部署。实践中，专项斗争通常可分为：准备阶段、实施阶段和结束阶段。

1. 准备阶段。

准备阶段主要做好如下工作：

（1）建立专项斗争的组织机构。主要指专项斗争的指挥机构和执行机构。指挥机构是专项斗争的决策、指导机关，总指挥由专项斗争组织单位的主要负责人担任。执行机构是专项斗争的实施部门，可分为各实施小组，各司其职，相互配合。

（2）制订专项斗争计划。主要内容有：在分析敌情、社情的基础上，阐明专项斗争的必要，确定专项斗争的任务和指导思想；确定专项斗争的总体时间和各阶段时间；确定专项斗争的值班制度和请示报告制度；等等。

（3）做好案件材料的准备工作。主要是针对已掌握的犯罪嫌疑人和所有的积案进行认真的调查、摸底、核实，有计划地在专项斗争中组织侦破。

（4）关押场所的准备工作。关押场所主要是指看守所和拘留所。准备工作应考虑：场所能否满足专项斗争的需要；警戒力量是否充足；设备是否齐全；等等。

（5）宣传教育准备工作。主要包括：编写宣传提纲、典型案例；选择培养宣传人员，准备宣传用品；联系新闻单位、取得支持协助；等等。

2. 实施阶段。

（1）战前动员。主要是部署战斗任务，讲明组织纪律和注意事项。

（2）组织抓捕。专项斗争开始后，应把工作重点放在抓捕工作上，要集中力量，争取把已经掌握的犯罪嫌疑人抓捕归案，对于逃跑的犯罪嫌疑人，应组织专门力量抓捕。

（3）落实堵截措施。采取巡查堵截和设卡堵截相结合、公开堵截和秘密堵截相结合的方式，按计划迅速布置力量组织堵截。

（4）加强审查工作，扩大战果。一是审查工作要细，对每一个案件、每一个犯罪嫌疑人和在押人员，都要进行审查，以查清案件；二是要抓住有利时机，在羁押场所开展强大的政治攻势，感召、震慑犯罪分子，使他们坦白并检举他人，为侦查破案提供线索。

（5）大造"严打"声势。用轰轰烈烈的宣传教育工作配合专项斗争，广泛取得社会各部门，尤其是宣传部门的支持，发动、号召群众检举揭发，积极配合。同时，通过强大的严打宣传，震慑、瓦解犯罪分子，促使他们投案自首。

3. 结束阶段。

（1）学习总结。专项斗争结束后，应抽出一定时间，组织民警讨论学习，总结专项斗争中的经验教训，写出书面总结。

（2）巩固斗争成果。结合专项斗争，公安机关应抓住有利时机，加强各项基层业务建设，使打、防、建、管等有机地结合起来，以巩固、发展斗争的成果。

（3）做好善后工作。对专项斗争中发现的重大线索，经过查证，符合立案侦查的要立案侦查，属于其他部门管辖的，应移转其他部门处理；对尚不够刑事案件的轻微违法人员，要落实帮教措施；对收缴的赃款、赃物及有关证据，应分别处理。

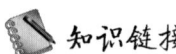 **知识链接**

**一、中共中央、国务院发出《关于开展扫黑除恶专项斗争的通知》**

新华社北京（2018 年）1 月 24 日电　近日，中共中央、国务院发出《关于开展扫黑除恶专项斗争的通知》。《通知》指出，为深入贯彻落实党的十九大部署和习近平总书记重要指示精神，保障人民安居乐业、社会安定有序、国家长治久安，进一步巩固党的执政基础，党中央、国务院决定，在全国开展扫黑除恶专项斗争。

《通知》强调，在全国开展扫黑除恶专项斗争，是以习近平同志为核心的党中央作出的重大决策，事关社会大局稳定和国家长治久安，事关人心向背和基层政权巩固，事关进行伟大斗争、建设伟大工程、推进伟大事业、实现伟大梦想。各地区各部门要进一步提高政治站位，切实增强"四个意识"，充分认识开展扫黑除恶专项斗争的重大意义，切实把思想和行动统一到党中央部署上来，科学谋划、精心组织、周密实施，坚决打赢扫黑除恶专项斗争这场攻坚战。

《通知》明确了这次扫黑除恶专项斗争的总体要求、目标任务。《通知》指出，要全面贯彻党的十九大精神，以习近平新时代中国特色社会主义思想为指导，牢固树立以人民为中心的发展思想，针对当前涉黑涉恶问题新动向，切实把专项治理和系统治理、综合治理、依法治理、源头治理结合起来，把打击黑恶势力犯罪和反腐败、基层"拍蝇"结合起来，把扫黑除恶和加强基层组织建设结合起来，既有力打击震慑黑恶势力犯罪，形成压倒性态势，又有效铲除黑恶势力滋生土壤，形成长效机制，不断增强人民获得感、幸福感、安全感，维护社会和谐稳定，巩固党的执政基础，为决胜全面建成小康社会、夺取新时代中国特色社会主义伟大胜利、实现中华民族伟大复兴的中国梦创造安全稳定的社会环境。《通知》指出，要坚持党的领导、发挥政治优势；坚持人民主体地位、紧紧依靠群众；坚持综合治理、齐抓共管；坚持依法严惩、打早打小；坚持标本兼治、源头治理。

《通知》强调，要聚焦涉黑涉恶问题突出的重点地区、重点行业、重点领域，把打击锋芒始终对准群众反映最强烈、最深恶痛绝的各类黑恶势力违法犯罪。要坚持依法严惩、打早打小、除恶务尽，始终保持对各类黑恶势力违法犯罪的严打高压态势。政法各机关要进一步明确政策法律界限，统一执法思想，加强协调配合，既坚持严厉打击各类黑恶势力违法犯罪，又坚持严格依法办案，确保办案质量和办案效率的统一，确保政治效果、法律效果和社会效果的统一。要严格贯彻宽严相济的刑事政策，对黑社会性质组织犯罪组织者、领导者、骨干成员及其"保护伞"要依法从严惩处，对犯罪情节较轻的其他参加人员要依法从轻、减轻处罚。要依法及时采取查封、扣押、冻结等措施，综合运用追缴、没收、判处财产刑以及行政罚款等多种手段，铲除黑恶势力经济基础。要主动适应以审判为中心的刑事诉讼制度改革，切实把好案件事实关、证据关、程序关和法律适用关，严禁刑讯逼供，防止冤假错案，确保把每一起案件都办成铁案。

《通知》要求，在各级党委领导下，发挥社会治安综合治理优势，推动各部门各司其职、齐抓共管，综合运用各种手段预防和解决黑恶势力违法犯罪突出问题。各有关部门要结合自身职能，主动承担好在扫黑除恶专项斗争中的职责任务，依法行政、依法履职，强化重点行业、重点领域监管，防止行政不作为和乱作为，最大限度挤压黑恶势力滋生空间。各有关部门要将日常执法检查中发现的涉黑涉恶线索及时向公安机关通报，建立健全线索发现移交机制。政法机关对在办案中发现的行业管理漏洞，要及时通报相关部门、提出加强监管和行政执法的建议。

《通知》指出，把扫黑除恶与反腐败斗争和基层"拍蝇"结合起来，深挖黑恶势力"保护伞"。纪检监察机关要将治理党员干部涉黑涉恶问题作为整治群众身边腐败问题的一个重点，纳入执纪监督和巡视巡察工作内容。纪检监察机关和政法各机关建立问题线索快速移送反馈机制，对每起涉黑涉恶违法犯罪案件及时深挖其背后的腐败问题，防止就案办案、就事论事。各级纪检监察机关要将党员干部涉黑涉恶问题作为执纪审查重点，对扫黑除恶专项斗争中发现的"保护伞"问题线索优先处置，发现一起、查处一起，不管涉及谁，都要一查到底、绝不姑息。加大督办力度，把打击"保护伞"与侦办涉黑涉恶案件结合起来，做到同步侦办，尤其要抓住涉黑涉恶和腐败长期、深度交织的案件以及脱贫攻坚领域涉黑涉恶腐败案件重点督办。

《通知》要求，各级党委和政府要将扫黑除恶专项斗争作为一项重大政治任务，摆到工作全局突出位置，列入重要议事日程。各级党委和政府主要负责同志要勇于担当，敢于碰硬，旗帜鲜明支持扫黑除恶工作，为政法机关依法办案和有关部门依法履职、深挖彻查"保护伞"排除阻力、提供有力保障。对涉黑涉恶问题尤其是群众反映强烈的大案要案，要有坚决的态度，无论涉及谁，都要一查到底，特别是要查清其背后的"保护伞"，坚决依法查办，毫不含糊。

《通知》指出，要严格落实社会治安综合治理领导责任制，对涉黑涉恶问题突出的地区、行业、领域，通过通报、约谈、挂牌督办等方式，督促其限期整改。对问题严重、造成恶劣影响的，由纪检监察机关、组织人事部门依法依纪对其第一责任人及其他相关责任人严肃追责，绝不姑息。严格落实行业监管责任，对日常监管不到位，导致黑恶势力滋生蔓延的，要实行责任倒查，严肃问责。

**二、这次"扫黑除恶"专项斗争应知应晓的知识**

1. 这次开展扫黑除恶专项斗争多长时间

这次全国开展的扫黑除恶专项斗争是党中央作出的重大决策部署，自2018年初开始，至2020年底结束，为期三年。

2. 中央开展扫黑除恶专项斗争的重要意义（三个"事关"）

事关社会大局稳定和国家长治久安，事关人心向背和基层政权巩固，事关进行伟大斗争、建设伟大工程、推进伟大事业、实现伟大梦想。

3. 这次开展扫黑除恶专项斗争的形式

把专项治理与系统治理、综合治理、依法治理、源头治理结合起来，把打击黑恶势力犯罪和反腐败、基层"拍蝇"结合起来，把扫黑除恶与加强基层组织建设结合起来。

4. 扫黑除恶专项斗争的总体目标是什么

不断增强人民群众获得感、幸福感、安全感，维护社会和谐稳定，巩固党的执政基础，为决胜全面建成小康社会、夺取新时代中国特色社会主义伟大胜利、实现中华民族伟大复兴的中国梦创造安全稳定的社会环境。

5. 中央扫黑除恶专项斗争的基本原则（五坚持）

坚持党的领导、发挥政治优势；坚持人民主体地位、紧紧依靠群众；坚持综合治理、齐抓共管；坚持依法严惩、打早打小；坚持标本兼治、源头治理。

6. 中央扫黑除恶专项斗争的时间与目标任务

通过三年不懈努力，黑恶势力违法犯罪特别是农村涉黑涉恶问题得到根本遏制，涉黑涉恶治安乱点得到全面整治，重点行业、重点领域管理得到明显加强，人民群众安全感、满意度明显提升；黑恶势力"保护伞"得以铲除，加强基层组织建设的环境明显优化；基层社会治理能力明显提升，涉黑涉恶违法犯罪防范打击长效机制更加健全，扫黑除恶工作法治化、规范化、专业化水平进一步提高。

7. 中央扫黑除恶专项斗争的实施步骤

2018年：严态势，营造人人喊打的氛围。1月进行部署，正式启动。2018年，深入推进扫黑除恶专项斗争，黑恶势力违法犯罪突出问题得到有效遏制，在全社会形成对黑恶势力人人喊打的浓厚氛围。

2019年：攻案件，提升群众满意度。2019年，对尚未攻克的重点案件、重点问题、重点地区集中攻坚，对已侦破的案件循线深挖、逐一见底，彻底铲除黑恶势力赖以滋生的土壤，人民群众安全感、满意度明显提升。

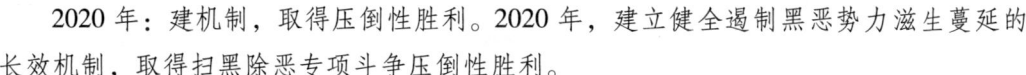

2020 年：建机制，取得压倒性胜利。2020 年，建立健全遏制黑恶势力滋生蔓延的长效机制，取得扫黑除恶专项斗争压倒性胜利。

8. 扫黑除恶重点打击哪十类黑恶势力违法犯罪

（1）威胁政治安全特别是制度安全、政权安全以及向政治领域渗透的黑恶势力；

（2）把持基层政权、操纵破坏基层换届选举、垄断农村资源、侵吞集体资产的黑恶势力；

（3）利用家族、宗族势力横行乡里、称霸一方、欺压残害百姓的"村霸"等恶势力；

（4）在征地、租地、拆迁、工程项目建设等过程中煽动村民闹事、组织策划群体性上访的黑恶势力；

（5）在建筑工程、交通运输、矿产资源等行业、领域，强揽工程、恶意竞标、非法占地、滥开滥采的黑恶势力；

（6）在商贸集市、批发市场、车站机场码头、旅游景区等场所欺行霸市、强买强卖、收保护费的市霸、行霸等黑恶势力；

（7）操纵、经营"黄赌毒"等违法犯罪活动的黑恶势力；

（8）非法高利放贷、暴力讨债的黑恶势力；

（9）插手民间纠纷，充当"地下执法队"的黑恶势力；

（10）境外黑社会入境发展渗透以及跨国跨境的黑恶势力。

9. 如何理解"打一场扫黑除恶人民战争"

最大限度把群众发动起来，打一场扫黑除恶的人民战争。针对人民群众对黑恶势力既恨又怕的心理，要综合运用传统媒体和新媒体，不断壮大正面宣传声势，充分展示党委和政府扫黑除恶的决心和成效，在全社会营造同仇敌忾、人人喊打的浓厚氛围，进一步增强人民群众同黑恶势力作斗争的信心。通过设立举报信箱、开通网上举报平台等形式，提高举报奖励标准，进一步发动人民群众检举揭发黑恶势力违法犯罪线索。确保扫黑除恶专项斗争始终顺应群众意愿、得到人民认可。

10. 黑社会性质的组织的特征

（1）形成较稳定的犯罪组织，人数较多，有明确的组织者、领导者，骨干成员基本固定；

（2）有组织地通过违法犯罪活动或者其他手段获取经济利益，具有一定的经济实力，以支持该组织的活动；

（3）以暴力、威胁或者其他手段，有组织地多次进行违法犯罪活动，为非作恶，欺压、残害群众；

（4）通过实施违法犯罪活动，或者利用国家工作人员的包庇或者纵容，称霸一方，在一定区域或者行业内，形成非法控制或者重大影响，严重破坏经济、社会生活秩序。

技能训练项目

### 一、训练项目

侦查措施综合训练。

### 二、训练目的和要求

本训练的目的是培养学生综合运用所学侦查措施知识，独立完成相关侦查措施的适用、操作能力和独立思考问题、解决问题的思维能力，掌握各类侦查措施适用程序及其实施要点，明确侦查措施的实施依据及所要达到的功效。

为实现上述目的，要求做到以下几点：

（1）本训练要根据实际教学需要进行设计。

（2）侦查措施训练要按照规范的程序进行操作，并做好训练笔录。

（3）各类侦查措施的训练要布置好相适应的场所，做好角色扮演。

（4）结合案例情况，如条件许可，尽量设计相关侦查措施环节并进行训练。

（5）认真讲评。任课教师在各训练小组进行总结的基础上，根据各指导老师发现的问题和建议，结合完成训练作业的质量，认真讲评，以总结经验教训，指出今后注意的问题。

### 三、训练方式

分小组进行训练操作。

### 四、训练器材

1. 现场勘查适用器材；
2. 警用器械：手铐、仿真手枪等；
3. 刀具数把、生活消耗品、其他用作赃物的手机、手表、首饰等的仿真品；
4. 纸、笔、印泥、录音录像设备；
5. 各类侦查手续证明及其文书；等等。

### 五、训练内容

专案侦查、刑事情报、通报、调查询问、搜查、强制措施、侦查讯问等，可根据提供案例进行适当的调整和设计。

### 六、点评与总结

各小组访问结束后，上交相关文书、报告，指导教师批改后，就实验情况进行总结评析。

（一）实验评分标准

1. 组织指挥能力　　　　　　　　　　　　　　　　　　　　　　　　　　　10 分

2. 各类侦查措施训练（情境布置、角色分配、操作规范、文书质量等）　　50 分

3. 案例熟悉和把握程度　　　　　　　　　　　　　　　　　　　　　　　　15 分

4. 案件分析与报告　　　　　　　　　　　　　　　　　　　　　　　　　　15 分

5. 组织纪律性、团结协作精神、爱护教学设备等　　　　　　　　　　　　　10 分

（二）考核评分办法

评分由临场老师和任课教师依据评分标准和训练作业质量评定，首先对各训练小组记集体成绩分数。在集体成绩分数的基础上，再根据各小组成员完成本职工作质量及其表现情况，进行加减记分办法，记个人成绩分数。加减分别不超过 5 分。

## 七、训练案例设计

（一）接报案情况

20××年 12 月 19 日上午 8:40，福州市仓山区公安分局刑警大队接 110 指挥中心通知：有群众报案，在仓山区某地发现一具包在编织袋内的女尸，要求大队派员勘查现场。

（二）现场勘验情况

现场位于仓山区××大道边，从路边到编织袋丢弃的位置有明显的拖拉痕迹。编织袋下部有较大的破裂，可看见一只光脚，一女尸蜷缩在编织袋内。女尸着装整齐，未穿鞋袜，右眼眶青紫，左右颈部均有 2.5×3mm、2.5×1.7mm 大小的表皮脱落，左手中指青紫，右拳紧握，打开后发现指缝中留有几根毛发。编织袋内有一女式提包，内有：钱夹 1 个，内有建行龙卡 1 张、"××阁茶艺居"贵宾卡 1 张、××超市会员卡 1 张、××皮具店贵宾卡 1 张；五元、一元零钱 5 张；化妆品、餐巾纸；等等。编织袋内另有女式皮鞋 1 双，一塑料袋内装有睡衣 1 套及女式内衣。距编织袋约 6 米处的路边有一塑料袋，袋内有 1 张撕去一半的女人照片（与死者较像）、两封信。寄信人为"金×芳"，收信人为"福州市××镇××村 74 号，王××"，寄信时间分别为"20××年 8 月 11 日"和"20××年 10 月 2 日"，信内有较多的错别字。编织袋周围有大量凌乱的脚印。

经法医检验确定，死者，女，1.60 米，着装整齐，颜面轻微青紫伴有散在性出血点，结膜充血；下颌角、口鼻周围有明显的指甲损伤，左右颈部均有 2.5×3mm、2.5×1.7mm 的表皮脱落，左手中指青紫，肩胛骨皮下出血，头部小块血肿。解剖发现尸体颈部甲状基大面积出血，头枕部有出血，应为钝器打击所致。胃内容物为米饭、青菜及少量肉粒，饭后 1 小时左右被害。死亡时间在 26 小时左右。死亡原因为机械性窒息死亡。死者生前 12 小时内无性行为。

（三）现场访问（实训）——对发现人、报案人和现场群众的访问

1. 被访问人杨×光（同学扮演），提供内容：

（1）个人基本情况：男，28岁，务农（其他情况由扮演者设计）。

（2）发现经过：当天上午8时，杨×光到堂兄杨×伦家商量家事，经过××大道时，发现路旁草地上有一较新的编织袋。杨×光走近后看见编织袋下部露出一只光脚，确定是人的脚后，立即打110报案。

（3）杨×光不认识死者，从来没见过，可以肯定不是附近的人。

（4）杨×光住在附近，前一天夜里没有看见可疑的人或听到可疑的声音。

2. 被访问人陈×国（由同学扮演），提供内容：

（1）陈×国，男，26岁，××房地产物业公司××路段保安（其他个人情况由扮演者自行设计）。

（2）每天巡视情况：每天一班4人，轮流从早上5点到晚上11点在该路段巡视。

（3）案发前一天晚上是陈×国巡最后一班，没有发现异常情况，也没看到编织袋。案发当天早上是刘×星值班，具体情况要问他。刘×星上午9点已向队长请假，回老家去了。

（四）刑事立案（专案侦查实训），开展侦查

（五）死者身份调查，刑事情报与通报（实训）

（六）调查访问实训

1. 许××（由同学扮演）。12月19日上午11点，一名叫许××的男青年前往仓山公安分局报案，称其女友失踪，提供情况如下：

（1）个人情况：许××，男，30岁，福建省福安市人，高中文化，在福州××贸易公司负责业务（其他个人基本情况由扮演者设计）。

（2）许××是在今年5月在一次同福安市人的聚会上认识女友吴××。吴××，连江人，23岁，没有工作，以前在福州××夜总会上班，认识许××后，于今年9月与许××同居，许××出差都带上吴××。

（3）12月17日，许××与吴××从浙江温州出发送公司的一批货到福建长乐。17日上午9时许，二人到达福州，在火车站雇了一辆微型货车准备送货到长乐。车开到××街附近时，吴××说头昏，不想去长乐，对许××称下车找住在仓山的女朋友，在朋友家玩玩，下午四五点时再与许××联系。许××到长乐后，中午12点左右吴××还打了电话给他，号码是：3576×××。下午一直未见吴××与其联系。许××不知道吴××在仓山的朋友的名字、住址和联系电话。许××送货到长乐××商场的仓库，由商场的经理钱××来点货，当时因为有一个牌子的号码有点差错，协调了很久，后来又去商场的财务那里结上月的款，一直忙到晚上7点多。许××当晚回福州租的房子住，没见吴××回来。于是同吴××在福州的二嫂联系，二嫂说没看见吴

××。18 日，许××到处找吴××，以为她又跑哪里玩去了，因为以前发生过这样的事，到今天觉得不对劲了，所以来报案。

（4）许××很少认识吴××以前的朋友，吴××偶尔提起，许××也没在意，听起来大多是老乡或以前一起做事的。

（5）没听说吴××与谁有矛盾，只是吴××平时说话、举动比较随便，为此许××还和吴××吵过几次。吴××的二哥吴×丰和二嫂陈×芬在福州，住××新村 16 栋 305 室。

（6）吴××身上有 1500 元钱，是当天到福州后向许××要的。此外，吴××戴有项链、手链和脚链，铂金的，都是许××给她买的，还有一部诺基亚 8210 手机。这次去温州待了半个月，吴××的手机没来得及交费，停机了，所以没有开机，前一天中午的电话就是用公用电话打来的。吴××的手机号码是：1380954×××。

2. 吴××二嫂陈×芬（由同学扮演）提供情况如下：

（1）吴××在家排行老四，上有两个哥哥、一个姐姐。吴××高中没毕业就去工厂打工，1997 年还跑到广东东莞打过一年工，赚的钱不多。

（2）1998 年，吴××在家闲着没事，就到福州找工作，后来同一帮老乡在夜总会上班，认识的人比较杂。经常来往的几个是：

张××，南平人，住在古田路××新村；

林××，连江人，住在王庄，电话是 1370597××××；

陈××，长乐人，住在仓山师大附近；

徐××，浙江人，住在哪里不知道，只在街上碰见过一次。

（3）吴××曾在 2000 年认识一个男人，闽侯人，叫陈×冰，年龄在 35 岁左右，听说是在闽侯做二手车生意的，人长得还蛮帅气的。两个人有一段时间关系密切。后来听说陈×冰有老婆，而且知道他们的事后闹得很厉害，吴××在去年年底就没怎么同他往来了。陈×冰的电话号码不知道，要问问吴××的其他朋友。

（4）今年吴××认识许××后，没有再去夜总会上班，两个人住在一起。吴××带许××来我家玩过两次。我和吴××已经有两个月没见面了，要联系就打她的手机 1380954××××。

（5）个人基本情况及丈夫吴×丰情况由扮演人设计，注意要与许××了解的情况基本一致。

3. 吴××朋友陈××（由同学扮演）提供情况：

（1）我于 12 月 10 日回长乐，为父亲祝寿（生日是 12 月 16 日），至今未到福州，在仓山的房子是租来的（房租 1000 元/月），这一段时间是男友刘××住在那里。12 月 17 日晚 7 时左右，刘××打过电话给我，电话是打到我家楼下的食杂店的公用电话上的（8635××××），说第二天会来长乐。18 日上午 10 点多刘××来到长乐，穿着新买的西装，我问他怎么这身打扮，他说第一次到我家，要穿像样一点，还给了我 500 元，作为我父亲的寿礼。我问他哪里拿的钱，他说是以前一个朋友借他的钱刚还的。

刘××在我家只住了一个晚上就急着回福州，说到以前的老板那里拿欠下的工资。所以 19 号他吃过午饭就坐车走了。

（2）在仓山的住处是今年 8 月才搬来的。吴××来过我这里，因为搬来不长，很多人都没来过。一起在夜总会上班的姐妹会在我以前住处打麻将。刘××同她们也都熟悉。常去的有：

张××，南平人，住在古田路××新村；

吴××，连江人，和男朋友（姓许）住在××花园；

林××，连江人，住在二环路××新村；

王××，霞浦人，住在××小区。

刘××情况：刘××，28 岁，湖北××县人。1999 年随老乡到福州打工。做过油漆、水泥工、推销员、服务员，还替人看过店。前一段时间在一家装修公司做事。老板欠他好几个月的工资，半年多都住在我租的房子里。我回长乐时叫他同我一起走，他说要留在福州找老板要钱好回家过年，实际上是他手上没钱不好意思去我家。刘××平时来往的主要是他的湖北老乡和以前工作过的几个同事，他在福州没什么别的住所。

（3）我回长乐，忘记带充电器，所以手机没开机。刘××知道我家楼下的电话，所以要找我就打那个电话。今天上午林××和我联系，结果你们就把我找到了。

4. 陈××家楼下食杂店老板梁××提供，17 日下午到晚上共有三次电话找陈××，前两次陈××不在，第三次（晚 7 时左右）是陈××接的电话，对方称是从福州打来的，说话声音是个男的。

（七）公开搜查（实训）

结合上述案情，布置搜查现场，安排角色扮演，同时完成人身（刘××）搜查和室内场所（仓山区竹园里出租房）的搜查。在模拟搜查的过程中，布置以下情节：

1. 犯罪嫌疑人不在搜查现场，只有其家属在家。

2. 犯罪嫌疑人突然从外面返回现场。

3. 犯罪嫌疑人在现场，搜查中途其同伙前来。

4. 犯罪嫌疑人在现场，其手机突然有电话打入。

通过以上情节的设计，考查学生对搜查现场的控制和突发事件的应变处置能力。

（八）强制措施（实训）

（九）侦查讯问（实训）

犯罪嫌疑人背景资料：刘××，男，1974 年 2 月 2 日生，初中文化，汉族，湖北省××县××镇××村人。1981～1987 年，在××小学上学；1987～1990 年，在××中学读书；1990～1995 年，在家务农；1995 年 3 月～1998 年，在晋江打工；1998 年 5 月～1999 年 2 月，在汕头打工；1999 年 3 月至今，在福州做工。主要做过油漆工、水泥工、推销员、服务员，还替人看过店。

作案经过：20××年8月至今，刘××一直住在女友陈××租的房子里（仓山区竹园里），在福州打零工。12月10日，陈××回长乐给父亲过生日，刘××一个人住在福州。17日上午11时左右，陈××的一个女朋友叫吴××的来仓山找她，刘××在家。得知陈××已回长乐后，吴××提出在仓山休息，下午等男朋友接她。因刘××与吴××认识且较熟悉，二人在房里聊到中午，刘××到外面买了快餐回来，请吴××吃饭。下午1点多，吴××说坐了很久的车，想休息一下，脱鞋后躺到床上。刘××在外间抽烟。在闲聊中，刘××听吴××讲现在的男朋友是做贸易的，经济条件很好，又见吴××戴着金项链、手链、戒指，认为吴××现在有钱了。刘××这一段时间没找到工作，前一个装修公司的老板还欠他5000多元工资，手头很紧，女朋友父亲过生日，原本邀请了他，但因为没钱，刘××没敢去，春节快到了，回家没钱也不行。刘××想到这些情况，开始萌生抢钱念头，考虑到没人知道吴××来这里，刘××决定先抢钱，不行就把人杀了。

下午近2点，刘××进屋见吴××已睡着，走到床边翻动吴××的包，怕吴××惊醒，遂上前卡吴××的脖子，吴××被卡醒后奋力挣扎，二人搏斗约1分钟，刘××将吴××卡死。刘××拿走吴××的金项链、戒指，发现吴××脚上的脚链，也取了下来，没有找到手链（搏斗中掉到床角）。刘××打开吴××的随身包，取走钱夹里的1650元，诺基亚手机（8210）一部。下午4点，刘××出门，在附近打电话给长乐的女友陈××，没找到陈××。然后在外面的杂货店里买了一个大号编织袋。回房后，刘××将吴××的尸体放进编织袋内，将吴××的随身物品包括鞋袜都扔在里面。刘××出门坐车到××广场站，步行到××路电信营业厅外将手机卖给"二哥"，卖了800元，充电器就随手扔在垃圾箱里。再坐××路车到××路，把金项链和戒指卖给××路的一个打金店，共卖了1500元。脚链没卖，戴在自己脚上，准备钱花完后再卖掉。刘××去××商城买了一套西装，后乘车返回仓山。下车后又给陈××打了个电话，又没找到陈××。刘××在××餐厅吃了晚饭，于19：00多（正在播新闻联播）打电话给陈××，告诉她第二天去长乐。近21：00，刘××再次出来，打电话回老家，电话号码：0713-750××××。23：15，刘××扛上编织袋，拦了一部出租车（红色夏利）往××大桥方向开，本打算抛尸在××大桥下的闽江，后发现江边有人，刘××不敢下车，叫司机从××大桥回师大方向。出租车经仓山区××大道时，刘××在路边下了车，并将编织袋拖进小路，拖至约200米处，外面路上有汽车经过，刘××心虚，将编织袋扔在池塘边后，返回住处。

18日上午，刘××穿着新西装坐车到长乐的女友陈××家，给陈××父亲1000元作寿礼，当天住在陈××家。19日，刘××告诉陈××福州装修公司的老板答应付拖欠的工资，要回福州去拿，中午坐车回福州。刘××打算在福州再待几天，拿回欠的工资就提前回老家。

单 元 五

# 刑事科学技术

## 重点提示

刑事科学技术是综合运用自然科学、社会科学的有关知识和技术，研究各种犯罪中物证的形成与变化规律，运用显现、提取、鉴定等技术方法，揭露和证实犯罪，为侦查、起诉、审判提供线索和证据的专门性技术。刑事科学技术的内容很广，主要包括：刑事摄影技术、痕迹检验技术、文件检验技术、刑事化验技术、法医检验技术、生物物证技术、电子物证检验技术、声像技术等八大类别。刑事科学技术已成为"科技强警"和有效打击犯罪和预防犯罪不可缺少的重要手段。

## 重点问题

刑事科学技术的原理；痕迹检验技术；文件检验技术；刑事化验技术；法医检验技术。

## 学习目标

知识目标：通过本单元学习，了解刑事科学技术的一些基本知识，理解刑事科学技术在侦查破案中的运用和重要作用。

能力目标：培养学生在侦查实践中具体采用刑事科学技术辅助侦查破案的运用能力。

## 项目一　刑事科学技术概述

### 工作任务

随着法制现代化和经济全球化以及科学技术的突飞猛进，中国法制的不断健全和普及，讲证据、重证据、用证据已成为人们的共识。在这种大背景下，刑事科学技术鉴定工作面临许多新情况新问题，犯罪活动日趋科技化、智能化，对诉讼证据质量的要求不断提高，这就要求刑事科学技术人员在数量和质量上都要有显著提高，才能适应当前和未来的刑事犯罪的形势，有力地打击各种犯罪，维护政治稳定和社会治安稳定，为社会主义建设保驾护航。

刑事科学技术所面临的任务极其复杂，所要研究的内容极其广泛。其最主要的任务是服务于侦查破案，揭露和打击一切违法犯罪活动。内容涉及自然科学、社会科学（尤其是法学）、现代科学技术手段和方法及其综合应用。

**学习和思考：**

1. 刑事科学技术的概念与内容。

2. 刑事科学技术的任务。

3. 刑事科学技术的基本原理。

### 一、刑事科学技术的概念

刑事科学技术简称刑事技术，或物证技术，是公安、司法机关依照《刑事诉讼法》的规定，运用现代自然科学技术的理论、方法和手段，收集、分析、检验和鉴定与犯罪活动有关的各种物证材料，为侦查、起诉、审判工作提供线索和证据的专门性技术。

刑事科学技术研究的对象是物证。物证是证据的一大类别，是指能够证明案件事实情况的一切客观存在之物。具体来讲，物证是指能够以其外部特征、物质属性、所处位置以及状态等证明案件事实情况的各种客观存在的物品、物质、痕迹、影像和空间磁场信息等。

物质的表现形式多种多样，案件中需要依据物质材料解决的专门性问题也各式各样，有的需要同一认定、种属认定，有的需要对物质进行定性、定量的分析，有的要求解决有无特定物质成分、有无变造、真伪等问题。因而，研究物质所涉及的学科知识十分广泛，包括物理学（力学、电学、光学等）、化学、遗传学、医学、计算机科学等自然科学。近几十年来，随着生命科学、信息技术等自然科学技术的飞速发展，刑事科学技术领域在研究对象、研究方法以及研究手段等方面都发生了显著的变化，突出的特征是学科研究对象不断拓展，研究手段日趋先进，研究方法更为科学、严谨。

### 二、刑事科学技术的任务

刑事科学技术最主要的任务是为查明案件的事实情况提供线索和科学证据，具体讲是为侦查提供线索，为破案、起诉以及审判提供证据。为实现这一任务，刑事科学技术人员必须根据所掌握的刑事科学技术知识，通过现场发现的痕迹物证找出与案件有关的、有价值的信息。具体任务体现为：

（一）参与现场勘查，获取物证

犯罪现场是犯罪活动的结果，它包含实施犯罪活动的过程、手段等多种信息。现场勘查工作就是要识别、发现、固定、记录、提取客观存在的各种物证信息，这是犯罪现场勘查工作中最为基础的内容。《刑事诉讼法》第 128 条规定："侦查人员对于与犯罪有关的场所、物品、人身、尸体应当进行勘验或者检查。在必要的时候，可以指派或者聘请具有专门知识的人，在侦查人员的主持下进行勘验、检查。"因此，参与现场勘查是刑事科学技术人员的主要任务之一。

（二）分析物证，提供侦查线索

针对现场勘查发现的物证材料，有的需要在现场勘查时同步进行分析，有的则需带回单位进一步分析，还有的需要送交到相关专业实验室进行检测。对物证进行分析，能够发掘出物证材料所包含的各种信息，从而为缩小侦查范围、查明事实真相提供客观依据。

（三）录入信息系统，查询物证数据库

现场勘验、检查工作完成后，侦查人员应当将案件勘查情况录入"全国公安机关现场勘验信息系统"以及各种物证数据库，并开展刑事案件串并工作。现场勘验信息系统不仅是刑事案件现场资料的存储数据库，更是串并案件的有效途径，通过在物证数据库中查询现场提取的各种物证材料，能够快速锁定犯罪嫌疑人，极大地提高侦查工作效率。

（四）对物证进行鉴定，提供破案证据

针对现场提取的物证材料，当获得嫌疑人样本后，刑事科学技术人员则需要开展检验、鉴定工作。《刑事诉讼法》第 146 条规定："为了查明案情，需要解决案件中某些专门性问题的时候，应当指派、聘请有专门知识的人进行鉴定。"实践中，检验鉴定工作主要是解决种属类别、个体识别以及其他专门性的问题，能够达到个体识别的鉴定意见通常都能够起到关键的证据作用。

（五）新技术、新手段、新设备的研发

刑事科学技术是一门综合性的应用学科，需要不断将各种先进自然科学技术手段运用到解决案件的专门性问题之中，持续开展新技术、新手段、新设备的研发也是刑事科学技术领域重要的内容。

### 三、刑事科学技术的内容

世界上万物都可能成为刑事案件中能够证明案件事实的物证，刑事科学技术是针对某一具体类别物证展开研究的，既要研究此类别物证的基本特性、特征、属性，还要研究发现、提取、显现、检验和鉴定技术。根据我国刑事科学技术研究领域的习惯分类方法，刑事科学技术主要包括以下内容：

（一）刑事摄影技术

刑事摄影技术是运用专门的摄影录像方法，记录、固定犯罪现场及相关物证，并对与案件相关客体的影像信息进行处理、检验的专门技术。刑事摄影技术主要包括现场摄影技术、物证摄影技术、录像技术以及图像处理技术。

（二）痕迹检验技术

痕迹检验技术是刑事科学技术主要学科体系之一，是指综合运用痕迹检验的相关理论和方法，研究各种犯罪痕迹的形成与变化规律，以及发现、显现、提取、分析、鉴定犯罪痕迹的方法，进而揭露和证实犯罪，为侦查、起诉、审判提供线索和证据。其主要包括手印、足迹、工具痕迹、枪弹痕迹、交通痕迹、爆炸痕迹和特殊痕迹，以及现场勘查等。

（三）文件检验技术

又称为文检、文书检验，是指运用动力定型、语言、文字学、生理学、心理学、物理学、化学及其他相关科学的理论和方法对诉讼中所涉及的可疑文书物证进行分析、鉴别、借以确定该可疑文书与案件事实的关系及其与一定人的关系的技术科学。其主要包括笔迹鉴定、印刷文件检验、污损文件检验、言语识别和书写时间分析等。

（四）刑事化验技术

刑事化验又称为理化检验，是利用物理的、化学的技术手段，采用仪器分析的方法用计量器具、仪器仪表和测试设备或化学物质和试验方法，对物证进行检验而获取检验结果的检验方法。其主要包括微量物证和毒物分析两大部分。

（五）法医检验技术

法医检验技术是应用医学及其他自然科学的理论与方法，研究并解决立法、侦查、审判实践中涉及的医学问题的一门刑事科学技术。其主要包括法医病理学、法医物证学、法医毒理学、法医人类学、临床法医学，以及命案现场勘查等。

（六）生物物证技术

生物物证是指在经过一定的处理手段之后，能够得到相应的生物个体或群体的特征的一类物证，而该类物证基本都出自生物体。该类物证的一大特点是：均含有能够识别特定个体或群体的物质。其主要研究毛发、皮屑、血液、精液、分泌物、排泄物、部分其他组织等物证。生物物证技术是刑事科学技术体系中新兴的一大门类，是指运用生物学、遗传学、免疫学、分子生物学以及医学等科学的理论与方法，对案件中的各类生物物质进行检验、鉴定的专门技术。

（七）电子物证检验技术

电子物证是一种新型证据形式，广义的电子证据，是指被作为证据研究的、以电子形式表现出来的、能够证明案件相关事实的电子文件。电子物证就是借助电子技术或者电子设备而形成的一切证据，既包括以电子形式存在的材料，也包括其派生物，其特征为：内在实质上的无形性、外在表现形式的多样性、客观真实性和易破坏性。

电子物证检验技术也是刑事科学技术体系中新兴的一大门类，是运用电子技术、信息技术等专门知识，对计算机设备、通讯设备、网络设备、数控设备、视听设备等各种储存介质及所储存的数据进行检验的专门技术。

（八）声像技术

声像技术是指通过画面和音响来表达内在含义的方法，它涉及对语言、音响和画面加工处理，电影胶片制作和电视录像制作等技术。其主要包括刑事图像、物证检验照相、视听资料分析与处理、人像识别等。

刑事科学技术的内容很多，由于篇幅所限，本书只是有选择地对痕迹检验技术、文书检验技术、刑事化验技术和法医检验技术进行介绍。

### 四、刑事科学技术的基本原理

（一）物质交换原理

物质交换原理，又称为"洛卡德物质交换原理"，这一理论最早是 20 世纪初由法国著名侦查学家艾德蒙·洛卡德在其编著的《犯罪侦查学教程》中提出。该原理的基本含义是"任何客体发生接触，就会产生物质交换现象。"这一理论认为，犯罪的过程实际上是一个物质交换的过程，作案人作为一个物质实体在实施犯罪的过程中总是跟各种各样的物质实体发生接触和互换关系。因此，犯罪案件中物质交换是广泛存在的，是犯罪行为的共生体，这是不以人的意志为转移的规律。

这一理论涉及的物质交换是广义上的，可分为两种类型：一是痕迹性物质交换。即人体与物体接触后发生的表面形态的交换。如犯罪现场留下的指纹、足迹、作案工具痕迹以及因搏斗造成的咬痕、抓痕等。二是实物性物质交换，又可分为有形物体的物质交换和无形物体的物质交换。前者包括微观物体的互换和宏观物体的互换，微观物体的互换指在犯罪过程中出现的微粒脱落、微粒粘走，如纤维、生物细胞的转移，宏观物体的互换指作案人遗留物品于现场或者从现场带走物品等；后者主要指不同气体的互换，如有毒气体与无毒气体的互换、刺激性气味的遗留等。

物质交换原理有着深厚的科学基础，它反映了客观事物的因果制约规律，体现了能量转换和物质不灭的定律。这一原理对刑事科学技术有十分重要的指导作用，它是研究微量物证、细致取证的基础。

（二）种属认定原理

种属认定是指具有专门知识和专门检验手段的鉴定人，依据反映形象或客体特征对与案件有关的客体的种属或先后出现的客体的种类是否相同等问题所作出的检验和判断。

种属认定是对遗留痕迹的物体类别或物质的属性所进行的认识活动，有物体种类的认定和物质属性的认定两大类。

人们之所以能够进行种属认定，是因为每一类客体、每一类物质都具有同类客体、同种物质的特征与属性，这些特征与属性同样在一定时期内保持着稳定不变的特性，并能够为人们所认识。同类事物的共同属性是种属认定的依据，正是由于客体具有种属特征的特定性、相对稳定性和反映性，人们才能进行种属认定。

（三）同一认定原理

同一认定是指具有专门知识、经验的人，通过对案件中多次出现的物品、物质或痕迹进行比较、分析，判断其是否来源于同一客体的认识活动。

同一认定是依据客体特征来判断两次或多次出现的客体是否为同一个客体的认识活动。同一认定是人类认识客观事物的一种基本方法，也是人认识客观事物的一种能力。首先，"同一"是表示事物或现象同其自身相等同的范畴，即客体自身与自身的同一。在不同的个体之间，无论两个个体多么相似，他们依然是两个个体。其次，在理解同一认定概念时须明确一点，即同一认定的客体要在人们的认识过程中出现过两次或两次以上。

人们之所以能够进行同一认定，是因为每一客体所具有的特征与其他客体的特征都是有区别的，这些特征在一定时期内保持着稳定不变的特性，并且能够反映出来，为人们所了解与认识。正是由于客体具有个体特征的特定性、相对稳定性和反映性，人们才能进行同一认定。这是同一认定的科学基础。

# 项目二　痕迹检验技术

## 学习情境

19××年5月30日凌晨，××市××区石景山路23号大院2号楼一单元二层3号发生一起特大凶杀案，同住在此的福建××工艺品首饰公司来京工作的8位女青年惨死在刀下，其中1人被杀死在楼下，其余7人被杀死在室内。

经现场勘查，在北卧室床上、南卧室、东南卧室的东南床上铺和下铺、南卧室地面及西南床下铺共发现7具女尸，楼前停着的一辆"面的"车头前也发现1具女尸。屋内门窗完好，翻动不大，死者书包里报纸包的2万余元钱以及包内的手机等贵重物品没被拿走，地面有两种足迹，一是血袜印，一是血拖鞋印。技术人员在房间、楼道共提取了80多处血迹。

技术人员对现场提取的血迹进行DNA检验，确定每一处血迹与受害人之间的关系。对现场留有的血袜印、血拖鞋印进行足迹检验，确定案件是否为同一人所为。检验中发现了几条重要线索：中心现场的两种血足迹和外围袜子和拖鞋的足迹为同一案犯所留；在中心现场发现有一处死者血迹的方向与死者被害前的活动不吻合，所以认为作案人身上可能沾有死者的血迹；同时楼道上发现被害人的血迹，其中一处血迹与其他血迹方向相反，可以证明作案人有来回走动的现象；现场发现了除8名受害者以外第9人的血迹。

根据检验结果，技术人员对犯罪现场进行了重建：作案人先穿着袜子作案，他穿着袜子进屋，杀人时脚上沾满了血迹，由于沾血太多袜子湿滑，他穿上了死者的拖鞋在中心现场和楼道来回走动过，结果鞋上才沾上了6种血迹，楼道里出现了方向不同的受害人的血迹。

犯罪现场重建对侦查方向的确定起了重要作用。经过摸底排查、调查走访抓获了犯罪嫌疑赵××（男，37岁，就住本楼二层的4号，是住在3号的被害女子的邻居）。专案组选取了赵××的足迹样本，经检验，他的足迹与发案现场、楼梯处以及室外滞留的血足迹吻合。经过DNA比对，发现赵××正是出现在现场留有血迹的那第9个人，为破案认定罪犯提供了可靠的证据。

在生物物证和足迹的强力支持下，这起在全国产生重大影响的恶性案件在短短7天内告破。破案后证实，专案组所做出的现场重建，以及作出的一人作案的结论都是准确无误的。随后，在赵××家的厕所、下水道，专案组又收集到被剪碎的手套残片；杀人后丢弃的作案折刀；作案时穿的T恤衫、牛仔短裤等证据。

到此，轰动××城的"5·30"8女被杀案顺利告破，该案是国内利用现场血迹进行现场重建的一起成功案例。

### 📝 工作任务

痕迹检验是刑事科学技术的重要内容之一，是依据法律和有关规定，运用自然科学的知识原理和技术手段，对与案件有关的痕迹进行检验的一种科学技术手段和方法。痕迹检验研究的主要内容是犯罪行为实施后遗留在犯罪现场的各种痕迹，这些痕迹有的能够反映作案活动的过程、手段和方法，有的能够反映作案人的人身特点或使用工具的特征，多数痕迹能够反映造痕客体解除部位的外观形态特征。通过痕迹检验能有效地揭露和证实犯罪事实，鉴别犯罪嫌疑人，为侦查工作提供线索，为破案和诉讼提供证据。

情境案例反映的是一起在生物物证和足迹的支撑下得以破案的典型案例。

**学习和思考：**

1. 痕迹的概念与分类。

2. 现场痕迹的寻找、发现和提取。

3. 痕迹检验的程序。

4. 结合案例和实践，谈谈现场痕迹的分析和鉴定对侦查破案的作用和意义。

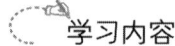学习内容

### 一、痕迹检验与形象痕迹的分类

（一）痕迹与痕迹检验的概念

侦查学中的痕迹通常分为广义痕迹和狭义痕迹。广义痕迹是指由于犯罪行为或与犯罪有关的活动所引起的客观物质环境的一切变化。狭义痕迹是指由于犯罪行为使造痕体与承痕体产生接触或分离作用，在作用部位上出现的形象反映。此中的形象反映是指承痕体上变化的形态与特征，是受造痕体制约的，能反映出造痕体接触部位的外部结构、形态等特点，称之为形象痕迹。痕迹检验中研究的主要是狭义痕迹。

痕迹检验是指运用痕迹检验学的理论和方法，依法对案件中的痕迹进行检验，以确定痕迹与案件事实之间关系的一种专门性技术手段和司法鉴定工作，是刑事科学技术的重要组成部分。

（二）形象痕迹的分类

1. 依据造痕体的类型分类。

（1）人体痕迹。主要包括手印、足迹、指甲痕迹、牙齿痕迹以及唇纹、鼻纹、耳纹、肘纹等以人体为造痕体的痕迹。

（2）器械、物件痕迹。包括工具痕迹、枪弹痕迹、车轮痕迹、纺织品痕迹等以器械、物件等为造痕体的痕迹。

（3）动物痕迹。指各种动物留下的蹄印、爪印、齿印等。

2. 根据承痕客体保留的痕迹状态分类。

（1）立体痕迹。痕迹呈三维方向，有立体感。

（2）平面痕迹。痕迹呈二维方向，无立体感。根据介质的增减情况分为加层平面痕迹和减层平面痕迹。根据色泽不同又可分为有色平面痕迹和无色平面痕迹。

（3）分离痕迹。是指外力作用引起客体的分离，把一体分成若干部分所形成的痕迹。

3. 根据造痕体与承痕体的接触状态分类。

（1）线条状痕迹。是指造痕体与承痕体二者接触点线面连续地发生改变而产生的线条状痕迹，如弹头上的小线纹痕迹。

（2）凹陷状痕迹。是指造痕体与承痕体二者接触点线面不发生改变而产生的凹陷状痕迹，如工具痕迹中的打击痕迹。

### 二、痕迹检验技术在侦查中的作用

痕迹检验技术在刑事侦查工作中的运用十分广泛，其作用可概括如下：

1. 为分析案情提供可靠的材料。通过分析研究犯罪现场上各种痕迹出现的位置、

形态、分布和色泽，以及痕迹形成的时间、过程及与周围环境的关系，可以确定案件的真伪，准确分析判断案情。

2. 能有效缩小侦查范围。通过观察和检验痕迹的种类、数量、大小、位置和形态结构，以及痕迹中反映出来的步法特征、手法特征和习惯特征等人身特点，可以判断作案人数、作案人的生理特征、职业、动作习惯以及所用的器械的种类，为侦查破案提供方向和线索。

3. 为查缉犯罪嫌疑人提供有效手段。通过查对各种痕迹档案，及时并案，查获或查缉犯罪嫌疑人。

4. 为发现、提取、固定痕迹提供可靠的技术保障。利用痕迹检验的各种技术方法和手段，有效地发现、提取和固定犯罪现场上的各种犯罪痕迹，以便于分析、检验并长期保存。

5. 为侦查、起诉、审判提供重要证据。通过对痕迹的检验鉴定，以出具鉴定书的形式为案件的侦查、起诉、审判提供重要证据。

### 三、常见痕迹的寻找、发现和提取

（一）手印

手印是指人手在力的作用下接触客体时所形成的印痕，包括手指头、手指节和手掌的印痕。

1. 现场手印的寻找和发现。在现场勘查中，应重点在现场进出口及其周围的物体、作案人活动的中心、作案工具和现场遗留物、作案人可能接触过的物品等寻找和发现手印。

因手印存留的形式、承载客体的差异、现场环境等因素影响，通常有肉眼观察法、透光观察法、反光法、显现法、仪器法等方法。

2. 潜手印显现的基本方法。潜手印主要包括汗液手印和油质手印等，其显现的方法很多，在实际工作中较常用的方法有粉末显现法、硝酸银显现法、茚三酮显现法、"502"显现法。

3. 手印的提取方法。

（1）照相法。是提取手印的首选方法，在其他方法使用前，要先行拍照提取。

（2）实物法。即提取留有手印的较小客体或部分截取（或拆取）大客体留有手印的部位或部件。提取时，应征得有关方面的同意并办理相关的手续，提取实物。

（3）指纹胶带粘取法。指纹胶带粘取法主要针对经粉末显现后的手印提取，提取时将胶带粘贴在手印上，让胶带和客体充分接触，然后揭起胶带后粘贴在专用的指纹衬底上。

（4）制模法。此法主要适用于立体手印的提取，制模时应先行拍照，后用石膏、硅橡胶等材料制作模型，必要时可以先用灰尘痕迹固定剂固定后再制模。

（二）足迹

足迹是人在站立和行走过程中遗留的鞋印、袜印和赤足印的统称。

1. 现场足迹的寻找和发现。现场进出口、来去路线和守候藏身伺机作案处；作案人活动的中心区域；掩埋尸体和隐藏赃物处；作案人可能踩踏攀登过的物体；等等。

寻找现场足迹，主要利用自然光或人造光源进行观察即可；在粉尘足迹遗留在浅色客体上、利用光线观察效果不佳时，可静电复印后再利用光线进行观察；此外，对于赤足印，可按照寻找发现手印的方法进行。

2. 足迹的提取方法。

（1）照相法。在现场勘查时，任何足迹在采用其他方法提取前都应先行照相提取。

（2）静电复印法。对于遗留在水泥地面、木地板、地砖等相对光洁的客体表面的粉尘足迹，可采用静电复印法提取。

（3）制模法。对于遗留在泥地、沙地、雪地等上的立体足迹，可用石膏等材料制作成模型提取。

（4）原物提取法。当足迹遗留在较小客体上，如纸张、纺织品等上时，可将足迹连同客体一并提取带回。

（5）粘附提取法。对于较清晰的粉尘足迹和经粉末显现的赤足印，可用复写纸或透明胶带粘附提取。

（三）工具痕迹

工具痕迹是指使用工具作用于承受客体，使承受客体的接触部位发生变形而形成的印痕。根据使用工具和破坏方法的差异，工具痕迹通常表现为撬压、打击、擦划、嵌剪、刺切和割削等六种状态。

1. 工具痕迹的寻找和发现。在现场勘查时，应重点在受到破坏的客体上去寻找和发现工具痕迹，如现场进出口处的障碍物、作案人侵害的目的物和防护物以及现场遗留的工具碎片、残渣等。

工具痕迹多属于立体痕迹，且稳定性强，在现场勘查中只要认真仔细，较容易发现。

2. 工具痕迹的提取。

（1）照相法。在现场勘查时，对需要提取的痕迹先行照相固定和提取，是痕迹勘验的基本步骤，工具痕迹的提取也不例外。

（2）提取原物法。提取原物是提取工具痕迹的最佳方法，只有原物才能确保工具痕迹的原始状态和细微特征不受破坏。

（3）制模法。当承载工具痕迹的客体不便或无法提取时，可用硅橡胶、醋酸纤维素薄膜、硬塑料、软塑料或橡皮泥等将其制作成模型提取。

（四）枪弹痕迹

枪弹痕迹是指在枪支射击过程中，遗留在弹头、弹壳和弹着物上的痕迹的总称。

1. 寻找枪弹痕迹的重点部位。

（1）弹头。寻找现场弹头应以弹着点为依据，以射击目标上的弹孔或跳弹痕迹为中心，结合痕迹形态及周围环境等情况进行寻找，必要时可以借助金属探测器找寻。

（2）弹壳。寻找现场弹壳时，应以射击位置为基点，可在 5～10 米左右的半径范围内寻找。对无法确定射击位置的，应分片、分段仔细寻找，也可以借助金属探测器寻找。如果现场未寻找到弹壳，应考虑是否被作案人捡走或还遗留在枪支内。

（3）枪支。如果是自杀、伪装自杀、自伤或走火误伤的情况下，现场一般留有枪支。在凶杀案件现场一般不会留有枪支，但在现场勘查时，也应注意现场周围的河道、水沟、水塘、水井、厕所、垃圾桶等可能隐藏枪支的地方，必要时可借助金属探测器寻找。

2. 枪弹痕迹的提取。

（1）弹头、弹壳的提取。在现场勘查中发现弹头、弹壳，应先拍照，后用物证袋独立、分别包装。提取时，要用非金属镊子夹取。

（2）枪支的提取。现场发现枪支后，先拍照固定。具体提取时，要戴好手套，先检查枪支的保险和装弹情况，然后用脱脂棉醮甘油堵塞枪口，放入物证袋，如果枪支过大无法放入物证袋，可用清洁软性物质包裹后放入有软物衬垫的箱、盒内提取。

（3）射击残留物的提取。射击残留物通常留在弹着痕迹周围以及射击者的手上，有时枪管内壁也可沉积射击残渣。其提取的方法有复印法、粘取法、溶解法、石蜡膜法等。

（五）车辆痕迹

车辆痕迹是指车辆在停放或行驶过程中留下的轮胎和其他部件的痕迹。

勘查过程中应重点在现场外围、作案人来去现场的路线上以及车辆碾轧过的物体发生碰撞处寻找车辆痕迹。

车辆痕迹多为立体痕迹和粉尘痕迹，故发现和提取的方法与足迹相同。对于车辆的脱落物和附着物，经拍照后提取原物即可。

**四、痕迹检验的程序**

（一）预备检验

预备检验主要要做好两项工作：一是拟订检验方案；二是准备好检验材料和器材。

（二）分别检验

分别检验是对现场提取的痕迹与其样本痕迹，分别观察、分析痕迹形成的条件，寻找特征，确定重点检验的痕迹及部位。

（三）比较检验

比较检验则是对现场痕迹和样本痕迹，进行全面的对照与一一对应的观察分析。

比较检验是同一认定的中心，是分别检验的延续，它是将分别检验中从现场痕迹和样本痕迹上寻找的特征联系起来，加以比较，从而进一步弄清两者的特征关系。通过比对，发现两者特征的符合点和差异点，加以综合评断，鉴别异同，进行同一认定。

（四）综合评断

综合评断，是经过比较检验，在找出特征的符合点和差异点之后，从特征数量和质量等方面进行综合论证，确定哪些特征是本质符合，哪些特征是非本质相似，哪些是本质差异，哪些是非本质差异，最后根据特征符合点和差异点的数量和质量，作出认定或否定的意见。在作认定同一的意见时，对存在的非本质差异产生的原因要作出科学的解释。

（五）制作鉴定意见书

参照"司法鉴定文书"课程的内容。

# 项目三　文件检验技术

⭐ 学习情境

19××年10月17日中午，吉林省敦化市××工厂子弟小学学生张××（女，11岁），与另一同学放学回家，行至厂宾馆时，从东墙边过来一人（男，30岁左右，身高170cm左右）招呼张××，交谈几句后，张××被该人领走。张××的父母在家久等孩子未归，遂到学校寻找，方知孩子已被人领走，于是到派出所报案。

在调查中，一位出租车司机反映，案发时间曾有一男子领一女孩乘坐他的车去江东，下车后朝南走了。根据司机提供该男子的体貌特征，女孩的父亲张×秋怀疑此人是市防疫站医师李××。经司机秘密辨认，虽说有些像但认不准。传讯李××时，他虽然精神很紧张，但对绑架矢口否认，因无证据，此案只得暂时作罢。

距发案时间6个月后，即案发次年的4月19日，张×秋在单位突然收到一封信，信中说让张×秋拿35 000元换人，并约定了交钱的时间和地点。以后，又多次打来匿名电话，谈及交钱的时间和地点。虽然被害人家属按照约定办了，公安机关也作了相应部署，但均因阴差阳错，未能在现场抓获犯罪嫌疑人。通过对敲诈信和在现场发现的4张字条用纸的调查发现，19××年市防疫站进过一批这种纸，其中大部分被李××领用，说明此案李××的作案嫌疑仍不能排除。于是，敦化市公安局将有关材料送鉴定机构进行笔迹鉴定。

经检验，送检的敲诈信和4张字条中，除信封和一张字条外，其余物证笔迹均出

213

现运笔抖动、弯曲、笔画间缺乏正常照应关系，书写缓慢、不协调，收笔处存在拖带痕迹，个别字还出现反向运笔。说明信文和 3 张字条虽无字行向右下倾斜，字迹无明显左高右低现象，但笔迹也是左手伪装书写形成的，另一张字条虽非左手书写，但运笔缓慢、笔画僵直，说明也不是正常书写。笔迹上进行伪装，说明作案人害怕暴露自己，反映了作案人距受害人不远，容易进入侦查视线。而这一点，与李××的情况是吻合的。

经过与李××案发前后几年书写的大量笔迹样本进行比较，它们与敲诈信和字条不仅书写水平一致，而且在写法、笔顺、搭配比例和运笔，以及阿拉伯数字和标点符号等特征上均存在数量多、质量高的符合，反映了同一人的书写习惯。据此，委托鉴定机构作出了敲诈信和 4 张字条均是李××所写的鉴定意见，为侦破此案提供了强有力的证据。

### 工作任务

文件是指人们在社会交往中形成和使用的各种书面材料，是以语言、文字、符号、图形方式记录和提供信息的载体。文件检验，是指运用文件检验学的理论、技术和方法，研究各类犯罪案件中的文件物证，确定文件与案件事实、当事人或嫌疑人的关系的一种技术侦查与司法鉴定手段。实践中，一旦文件与违法犯罪发生了联系，则可通过文件检验技术使其充分、正确地发挥作用，为侦查破案和诉讼提供证据。文件检验技术主要包括笔迹检验、印章印文检验、电子打印和静电复印文件检验、污损变造和伪造文件检验、言语识别与声纹鉴定、人相照片鉴定、文件物质材料检验、文件制成时间检验等技术。

情境案例是一起运用笔迹鉴定技术侦查破案的实例。

**学习和思考：**

1. 文件检验的概念和类型。

2. 文件物证的发现、提取及其保存。

3. 文件检验的内容与程序。

4. 结合案例和学习内容，试谈谈文件检验技术在侦查破案中的运用和意义。

### 学习内容

#### 一、文件与文件检验

文件，是指人们在工作、学习、生活等社会活动交往中形成和使用的各种书面材料。包括公务文件、私人文件、货币票证、书报期刊、网络文件以及有文字、图形和言语信息的其他物品等。

文件检验，简称文检，是指运用文件检验学的理论、技术和方法，研究各类犯罪案件中的文件物证，确定文件与案件事实、当事人或嫌疑人的关系的一种技术侦查与司法鉴定手段。

## 二、文件检验的类型

当前，文件检验技术已经形成一门独立体系的课程，根据文件检验所解决的问题差异，文件检验技术主要包括以下几部分内容：

1. 笔迹检验技术；
2. 印章印文检验技术；
3. 电子打印、静电复印文件检验技术；
4. 污损变造、伪造文件检验技术；
5. 言语识别与声纹鉴定技术；
6. 人相照片鉴定技术；
7. 文件物质材料检验技术；
8. 文件制成时间检验技术。

## 三、文件检验技术在侦查中的作用

案件中的文件与犯罪分子的违法犯罪活动有着密切的联系，犯罪分子利用文件作为其实施犯罪的基本手段，或者文件成为违法犯罪活动的直接侵害对象，或者文件表现为案件中的遗留物等。因此，和其他各类刑事技术一样，文件检验技术是侦查工作中的一种技术手段，是为侦查工作服务的，在案件的侦查工作中，文件检验技术具有以下作用：

（一）发现、提取和收集各种文件材料

在现场勘查、搜查和例行检查中，能发现与案件有关的书写文件和印刷文件，各种伪造货币票证，涂改、销毁的账簿、票据、钞票等，为侦破案件提供线索和证据。

（二）确定侦查方向和范围

通过对文件的内容、制作手段、语言风格和表现形式进行分析，可以分析作案人的年龄、文化程度、职业身份、籍贯、性别、种族、精神状态和思想特征等，为案件的侦查确定方向和范围。

（三）对重点对象筛选与鉴别

在案件的侦查中，可以根据有无作案动机、思想基础、作案时间、接触条件等进行全面的摸底排查，同时，也可以借助文检手段，进一步缩小范围，突出重点，把重大嫌疑分子筛选出来。如通过认定作案机具缩小范围，证实作案印刷品的具体出处，证实文件物证的来源，利用录音缩小范围，利用笔迹筛选重点嫌疑人，等等。

（四）确定作案人或排除嫌疑

对于通过侦查而确定的重点嫌疑人，根据物证材料和样本材料的比较鉴别，认定犯罪嫌疑人，为定案工作提供证据，或排除嫌疑人，重新进行侦查。

### 四、案件侦查中文件物证的提取与保存

对于与案件有关或一时难以判明是否与案件有关的文件，侦查人员均应依法提取与保存。在侦查工作中，不同的文件物证有不同的提取与保存的方法。

（一）案件文件提取的程序

提取和扣押案件文件应遵循合法有效、保持原貌、安全保存的原则，其一般程序为：

1. 观察文件的形式与内容，判明其用途，发现其可疑迹象。

2. 分析研究文件与案件的联系。

3. 制作案件文件勘验记录。

（二）几类常见文件的提取与保存

1. 完好的文件。对信件类、票据证件类、视听资料类等完好的文件，应提取原件。对原件要尽可能保持原貌，固定保存。实际工作中一般用透明塑料袋装好后送检，以免损毁。对因某些原因不能提取原件的可采取拍照或复印的方法提取后送检。

2. 直接书写、刻写在非纸张载体上的文件及制成物质。一般采用比例拍照提取，在较平滑物体表面用白灰、木炭、粉笔、泥块等物质书写的文件，可在拍照后用透明胶纸或复写纸粘取。对刻画在瓜果等植物上的文件，在拍照后能提取原物的应提取原物。应当注意，在提取文件的同时，还要提取制作文件的物质材料。

3. 张贴、悬挂的文件及工具。张贴、悬挂的文件一般是事先制作好，然后再张贴或悬挂在现场。此类文件提取前，应先按比例拍照，以固定文件原貌，然后根据承受客体表面的光滑程度、粘贴状况等情况，采用小刀剥离或加湿软化后剥离。对作案时使用的工具（如图钉、铁丝等）、被作案人遗弃的剩余粘贴物及其容器，也要注意提取。对作案人作案时可能触摸文件的部位或留有附着物的部位，切勿触摸，以便提取指纹或其他痕迹。

4. 烧毁、浸湿、破碎、污染的文件。

（1）烧毁文件。对于灰化的文件，由于不能提取原物，只能现场辨认及拍照。对于炭化的文件，先要仔细辨读上面的内容，待拍照后，用塑料板或硬纸板从下方托起，小心地放置在铺有沉淀物的盒内，提取回去交专业人员处理。

（2）浸湿文件。浸湿的文件因水浸而易破碎，若文件展开漂浮在水面，可用塑料板插入下方，然后倾斜着从水中抽出。对于浸湿的纸团，可置于清水中浸透后再剥离、展开，然后自然阴干后保存。

（3）破碎文件。对于破碎、撕毁的文件物证，应将碎片全部收集起来，以便在实验室条件下拼复认读。

（4）污染文件。被污染的文件物证，应用洁净的器皿提取，以备实验室检验。

5. 案件现场的口语、电话等声像文件。收集此类文件，应根据不同案件的特点与需要，分别采取电话录音和直接密录的方法录取，如对绑架勒索、敲诈、骚扰等案件中主动打来电话的录音；在侦查对象的场所安装窃听装置等。在检材上注明录制的时间、地点、案由、侦听人员姓名及送检单位等事项。

6. 各类非正常书写物质制作的文书与材料。对于直接书写在建筑设施上的文件，常采用拍照的方法进行提取，对书写物质或张贴文件的粘合剂等，也要提取，注明提取检材的名称部位、时间、地点，同时为了比对检验的需要，还需要在未留检材的空白承受客体表面刮取表层物质，作为进行物证分析的空白对照物。

7. 涉案的其他物证中出现的各类文件。对涉案的其他物证中出现的文件，如物证上有直接书写或印刷的文件，能提取原物的，尽可能提取原物；不能提取原物的，应及时用拍照的手段将文件提取下来。对各种通信工具中出现的电话号码、图片、短信息等文件，不能及时提取或保全的，应立即用文字记录的方式进行详细记录。对计算机中存储与案件有关的文件，不能提取硬盘的，可用外接移动硬盘进行完整复制，或通过网络传输到别的电脑中。最后，在勘验记录中注明提取文件的时间、地点，文件的名称、数量以及提取人姓名等。

### 五、文件检验的程序

（一）受理检验

在文检部门受理检验时，应办理法定的手续：

1. 查验委托手续。

2. 了解案情，明确检验要求。

3. 审查、验收文件物证材料和样本材料。

4. 填写委托检验和鉴定登记表。

（二）制定检验方案

在开始检验之前，根据送检材料和送检要求，思考检验的途径和方法，制定检验方案。

（三）检验的实施

1. 认真分析文件物证。

2. 认真审核样本材料。

3. 选择检验方法。

4. 综合评断与反复论证。

5. 检验报告和鉴定意见。

（四）复核与再鉴定

为保证鉴定质量，经一名鉴定人检验之后，应由另一名或多名鉴定人进行复核检验，取得一致意见后，方可共同署名出具鉴定书，如委托单位或当事人对鉴定意见提出疑义，可由委托单位提出对原鉴定意见进行复查或重新鉴定，包括会检鉴定。

### 六、文件物证的实验室检验

（一）笔迹检验

笔迹检验的基本方法是同一认定。通过对检材和样本的比较，确定二者的书写习惯是否同一，从而作出认定或否定的结论。

（二）印章印文检验

对案件中的印章印文检验，一般是通过可疑印文与真印章印文样本的比较检验，确定二者是否为同一印章的印文，或通过对多份可疑文件上的印章印文的比较检验，确定它们是否为同一枚印章盖印。印章印文检验可采取测量比较法、拼接比较法、画线比较法、重合比较法和细节特征对照法等，然后考虑相关因素综合评断。印章印文检验的主要任务是，判断伪造印章印文的方法，为确定印章乃至文件的真伪提供依据。

（三）电子打印、静电复印文件检验

电子打印、静电复印文件的检验，是通过对电子打印、静电复印文件物证的分析与研究，比较打印、复印文件所反映的痕迹特征和变化规律，鉴别检材物证使用打印机、复印机的种类、型号，或通过物证打印、复印文件与可疑打印机、复印机的打印、复印样本的比较，对电子打印机、静电复印机进行同一认定，为侦查破案和诉讼提供线索和证据。

（四）污损变造、伪造文件检验

污损变造文件，是指人为地利用各种手段改变原文件的内容及原貌，或受自然条件的影响而被污染、损坏或发生其他变化的文件。污损变造文件检验包括变造文件、不易看清文字的文件和损坏文件的检验。变造文件主要指被消退字迹、添加字迹、擦刮字迹、拼补字迹等情形；不易看清文字的文件主要指掩盖字迹、涂抹字迹、压痕字迹、冲刻字迹、浅淡字迹等情形；损坏文件主要指烧毁、断离、浸泡粘连等情形。污损变造文件检验是运用物理学、化学及其他学科的原理和方法，对各种被污染、损坏和变造的文件进行整复，查明文件记载，以揭露、显示伪造、变造、篡改事实的专门技术手段。

伪造文件，是指作案人为达到其犯罪目的，利用各种技术手段伪造的货币、票据、证件等文件。伪造文件检验包括伪造货币、伪造车船票、伪造发票与税票、伪造身份证与护照等证件、伪造凭等的检验。对伪造文件的检验方法有一般检验、仪器检验和化学检验三种。一般检验是靠人的眼观、耳听、手摸来感觉文件的材质、印刷、水印、颜色等显性防伪特征；仪器检验是利用显微镜、紫外线鉴定仪、红外线鉴定仪、磁性检测仪等仪器来检测文件的荧光、反射磁性等特殊标记；化学检验则是对文件的纸张、油墨成分作定性、定量分析，通常使用气相色谱仪进行检验。

（五）言语识别与声纹鉴定

言语识别是运用语言学、文字学及有关科学技术的知识、原理和方法，对言语材料进行仔细推敲、系统分析，研究言语人的言语特点和规律，并以各类文件物证的言语特征为基础，判断言语人的地域属性或社会属性、个体特征的专门技术手段。言语识别的对象是各类案件中直接和间接同案件事实相联系的言语材料，这些言语材料中包含了言语人的地域特征、时代特征、职业特征等重要信息。

声纹是对语音纹理的描录，是对通过声谱仪显示的、携带言语信息的语音声波图谱的统称，是用仪器描录的因人而异的声波纹，是各种声学特征图谱的集合。简单地说，声纹是将一个人的声音输入语音分析仪，并画出在不同频率范围内声音强度的分布曲线，就可以看到这个人的声纹，这被形象地称为看得见的声音。声纹鉴定就是利用声谱仪对罪犯与被检测人的语音进行分析和鉴定，从而认定是否为同一人的声纹的一种技术手段。

（六）人相照片鉴定

人相照片鉴定是指首先应选择与制备供检验的照片，然后运用同一认定的原理和方法，进行比较检验，最后对相貌的特征进行综合评断，作出相貌是否同一的一种技术手段。

（七）文件物质材料检验

文件物质材料是指制作文件的各种物质材料，包括粘合剂、纸张、色料等。

文件物质材料检验是运用各种物理化手段，通过对文件物质材料的物理化特征、结构形态的定性与定量分析，鉴别其种类、成分，确定与已知样本是否同一的一种技术手段。常用的检验方法有显微分析法、化学分析法、纸色谱法、薄层色谱法和仪器分析法等。

（八）文件制成时间检验

文件制成时间的检验包括字迹书写时间的鉴别和字迹、印文交叠时序的鉴别。如通过对墨水画中硫酸盐的扩散程度、笔画墨水的氧化程度和墨水与纸张的固着程度的鉴别可以对字迹书写时间进行鉴别；通过对笔尖擦压现象、色料覆盖现象、色料的洇散与排斥和色料分布层次的检验可以对印文、字迹交叠时序进行鉴别等。

# 项目四　刑事化验技术

⭐ **学习情境**

20××年12月5日，镇江市丹阳皇塘镇发生了一起特大投毒案件，作案人利用"毒鼠强"在××初级中学食堂厨房内投毒，致100余名学生中毒。

刑事技术人员对现场进行了认真细致的勘验，不仅提取了学生的呕吐物，还多部位、多点处提取了剩余的早点、贮蓄室里加工食品用的食油、食盐、面粉、大米等检材26件。5日下午6:30，经省厅刑事技术部门检验，在呕吐物、剩余的稀饭、灶台提取物里检出含有"毒鼠强"成分。

指挥部召开了案件分析会，对事件的性质、作案的动机、作案的时间、犯罪嫌疑人的刻画、侦查范围进行了分析研究。决定以皇塘镇为中心，在全市以及金坛、武进等邻近乡镇全面开展"毒鼠强"的排查工作。

12月6日，查证组在对毒源深入排查过程中，了解到樊××（男，47岁，金坛河头镇人）、苏××（男，36岁，安徽阜阳人，暂住武进区卜弋镇）两人以前在皇塘集会摆摊卖过"毒鼠强"，立即分赴金坛及武进开展工作。在当地公安机关配合下，迅速找到樊××、苏××两人。经调查，其中樊××反映，案发前，皇塘有人找他买过药。指挥部立即将先期排摸出的一批人员照片提供给查证组，经樊××辨认，其确认半个月前向他买过药的人即是该校的门卫杨××。指挥部经交叉综合分析，确定杨××有重大作案嫌疑。当即组织精干力量，组成强有力的审讯班子对杨××进行突审。

查明案发前半个月，杨××在皇塘集贸市场樊××摊位处事先买好2瓶鼠药，12月2日下午拿到门卫室伺机作案。4日下午6:30杨××接班后，把鼠药放在门卫室旁的配电房旁地面上，5日凌晨1:30许，起床携带鼠药和手电筒，从校食堂后窗翻窗入室，将鼠药投入准备煮稀饭的剩饭中作案的犯罪事实。

📋 **工作任务**

刑事化验技术是刑事科学技术领域中的重要组成部分，是指依据国家的法律和法规，运用化学、物理学等自然科学的原理与方法，对与犯罪活动有关的相关物证，进行发现、采取、检验和鉴定，以揭露和证实犯罪的一门应用技术。侦查实践中主要包括毒物分析和微量物证分析两大部分。通过教学，培养学生系统地了解刑事化验的基本理论、基础知识、基本技能，以胜任司法鉴定技术助理工作。

情境案例揭示的是一起利用毒鼠强下毒的刑事案件，正是通过刑事化验确定了毒鼠强成分，使之成为查案的一个重要途径，并以此为突破口实现了案件的侦破。

**学习和思考：**

1. 毒物与中毒。

2. 中毒分析及其现场检材的提取与保存。

3. 微量物证及其种类。

4. 微量物证的检验方法。

学习内容

## 一、刑事化验的概念

刑事化验是以分析化学的原理为基础理论，运用各种物理和化学检验手段，对刑事案件中的有关物证进行定性、定量分析和比对检验的一项专门技术。按其检验的对象和方法的差异，通常分为毒物分析和微量物证分析两大分支。

## 二、毒物分析

刑事毒物分析是运用分析化学的原理和方法对涉毒案件中的毒品及中毒案件中的毒物及其代谢物进行定性和定量分析的一种科学方法。

（一）毒物与中毒

毒物，是指某种物质小剂量进入生物机体后，通过化学和物理学作用，破坏机体正常生理功能，引起生物机体功能性或器质性损害的化学物质。毒物的概念是相对的，对于很多药物，若用量恰当可以治病，但误用或超剂量服用而扰乱了机体功能就成了毒物。

中毒，是指毒物作用于生物体而引起功能性或器质性变化的疾病状态。中毒量，是指能使机体产生中毒的毒物最小剂量。致死量，是指能使机体产生中毒死亡的毒物最小剂量。根据毒物对人体的致死量，可将毒物分为剧毒、高毒、中等毒、低毒和微毒。

（二）毒物分析的任务与作用

1. 毒物分析的任务。毒物分析的检材成分比较复杂，毒物含量低，且毒物品种多，多为未知物分析，毒物分析的任务主要是：

（1）确定中毒死亡者血、尿等液体或肝、肾、肺、胃等脏器组织检材中含有何种毒物以及毒物的含量；

（2）中毒者血、尿、呕吐物等检材中含有何种毒物以及毒物的含量；

（3）现场收集的可疑物中含有何种毒物以及与中毒者体内检材中毒物是否一致；

（4）可疑毒品的成分及组成。

2. 毒物分析的作用。

（1）有助于确定侦查方向，提供破案线索及缩小侦查范围；

（2）能澄清案件性质，为侦查、审判和证实犯罪提供科学的证据；

（3）能为中毒案件临床抢救提供依据。

### （三）常见毒物及其分类

毒物的种类很多，按物理化性质、分离方法及用途将毒物分为以下几类：

1. 挥发性毒物。此类毒物一般分子量较小，结构简单，具有较大的挥发性。常见的有氰化物、甲醇、乙醇、苯酚、硝基苯、苯胺等。

2. 气体毒物。此类毒物在常温、常压下为气体。常见的有一氧化碳、液化石油气、天然气、硫化氢等。

3. 水溶性毒物。此类毒物主要包括一些易溶于水的物质。常见的有强酸、强碱、亚硝酸盐等。

4. 金属毒物。此类毒物包括一些金属和类金属化合物。常见的有砷、汞、钡、铅、硒、镉、铬等化合物。

5. 不挥发性有机毒物。常见的有催眠安定药，如巴比妥类、吩噻嗪类等；毒品，如苯丙胺类、大麻、鸦片、海洛因、可卡因等；生物碱，如士的宁、马钱子、乌头等。

6. 农药。农药的种类很多，其中大部分为有机农药。常见的有杀虫剂，如有机磷类、氨基甲酸酯类、拟除虫菊酯类等；除草剂，如五氯酚钠、百草枯等；杀鼠剂，如佛乙酰胺、毒鼠强及慢性杀鼠剂羟基香豆素类和茚满二酮类等。

### （四）中毒检材的采取与保存

1. 检材的采取。

（1）一般口服中毒者，可采取全部呕吐物、24 小时内的全部尿液及第一次洗胃液，并采取血液。

（2）对口服中毒死亡者，应采取全部胃及胃内容，以及肝、肾、肺、血、尿等检材。

（3）如怀疑注射投毒者，除采取上述检材外，还应采取注射部位肌肉及相应空白部位肌肉。

（4）对开棺检验的腐败检材，一般采取胃及肝区腐败残渣及腐土和相应的空白土壤。

（5）如怀疑氰化物、一氧化碳、亚硝酸盐中毒，主要采取心血。

（6）对中毒者或中毒死亡者吃剩的食物、药片、药渣及现场提取的可疑注射器、纸片、小瓶等必须采取。

2. 检材的保存。

（1）检材一般用无毒广口塑料瓶盛装，也可用玻璃瓶、食用塑料袋、纸袋盛放，但必须十分洁净。

（2）所有检材不能加入任何防腐剂。

（3）检材装好后，贴上标签，注明死者或中毒者姓名、检材名称及数量、采取日期。送检时每个容器都要封口并加盖印章。

（4）置 -20℃ ~ -10℃冷冻保存。

（五）毒物分析检验方法

进行毒物分析，首先要将毒物从检材中进行分离并且净化。毒物的分离是指将检材中的毒物与杂质分开的过程或共存毒物之间、毒物与代谢物之间分开的过程。净化是指在分离的基础上进一步除去杂质的过程。

将毒物从检材中分离、净化完成后，检验过程主要由初步检验、定性分析和定量分析等部分组成。初步检验是进行颜色、形态、气味、酸碱性的检验，以及灼烧试验和简易化学试验；定性分析主要包括显色反应、显微结晶试验、气相色谱法、薄层色谱法、高效液相色谱法、紫外吸收光谱法、荧光分析、免疫分析和动物实验；定量分析包括比色法和可见分光光度法，紫外分光光度法和荧光分光光度法，原子吸收分光光度法，气相色谱和高效液相色谱法，薄层色谱法以及离子选择电极法。

### 三、微量物证分析

（一）物证与微量物证

物证，是以其自身属性、外部特征或存在状况证明案件真实情况的物质和痕迹。

微量物证，是指能够证明案件真实情况的量小体微的物质。所谓量小体微，除了有质量少、体积小的含义外，有时还有待检成分含量低的含义。如在爆炸现场上提取的泥土量是较大的，但其中残留的炸药量极少，炸药就属于微量物证。

（二）微量物证分析的任务及作用

微量物证分析主要包括物证现场勘查和物证检验两项任务。通过现场勘查获取有关物证，通过检验认定物证检材的种类，比对物证检材与嫌疑样本是否"相同"或"同一"。

微量物证分析，可以判断案件的原始现场，推断犯罪人的职业或生活环境，推测作案工具等，从而为案件的侦破提供线索，缩小侦查范围；通过微量物证分析，还可以提供嫌疑人作案的证据，为法庭审判提供科学的依据。

（三）微量物证的种类及其分类

微量物证的种类繁多，凡人们日常生活中接触、使用的各种物质、物品都可能成为微量物证。

微量物证的分类方法很多，常见的是按其来源分类：

1. 高聚物类。如橡胶、塑料、纤维、涂料等。

2. 文书材料类。如纸张、粘合剂、墨水、油墨等。

3. 炸药及其残留物、射击残留物等。

4. 油类。如矿物油、动植物油、香精油等。

5. 金属、泥土及硅酸盐制品类。如金属、泥土、玻璃、陶瓷、水泥、石灰等。

**（四）微量物证的收集和保存**

对于微量物证，可根据其具体情况，采取适当的方法予以收集和保存。

1. 拍照法。现场发现的任何微量物证，都应当用拍照的方法把它们的原始位置和状态记录下来。

2. 用工具直接采取法。对于附着在载体表面上的微量物证，颗粒较大的可以用镊子夹取，颗粒细小的可以用刷子刷取。

3. 挑、拨、刮取法。当微量物证镶嵌在载体上不能直接采取时，可用针、刀片等工具挑、拨或刮取。

4. 粘取法。当微量物证相当细微并附着在一定载体上时，可以用透明胶纸或醋酸纤维素膜粘取或用棉球擦取，有磁性的可以用磁铁隔纸吸取。

5. 连同载体采取法。当微量物证牢固结合在载体上时，应同载体一同采取。

6. 吸取法。对气体微量物证可采取活性炭等多孔物质将其吸收的方法采取。

在采取微量物证的同时还要采取比对样品和空白样品。采取的各种微量物证必须分别包装并用标签注明，所用工具和器皿必须洁净。

**（五）微量物证检验方法**

微量物证的检验采用初检、提取和净化、显微法和仪器分析法等检验方法。初检借助感官或放大镜、实体显微镜、度数显微镜、厚度计、比重计、天平、硬度计及双波长紫外灯等对物证检材外貌特征进行检验；提取和净化常用柱层析、薄层层析等方法，其中溶剂的选择是至关重要的；显微法是利用放大镜、生物显微镜、偏光显微镜、金相显微镜和电子显微镜等所进行的检验，主要目的是观察微量物证的外部形貌及其内部结构特征；仪器分析法具有选择性强、快速、精度高等特点，是微量物证检验的重要手段，主要利用色谱分析法、原子光谱法、分子光谱法、电化学分析法、质谱法、X 射线荧光光谱法、中子活化分析法和热分析法等仪器分析技术进行分析检测。

# 项目五 法医检验技术

★ 学习情境

20××年 3 月 27 日下午，广东省肇庆市××区××路三巷发现一具用 4 个编织袋包装的全裸成年女性尸体，该巷宽约 5 米，呈东西走向，只有××路一侧的一个出入口可通小汽车，周围为密集型住宅区。从巷口起，北侧依次为××农机公司宿舍一、二栋楼，南侧为8号后座楼、华隆楼。该住宅区仅有2间房屋出租，其余均为正常住户。白天人员来往较多，抛尸位置是众多住房直视所能看见的地方。

装有尸体的编织袋放置于××农机公司宿舍一栋楼旁距巷口约48米的垃圾存放处。2个蓝色编织袋套在一起侧倒于地面，其一侧破裂，露出一人体右足部。旁边有2个红色编织袋，袋口拉链拉开，内空。地面有雨后水迹。距巷口约60米处的华隆楼楼口有一黑色行李车，其拉杆与底座折叠在一起，旁有一条散落的黄色橡胶绳（调查反映该车拉杆最先为竖立状，橡胶绳搭在拉杆上），底座上黏附一小纸条，其上有"至中""9:30"字样，底座下有两个较大的塑料车轮，车轮外周缘沾有湿泥。现场附近没有发现衣物等可疑物品和拖擦等可疑痕迹。

另据调查反映，20××年3月27日中午12:30左右，群众最先发现装有大件物品的红色编织袋位于8号后座楼西北角，最后被人移至垃圾存放处。群众为查看其内盛装何物而取下了外面的2个红色编织袋。

### 包装袋检查

尸体包装袋为2个蓝色方格编织袋，规格为70×65厘米，互相套装，手提袋呈皱褶状，外层袋口敞开，袋内有一件黄色毛背心；内层袋的手提袋交叉打成死结。2个袋均在同一侧破裂，足部从破裂口突出外露。取下外层编织袋后，可见一条白色电视天线捆绑右足部3圈后绕到颈部。解开内层编织袋，见死者为成年女性，全裸，呈抱膝状，头部用一个花白色枕头套套住，在颈部打死结。枕头套散发出浓烈的头油臭气，其上隐约可见一处4×3厘米、不规则形、触之有硬感的可疑斑迹，枕头套内有一白色螺旋纹的大耳环。有一条白色电视天线的一端在左大腿近膝关节处绕一圈打结后，绕经头颈部、背部3圈，使尸体呈现抱膝状。2条天线及其断口均较陈旧，总长10.65米，其外侧突出面有摩擦痕迹，均呈现蓝色改变。左腰背部有一条黑色长裤，臀部附近有一条灰色长裤，会阴、肛门附近有一条白色秋裤。5件衣服均干净、呈折叠状。2个红色编织袋规格为65×60厘米，其手提袋分开呈皱褶状。以上4个编织袋均为新启用的，其上未见明显拖擦痕迹。

### 尸体检验

死者全身赤裸。尸体全长162厘米。尸斑颜色浓重，呈暗红色，主要分布于左腰背部、右腰部、右臀部、左胸腹部外侧、左大腿外侧、右大腿上段外侧等处，并有密集的点状出血，指压不褪；肩胛区、左臀部受压苍白，电视天线捆绑处苍白。全身尸僵缓解。头发散乱，乌黑色，长40厘米。颜面部青紫。文眉、文眼线，双眼结膜片状出血，角膜浑浊。鼻翼、口唇、牙龈、舌头右侧缘损伤出血，两上侧切牙向内翘，磨牙磨损程度为Ⅱ级。耳廓较大，双耳均有2个耳环孔。颈部左右侧、右下颌角下缘有不规则皮下出血。项部有一突起直径0.3厘米的黑痣。两乳房丰满，乳头大。无妊娠纹，阴毛浓密乌黑，分布向两腹股沟延伸，大小阴唇肥大，色素沉着明显，阴道口有较多乳白色液体流出，处女膜陈旧性、完全性破裂，阴蒂系膜、阴道口前上臂破损出血，阴道松弛。大便失禁。两手指紫，指甲长 0.2~0.3 厘米，涂光亮指甲油。右大腿中段内侧、两小腿接近关节处有小片状皮下出血。右足趾背有摩擦痕迹，其上沾附有污泥，双足底足癣病严重，足长 23 厘米，趾甲短齐，涂朱红色指甲油。头部、双上肢、肩胛区、腰部未见明显损伤。头皮下无出血，颅骨、颅内无异常。舌骨、甲状软骨无骨折。颈部深层软组织出血，左乳房下方深层软组织出血。气管腔内有血性泡沫状液体，双肺部明显瘀血，心、肺表面有出血点。食道内有乳糜状液体，胃内容物约50克，可见成形的榨菜及乳糜状液体。膀胱空虚。阴道前后穹隆成紫红色，子宫大小为 9×8 厘米，子宫颈口不平滑，子宫内膜增厚，宫腔内无避孕环等异物，双侧卵巢肿大，呈分泌期改变。

### 实验室检验

提取阴道内容物检出少量精子（5 个/高倍视野）。

### 分析意见

死者个人特征：无名，女性，年龄22岁以上，身材匀称，发黑，长40厘米；尸体全长162厘米。文眉、文眼线，磨牙磨损程度为Ⅱ级。耳廓较大，双耳均有2个耳环孔。乳房丰满，乳头大。无妊娠纹，阴毛浓密乌黑，分布向两腹股沟延伸，大小阴唇肥大，色素沉着明显，处女膜陈旧性、完全性破裂，阴道松弛。指甲长 0.2~0.3 厘米，涂光亮指甲油。双足底足癣病严重，足长 23 厘米，趾甲短齐，涂朱红色指甲油。相貌属北方人，性生活频繁。

死因：尸斑颜色浓，颜面部、指甲床青紫，眼结膜有片状出血，鼻、唇、牙龈、舌损伤出血，颈部皮肤及深层组织出血，气管腔内有血性泡沫状液体，双肺明显瘀血，心、肺表面出血点，说明死者系被捂口鼻和扼压颈部致机械性窒息死亡。

损伤成因：鼻、唇、牙龈、舌损伤符合软物作用所致；颈部损伤符合扼压形成；左乳房外表无损伤，而其下方深层软组织出血，说明该处损伤属软性物体作用所致；右大腿中段内侧、两小腿近踝关节处的小片状皮下出血，属挣扎抵抗中形成；阴蒂系膜、阴道口前上壁破损出血，为软性物体作用所造成。

死亡原因：根据最先尸检发现尸斑已经固定、尸僵缓解、角膜浑浊等情况，死亡时间在首次检验尸体前12小时以上。胃内有成形的榨菜及乳糜状液体，推断死者在餐后两小时左右死亡。

被害状态：从死者鼻、唇、牙龈、舌及颈部损伤看，犯罪分子实施了捂口鼻和扼颈的手段，说明死者在毫无防备的状态下被实施暴力；死者左乳房下方深层软组织、右大腿中段内侧、两小腿近踝关节处有损伤，阴蒂系膜、阴道口前壁破损，结合阴道内检出精子等情况，说明死者有遭受性暴力侵犯的过程。包装尸体的编织袋共用了 4个，尸体被捆绑成抱膝状，还刻意将大腿捆绑连于颈部，显然是为了达到严实的目的，这种包装手法，充分反映出企图远距离遗尸的动机。捆绑尸体的电视天线上沾有编织袋上的蓝色，说明经过了很长时间的互相摩擦，从而说明犯罪分子已经完成了远距离移尸的过程。杀人现场不可能在该市，更不可能在××路三巷内。结合行李车黏附的小纸条反映的有关信息，死者很可能是在珠海被害，后被移尸到该市。从枕头套发出浓烈的头油臭气这一情况分析，该枕头套应是男性所用；使用者平时卫生习惯差，生活层次低。

被害场所具备的条件：2 个蓝色编织袋和 2 个红色编织袋均为新启用，但规格不同。从 2 个蓝色同一侧破裂致右足突出外露、外面用 2 个红袋套住这一现象分析，犯罪分子原先只买了 2 个蓝袋，因包装过程中 2 袋壁破裂导致足部外露，无法外移，故又买来 2 个红袋加固。由此，说明被害场所必须具备短暂停留尸体的条件，如居住人少或出租屋等。根据袋内有 2 件干净、折叠好的女性衣服这一情况分析，被害场所应首先考虑为死者居住之处或与案犯同居之所。另外现场具有旧电视天线。

犯罪分子人数、特征及与死者关系：犯罪分子选择捂口鼻、扼颈的杀人手段，以及采用的包尸手法、移尸方式，明显反映出一个人作案、男人作案的特点；选择这种杀人手段，说明犯罪分子与死者相识、同处；杀人后又移尸，衣物也另作处理，说明其目的是防止辨认出死者身份，切断死者找关系人、嫌疑人这条途径，更说明犯罪分子与死者熟识或常在一起。

杀人原因及动机：死者为具有一定姿色的年轻女性，其右大腿内侧、阴道等部位有损伤，阴道内容物中检出精子，显示此案件有因性侵犯而杀人的现象。但同时，死者所穿衣着、所佩戴饰物、钱财等一直没有发现，故也不能排除凶犯同时存在谋财的可能。然而，也有几种现象不支持此两项判断：其一，阴道内容物检出的精子量少，若作案人没有精子缺少症，死者阴道内的精子则是被害前一天或更长时间之前性生活所留；其二，枕头套若确属男人所用，则现场应该同时具有男女生活用品，被害现场极可能是死者与作案人共同的居所，如果是这样，则劫色、谋财的判断就难以成立。

### 破案结果

经过上述分析后，法医又仔细审阅了照片、录像，复检了尸体、包装物、捆绑物，并进行了现场试验；在此基础上，对此案的有关问题作出了准确地判断。其一，断定尸体来自外市，很可能来自珠江三角洲，尤其是珠海市。其二，判断死者身前是风尘女子或有不良前科，可能被公安机关抓过，存有指纹，并坚定地提出立即将查找死者身份的方向转向珠江三角，尤其珠海市的主张，建议尽快将死者指纹送省厅"指纹系统"查对。结果很快查出，死者系珠海市××镇居民柏××，25 岁，原籍湖南省××县，与珠海市居民关××结婚，19××年曾被治安拘留。于是，及时与珠海市公安局取得联系，获悉，柏××的丈夫关××（劳改释放犯）前几天曾到派出所报案，说其妻子失踪。经过调查、分析，关××有重大犯罪嫌疑。进一步审查后，关××供认了杀害妻子、移尸广州再转抛于肇庆市的全过程。法医的分析、判断将侦查工作引上正确的思路，使一度破案无望的案件迅速告破。[1]

### 工作任务

法医学是一门综合了多种自然科学于一身的应用医学，是刑事科学技术的重要组成部分。随着社会与法律、科学与技术的不断进步与发展，法医学也逐步发展和完善，形成了目前具有完整理论体系、涉及知识领域广泛、拥有诸多分支学科的现代法医学。凡涉及与刑事案件有关的人体、来源于人体的生物学检材的检验均属于法医学的工作范围。法医学具有独特的研究范围、明确的研究对象和一些特殊的研究方法，解决司法实践中遇到的一些问题，如死亡性质与死亡时间的推测、致伤物和损伤机制的推断、损伤程度和伤残程度的评定、个体识别和亲子鉴定等，为侦查、诉讼提供服务。

情境案例是一起应用法医学揭示犯罪进而为侦查破案指明方向和范围，最终实现破案的成功案例。从中体现法医学在侦查破案中的地位和作用。

**学习和思考：**

1. 法医学的概念及其在侦查中的地位。

2. 尸体现象及其法医学意义。

3. 相关刑事案件的法医学死因及其检验。

4. 法医学检验的内容。

### 学习内容

### 一、法医学概述

（一）法医学的概念

法医学是应用医学、生物学、化学和其他自然科学的理论和技术，研究并解决司法实践中有关人身死亡、病理、生理状态等有关医学问题的一门科学。简言之，就是为法律服务的医学。

法医学在司法鉴定中占有重要的地位，随着法学和医学的发展及司法实践的需要，法医学也不断在广度和深度上完善自己的体系，并使其更加科学化，现已形成了比较成熟的法医病理学、临床法医学、法医物证学、法医毒理学、法医齿科学、法医人类学、法医精神病学等分支学科。

---

[1] 陈世贤主编：《命案现场分析》，群众出版社2003年版。

（二）法医学的任务

法医学的任务主要是通过各种检验鉴定，为侦查提供线索，为法庭审判提供科学证据。具体体现为：为揭露犯罪事实真相提供侦查线索；为司法诉讼、审判提供科学证据；为正确处理民事纠纷提供科学依据；为卫生行政机关处理医疗纠纷提供科学依据；为有关部门处理重大中毒事件、伤亡事故、传染病提供科学依据。

（三）法医学在刑事侦查中的地位

1. 法医学是刑事科学技术的重要组成部分，与刑事科学技术的其他学科相辅相成，是勘验各类命案现场必不可少的技术手段。

2. 在人身伤亡案件的侦破或鉴定工作中首先要解决的是死亡原因、案件性质、作案动机、作案时间、致伤凶器、杀人手段等法医学问题，法医技术人员可直接参与分析命案现场、分析案情等刑事侦查工作。

3. 法医学是刑事侦查人员工作中需要掌握的业务基础知识，刑事侦查人员了解和掌握法医学知识，在人身伤亡案件现场能快速地对一些法医学问题作出初步判断，能提高综合分析问题、解决问题的能力。

### 二、死亡与尸体现象

（一）死亡

死亡是新陈代谢的停止，是生命活动的终止。人的个体死亡的传统概念是指呼吸和心跳的停止，并按呼吸和心跳停止的先后而分为呼吸死亡与心脏死亡。随着医学科学的发展，又提出了脑死亡的概念。

法医学上按死因和死亡性质不同，将死亡分为暴力死亡和非暴力死亡。暴力死亡即非自然死亡，是身体受到外来物理的、化学的或其他因素的作用而形成的死亡，按死亡情节和方式不同又分为自杀死、他杀死、意外死、安乐死等。非暴力死亡即自然死亡，是人体内的自然变化或疾病而引起的死亡，又分为生理性死亡（衰老死）和病理性死亡（疾病死）。

（二）尸体现象

人死后，各器官组织和细胞的机能活动逐步停止，尸体在内外因素（物理、化学、生物学等）的作用下，会出现一系列具有相对规律性的变化，尸体的这些变化所呈现出来的征象称之为现象。

尸体现象分为早期和晚期。早期尸体现象是指死后 24 小时内，尸体出现腐败之前所呈现的现象，包括超生反应、肌肉松弛、角膜混浊、皮革样变、尸冷、尸斑、尸僵、尸体痉挛、自溶等。晚期尸体现象是指死亡 24 小时后尸体发生腐败所呈现的现象，包括尸体腐败（外观征象有尸绿、腐败静脉网、尸臭、腐败水汽泡等）、白骨化、木乃伊、霉尸、尸蜡、泥炭鞣尸等。

尸体现象具有重要的法医学意义，表现为：确定死亡；推测死亡时间；推断死亡原因；推断死亡当时的尸体位置、姿势等。

### 三、有关刑事案件的死因检验

**（一）机械性窒息**

人体受到机械性外力作用而引起呼吸功能障碍，称为机械性窒息。由此而引起的死亡称为机械性窒息死亡。

1. 机械性窒息死亡的种类。

（1）缢死。俗称上吊死，它是靠自身重量压迫颈部引起的窒息死亡。

（2）勒死。又称绞死，是指利用肢体力量或借助于其他外力的作用，使环绕颈部的绳索收紧而压迫颈部器官所造成的窒息死亡。

（3）扼死。又称掐死或卡死，是指用手压迫颈部器官所造成的窒息死亡。

（4）溺死。俗称淹死，是指水或其他液体进入并堵塞呼吸道，造成呼吸障碍而引起的窒息死亡。

（5）其他机械性窒息死亡。包括闷死、堵死、压迫胸部所致的窒息死、周围环境缺氧引起的窒息死等。

2. 机械性窒息死亡的尸体征象。一般把机械性窒息死亡的尸体征象分为外表和内部两部分。

（1）尸体外表征象：颜面青紫肿胀，颈静脉怒张；尸斑呈暗紫红色；面部皮肤及眼结膜下有点状出血；有时可见流、精液溢出、大小便失禁；等等。

（2）尸体内部征象：血液呈暗紫红色，流动状；内脏瘀血；脏器的浆膜及黏膜下有点状出血（Tardien 氏斑）；肺气肿或肺水肿；等等。

**（二）机械性损伤**

致伤物或致伤因素作用于机体引起组织结构破坏和（或）功能障碍称为损伤。机械性损伤是指机械性暴力（物体运动时的力）作用于机体所引起的损伤。

1. 机械性损伤的类型。机械性损伤的形成，主要取决于外力、致伤物及受力组织三个基本因素，由于外力作用形式、大小、致伤物的性状及受力组织结构的不同，在人体造成不同形态的组织结构破坏或不同程度的功能障碍，情况十分复杂。根据致伤物的不同，机械性损伤一般分为锐器伤、钝器伤和火器伤三种。

（1）锐器伤。是指利用利刃器械所造成的损伤。锐器是具有刃和（或）尖的器械，分为砍器、切器、刺器和剪刀。通常锐器造成的损伤皮肤都破裂，故称锐器创。锐器创的特点有：形态较规则；创口呈裂隙状；创缘整齐，无表皮剥脱；创角锐，无撕裂现象；创壁平滑；创腔内无组织间桥（创壁间未断的血管、结缔组织）；创底多止于骨组织或与体腔相通。

（2）钝器伤。是指用钝器打击人体组织所形成的损伤。钝器是没有尖和刃的钝性物体，种类繁多。钝器创的特点有：形态不规则；创缘不整齐，常呈细微齿状，伴有擦伤或挫伤；创角圆钝或有撕裂现象；创壁凹凸不平，两侧壁之间常有组织间桥；创腔内有时有泥沙或砖屑等；创底不平整。

（3）火器伤。是指因各种枪弹和爆炸物作用于人体而引起的损伤。枪弹伤具有射入口、射创管、射出口等损伤特征，爆炸伤可见爆炸气浪或冲击波在体表造成的广泛性皮下出血，挫裂伤及不同程度的烧伤等。

2. 机械性损伤的基本形态。机械性损伤的基本形态主要表现为：皮下出血、擦伤（表皮剥脱）、挫伤、创、骨折、内部器官破裂、体腔内出血、肢体断离和脑震荡等。

3. 机械性损伤的法医学鉴定。

（1）确定损伤的类型及损伤机理；

（2）判断损伤的程度，致命伤与非致命伤，确定死亡原因；

（3）推断或认定致伤物；

（4）判断损伤是生前伤还是死后伤；

（5）推断致伤方式或致死方式；

（6）判断致命伤后的行为能力。

（三）猝死

俗称急死，是指过程较短的死亡。分为外因性急死和内因性急死。前者往往因严重损伤、中毒、窒息等引起，已在有关章节叙述。通常所说的急死是指后者，即内因性急死，是指平时似乎健康的人由于体内潜在性疾病或机能障碍而发生突然的意外死亡。

1. 猝死的原因。猝死的发生有内因及诱因。

（1）内因，是指人体内潜在性疾病或机能障碍。引起猝死的疾病，在成年人中以心血管系统疾病占首位，神经系统、呼吸系统疾病次之。儿童以呼吸系统疾病引起猝死占首位。

（2）诱因，引起猝死的诱因主要表现有精神因素、体力活动、外伤和感染、其他（如暴饮暴食、过冷过热、性兴奋、醉酒等）。

2. 猝死检验的法医学意义。

（1）澄清案件性质。猝死案件的发生要注意伪装猝死和疑为他杀的问题。因某些疾病可导致猝死，故可被犯罪嫌疑人利用被害人治疗之机，投毒杀死而伪报猝死；也有将猝死疑为他杀。通过对尸体的检验，可以查清死因，揭露犯罪行为，澄清案件性质。

（2）研究和预防猝死。引起猝死的病因多种多样，其死亡机理也十分复杂，通过猝死的法医学鉴定，可研究猝死的病因及死亡机理，从而达到预防猝死发生的目的。

（四）其他物理性损伤

1. 烧死。法医学上的烧死，是指由火烧造成的死亡。

（1）烧死尸体的特征。主要表现为：尸表有红斑或水泡；呼吸道及肺内有烟灰炭末；心脏及大血管内的血液中含有 Hb - CO；胃及十二指肠内有烟灰炭末；呼吸道内有热烧伤；等等。

（2）烧死尸体的法医学检验。一是确定死因。有的犯罪分子杀人后焚尸灭迹以逃避罪责，因此法医对烧死尸体检验后首先要确定死因，是烧死还是焚尸。二是判断案件性质。烧死案件大部分为灾害，自杀、他杀较少见。

2. 冻死。冻死是指人体受较长时间的低温作用，导致机体热量散失引发体温下降，影响机体代谢及生理功能紊乱而致的死亡。常发生在气温寒冷季节或低温环境中的婴儿、老人、疾病、饥饿、疲劳、醉酒者。

（1）冻死的尸体征象。主要表现为：全身皮肤苍白或粉红，外露机体可见立毛肌收缩呈鸡皮样；有紫红色或紫蓝色的冻伤斑块，有的形成水泡；尸斑呈鲜红色，尸僵发生迟消失慢；胃黏膜下有弥漫性斑点状出血，沿血管排列，颜色暗红或深褐；髂腰肌内可能有小血管充血，有漏出性出血，血管中层细胞呈水泡变性等。

（2）冻伤尸体的法医学检验。在全面进行尸检，的确发现有上述冻伤的尸体征象后，还要结合现场温度湿度的气象资料，方能作出冻伤的结论。冻伤大多为意外灾害事故，但也常见于虐待手段。在对低温环境中的尸体检验鉴定时，要注意排除或识别其他暴力手段杀人后移尸野外伪装冻伤。

3. 电击死。电击死是指电流通过人体而造成的死亡。电流通过人体是否造成死亡，影响因素除电流性质外，还有电压和电阻的大小、电流作用的时间、电流通过人体的途径、电流接触人体情况、人体状态等因素。

（1）电击死的尸体征象。电击死的尸体征象，一般与窒息死者相似，如尸斑呈暗红色，尸僵出现早，眼结膜充血，水肿或点状出血，心内血液呈暗红色且不凝固等，除此之外，还常见有电流斑，皮肤金属化（电镀现象），电流烧伤，等等。

（2）电击死的法医学检验。一是了解电源性质，详细地进行现场勘查；二是确定死因是否是电击死，有没有伪装电击死嫌疑；三是确定死亡性质，是他杀、自杀还是意外；四是对可疑导体与皮肤金属成分进行物理化分析及仪器分析对比；等等。

4. 雷击死。雷击死是指由自然电流（雷电）造成的死亡。由于强大的电流通过心脏或脑干，使生命中枢麻痹而死亡，也可因电休克、严重烧伤或冲击波所致内脏器官损伤而死亡。

雷击死的尸体出现的损伤差异很大，可有广泛的损伤，也可以没有明显的损伤，多数有电流斑、烧伤，甚至炭化，内部征象与一般窒息相似，其主要特征有雷击花纹、衣着及所带金属物品损坏、损伤严重等。

雷击死亡纯属自然灾害，确定雷击死并不困难，但偶有采用其他手段杀人后，伪装雷击死，如发现尸体上损伤与雷击伤和雷击现场不符合的，要仔细研究。

### 四、法医学检验的内容

#### （一）尸体检验

尸体检验是法医学鉴定中最主要的内容，其目的是查明死亡原因、死亡性质、死亡时间；如果是无名尸体或碎尸，要作个人识别；如尸体上有损伤，要判明是生前伤或死后伤，是何种致伤物所形成等。

#### （二）活体检查

活体检查的内容包括：损伤检查；劳动能力鉴定；疾病的检查；性行为与性机能的检查；精神状态的鉴定；诈病诈伤的鉴定和造作病及造作伤的判断；个人识别；等等。

#### （三）物证检验

法医学物证检验，主要是对与案件有关的人体组织和动物组织、体液斑迹及排泄物的检验。常检验的法医学物证有血痕、精斑、毛发、唾液斑、牙齿、骨骼、凶器及DNA 分析鉴定等。法医学物证常由侦查人员提取、包装送交法医物证检验室进行检验。

#### （四）文证审查

法医文证审查常带有复核鉴定的性质，如对原鉴定书或检验报告有怀疑，要求上级法医鉴定部门审查是否正确等。进行文证审查的文字资料常包括与案件有关的鉴定书、尸体或活体检验记录、调查报告、证明书、病历以及各种检验报告等。

 技能训练项目

## 技能训练一　手印捺印

### 一、训练目的

1. 了解捺印手印样本的种类。
2. 掌握捺印的程序与操作方法。

### 二、训练内容

1. 三面捺印。三面捺印是指第一指节的正面和两侧面，即手指第一屈肌褶纹至指尖，两侧至指甲边缘的捺印。

2. 手印捺印。是对手指的正面进行捺印，包括手指和手掌的平面捺印，其目的是核对三面捺印的手指次序与位置是否正确。

### 三、训练要求

1. 油墨均匀、适度。
2. 指纹纹线要清晰、完整、不变形。
3. 用力均匀、稳放稳起、一次完成，不要停顿、挪动、重复。
4. 两人一组，互为捺印人和被捺印人，互相捺取对方的手印样本。

### 四、训练器材

捺印盒；捺印卡（包括十指指纹卡、掌纹捺印卡、单指指纹卡或实验专用的捺印卡）；肥皂、洗涤灵、毛巾等。

### 五、捺印后的处理

1. 在捺印好的指纹卡上，填写上姓名、性别、年龄、身高等项目。
2. 逐个检查捺印样本是否齐全和是否达到了捺印要求。
3. 有缺指、多指、残指等情况时，应加以注明。

### 六、训练注意事项

1. 蘸取油墨时，要用力适中，不要用力太大，否则油墨易灌入小犁沟，捺印出的纹线不清晰。
2. 一次蘸取，不要多次滚取或补取油墨，以免指面上的油墨不均匀，影响捺印效果。
3. 被捺印人的手粗糙、有污垢时，必须用水洗净、擦干后再捺印。
4. 平面捺印要求反映出手指的高低关系，不要一个一个分开捺印，更不要错位捺印。

## 技能训练二　立体足迹提取

### 一、训练目的

掌握石膏提取立体足迹的过程及操作方法。

### 二、训练内容

用石膏粉提取一枚完整足迹。

### 三、训练器材及所需物品

石膏粉、脸盆、骨架、标签、镊子、清水、相机。

## 四、训练方式

分小组进行实训操作。

## 五、训练作业

交一份记录石膏提取立体足迹操作过程的课件。

# 单元六

# 刑事案件侦查

### 重点提示

刑事案件，即刑事犯罪案件，是指公安机关或其他司法机关立案侦查处理的，触犯刑法并需要追究刑事责任的犯罪案件。刑事案件侦查是指公安机关和有侦查权的司法部门，对刑事案件依照法定程序，履行法定手续，组织侦查人员采取侦查措施，运用刑事科学技术手段，收集证据、查明案件、揭露和证实犯罪，抓获犯罪嫌疑人的一项专门工作。刑事案件侦查是同刑事犯罪作斗争的主要形式，在同刑事犯罪斗争中占有重要地位，是刑事侦查工作的中心任务和社会治安综合治理的重要组成部分。依据《刑法》的规定，刑事案件的种类繁多，在侦查实践中，结合刑事案件的危害性、社会影响性及当前社会热点，本书选取了杀人案件侦查、爆炸案件侦查、盗窃案件侦查、抢劫案件侦查、绑架案件侦查、黑社会性质犯罪案件侦查和网络犯罪案件侦查等类型为代表进行介绍，以达到举一反三、触类旁通之效。

### 重点问题

杀人案件的特点及侦查方法；爆炸案件的特点及侦查方法；盗窃案件的特点及侦查方法；抢劫案件的特点及侦查方法；绑架案件的特点及侦查方法；黑社会性质犯罪案件的特点及侦查方法；网络犯罪案件的特点及侦查方法。

### 学习目标

知识目标：通过本单元学习，了解几类常见案件的侦查方法，掌握几类典型刑事案件的特点和侦破方法，培养学生的逻辑思维能力，强化学生侦查破案的思维。

能力目标：通过学习训练，使学生掌握几类常见刑事案件的特点和侦查方法，形成一定的侦查能力。

# 项目一　杀人案件的侦查

### ✦ 学习情境

19××年2月10日下午4点，××市南山区蛇口派出所接群众报案，称在蛇口××大厦三楼卫生间发现一具尸体。接报后，分局刑警队和派出所有关人员立即赶到现场。

现场位于××大厦（××大厦前面不足5米就是大海）三楼楼梯口左侧的卫生间内，这是一间七八平方米的小屋，里面有两个厕所，每个厕所都用高1.5米左右的木板围起来，木板上开有进出的门。其中一个厕所已经废弃多时未用，木板门被钉子钉死。尸体就位于这个废弃的厕所里面。

死者是一个年龄五六岁的小女孩，尸体赤裸，腹部被剖开，肠子流了出来，后脑部的头发被烧焦。尸体已经开始腐烂，散发出一股恶臭。现场遗留有1个蓝色的塑料脸盆、1个塑料玩具马、1个铅笔盒；技术员在墙上提取了1枚残缺的血脚印，系足底前掌部位所留。

死者的身份很快被查清，系住在××大厦二楼的张×顺、秦×琼之女张××（五岁半）。该女在2月2日下午6点左右失踪，其父母遍寻不着，曾到派出所报过警。

法医及技术员对尸体和现场进行了仔细的勘验，在案情分析会上，给侦查员提供了如下意见：

1. 死者死因系窒息死亡，腹部的切口为死后形成；从现场上没有太多的血迹来推断，这是一个杀人后抛尸的第二现场。

2. 死者腹部的切口纵横有数十条，深浅不一。从切口的手法上来分析，案犯手段虽凶残，但作案手法不老练，作案经验不丰富。

经调查得知，张××一家人刚搬来××大厦才一个多月，没和谁结下仇隙，张××父母都是靠卖水果、捡破烂谋生的。

在访问过程中，405房的保姆反映，2月2日上午9点多钟，张××和住在四楼的一个男孩一起曾到405房来玩，10点钟左右他俩一起离开。侦查员随即找到住401房的这个男孩邓××（男，13岁，蛇口某小学六年级学生），邓××也说2月2日上午他同张××一起在405房玩耍，玩耍一阵后就一起出来，他回到自己家，张××则下了楼，之后就没有再见到过她。访问整个大楼的其他人，都说这以后没有再见到过张××。

随着侦查工作的进一步展开，一个个嫌疑人被纳入了侦查视线，但都因脚印、时空、因果关系等方面不符而被一一排除。

一连三天，案情没有取得突破性进展。12日上午，侦查员再次访问三楼的一个群众，据她回忆，2月初的一天晚上（具体时间记不起来），她在现场卫生间的对面水房接水时，发现一个男孩从尸体所在的那个厕所的木板墙上跳了下来，由于当时天黑，她又忙于接水，所以没有注意到那个男孩究竟是谁。

这条线索给了侦查员很大的启发，前几天，大家一直没想到从小孩身上去寻找突破口，从现场尸体处理的手法简单、案犯作案经验不丰富等情况上来看，不能排除小孩作案的可能。又由于死者失踪前最后一个接触的人刚好是小男孩邓××，于是，侦查员开始把目光投向邓××，围绕他展开了进一步调查。技术员立即提取了邓××的脚印样本，与现场上提取的血脚印进行比对，却发现二者特征不太相符。但是技术员没有气馁，他们结合现场情况，让邓××踮起脚尖模拟爬墙动作，再次提取其脚印，终于认定了现场血脚印是邓××右脚掌所留。

经过耐心细致的教育，邓××终于交代了他的犯罪经过。原来邓××的母亲在张××母亲处买水果时，发现老是短斤缺两，于是邓××便对张××一家人怀恨在心，想要教训报复他们。2月2日上午10点左右，他俩一起从405房出来后，邓××将张××骗到自己房内，假装做游戏，将张××手脚捆绑，然后采用绳子勒颈、被子捂嘴的方法将张××杀死。之后才将尸体转移至三楼已坏的厕所内。为了看一下死者的心肠是不是黑的，以及人的内部与外星人的内部是否相同（不久前，邓××看过一本关于外星人内部构造的图书，感到很好奇），又曾先后4次在深夜潜入抛尸现场，用蜡烛烧了死者的头发，用裁纸刀片剖开死者腹部。移尸时，他用剪刀撬开厕所木板门上的钉子，出来时又把它钉上，以后每次进出现场时，都是翻越木板墙，所以尸体很久没有被人发现。

### 工作任务

杀人案件是指故意非法剥夺他人生命的犯罪案件。杀人案件虽然在刑事案件中所占比例不大，但由于直接危害人们的生命安全，同时还伴随有盗窃、抢劫、强奸、放火、走私、贩毒等多种犯罪，所以，杀人案件危害大、影响坏、后果严重。在我国，杀人案件历来是侦查破案的重点，为维护社会治安、保障人民生命财产安全，对杀人案件一定要全力侦查，运用侦查措施和手段，及时获取犯罪证据，尽快捕获犯罪嫌疑人。

**学习和思考：**

1. 杀人案件及其特点。

2. 杀人案件的侦查方法。

### 学习内容

#### 一、杀人案件的定义

刑事侦查中的杀人案件，主要是指故意非法剥夺他人生命的犯罪案件，具体而言是指犯罪人具有非法剥夺他人生命的故意，使用器械器物等暴力方法或其他方法，非法致人死亡、伤残的犯罪案件。杀人案件有两个重要特征：一是故意，即行为人主观上有剥夺他人生命的目的；二是非法，即剥夺他人生命的行为违反了有关的法律规定。

### 二、杀人案件的特点

杀人案件种类繁多，情况复杂多样，但总的来说一般都具有下列特点：

（一）犯罪人在实施杀人行为前多有预谋准备过程

杀人是侵犯人身权利最为严重的犯罪行为，我国《刑法》对其明确规定了较为严厉的刑罚，除了少部分的犯罪人是基于激情犯罪以外，为了能顺利实施违法犯罪行为，在实现犯罪目的的同时又能逃避法律的严惩，绝大多数人在实施犯罪行为前都具有周密的预谋准备过程。一般杀人案件的预谋过程主要表现为：选择犯罪时机；选择接近被害人的方式；策划杀人的手段、方法；准备杀人工具；确定作案行为以后的逃跑路线和凶器、血衣、尸体处理办法。

犯罪人的这一杀人预谋活动必然会与有关的人、事、物发生联系，在群众中留下一定印象及物品上反映出明显的有过预谋活动的特征，这些都可以为分析案情和采取侦查行动提供依据，为查找犯罪嫌疑人提供线索。犯罪人在预谋过程中的各种表现，一方面可能增加侦破的难度，另一方面却更容易暴露自己。

（二）有尸体或伤残者存在

在杀人案件中，一般都会存在被害人尸体以及尸体上的伤痕。在侦查的实务中，无论犯罪人采取何种方式对尸体进行毁损，都很难将被害人的尸体完全处理掉。而杀人现场大多数是在发现被害人尸体或伤残者之后才被发现的。被害人尸体是确认犯罪事实存在的重要依据，在侦查的最初阶段一般都有伤痕和尸体可供检验。

（三）现场上遗留的痕迹物证较多

犯罪人在预谋杀人、实施杀人和处理尸体的过程中，可能会涉及多个地点、在现场接触到多种物品，所以现场遗留的痕迹和其他物证较多，比如血迹、毛发、人体组织、衣物碎片、随身物品、杀人工具、搏斗痕迹、手印、脚印、车辆印痕等，可以为案件的侦破提供重要的线索。

（四）犯罪人与被害人之间一般有因果关系可循

多数杀人案件犯罪人与被害人之间事前就存在某种利害关系或矛盾冲突，犯罪分子明知杀人犯罪会被处以重刑，还以身试法实施杀人，大多是自身利益被损害到一定程度而激化的结果。这种因果关系反映到杀人动机上表现为：报复杀人，图财害命杀人，杀人灭口，婚姻家庭纠纷杀人，等等。通过对这些杀人原因的分析，由此可以确定侦查线索，侦查途径，侦查突破口，等等。

故此，对于杀人案件而言，我们也就可以通过它的这些特点来展开案件的侦查。

### 三、杀人案件的分类

杀人案件的犯罪构成因素因案而异，因此杀人案件种类繁多，情况也比较复杂。

1. 依杀人动机不同，可分为仇杀案件、财杀案件、情杀案件、家庭纠纷杀人案件、强奸杀人案件等。

2. 依据杀人方法及所用凶器不同，可分为持枪杀人案件、爆炸杀人案件、纵火杀人案件、投毒杀人案件、驾车杀人案件、毒气煤气杀人案件、刀斧棍棒绳索杀人案件等。

3. 依据死者身源状况和尸体状态，可以分为知名尸体案件和不知名尸体案件。

### 四、杀人案件的侦查方法

大多数杀人案件的侦查都是从现场勘查开始，通过现场勘查全面了解案情，并通过进一步地分析案情、解析案情重点，来选择合适的侦查途径，最终使该案水落石出。

#### (一) 杀人案件的现场勘查

杀人案件的现场勘查主要是从检验尸体、血迹、痕迹、物证等方面入手，从而为进一步的侦查打下基础。

1. 对尸体进行外表检查，初步判断死因。首先静观尸体的状况及其与周围环境的关系。其次对尸体外表进行检验。尸表检验采取由外及里，从上而下的顺序进行。观察尸体的外表形态，是仰卧、俯卧，还是侧卧，呈什么姿势，判断死亡时间、死亡原因、至死方法等，还需判断尸体的身高、性别、年龄、发型，有无特定的特征等；观察伤口形态，伤口有多少，伤口在身体什么位置，伤口深度、大小，伤口的种类，伤口与伤口之间的相互关系，是否有什么别的伤口等；观察外部衣着，如衣服的数量、质量、颜色、式样、新旧、产地，有无撕裂损伤，衣物的损伤与尸体的损伤是否一致，衣服的大小是否合适，衣服上的附着物、随身物品等。还要注意检验尸体现象，尸温、尸斑、尸僵、腐败、角膜混浊程度等；检验尸体各部的特殊标志，尤其注意对尸体头发内、鼻孔、耳道、口腔以及指甲内的检查，女尸还应检验有无被奸迹象。如经过尸体外表检验尚不能足以判明死因和死亡性质，还应按照有关规定由法医进行尸体解剖检验。

2. 发现和分析现场血迹。大多数杀人案件的现场都会留有形态及数量不同的血迹，如滴落血迹、喷洒血迹、流经血迹、擦拭血迹、血泊等。对现场血迹的查找，对于分析案情具有重要的意义。寻找室内血迹时，要注意查看墙壁、地板、被褥、凶器、盥洗用具等，在室外查找血迹则需要重点查看尸体附近的石头、花草、树叶等物的表面。分析现场血迹，要注意研究现场血迹的分布状况、血痕类型、血流量、血痕颜色等特点，对于血量较少或者腐败变色严重，肉眼观察不能辨别的情形，侦查人员可以借助不同角度、不同波段的光照或用紫外线、显微镜观察发现。

3. 遗留在现场的痕迹、物品的勘查检验。案件现场往往遗留有大量的痕迹物品，这些痕迹物品很可能成为日后破案的重要证据。对于杀人案件，凶器的寻找是非常关键的，如垃圾桶、水井、水道、厕所、河沟、草丛等地方一定要重点搜查。若从尸体附近的处所发现致伤工具，对工具上粘附的毛发、血迹、人体组织等物要仔细研究和妥善提取保存。对于现场所遗留的衣帽、鞋袜、手帕、手套、烟头、包装物、捆绑物等，要认真审查其与案件的关系。要从犯罪人作案过程中可能接触过的客体和到过的部位发现并提取手印、足迹、枪弹痕迹、交通运输工具等痕迹，发现痕迹中暗藏的犯罪信息。

4. 发现与研究现场上的反常现象。一般情况下，犯罪人在杀人过后为了掩人耳目、隐藏犯罪事实，会伪装杀人现场，并将尸体移到其他地方，为此侦查人员在侦破杀人案件的过程中就必须分析判断，发现尸体的地点是否为杀人现场，该现场是否有伪装的痕迹。如果是第一现场，则要研究尸体的位置和姿势是否与现场周围的物品、痕迹相吻合，进而推断死者是怎样被害的。如果发现尸体的地方不是第一现场，那么侦查人员就应该在勘验尸体地点时，根据现场上留下的痕迹，以及尸体上附着物质来判断犯罪人的作案方法、作案工具、通过什么途径移尸，以便查找杀人的第一现场。对于那些杀人后制造假象，将现场伪装成自杀、不幸遇难、猝死或者杀人后分尸、焚尸的案件，这些犯罪活动由于违反常理，现场上必然出现一些反常现象，侦查人员一定要重视。

（二）杀人案件的案情分析

杀人案件的案情分析必须以现场勘查、尸体检验的材料为依据，只有正确分析判断案情，才能确定最佳的侦查途径并及时破案。

1. 对杀人案件中被害人死亡的原因及性质的分析。查明死亡原因是正确判定案件性质的前提。确定死亡原因主要根据尸体外表检验和尸体解剖检验所获得的资料，同时结合现场特点和死者个人情况进行分析判断。而死亡原因的查明有助于进一步判定死亡的性质。死亡的性质一般有四种，即病死、意外事故、自杀死亡和他杀死亡，其中他杀死亡又分为暴力性死亡与非暴力性死亡两类。只有他杀死亡才需立案侦查。在判断死亡性质过程中，主要应研究犯罪人的杀人动机，杀人动机不同，杀人案件的性质也就不同，那么以杀人案件的性质作为主要依据的侦查途径的选择也会有所不同。侦查实践中，常常会遇到非常狡猾的作案人，他们行凶过后善于伪装命案现场，所以，在现场勘查后，必须从错综复杂的现场情况中，排除假象，认清事实，准确判定事件性质。

2. 对实施杀人情况的分析判断。主要从杀人时间、杀人地点、杀人的手段和方法以及杀人的过程等方面进行分析判断。

杀人时间是指犯罪人从开始实施杀人犯罪到杀人犯罪行为结束所持续的这段时间，它不等同于被害人死亡时间。在侦查实践中，可以通过被害人死亡时间推断杀人时间，也可以根据现场上能表明时间的痕迹、物品推断杀人时间，还可以根据被害人家属和群众提供的情况推断杀人时间以及根据现场所处环境和现场附近群众的活动规律推断杀人时间。

杀人地点是指犯罪人实施杀人的场所。分析杀人地点主要解决发现尸体的地点是否为杀人现场这一问题。具体而言，杀人地点可以通过尸体检验情况进行分析，或根据尸体上的附着物或尸体附近的异常物质进行分析，也可以根据现场上遗留的痕迹物品进行分析。

杀人的手段和方法是指犯罪人实施杀人所使用的工具、凶器、药物、计谋和杀人具体行为方式的总称。对杀人手段和方法的分析，主要依据的是现场尸体检验和现场勘验的情况，通过研究遗留在现场的可疑器械物品和其他物证来确定。如果现场留有可疑器械物品，要先查明是否为案犯所留，再根据尸体伤痕特点，分析是否为该物所形成，从而确定凶器。如果现场留有被害人的食物、呕吐物或者排泄物，侦查人员则可以通过对这些物品的化验进而推断杀人手段和方法。另外，有的案件必须把死亡原因和现场所处的环境和条件结合起来进行分析，才能判明犯罪人的杀人手段和方法，如推人坠崖、推人入水的杀人案件。

杀人过程是指犯罪人实施杀人行为的过程，其内容包括实施杀人前的预伏，进入现场的部位和方式，接近被害人的方式和在现场上活动的先后顺序，处置尸体和逃离现场的手段、方法。主要可以根据现场情况判断犯罪人进入现场的部位和方法；根据现场中心犯罪对象所呈现的种种现象，判明实施犯罪的顺序；根据现场中心的遗留物品和其他迹象判明犯罪人实施杀人后的活动情况；根据现场外围的痕迹物品判明犯罪人逃离现场的方向和路线。

3. 对犯罪人的情况分析。杀人案件的犯罪嫌疑人条件是指犯罪人实施杀人犯罪活动应当具备的一系列主客观条件和人身特点。主要包括对犯罪人数的分析；对实施犯罪必须具备的主、客观条件的分析；对犯罪人人身形象的分析；对犯罪人其他个人特征的分析；等等。

（1）对犯罪人数的分析。根据被害人的多少，犯罪人在现场遗留的手印、足迹，损失财物的数量、重量和体积，移尸的方式、路程等方面，可以判明是一人或几人犯罪。

（2）对犯罪人实施犯罪应具备的主、客观条件的分析。其中包括犯罪人的思想基础、作风、行为能力，犯罪人应当具备的时空条件、特殊技能条件、进出现场和接近被害人的条件，犯罪人与犯罪的关系，犯罪人与被害人的关系，犯罪人移尸、碎尸应具备的条件。

（3）对犯罪人人身形象的分析。犯罪人的人身形象是指犯罪人的性别、面貌、身

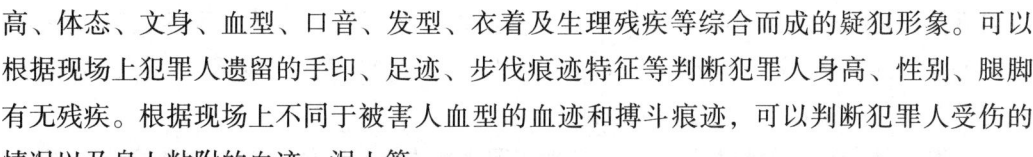

高、体态、文身、血型、口音、发型、衣着及生理残疾等综合而成的疑犯形象。可以根据现场上犯罪人遗留的手印、足迹、步伐痕迹特征等判断犯罪人身高、性别、腿脚有无残疾。根据现场上不同于被害人血型的血迹和搏斗痕迹，可以判断犯罪人受伤的情况以及身上粘附的血迹、泥土等。

（4）对犯罪人其他个人特征的分析。犯罪人的其他个人特征是指从现场痕迹、物品所反映出来的犯罪嫌疑人的社会职业、文化程度、语言习惯、爱好、生活嗜好、习惯性的犯罪手法等。犯罪人在实施犯罪的过程中会不经意地将这些个人特征暴露出来，侦查人员可以通过对这些个人特征的分析，实现串并案件的侦破。

**（三）杀人案件的侦查方法**

侦查途径是指案件侦查中发现嫌疑人、获取证据，揭露犯罪和揭发犯罪人的工作步骤，也指开展侦查通向破案的路径。犯罪人在犯罪过程中所表现出来的任何一种形迹，都是侦查人员选择侦查途径的客观依据。侦查途径选择得如何，直接关系到破案的速度和质量。基于各类杀人案件的情况不同，作案人的情况也有所差异，因此在侦查途径的选择上也有所不同。

1. 从因果关系入手开展侦查。就大多数杀人案件而言，犯罪人与被害人之间都存有一定的因果联系，在事前就存在着某种矛盾冲突，而矛盾的发展与演变容易被周围的群众所了解。因此，当杀人案件发生后，侦查人员应及时向被害人家属、亲友、邻居、同事了解被害人生前的有关情况，从中发现因果关系，寻找线索，进而发现犯罪嫌疑人。但在对因果关系展开调查的过程中，一定不能只注意明因而不注意暗因，不能只注意近因而忽视远因，必须深入细致地调查，重视各种可疑的线索。

2. 从杀人案件现场遗留的痕迹物证入手，发现犯罪嫌疑人。现场上遗留的痕迹物证较多是杀人案件的一个重要的特点。犯罪人在犯罪现场遗留下某种物品、作案工具、痕迹等物证，这些痕迹物证与作案人有着密切的联系，应以此为依据展开侦查，发现犯罪嫌疑人。

3. 从调查犯罪人逃离的踪迹入手，发现线索。有的犯罪人杀人后在逃离现场的过程中因为形象比较明显或者有可供辨识的标志，或者携带的赃物数量大，或者使用的交通工具特征明确等原因，行踪容易暴露。一旦查明了犯罪人逃离的踪迹，侦查人员可立即采取紧急措施，沿着犯罪人逃跑的方向和路线寻迹追捕，同时在犯罪人可能逃经的交通要道，如车站、码头、机场等地设卡堵截，以备缉拿。

4. 从调查具有犯罪条件的人入手，发现犯罪嫌疑人。犯罪人实施犯罪，应当具备犯罪的各项条件，如时间条件、空间条件、工具条件、技能条件等，在确定的侦查范围内开展摸底排查以发现重点犯罪嫌疑人，并进而对嫌疑人展开逐个审查，以确定犯罪人。

5. 从调查被害人的行踪及同路人入手，发现犯罪嫌疑人线索。对于那些因果联系不明显，可利用的痕迹物品少的杀人案件，侦查人员可以向有关地区的饭店、旅店、车站等服务行业调查被害人的行踪去向，也可以通过此法查找到与死者被害前夕同行、同宿及交往密切的人员去发现犯罪人线索。

6. 从查明尸体上的附着物入手，发现犯罪嫌疑人。尸体作为杀人案件的重要证据，其本身往往留有某些微量物质，如泥土、粉尘、金属碎屑等，通过对这些微量物质的定性、定量分析，可以查清其来源和产地，进而以此为范围开展调查，最终发现犯罪嫌疑人。

7. 从查疑人疑事入手，发现犯罪嫌疑人。比如被害者生前谁与之接触最为密切，谁和他有过矛盾纠纷；发案后，谁在经济上、情绪上、行为上、语言上表现出异常。将可疑迹象结合起来进行分析，就有可能从中发现犯罪嫌疑人。

# 项目二 爆炸案件的侦查

⭐ **学习情境**

20××年9月26日7时许，天安门分局巡警三队队长乔×军（男，36岁，负责9月26日2~8时天安门辖区执勤巡逻带班）查岗至广场西口（正对大会堂）南侧50~60米处时，听到一声响，向北观察见人民大会堂东门北侧9号灯杆北侧有一团白烟，发现灯杆北侧的花盆发生爆炸，未发现可疑人。遂于7时08分通过电台布控并向天安门分局指挥中心报警，同时将当时在现场的三人（潘××、王××、张××）带回分局进行询问。

**一、现场勘查获得痕迹物证**

1. 白色残缺塑料桶，直径约7.5cm。

2. 红色塑料瓶盖（规格为上圆直径2.5cm、下圆直径2.8cm），中间有双菱形图案，中间有一孔洞（孔洞直径0.5cm）。

3. 塑料残片纸张，上有字迹，写着"用量为兑水量的0.2%~0.5%，有结晶析出，用前要充分摇动容器，并用清水配药，保证药效"等残缺文字。

4. 黄色胶带，单面胶，宽1.8cm，共有7段，分别长29cm、21cm、14cm、12.5cm、11cm、19cm、30cm，全长136.5cm。

5. 白色纸张，上面有"东省高州市高凉路""海兰官蓓电"等残缺文字，背面有"实习器材"字样。

6. 红色包装纸张，上有烟花燃放图案，背面为空白。

7. 导火索全长19cm。

8. 双根爆竹捻3cm。

9. 碎玻璃块若干。

10. 现场花坛上显现出指纹痕迹 2 枚。

## 二、爆炸物检验

1. 对爆炸残留物进行化学检验，检出硫离子和氯离子，未检出硝酸根离子、铵离子和梯恩梯成分。

2. 采用扫描电镜、能谱仪进行检验分析，在塑料瓶残片上检出氯酸盐类炸药残余成分。

3. 对王××、张××和潘××的指甲和手附着物进行检验，未检出火药成分。另，三人的指纹样本与现场花坛上的指纹痕迹不同。

## 三、初步分析意见

1. 几十克氯酸盐爆竹药紧密包装后，装入白色塑料瓶内，塑料瓶盖打孔，插入 19cm 长的导火索，用黄色胶带固定导火索。

2. 将爆炸装置放置于中心花坛东南角，点燃导火索引爆。

3. 现场发现的碎玻璃与爆炸装置的关系正在分析检验中。

4. 炸弹制造者的技术刻画分析：能接触和取得导火索；所用物品大部分为废弃物，易于获得；人员层次较低；粗通爆炸知识；以制造影响为目的，主观上没有伤人意图。

## 四、采取侦查措施与手段

1. 复原爆炸装置，进行爆炸试验，对爆炸装置中的各种物证进行检验鉴定。

2. 对现场物证开展专项调查。

3. 结合嫌疑人体貌特征在现场及周边地区开展同期拦截访问，发现线索、情况。

4. 对来京上访人员、本市各类重点人员以及 9 月 24 日以来广东茂名地区在京登记住宿人员，特别是曾经在天安门地区上访、涉爆和扬言爆炸人员开展摸底、梳理、排查。

5. 部署全市铁路系统、旅店业系统、公交系统结合犯罪嫌疑人体貌特征查找犯罪嫌疑人。

6. 部署全市有关单位在打击现行、巡逻盘查、治安管理、人口管理等日常工作中注意发现符合特征的可疑人员，并广泛物建特情耳目收集情况线索。

## 五、案件侦破情况

1. 在对天安门地区上访、涉爆和扬言爆炸人员开展摸底、梳理、排查过程中，9 月 29 日，专案组逐一调取被处理人员卷宗进行查看，发现20××年 4 月 12 日，熊××因携带自制爆炸物准备在天安门地区实施爆炸，被天安门分局巡逻民警查获，后因该人患有精神病，被原籍公安机关接回。

2. 该案中查获爆炸装置的炸药种类、制作原理、使用材料均与本案相近。据此，专案组与贵州省驻京办事处以及其原籍公安机关进行联系，得知熊××目前在京，被崇文分局收容劝返，因原籍未派人接，已于 9 月 29 日 17 时将其释放。且熊××曾分别于 20××年 9 月 24 日下午和 9 月 26 日下午给原籍家中、本村干部和管片民警打电话，自称在京干了大事，准备死在北京，并要村干部注意收看新闻联播。综合上述情况，专案组认定熊××系本案重大犯罪嫌疑人。

3. 9 月 29 日 20 时召开全局参战部门会议，部署抓捕犯罪嫌疑人工作，并向局属各单位发出紧急协查通报。21 时 30 分左右，刑侦总队大案支队和天安门分局民警在永定门地下通道进行盘查时发现熊××，并将其抓获。从其携带物品中提取了作案时所穿的灰色上衣，以及半卷黄色绝缘胶带等物品。

4. 经讯问，熊××对在大会堂东便道实施爆炸的犯罪行为供认不讳。9 月 26 日凌晨 4 时许，其携带爆炸装置步行至天安门广场，行至大会堂东便道时，见周围人员稀少，遂在一灯杆下的花坛内点燃导火索，引爆了爆炸装置，并进入广场查看情况。中午 12 点多返回旅馆休息。其白天要饭，晚上在永定门车站外的铁道边休息，直至 9 月 28 日被车站派出所民警送至位于马家楼的信访办。9 月 29 日被释放后，乘车来到永定门车站旁的地下通道睡觉，被民警抓获。

### 📋 工作任务

爆炸案件是指以爆炸手段、有意炸死炸伤他人，或有意炸毁私人住宅、公共建筑和交通设施，危害公共安全的犯罪案件。爆炸案件社会危害性大，往往造成严重后果，不但危害公共安全，对群众的生命财产造成损害，还会产生恶劣的社会影响，因此，公安部门将爆炸案件列入严重暴力犯罪案件的范畴，历来是刑侦工作的重点。

**学习和思考：**
1. 爆炸案件及其特点。
2. 爆炸案件的侦查方法。

### 学习内容

#### 一、爆炸案件的定义

爆炸案件是指犯罪人以爆炸的方式故意炸死、炸伤他人，炸毁公私财物，危害公共安全的犯罪案件。爆炸案件按作案人实施爆炸的动机不同，可以分为：危害国家安全爆炸、杀人爆炸、威胁恐吓爆炸、自杀破坏爆炸四类。

爆炸犯罪对社会的危害极大，爆炸一旦发生，就会给国家公共安全以及人民的人身财产造成无法挽回的损失。特别是在公共场所和国家重要设施发生爆炸案更会带来极坏的社会影响和国际影响。对爆炸案件的侦查，适时地认真研究爆炸犯罪对策，遏制爆炸犯罪，历来是刑事侦查工作的重点。

### 二、爆炸案件的特点

#### （一）作案前有充分的预谋和准备过程

爆炸案件是一种暴露快、危害大的刑事案件，一旦发生，就会在周围群众中产生无法掩盖的影响，会很快吸引周围群众的围观。犯罪人对于实施爆炸犯罪，心理上应当有充分的准备，包括对犯罪方式、手段的反复权衡和考虑；对爆炸可能造成的伤亡和损失情况的估计和猜测；以及对案后可能遭受的处罚和打击的准备。这种心理准备必然会促使其行为具备相应的周密性。再者，由于爆炸是一种原理比较复杂的方式，犯罪人要达到预期的爆炸目的，就必须对爆炸物品、引爆物品、引爆装置等进行周全的准备，更有甚者为了使爆炸成功，还会在实施犯罪前进行爆炸试验。因此，犯罪人在实施爆炸犯罪前，一般都有预谋和准备过程。

#### （二）爆炸案件暴露比较明显，易被及时发现

爆炸犯罪是一种破坏性极大的案件，爆炸犯罪一旦发生，其后果就会立即直观地暴露出来，爆炸过程中所伴有的光亮、声响、浓雾、震动、气味等易被周围民众发现而报案，爆炸发生的时间和地点明确。

#### （三）因果关系比较明显

爆炸案件由于其危害性极大，我国刑法对其规定了严厉的惩罚。犯罪人敢于冒着受刑罚严厉惩罚的危险而实施爆炸犯罪，必定是经过深思熟虑，欲求要达到预定目的的。爆炸犯罪的动机一般有两种情况，一是不满现实，报复国家和社会，爆炸的目标主要是公共场所、重要建筑物和公共设施等；二是报复个人，即用爆炸的方式报仇泄愤，主要目标是特定的人或财物。爆炸案件的因果联系主要是通过犯罪人选择的爆炸目标、爆炸时间以及群众提供的犯罪人的政治思想表现，有无对现实不满情绪、有无私仇矛盾，结合案件的其他有关情况进行分析认定。这些因果联系在案发前后会通过某些现象或多或少地暴露出来，侦查人员可以由此确定案件性质，从而发现犯罪嫌疑人。

#### （四）爆炸案件的现场破坏严重，勘查难度大

爆炸案件是一种震动大、威力猛、破坏力极强的案件，具有放热性、快速性和生成气体三个特征。爆炸瞬间会产生巨大力量，使周围介质受到冲击、挤压、破碎，对现场破坏严重，致使现场大多数痕迹物证较难被发现。而且爆炸会伴有燃烧、浓雾等现象，在爆炸后要扑灭火灾，排除险情，抢救伤员，容易使现场遭受破坏，导致现场勘查很难开展。但另一方面，爆炸案件的真实性强，难伪装，爆炸现场一般都留有炸药残粒、燃烧过的导火线、雷管碎片等残余物质，对于这些物质的提取，是判断炸药

种类、来源、性能、起爆装置的重要依据。另外，有的爆炸案件还可能在现场发现犯罪嫌疑人的指纹、脚印、随身物品等重要证据，因此，对于爆炸案件的现场要认真勘查，以发现犯罪痕迹和其他物证，为侦查破案提供重要的线索和依据。

（五）爆炸案件的犯罪人具有特殊的犯罪条件

爆炸行为由于其特殊的技术性要求以及国家对爆炸物品的严格监管，犯罪人在实施爆炸行为时必须具有特殊的条件，才能顺利实施其犯罪行为。一是必须要懂得有关爆炸的知识，掌握一定的爆炸技能，不具备相应的知识技能及其操作程序，就有可能达不到爆炸的目的，甚至危及自身的安全。二是必须要有获取爆炸物品的途径。爆炸物如雷管、炸药、导火索都属于危险物品，国家对其生产、使用、销售、保管都严格监管，一般人不易获得。因此，掌握这两个特殊条件，在爆炸案件的侦查中有利于确定侦查方向和划定侦查范围。

### 三、爆炸案件的侦查方法

（一）爆炸案件的现场勘查

侦查爆炸案件的立足点就是爆炸现场，开展侦查工作所依赖的各种依据和线索大都存在于现场。因此，做好爆炸案件的现场勘查，对于迅速侦破爆炸案件非常关键。

1. 爆炸点的勘查。爆炸点是指爆炸物瞬间爆炸时所处的部位。对何处是爆炸中心点，主要依据爆炸遗留物和爆炸痕迹分布的方向、炸点的形态、爆炸产物作用的角度，结合现场环境、现场位置特点进行综合判断。一般来说，现场破坏最严重的地方，就是放置炸药的地方。通过对炸点大小的测量，可以弄清楚介质的性质，同时也可以推断炸药的性能、种类和使用的药量。

2. 爆炸残留物的勘验。爆炸残留物是指爆炸后的分解产物和未分解的炸药原形及微量物，以及炸药包壳残骸和引爆装置残骸。这些残留物是犯罪人留在爆炸现场最重要的证据，对于分析案情具有重要的作用。

3. 爆炸抛出物的勘验。爆炸抛出物是指爆炸时从原位置向四周抛撒在炸点周围的物质、物品微量物和人体组织，它是研究爆炸瞬间现场物品分布情况、人员位置情况及炸点位置的重要依据。

4. 尸体、伤残者的勘验。爆炸现场如有尸体，勘查人员应对尸体的方位、姿势、衣着、损伤主要部位及形状、伤口面粘附的爆炸残留物做好观察记录。爆炸现场如有人员伤亡，要判明爆炸伤的类型，伤势的程度，伤亡人员与爆炸时间内在的联系，可供识别炸碎尸块的身份和特征，等等，以便为查找犯罪人提供重要线索。

（二）爆炸案件的案情分析

1. 对爆炸案件性质的分析。根据犯罪人不同的犯罪动机，爆炸案件的性质分为两大类：一是危害公共安全爆炸案；二是私仇爆炸案。

危害公共安全的爆炸案件，是由于犯罪人对现实不满，以爆炸的方式报复社会，破坏社会主义建设，以发泄自己的仇恨。犯罪人制造危害公共安全的爆炸案件主要是以造成重大的政治影响和经济损失为目的；选择的时间多数在节假日和重要的集会期间；作案的手段一般比较隐秘，爆炸物的破坏性强。

私仇爆炸案件的犯罪人是由于与被害人矛盾激化，以爆炸的方式报复杀人。此类案件主要是在夜深人静或仇人不在时进行，爆炸目标主要是仇人的人身、住宅、办公场所和贵重物品。方式比较简单、规模较小。

2. 对爆炸品种类和数量的分析。确定爆炸品属何种类，主要是收取爆炸现场的爆炸残留物进行化学检验，以确定物质的成分和含量。判断罪犯使用炸药的数量，主要应根据爆炸作用形成痕迹的范围。炸药量与爆炸痕迹的范围成正比。一定种类和数量的炸药，在一定介质条件下爆炸，形成一定范围的爆炸痕迹，炸药量越大，爆炸痕迹的范围越大。

3. 对实施爆炸犯罪方式的推断。实施爆炸犯罪方式，包括爆炸品的制作和包装方式、爆炸品的引爆方式、爆炸品的投掷方法。

爆炸装置类型的推断，应以现场爆炸遗留物和现场新增加的与爆炸品有关的物品碎屑为依据。同样，推断引爆方式应以爆炸遗留物为依据，爆炸的引爆方式包括机械引爆、电力引爆、导火索引爆、化学引爆等多种方式。推断爆炸品的投掷方法，应根据爆炸现场的环境和爆炸现场的状态进行分析。通过对爆炸犯罪方式的判断，可以判断犯罪人对炸药的了解情况，对炸药技术的掌握程度，以及犯罪人与被害人关系的亲密程度，对安装爆炸装置的环境的熟悉程度。这对于查找犯罪人，侦破案件具有重要的作用。

4. 因果关系分析。因果关系明显是爆炸案件的一个重要的特点。明确爆炸案件的因果关系，有利于确定侦查方向。主要应从犯罪人选定的特定作案目标、被炸的场所、系列性爆炸结果、被炸物体的破坏程度等方面进行因果关系的分析。

（三）爆炸案件的侦查方法

爆炸犯罪案件发生以后，犯罪分子或者逃离现场，或者被炸死在现场，或者隐藏在被抢救的受伤人员当中。由于罪犯去向不同，部署侦查的侧重点也有区别。在立案侦查过程中，应当根据爆炸案件的性质和罪犯的去向确定侦查的方向和范围，选择侦查途径，发现嫌疑线索。一般可以从以下几个方面着手进行：

1. 访问爆炸现场周围群众，发现犯罪嫌疑人。有的爆炸案，犯罪人在进行爆炸前，要准备爆炸所使用的物品如炸药、雷管、导火索等，要熟悉爆炸目标周围的环境，有可能表现出一些可疑迹象被群众察觉。在公共场所发生的爆炸案，虽然犯罪人可能自爆身亡，甚至尸体也无法辨认，但爆炸场所周围的群众也能提供出犯罪嫌疑人的体貌特征。有的犯罪嫌疑在引爆前可能会有异常的迹象，通过对周围群众的调查走访，也往往能够发现重要的嫌疑线索。

2. 认真勘查现场，了解现场情况。在爆炸案件现场勘查中，应抓住爆炸中心点、爆炸所形成的各种痕迹物品以及爆炸现场上的尸体和尸块几个重点。对现场遗留的残存炸药、包装物、捆绑物应进行认真的勘验，以此来发现线索。在勘查现场的同时，还应及时访问有关人员，特别是爆炸案件中的受伤人员、现场周围的群众及死者的亲友等。

3. 调查死者身份，发现犯罪嫌疑人。在为了向社会泄愤、以制造社会影响为目的的爆炸案件中，犯罪人常常采用自身引爆的方式实施爆炸犯罪。如果通过案情分析表明犯罪人已被炸死或炸伤，则侦查工作应从被炸伤、炸死人员的身份入手，去发现和确定犯罪嫌疑人。对于在爆炸案件现场所发现的无名尸体和尸块，侦查人员应做好个人识别工作，具体可以利用指纹、体貌特征来查证无名尸身源，判定其是否为引爆者。

4. 调查犯罪的因果关系，发现犯罪嫌疑人。爆炸案件的犯罪人基于某种动机而进行爆炸，这种动机多在作案前会有所暴露。一般情况下，在发案后广泛发动群众，摸底排查就能发现重要线索。特别是由于矛盾激化而采用爆炸的方法报复杀人的案件，案发后周围群众和受害者家属一般都能提出明显的嫌疑对象。据此就可以直接锁定嫌疑目标展开侦查。

5. 以犯罪条件为依据，开展调查，发现犯罪嫌疑人。爆炸案件中的犯罪人，必须具备某些条件才能成功制造爆炸案件，如作案的时间条件、技能条件、获取爆炸物品的条件等。如果具备了这些条件，就要进一步分析犯罪人是否有作案的思想基础。经过调查分析，如果确定了犯罪嫌疑人就应对其采取必要的侦查措施，发现和搜集犯罪证据，以证实其犯罪事实。

# 项目三　盗窃案件的侦查

 学习情境

2001年12月至2002年6月，在半年时间内，陕西省××县4个乡的11台农用变压器被盗，造成乡村停电停水，严重影响了群众的正常生产、生活秩序，直接经济损失达30余万元。××县公安局刑警大队的压力很大。

系列变压器被盗案发生后，2002年4月初，分局刑警队对此系列案件召集有关单位人员做了专题研究，得出以下结论：

1. 现场均位于交通沿线，且留有花纹一致的两轮摩托车轮胎印痕。

2. 被盗变压器的高压、低压联线均被钳子剪断，钳剪痕基本一致。

刑警大队主要从以下方面开展工作：

1. 以发案地集中的地区为中心对周围的村庄进行深入细致的调查摸底，特别注意

从具备两轮摩托车的农民中发现嫌疑。

2. 案犯能连续作案，说明有销赃点，应对本县及邻近县的废品收购站点进行查找发现赃物——开展阵地控制。

3. 组织力量对易发案地及交通要道进行守候、巡逻，力争抓获现行。

4. 物建专案特情，获取线索。

5. 在侦查的基础上，加强人防，技术防范措施，防止再度发案。

在侦查过程中，分局刑警队先后3次召集有关人员会诊案情，及时调整工作部署，使侦查工作始终沿着正确的方向发展，此案经过2个月工作，未发一起案件，但对已发案件也仍未侦破。

专案组经过分析，排查后认为：案犯很可能是××县人或在××县有落脚点的外地流窜人员。前段侦查工作惊动了他们，短期内不敢在××县露面，很可能流窜外地继续作案。

据此，专案组决定，侦查工作应在调查摸底的基础上，与外地公安机关联系，通报案情，拓宽线索来源。据此，刑警队派出外调人员13人，行程数千公里在××县周围的县、市查证线索40余条，串案30余起，但案件在各县、市也未取得突破性进展。

根据以上工作，专案组更加确定了流窜作案的可能性，为此，在以下两方面加强工作：

1. 继续收集发案信息，由技术科负责。

2. 在销赃环节上布控，加强阵地控制。

在侦查工作进行近半年后，专案组接到邻县的案件信息，有3名案犯在邻县盗窃变压器后逃跑，由于加强了防范措施，案犯与当地群众有过接触，经调查认定：案犯系3人，共骑一辆两轮摩托车，摩托车型号为幸福250，而且其中一人说话口吃。

专案组经过分析，从系列盗窃变压器的第一案开始按发案时间、地点绘制了作案流程图，从中发现：最初案发6起均在××县，有14起在邻县，而随时间推移，又有4起发案在××县。

专案组分析后认为：系列盗窃变压器案属"内外勾结"作案，即××县内至少有案犯当中的一人。为此，专案组在××县围绕两种人开展重点侦查：一是家中有两轮摩托车，特别是幸福250为重点；二是在全县内查找有前科、劣迹人员，尤其注重口吃这一事实。同时物建专案特情开展工作。

经过广泛的线索查证及特情反映信息，专案组首先从作案人可能口吃这一点打开缺口。经查，在××县××乡居住的梁××说话口吃，该人曾骑红色250幸福摩托车，车主系其同乡表哥蔡建×、蔡增×。三人来往关系密切，而且蔡建×有盗窃前科，据此三人嫌疑上升。

经查获审讯，三名嫌疑人交代在半年之内，先后流窜陕西省的9个县盗窃，破坏变压器58台，造成直接经济损失40余万元的犯罪事实。

 工作任务

盗窃案件是指犯罪人以非法占有为目的，秘密窃取公私财物数额较大或多次盗窃的案件。盗窃案件在不同的地区和不同的时期，发案率一直居于刑事案件的首位，给社会财富和人民群众财产造成大量损失，危害社会主义建设和社会的安定团结，因此，打击盗窃犯罪是公安机关一项长期而艰巨的任务。

**学习和思考：**

1. 盗窃案件及其特点。

2. 盗窃案件的侦查方法。

学习内容

### 一、盗窃案件的定义

盗窃案件是指犯罪人以非法占有为目的，秘密窃取公私财物数额较大或多次盗窃的案件。盗窃案件是一种多发性案件，对国家和公民的财产的危害性极大，因此，盗窃案件的侦查历来也是公安机关侦查部门的重点。

### 二、盗窃案件的特点

**（一）有赃物可查**

这是盗窃案件的一个重要特点，赃物既是侦查盗窃案件、发现案件嫌疑人的重要线索，也是认定犯罪的有力证据。盗窃案件中，赃物与犯罪人之间存在一定的联系，反映出犯罪人与赃物之间的关系。犯罪人在作案后必然会对其非法获取的财物、现金、有价证券等赃物进行处理。在处理赃物过程中犯罪人往往暴露出蛛丝马迹，而被群众所察觉。针对这一特点，侦查部门应根据赃物的特点，对可能的销赃渠道和场所进行控制，以发现和查获赃物，并进一步发现犯罪嫌疑人。

**（二）现场多遗留有较明显的破坏痕迹**

大多数的盗窃案件现场都有可供勘查的条件，特别是现场上多遗留有较明显的破坏痕迹，对破坏工具痕迹的研究，有助于对案情的分析判断，确定正确的侦查方向和侦查范围。以犯罪工具为线索，开展调查摸底，发现犯罪线索。

**（三）盗窃手法常带有习惯性**

盗窃案件的犯罪成员中惯犯居多。由于惯犯长期实施盗窃犯罪活动，在犯罪中逐步会形成一套比较固定的习惯性手法。犯罪人的习惯性手法一旦形成一般都不会轻易改变。侦查中可以通过对习惯性手法的认识，去发现和认定犯罪嫌疑人。

（四）犯罪人在实施犯罪前一般都有踩点、窥测等预谋活动

盗窃案件的犯罪人，为了达到其顺利实施盗窃犯罪的目的，保证其盗窃活动的成功，一般都会在实施盗窃之前，对现场进行踩点、窥测等准备活动。特别是为了盗窃巨额财物、枪支弹药、贵重物品、珍贵文物等，犯罪人的预谋准备活动会更加充分。这种踩点和窥测活动也会形成相应的现场、留下相应的痕迹和物品，侦查工作中应努力去发现它们。

### 三、盗窃案件的侦查方法

（一）认真勘查现场，收集犯罪资料

对盗窃案件的现场进行勘查，是侦破盗窃案件的首要环节。犯罪人在实施盗窃犯罪的过程中，常常会在现场留下与犯罪有关的痕迹物品，其人身形象也会在犯罪人实施犯罪的各个环节中有所暴露。在实地勘验中，侦查人员应重点注意对犯罪人进出现场的进出口及犯罪的中心部位进行认真细致的勘验，发现、收集与案件有关的痕迹物品，必要时还应对现场的外围进行搜索，发现和收集更多的犯罪痕迹。在实地勘验的同时，侦查人员应及时对事主、财物保管人员以及现场周围的有关群众进行深入细致的调查访问，重点查清被盗财物的情况（如被盗财物的种类、数量、特征，财物被盗的经过情况等）、被盗现场的有关情况、事主和财物保管人员的活动规律情况以及案发前后出现的可疑迹象等。

（二）采取有效的侦查措施，发现犯罪线索

根据现场勘查获取的资料和对案件情况的分析判断，侦查人员应针对具体盗窃案件的情况，采取有效的侦查措施和侦查手段，开展侦查工作。

1. 追缉堵截。盗窃案件发生后，如果案件发现及时，赃物特征显著，犯罪人逃离现场的时间不长，逃跑的路线、方向明确，侦查人员应及时采取追缉堵截的措施，缉获犯罪人。

2. 控制赃物。有赃物可查是盗窃案件的一个重要特点。犯罪人一旦实施盗窃得逞后，一般都会采取不同的方式对赃物进行处理。因此，控制赃物是侦破盗窃案件的重要手段。对赃物的控制，应根据被盗物品的具体情况，分析犯罪人可能采取的销赃方式，有针对性的采取控制赃物的有效方法。

3. 开展调查，发现犯罪线索。根据刻画的犯罪人条件，在划定的侦查范围内，通过对犯罪动机、犯罪时间、犯罪手段、犯罪人数，知情条件，现场遗留物和犯罪工具以及反常情况的调查，发现犯罪线索。

4. 实施守候，抓获现行犯罪人。对连续发生的盗窃案件，侦查人员可根据犯罪人作案的规律特点，对犯罪人可能再次实施盗窃犯罪的场所进行守候和严密控制，在犯罪人再次实施犯罪时，将其缉获。

**（三）查对犯罪情报资料，实施并案侦查**

对犯罪人连续实施的盗窃案件，侦查人员可用犯罪人遗留在现场上的痕迹物品或在案件中表现出来的习惯性手法，通过查对犯罪资料档案，发现犯罪线索，认定犯罪人。

**（四）侦查审讯，查破案件**

盗窃案件中，团伙犯罪占有相当大的比例，对抓获的盗窃团伙成员，侦查人员应根据其在犯罪团伙中的具体情况，采取正确的讯问策略，寻找突破口，查破案件，扩大破案战果。

# 项目四  抢劫案件的侦查

 学习情境

## 一、基本案情

1. ××年8月6日晚10时15分，住××省××市金龙山庄的李×与其妻子女儿正在家中休息，听见敲门声，李×问了"是谁"后就开了门。一伙手握一尺多长匕首的4名青年一拥而入，扯断电话，将主人用毛巾堵嘴、不干胶捆手脚，翻箱倒柜抢走现金、手机、金银首饰等价值3万余元财物。

2. 9月13日中午，该市××学院吴×听到敲门声闻声开门，5名持刀歹徒冲入，对屋里人堵嘴、捆手，抢得手机、金戒指、酒和200元现金。找到存折后威逼说出密码，4名歹徒守住吴×夫妻及小孩，1名歹徒到银行取出18 000元现金。

3. 10月25日中午，××中学退休教师王×的儿子在家做饭，奶奶在看电视，半掩的门突然被推开，4名持刀歹徒将王×的儿子、奶奶及随后返家的儿媳、妻子全部推入卧室，堵嘴捆手脚，抢走现金、项链、金戒指、有价债券。

## 二、分析案情

警方发现这3起持刀入室抢劫案具有以下规律和特点：

1. 作案手段相似。都是趁房主不备，敲门而入或推门而入，既不是破门而入，也不是趁室内无人撬门或开锁而入。入室后都是以匕首或刀逼住主人不许呼喊，然后堵嘴捆手脚。

2. 作案时间相似。都是中午或晚上。

3. 作案目标相似。都是抢走现金、手机、金银首饰等财物。据此推出结论："8·6""9·13""10·25"三起持刀入室抢劫案的犯罪嫌疑人相同。决定实施并案

侦查。

### 三、通过银行控制、获取侦查线索

10 月 28 日，该市××银行工作人员接待二人要求辨认一张债券的真假，发现其号码正是被抢的备案债券之一，在稳住这二人同时通知了警方。但侦查人员赶到时歹徒已逃离。根据银行摄像机摄下的歹徒相貌广泛查找，其中一人被银行附近管区民警确认为其辖区杜某。根据杜某供述，悉数抓获了其他犯罪嫌疑人。据此，该市"8·6""9·13""10·25"三起持刀入室抢劫案告破。

**工作任务**

抢劫案件是指以暴力、胁迫或其他方法，强行劫取公私财物的犯罪案件。抢劫案件是一种严重的刑事犯罪，犯罪分子是以非法占有为目的，采取公开暴力手段进行犯罪活动，不仅使国家、集体和人民的财产遭受重大损失，而且常常危及人民的生命安全，特别是那些惯犯、流窜犯罪分子、服刑逃跑人员作案的案件，犯罪分子作案时心狠手辣，气焰嚣张，严重影响社会治安秩序，各级公安机关必须大力加强抢劫案件的侦破，使犯罪分子受到及时惩处。

**学习和思考：**

1. 抢劫案件及其特点。

2. 抢劫案件的侦查方法。

**学习内容**

### 一、抢劫案件的定义

抢劫案件是指行为人以非法占有为目的，当场使用暴力、胁迫或其他方法，强行劫取公私财物的案件。抢劫案件是一种严重危害社会秩序，侵害国家、集体或公民个人财产的暴力型犯罪。

### 二、抢劫案件的特点

**（一）犯罪人与被害人往往有过一段时间的正面接触，其人身形象暴露得较为充分**

抢劫案件中，犯罪人无论采取什么手段实施抢劫，都必然会与被害人有或长或短的正面接触。除因被害人遭遇突然袭击或因现场光线太暗，未能看清犯罪人的体貌特征外，大多数抢劫案件中的被害人都能比较准确地提供犯罪人的基本情况，如性别、年龄、身高、体貌、衣着、口音、犯罪人人数、犯罪人使用的工具等。

**（二）犯罪人一般都有预谋过程**

在抢劫案件中，犯罪人为了使犯罪行为成功，在作案之前都会对侵害对象，实施抢劫的时间、地点，以及准备什么样的工具实施抢劫等问题进行精心的预谋策划，犯罪人的这些预谋活动都不可避免地会在群众中留下这样或那样的迹象。一旦案件发生，有关群众就会向侦查机关提供一些疑人疑事，为发现犯罪线索提供依据。

**（三）现场多有犯罪人作案时遗留的痕迹物品**

抢劫案件的犯罪人在实施抢劫的过程中，常常会遭遇到被害人的反抗而产生搏斗，犯罪的现场中往往就可能遗留下与犯罪有关的痕迹物品。如搏斗中被害人扯掉的犯罪人的头发、衣服的纽扣、衣服的碎片或其他随身物品；犯罪人受伤留下的血迹；犯罪人逃离现场过程中遗留的工具、凶器、绳索、堵塞物；犯罪人在抢劫财物的过程中在现场留下的脚印；等等。

**（四）有赃物可查**

抢劫案件的犯罪人实施犯罪的目的在于非法占有公私财物，一旦其犯罪活动得逞，犯罪人就会拥有一定的赃物，无论犯罪人采取何种方式处理赃物，都可能会在其使用、销售或转移的过程中有所暴露。因此，针对赃物有目的地对有关场所及有关人员进行严密的监控，就可能发现赃物的线索。赃物一旦被发现，就成为揭露和证实犯罪的有力证据。

**（五）犯罪成员青年人居多，团伙作案突出**

从抢劫案件犯罪人的情况分析，男性青年人占的比例较大。由于在实施抢劫犯罪过程中，犯罪人常常会遭遇到被害人的反抗，尤其是在汽车站、火车站、轮船码头、商店、饭店、银行、储蓄所等处的抢劫，单人作案不易得逞，所以常常纠集同伙，实施共同犯罪。犯罪成员中各自的分工不同，配合默契，行动迅速，抢劫成功的概率较大。但是，团伙抢劫的目标比单人作案暴露明显，被害人及现场周围的群众常常能从犯罪成员中发现能为侦查破案提供重要线索的人员情况，并且在犯罪现场上也会遗留有犯罪成员的痕迹物品，这都为侦破抢劫案件提供了有利的条件。

**三、抢劫案件的侦查方法**

**（一）详细询问被害人，了解案件发生的过程和犯罪人的有关情况**

根据抢劫案件犯罪人与被害人有过一段时间接触的特点，侦查中应重点询问被害人，了解案件发生的情况及犯罪人人身形象及其他有关情况。询问中特别应了解案件发生的具体时间和具体地点、犯罪人的体貌特征、犯罪人作案的手段方法、使用的凶器、被害人是否被捆绑或堵嘴、被害人是在什么情况下交出的财物、犯罪人是否采用蒙面和化装等方法掩盖自己的真实面目、被抢劫财物的种类和相关特征、犯罪人的来去路线和方向等。

**（二）采取有效的紧急措施，查缉犯罪嫌疑人**

抢劫案件一旦发生，被害人大多能及时报案。侦查人员在现场勘查，询问被害人和现场周围群众的过程中，一旦判明犯罪人逃离现场不远，犯罪人逃跑的方向、路线清楚，被抢劫的财物特征明显，犯罪人还未将赃物脱手，应当及时采取紧急措施沿着犯罪人逃跑的方向和路线进行循迹追捕。同时在犯罪人可能逃往的车站、码头、机场和交通要道上设卡堵截，缉拿犯罪人。

（三）开展摸底排查，发现犯罪嫌疑人

抢劫案件中，犯罪人的人身形象有较明显的暴露，这一特点为我们刻画犯罪行为人，确定侦查范围，查找犯罪人提供了条件。侦查中应以刻画的犯罪人条件为依据，在确定的侦查范围内公布案情，发动群众，开展摸底排查，发现犯罪线索和犯罪嫌疑人。

（四）严密控制赃物，发现犯罪嫌疑线索

控制赃物，是侦查抢劫案件的重要措施。侦查机关应根据被害人提供的赃物的种类、数量、特征情况，分析犯罪人可能采取何种方式进行销赃和处理赃物，从而有针对性地控制销赃场所，并向犯罪人可能销赃的地区发出协查通报，请求协助查控赃物。

（五）及时组织辨认，确认犯罪人

由于抢劫案件犯罪人与被害人有过一段时间的接触，犯罪人的人身形象往往暴露比较充分。因此，在侦破抢劫案件的过程中，可以根据犯罪人活动的规律、特点，组织被害人在犯罪人可能活动的地区、场所或线路进行巡查辨认，发现犯罪人的行踪。如果在侦查中发现了重点嫌疑人，也可采取辨认的方法，认定犯罪人。

（六）实施并案侦查，提高办案效率

由于抢劫案件流窜犯、惯犯作案居多，犯罪人常常在同一地区或相邻的地区连续实施抢劫犯罪活动。因此，往往会在同一地区或相邻的地区连续发生若干起具有相同规律、特点的抢劫案件。如果在发生的若干起抢劫案件中，犯罪的时间、地点、作案的手段方法、侵害的目标、现场上发现的痕迹物品具有相同或相似的特点，应判断为同一犯罪人或同一伙犯罪人所为。对于由同一犯罪人或同一伙犯罪人所实施的若干起抢劫案件，可实施并案侦查。

# 项目五　绑架案件的侦查

⭐ **学习情境**

19××年4月30日上午，某市辖区××小学学生刘××（女，11岁）在从家乘公共汽车上学的路中被绑匪绑架，歹徒勒索赎金150万元港币，并恐吓事主家属如报警将杀死人质。

公安机关接警后成立了专案组，迅速对事主家属的电话进行监控，对事主家庭成员周围的关系人及所在学校展开重点调查，排除了事主家属关系人的作案嫌疑及其他一批线索。同时，专案组利用技侦手段查明了疑犯本月30日晚7时50分曾在某公用电话亭用磁卡电话机与事主通话，进行勒索。

通过对大量的电话数据记录分析，专案组初步确定打出电话的磁卡编号及以往通话情况记录，从中筛选出与该磁卡持有人联系密切的可疑电话，并逐个监控。经进一步侦查，专案组确定了与该磁卡联系密切的关系人殷××等3人。

经进一步侦查，专案组掌握了磁卡电话持有人的落脚点在福田区景田路的一个工棚内，并初步确认同案犯有3人，人质刘××也在工棚内。

警方调集警力包围了该工棚，经过近5个小时的喊话、谈话和思想工作，犯罪嫌疑人殷××等3人最终被说服，释放了人质刘××并投案。案件得以告破。

### 工作任务

绑架案件是指以暴力、胁迫或其他手段将被害人予以扣押控制，并以伤害或杀害人质相要挟，向人质亲属或其他有关人员（单位）勒索财物或提出其他要求的犯罪案件。绑架案件不仅严重危及被绑架的人质的生命和健康，而且威胁到人质亲属的财产安全和身心健康，甚至危及社会政治、经济秩序，因此历来是公安机关打击的重点。

**学习和思考：**

1. 绑架案件及其特点。

2. 绑架案件的侦查途径。

### 学习内容

#### 一、绑架案件的定义

绑架案件，俗称"绑票"案件，是指以勒索财物为目的，使用暴力、胁迫、麻醉或者其他方法绑架他人的刑事犯罪案件。该犯罪的基本行为模式是：犯罪分子使用暴力、胁迫或者麻醉方法，使被绑架人离开原来的生活场所或者将被绑架人控制在自己或者第三者的实力支配下，从而造成被绑架人的近亲属及其他有关人员对被绑架人生命、身体安全的忧虑，进而利用这种忧虑，迫使其交付财物。

#### 二、绑架案件的特点

（一）侵害对象大多是富裕者

犯罪分子考虑到勒索财物的实际可能性，一般都物色阔绰的人为侵害对象。有些犯罪分子直接绑架这些对象，有些则绑架其未成年子女。

（二）犯罪分子对被害人情况熟悉

从我国近年来破获的这类案件来看，犯罪分子大多是本地人，其中相当一部分与人质及其亲属或是邻居，或是单位同事，或是同乡、同村人，有的还是亲友。他们在平时与人质或其亲属往往有直接或间接的交往关系，有的交往甚密，对人质及其家庭的经济状况较为了解。

（三）有较为周密的预谋准备

犯罪分子在绑架人质前一般都会经过较为周密的谋划和充分准备，诸如网罗同伙、物色作案对象、窥探其活动路线，准备实施绑架所需的犯罪工具和隐匿人质的处所，选择实施绑架的时间、地点和方法，谋划与人质亲属联系的方式、赎金数量、交款赎人的地点、交接方法，等等。有的犯罪分子在实施绑架前还使用汽车等交通工具跟踪拟绑架对象的行踪，掌握其活动规律，然后再实施绑架。

（四）犯罪活动涉及的地点多、空间跨度大、延续时间长

由于这类犯罪活动的复杂性，犯罪分子不可能在同一个地点完成全部犯罪行为并达到犯罪目的，而必然要涉及多处地点，诸如实施绑架的地点、打勒索电话或投寄、递放勒索信的地点、隐匿人质的地点、交款赎人的地点等。犯罪活动涉及的这些地点之间往往有相当的距离，因而这类犯罪活动空间跨度较大。且由于绑匪在绑架人质后隐匿人质，与人质亲属联络洽谈赎人条件，人质亲属筹款、送款等都需要一定的时间，所以这类犯罪活动与其他刑事案件相比，其延续的时间较长。

（五）多系结伙作案

这类犯罪活动过程较为复杂，犯罪环节多，既要制服人质并将其劫持到他处加以隐匿，又要加以看管、防止逃跑，还要与人质亲属联系并前往交款赎人处所获取赎金，一个人难以完成。因而这类犯罪多系结伙作案，这样可以分工配合，较易得逞。有些犯罪分子甚至发展成为黑社会性质的绑架犯罪团伙，多次进行此类犯罪活动。

（六）犯罪分子有随时杀害人质的思想基础和行为准备

犯罪分子将人质绑架后，人质的生命安危处于不确定状态。有的犯罪分子实施绑架后随即"撕票"，然后再勒索钱财。有的犯罪分子则视案情发展而决定是否杀害人质，他们一旦察觉人质亲属已经报案或未答应其赎人条件往往就会杀死人质，而如未发现此类情况，有的在达到或自认为达到犯罪目的后会放回人质，而有的仍会因与被害人是熟人等原因而将其杀害。在对此类案件侦查过程中，警方和人质亲属均不掌握隐匿人质的处所，因而人质是否活着对侦查人员和人质亲属而言往往是个谜。

（七）犯罪分子会与人质亲属联系

犯罪分子将人质绑架后为索取赎金必然会以一定方式向人质亲属传递勒索信息，一般以电话方式传递。而且，往往不止一次地与人质亲属联系，不少犯罪分子还模仿

国外、境外黑社会组织的犯罪方式，在勒索信或电话中渲染恐怖色彩，以杀人质及其全家相威胁，令人质亲属不敢报案，对人质亲属实行精神强制。

（八）犯罪分子会在交款赎人的地点露面

犯罪分子将人质绑架后，在自认为人质亲属可能不会报警而会按赎人条件行事的情况下，一般都会在交款赎人的地点露面以取得赎金。犯罪分子大多将交款赎人的地点指定在来往人员较少的僻静地带，有些犯罪分子为防止落入警方圈套，还往往多次变换原定的交款赎人地点并秘密窥视人质是否在限定时间内将钱送至指定地点。

### 三、绑架案件的侦查途径

从绑架案件的特点中，我们可以看出此类案件对侦查破案既有有利的条件，也有不利的因素。为此，侦破这类案件必须贯彻"人质安全第一，内紧外松、秘密实施侦查"的原则，具体讲，有以下基本的侦查途径：

（一）询问被绑架者亲属及其他知情人

此类案件一般是在被绑架者接到勒索信或电话后发现的。在获悉发案信息后，侦查人员首先尽快向人质亲属询问，掌握基本的案情，人质亲属由于亲人被绑架，生命安危未卜，加之收到犯罪分子的威胁恫吓，顾惜人质生命安全，因而心理压力极大，有的甚至不愿报告公安机关而意与绑匪"私了"，因此，询问前应当安定其情绪，使其积极协助公安机关破案。对人质亲属及其他知情人进行询问应着重了解以下情况：

1. 人质及其家庭情况，包括人质及其家庭成员的基本情况、经济情况、人质失踪或者遭绑架的时间、地点、过程等。

2. 绑匪与人质亲属联系的情况，包括联系的方式、时间、次数，绑匪提出的赎金数量、交款地点、时间。如果是通过电话联系的，应启发人质亲属详尽地回忆整个通话过程和内容。

3. 绑匪的有关情况，包括绑匪的人数、体貌特征、绑架后的去向等。

（二）分析研究犯罪分子隐藏的范围及其个人特点

准确地分析判断绑匪隐藏的范围及其个人特点，对于确定侦查对策、发现绑匪线索有重要的意义。要根据询问被绑架者亲属和其他知情人所获得的情况以及对勒索信的投寄地点、日期等的调查、分析，研究绑匪隐藏的范围及其个人特点，绑匪在勒索信或电话中对人质亲属的称谓，对交款赎人的地点、环境的表述，绑匪的口音，在勒索信或电话中使用的方言、俚语，勒索信的文字布局、书写特征、语言特征、内容信息等可以反映出绑匪的年龄、文化程度、职业特点、对人质及其亲属的熟悉程度等个人特点。

（三）围绕人质关系及时开展调查、侦查

鉴于这类案件不少是平时与被害人有一定交往关系的人所为，有的甚至是被害人很熟悉的人或是其亲属，因此侦查之初应注重围绕被绑架对象及其家庭成员所接触的关系人进行调查，根据刻画的绑匪特征排查可疑对象。对发现的重点嫌疑对象，要及时采取相应的侦查措施。

（四）监控犯罪分子与人质亲属的联系渠道

不少绑匪在绑架人质后由于种种原因会不止一次地与人质亲属联系，因此侦破此类案件，在收到勒索信或电话后，考虑到绑匪可能再次与人质亲属联系，应当对绑匪与人质亲属的联系渠道进行监控。在采用电讯监控措施时，应注意事先设计出一套人质亲属与绑匪联系时的用语，这样可拖延通话联系时间以测出犯罪分子的发话地点，为前往缉捕赢得时间并通过侦听获得更多的信息。

（五）在交款赎人地点设伏缉捕犯罪分子

在交款赎人地点设伏缉捕绑匪，必须根据已掌握的案件材料，分析绑匪的经验、能力和个性特征，侦查人员"设身处地"地考虑在同样的环境条件下，具备这种经验和能力的人会怎样行动，从而推测绑匪可能采取的逃避缉捕的措施。缉捕方案的内容应包括：缉捕的地点、时间、指挥员和指挥点的确定，缉捕力量的投放以及人员分工，缉捕过程的通讯联络方式、行动暗号，发生意外情况的应急处理措施，如果是夜间设伏缉捕，还应当准备好夜视仪等相应的器材设备。在实施方案的过程中，要合理地配置缉捕力量，这将直接影响到缉捕工作的效率。侦查指挥员一般可以对参加缉捕的人员做以下分工：①预伏守候组；②监控保护组；③机动组。

（六）使用秘密力量开展侦查

针对绑架勒索案件一般有较为周密的策划准备过程且多系结伙作案的特点，可利用秘密力量主动出击，掌握犯罪动向和线索，将其破获于预谋阶段，对已经实施绑架行为的案件，也可利用秘密力量发现犯罪对象、寻觅隐匿人质的场所。对绑架勒索团伙犯罪案件，还可指挥秘密力量贴靠、深入犯罪团伙内部开展侦查。

# 项目六　黑社会性质组织犯罪案件的侦查

⭐ 学习情境

2009年6月3日凌晨，××市居民李××在该市××小区门口，被一名陌生青年男子持手枪射击死亡。案件发生后，公安部高度重视，××市公安机关迅速立案侦查。案件侦破过程中，公安机关发现该案与黑恶势力有关，同时发现以陈××为首的犯罪组织在××市主城区恣意欺压群众，立即成立专案组开展侦查。

经查，自2001年，陈××、马××在××市××酒店开办了××俱乐部以来，通过参股分红、共同经营的方式，笼络、吸纳了一大批社会闲散人员，结成犯罪组织，进行组织、介绍、容留卖淫和容留他人吸毒等活动。为加强对组织成员的管理和控制，陈××规定组织成员必须听从安排、指挥、调度，要听话、懂事。为敛取钱财，该组织通过绑架、敲诈勒索、组织妇女卖淫等，非法获利上亿元。实力壮大后，该犯罪组织在××市主城区恣意欺压群众，先后进行故意杀人、故意伤害、敲诈勒索、绑架等违法犯罪活动，作案近百起，致 3 人死亡、2 人重伤、1 人轻伤，给群众造成了极大的心理恐惧，严重影响到社会治安稳定及正常生活、经济秩序。

2009 年 6 月以来，专案组在掌握确凿证据的基础上，果断出击，一举抓获组织头目陈××以及骨干成员雷××、周××等 47 人，破获刑事案件 24 起，缴获枪支 4 支，扣押涉案资产 8000 多万元，查获一些涉嫌充当该犯罪组织"保护伞"的国家工作人员。

### 📝 工作任务

黑社会性质组织犯罪是一种严重危害社会的犯罪活动。现阶段，中国的黑社会性质组织已经呈现出组织体系日益严密、活动范围逐步扩大、国际化趋势日益明显、"保护伞"越来越大等特征，给社会造成了巨大危害，必须采取措施予以严厉打击。实践中，对黑社会性质组织犯罪进行控制和预防是一个长期的复杂的系统的任务。只有对黑社会性质组织进行有效的预防和控制，才能预防黑社会组织的形成，才能更好地为经济发展保驾护航，更好地维护最广大人民群众的根本利益。

**学习和思考：**

1. 黑社会性质组织犯罪案件及其特点。
2. 黑社会性质组织犯罪的成因分析。
3. 黑社会性质组织犯罪案件的侦查对策。

### 🖊 学习内容

#### 一、黑社会性质组织犯罪案件的含义

组织、领导、参加黑社会性质组织是我国 1997 年《刑法》新增设的一个罪名，此罪名也是我国特有的一个法律概念，"黑社会性质组织"这一名词，同时也是我国刑法典的首创。这一罪名的设立，为我国司法实践惩治黑社会性质组织犯罪提供了法律依据。我国《刑法》第 294 条规定，"黑社会性质组织"是指以暴力、威胁或者其他手段，有组织地进行违法犯罪活动，称霸一方，为非作恶，欺压残害百姓，严重破坏社会经济、社会生活秩序的组织。

这里需要注意的是，我国《刑法》条文当中既然已经分别规定出"组织、领导、参加黑社会性质组织罪"和"入境发展黑社会组织罪"，说明立法原意是要把黑社会性质组织与黑社会组织区分开来。黑社会性质组织不是完整形态的黑社会组织，而是黑

社会组织的低级形态，但若不加以惩治，它会逐渐演变成为黑社会组织。

## 二、黑社会性质组织犯罪的特点

第九届全国人大常委会第27次会议于2002年4月28日通过了关于《刑法》第294条第1款的解释，对"黑社会性质的组织"的含义作出四个特征界定：①形成较稳定的犯罪组织，有明确的组织者、领导者，骨干成员基本固定，人数较多；②有组织地通过违法犯罪活动或者其他手段获取经济利益，具有一定的经济实力，以支持该组织的活动；③以暴力、威胁或者其他手段，有组织地多次进行违法犯罪活动，为非作歹，欺压、残害群众；④通过实施违法犯罪活动，或者利用国家工作人员的包庇或者纵容，称霸一方，在一定区域或者行业内，形成非法控制或者重大影响，严重破坏经济、社会生活秩序。

据此规定，黑社会性质组织犯罪呈现以下特点：

（一）犯罪行为特征

暴力性、敛财性和腐蚀性是当前黑社会性质犯罪三大行为特征，它们共同维系黑社会性质组织的生存。黑社会性质组织崇尚暴力，恃强凌弱，表现出浓重的血腥味；也正是凭借着暴力淫威，进而大肆从事敲诈勒索、欺行霸市、强拿硬要等系列侵财性不法活动；同时，亦在不断腐蚀政府官员，扩大影响，寻求保护伞。

（二）犯罪组织特征

黑社会性质组织作为有组织犯罪的一种形态，其成员有众多性，内部组织结构具有严密性。

1．成员众多性。《最高人民法院关于审理黑社会性质组织犯罪的案件具体应用法律若干问题的解释》的第1条第1款第1项关于黑社会性质组织的特征规定："组织结构比较紧密，人数较多，有比较明确的组织者、领导者，骨干成员基本固定，有较为严格的组织纪律。"大多黑社会性质组织的成员均为十几人、几十人，有的甚至达百人以上。

2．组织严密性。黑社会性质组织有明确的组织者、领导者，其基本骨干成员固定，有较为严格的内部纪律约束。而且有些成员已呈犯罪职业化，即以黑社会性质组织犯罪为唯一职业和生存手段，该类成员具有很深的主观恶性和极大的人身危险性。

## 三、黑社会性质组织犯罪的成因

黑社会性质组织的不断扩张和发展，不仅给社会治安和人民的生活秩序造成严重威胁，同时还会影响到政治的稳定或国家政权的巩固，是一种不可低估的社会黑恶势力。它的形成有着多方面的因素。

（一）经济成因

1. 失业人群为黑社会性质犯罪组织提供了人力资源基础。自20世纪90年代以来，我国进入了大规模产业结构调整期，同时伴生出高失业这一极难解决的负面现象。失业人群主要由农村剩余劳动力、城市下岗工人、城市无业闲散人员以及刑满释放人员组成。特别是刑满释放人员在重返社会后，在无法就业、难以融入正常社会后重新犯罪率极高，往往成为黑社会性质组织的"中坚"力量。

2. 不良社会需求所带来的非法利润的追逐使黑社会性质犯罪的组织化程度加大，同时这种非法利润也为其积累了原始资本。随着社会的进步，人们的物质生活水平不断提高，非法社会需求也呈上升趋势。出现了"黄、赌、毒"等社会问题。由于非法社会需求的存在，再加上法律制裁的严厉、市场竞争的残酷，以及追求高额利润的贪婪，使个体犯罪的犯罪成本不断加大，从而促使犯罪向有组织化发展，最终产生了黑社会性质组织犯罪，形成了"黄、赌、毒"与黑社会性质组织犯罪互相依存、蔓延发展的态势。

（二）政治成因

政治上的腐败为黑社会性质犯罪提供了最好的掩护体。可以肯定的是，各种各样的腐败都不同程度地与社会上的经济犯罪和刑事犯罪相牵连，腐败与经济利益和个人利益密不可分，没有利益的追求就没有腐败而言。从司法实践中不难看出，哪里的黑社会性质的恶势力猖獗，哪里的腐败现象就严重。这是因为，黑社会恶势力犯罪要巩固、发展，要扩大自己的阵营，必须从政治上寻求靠山。千方百计地向政治领域渗透，对政府官员进行贿赂、腐蚀，以权钱交易编造"关系网"，寻找"保护伞"。可见，腐败是黑社会性质犯罪得以生存和发展的最好庇护神；黑社会性质组织的发展，又进一步促使了腐败现象的蔓延，两者相互影响，互相结为对抗法制社会的"好伙伴"。

（三）思想观念和文化成因

1. 心理成因是黑社会性质犯罪组织形成的动机因素。这种心理成因是指犯罪组织成员之间、成员与组织之间的意向、动机、目的相互影响而形成的适合于犯罪的价值、态度、行为方式的总和。其特点有：面临社会情境压力，追求犯罪行为结果的"相乘效应"是犯罪分子构建犯罪组织的动力；成员间个性差异的"互补效应"是有组织犯罪群体的凝合剂；成员间的空间接近和个人境遇的相似性是犯罪组织内部成员间的心理纽带；"罪责扩散感"和"法不责众"观念是有组织犯罪活动参加者的心理依托；对主流社会和个人处境的不满是有组织犯罪骨干成员的内在动力；对首领的崇拜或畏惧是维系犯罪组织的心理基础；愚昧、无知、盲从、盲目、讲亲情和义气是有组织犯罪不自觉参与者的心理特征。

2. 文化成因。社会主义市场经济体制的确立，促进了劳动生产率的提高，增强了国家的综合国力。同时，也冲毁了部分人的传统道德堤坝，使一些人的思想意识、道德观念、价值取向发生了扭曲，拜金主义，淡化人际关系，一些人为了追求经济利益而不择手段、不计后果、践踏法律。以我国传统游民意识和暴力、色情为中心的黑色文化进一步腐蚀了部分人的思想，教唆社会亚群体对抗主流社会价值观，并以其特有的方式诱发犯罪，维持犯罪组织的稳定。它的影响力既是隐蔽的，也是持久的，对犯罪群体具有强烈的凝聚力和感召力。

### 四、黑社会性质组织犯罪案件侦查对策

**（一）适度放宽特殊侦查程序的法律限制和程序限制**

侦查程序的设置要完成四个方面的任务：收集调取证据材料；查明案件事实，确定犯罪嫌疑人；采取必要措施，防止犯罪嫌疑人或现行犯逃避侦查；保障无罪的人不受刑罚追究。特殊侦查程序并不是侦查行为控制机制的失调，事实上，侦查权作为公权力的一种，已经受到了严格的制约和限制。在打击黑社会性质组织犯罪时灵活运用特殊侦查程序，一是基于黑社会性质组织犯罪的特殊性，二是源自打击黑社会性质组织犯罪的必要性和任务的艰巨性，三是为了在侦查活动当中更加确实地保障人权。特殊侦查程序难免会在一定程度上对公民的人身自由权、身体权、隐私权、财产权造成侵害，故而受到极大的约束，这样，侦查人员在开展侦查时反而束手束脚。适度的放宽特殊侦查程序的法律限制和程序限制，在"扫黑"过程当中，肯定会收到更好的效果。

另外，运用具体的特殊侦查程序和措施时，要确实保障当事人的各项权利。鉴于黑社会性质组织的特殊危险性，尤其要保护好侦查人员、证人等的人身安全。线人、卧底等的使用，要保证秘密性和贡献性；群众举报、证人举证，要切实提供特殊保护和优越待遇。与特殊侦查程序配套使用，建立专门的证据制度，不仅能够更好地指导侦查机关收集证据，而且也能够更加快捷准确地认定犯罪行为。

**（二）积极争取党委、政府、上级公安机关的支持**

侦破黑社会性质组织犯罪往往时间长，涉及面广，耗费大量的人力、物力、财力，需要协调方方面面的关系，会遇到各种可以预见和不可预见的困难。因此，要积极争取党委、政府和上级公安机关的支持，以顺利侦查案件。

**（三）组建专案队伍**

黑社会性质组织犯罪具有很强的组织性、暴力性，为保证尽快查明其组织产生、发展、壮大的过程和内部组织结构，查清其全部犯罪事实，控制其关系网和"保护伞"，在侦查队伍的组织上要采用超常规的措施，由政治可靠、经验丰富、业务能力强的侦查员组成专案组，封闭管理，进行教育、管理和培训。

1. 确立案件主办侦查单位，成立专案组。一般来讲，发生在地级市市区的黑社会性质组织犯罪，由市公安机关组织侦破，分管刑侦局长为第一责任人，担任专案组组

长，刑警支队为主办单位。发生在县辖区的黑社会性质组织犯罪，由县级公安机关负责组织侦破，县级公安机关是主办单位，其一把手是第一责任人，直接担任专案组组长。但对于部分涉案人员较多、性质恶劣、当地社会背景复杂、同级公安机关侦破有难度的案件，可以由上级公安机关直接组织侦破。侦破黑社会性质组织犯罪的专案组要有过硬的领导班子，专案组领导班子除组长外还应当包括刑侦、技侦、经侦、审计等部门的负责人。选调专案组侦查人员时要视情用警，必要时异地选调侦查员，以阻断黑社会性质组织向专案组的渗透。专案组成立后，要封闭管理，集中住宿，严格请销假制度。

2. 教育、管理、培训专案队伍。黑社会性质组织信息渠道多，反应灵敏，侦查难度大，这就要求专案队伍必须是一支思想过硬、作风过硬的队伍。此外，侦查人员必须具备丰富的斗争经验和法律知识。因此，一定要把专案队伍的教育、管理、培训贯彻于整个案件侦破过程的始终。要定期严明纪律，进行保密教育，规范专案组侦查人员的行为。对专案组侦查人员要进行相关的业务培训，掌握黑社会性质组织常涉的案件罪名，深刻领会黑社会性质组织犯罪的特征，防止就案论案、孤立办案，同时还要培训专案队伍勇于拼搏、无私奉献的精神，为案件的侦破提供强有力的队伍保障。

**（四）扩大线索来源**

要在加强广辟线索来源方面狠下功夫，不管是什么类型的犯罪，不管是走从案到人，还是走从人到案的侦查模式，发现案源线索均为侦查的起点。侦查黑社会性质组织犯罪，也应从发现线索切入。只不过由于黑社会性质组织的特殊性，这里所说的线索应是指广义的线索，指黑社会性质组织的线索和该组织所实施的违法犯罪行为线索。发现线索的路径大同小异，主要有：

1. 通过群众的检举、揭发和控告。在侦查时，应分别对待，想方设法通过群众获取线索。设立举报信箱、举报电话。召开新闻通气会，与宣传部门联合召开新闻通气会，通过情况的沟通获取与黑社会性质组织有关的线索。利用媒体公布案情发动群众提供线索。召开娱乐场所、特种行业业主、企事业单位负责人、街道办事处工作人员、居民等座谈会，此类座谈会或相对秘密进行，或公开进行，视需要而定。走访、调查等。这是获取线索的最基本方法。

2. 从对人的控制中发现。通过对治安危险分子、刑嫌分子以及其他违法人员、城乡流动人员的控制发现线索。以上提到的这些人往往容易介入黑社会性质组织。

3. 从对相关案件的梳理中发现。黑社会性质组织最常实施的违法犯罪行为是组织卖淫、聚众赌博、贩卖毒品、敲诈勒索等。因此对涉毒、涉赌、涉黄、涉枪等重点刑事案件以及打架斗殴等治安案件进行监控，对这些案件的相关情况进行梳理，有利于发现涉黑线索。

4. 从对重点场所、部门、行业、市场的严密控制中发现。一些利润高、经营管理秩序较为混乱的场所、行业、部门往往是黑社会性质组织驻足的重点部位，这些部位为黑社会的滋生提供了土壤。当前，容易被黑社会性质组织"盯上"的行业有娱乐业、个体运输业、建筑业、餐饮业、煤矿业等。因此，各地公安机关对辖区内的上述行业、场所要做到底数清楚，控制严密。此外，民警还要接受识别黑社会性质组织的培训。在日常工作中，通过采用恰当的识别方法从纷繁复杂的现象中发现黑社会性质组织的蛛丝马迹。

（五）拟定侦查计划

黑社会性质组织犯罪初查阶段的主要任务是通过初查弄清是否确有犯罪事实存在和是否需要追究刑事责任，从而确定黑社会性质组织是否能够成立，同时通过初查及时获取犯罪证据为立案创造条件。为保证初查工作的顺利进行，就有必要拟定计划，围绕前述中心任务开展工作。

（六）选派精干侦查员实施卧底侦查

卧底侦查是侦破有组织犯罪案件的一种很有效的方法。因为卧底侦查员置身于犯罪内部，是最可靠的情报来源。在侦破有组织犯罪案件中，打进去的侦查人员一旦获得犯罪嫌疑人的信任，被视为"自己人"，就有可能从其内部获悉犯罪组织的各种非法活动。在侦查有组织犯罪案件时，积极而艺术地使用卧底侦查这一特殊手段，将有助于提高侦查效率和办案水平，加快破案进程。

（七）加强反黑社会性质组织犯罪的合作

1. 加强公安机关内部的协作。由于黑社会性质组织犯罪大多数是连续作案和流窜作案，涉及的范围广、部门多，因此，必须坚持全国公安一盘棋的工作思想，不但要加强省际协作，还要加强与港、澳、台地区的合作，并且形成一定的机制，建立一定的专门协作的机构，加大反黑力度。

2. 加强与其他部门的合作。由于黑社会性质犯罪涉及的范围广，因此仅仅依靠公安机关的力量是远远不够的，还必须加强与检察院、法院、税务、工商、银行、海关等的合作，争取这些部门的支持和配合，形成打击黑社会的合力，以达到事半功倍的效果。

# 项目七　网络犯罪案件的侦查

## 学习情境

近日，××市警方破获一起以新颖的作案手段入侵宽带中心游戏数据库盗窃虚拟金币牟利的案件。犯罪嫌疑人王××为××大学计算机系本科生，非法牟利 4 万余元，现已被××市警方刑事拘留。

　　小非是一位网络游戏爱好者，经常通宵达旦坐在电脑前，两眼通红，但是对他自己痴迷的游戏，仍是初级水平，苦于没有游戏"秘籍"。小非想起自己的一位网络游戏朋友说过，实在没有时间打游戏，或是水平不高，可以通过购买秘籍的方法过关。网络是虚拟的，有人在网上买秘籍，还有人在现实生活中约好碰头地点购买"秘籍"。小非在网上发出了讯息，有意购买秘籍。几天后，有人向小非发出了问候："小非，你好！如果你确实有意购买秘籍，请与我联系，骆驼。"这位自称"骆驼"的朋友留下了他的电话号码。小非马上拨通了骆驼的电话，骆驼表示自己网络游戏水平有限，没有秘籍，但是有"金币"可以提供。这所谓的"金币"，是指能够上网进行游戏的"时间"，比如1小时就是1个金币。骆驼表示自己有很多金币，比在网上向网络公司直接购买"金币"便宜。小非暗想，自己每月花200元买游戏卡，只能购买一定数量的金币，游戏时间有限，骆驼的出价的确很合算。于是两人交易了，小非在骆驼告知他的银行账号里打入500元钱，骆驼在网上给小非的账号里打入了100万枚金币，一笔买卖成功。至于骆驼怎么会有那么多金币，小非没有想太多。

　　"骆驼"一直在网上进行买卖，没有被人发现。一直到今年11月25日，该网络游戏公司发现有人利用非法手段入侵该中心游戏数据库篡改部分游戏账号的密码和游戏点数，并将此游戏点数通过正常的业务流程转换成电信互联星空的消费点数，后将消费点数出售，盗窃总价值约人民币382 798.4元。

　　××市警方接到报案后，发现这是本市发生的计算机网络犯罪中一起新型的犯罪案件。犯罪嫌疑人使用了现有数据库系统维护的账号对游戏中心棋牌游戏的数据库的点值转换日志进行了删除和改动，添加了2个系列的游戏名称，共计200个账号，并给200个账号每个添加了500 000金币点数。

　　犯罪嫌疑人不仅精通该网络游戏中心的数据库软件操作，而且熟悉游戏数据库的结构，具备较高专业水平的电脑操作技能和相关的电脑知识。作案人如果不是该公司内部人员，就是掌握数据库密码的人。侦查员在漫无边际的网络中展开广泛的调查取证工作。最终，通过需要购买金币的方式找到了骆驼，骆驼热情地留下了自己的电话联系方式，很快，警员查明骆驼就是居住在本市××路××大学计算机系的学生王××，他的确曾在该网络公司打工。12月3日下午，侦查员将王××抓获。原来王××由于两门功课未及格，目前处于延长学籍阶段，前不久进入该公司，从事网络维护工作。王××萌生出非法进入游戏数据库，窃取"金币"，然后自己建立账号，将金币放在自己的账号内在网络中进行叫卖，从而转卖给网友牟利的念头。今年10月中旬以来，王××窃取了该网络公司游戏中心的用户名和密码后，非法进入该数据库系统，通过网络游戏与他人成交，直至案发时，已经从中牟利近46 000元人民币。

　　📋 **工作任务**

　　网络犯罪，是指行为人运用计算机技术，借助于网络对其系统或信息进行攻击，破坏或利用网络进行其他犯罪的总称。既包括行为人运用其编程、加密、解码技术或工具在网络上实施的犯罪，也包括行为人利用软件指令、网络系统或产品加密等技术及法律规定上的漏洞在网络内外交互实施的犯罪，还包括行为人借助于其居于网络服务提供者特定地位或其他方法在网络系统实施的犯罪。简言之，网络犯罪是针对和利用网络进行的犯罪，网络犯罪的本质特征是危害网络及其信息的安全与秩序。同传统的犯罪相比，网络犯罪具有一些独特的特点：成本低、传播迅速，传播范围广；互动性、隐蔽性高，取证困难；严重的社会危害性；等等。由于网络犯罪的特殊性，要侦破网络犯罪案件，关键就在于提取网络犯罪分子遗留的电子证据。而电子证据具有易删除、易篡改、易丢失等特性，为确保电子证据的原始性、真实性、合法性，在电子证据收集时应采用专业的数据复制备份设备将电子证据文件复制备份，要求数据复制设备需具备只读设计以及自动校准等功能。随着计算机技术的继续发展和网络更为广泛的普及应用，今后此类犯罪将有不断增加的趋势，犯罪手法也不断更新，因此，在侦查实践中，既要加强对网络犯罪的研究，更要加强网络方面的立法，以适应新形势、采用新对策、维护网络安全和社会稳定。

**学习和思考：**

1. 网络犯罪及其常见类型。
2. 网络犯罪的特点。
3. 网络犯罪案件的侦查对策。

### 学习内容

#### 一、网络犯罪的定义

网络犯罪，是指行为人运用计算机技术，借助于网络对其系统或信息进行攻击，破坏或利用网络进行其他犯罪的总称。既包括行为人运用其编程、加密、解码技术或工具在网络上实施的犯罪，也包括行为人利用软件指令、网络系统或产品加密等技术及法律规定上的漏洞在网络内外交互实施的犯罪，还包括行为人借助于其居于网络服务提供者特定地位或其他方法在网络系统实施的犯罪。简言之，网络犯罪是针对和利用网络进行的犯罪，网络犯罪的本质特征是危害网络及其信息的安全与秩序。

#### 二、网络犯罪的类型

1. 网络色情和性骚扰。目前，色情网站大部分在网页上提供各种色情信息，而建好的网页则通过向各种搜索引擎登记，或者在 BBS 和电子论坛 Forum 上做广告，以及通过向电子邮件用户群发邮件，来达到吸引用户访问网站、浏览网页，从而接受其所提供的服务的目的。

2. 贩卖违禁物品、管制物品、人体器官。在网络上贩卖违禁物品、违禁药品、管制物品或者管制药品，比如枪支、毒品、春药等。

3. 销售赃物。在网络上以低价出售或者高价拍卖盗窃、诈骗、抢劫等犯罪得来的赃物。网络上充斥着各种待售的货物，尤其是二手货，其中有一些可能就是犯罪所得的赃物。

4. 诈骗。和传统犯罪一样，在网络犯罪中，诈骗也是造成损失较多、表现形式最为丰富多彩的一种类型。

5. 妨害名誉。网络上发表不实言论，辱骂他人等行为，侵犯他人权益，妨害他人名誉。

6. 侵入他人网站、主页、电子信箱。入侵他人网站后以指令、程序或者其他工具开启经过加密的档案，均可找到处罚依据。但是，入侵者在入侵他人网站后并未开启经过加密的档案，或者开启的档案并未经过加密处理，这种行为各国刑法规定较少。另外还发生入侵后窃取他人档案或者偷阅、删除电子邮件；将入侵获得的档案内容，泄露给他人；入侵后将一些档案破坏，致使系统无法正常运行，甚至无法使用；以及盗用他人上网账号，未经他人同意而拨号上网，而上网所发生的费用则由被盗用者承担；等等。

7. 制造、传播计算机病毒。在网络上散布计算机病毒，十分猖獗。有些病毒具有攻击性和破坏性，可能破坏他人的计算机设备、档案。据国际计算机安全协会公布的《2000 年病毒传播趋势报告》，电子邮件已经成为计算机病毒最主要的传播方式，感染率从 1999 年的 56% 上升到 2000 年的 87%，一举取代通过软盘存储和网络下载的病毒传播途径。报告同时指出该年度最具破坏性的病毒。

8. 网络赌博。很多国家允许赌博行为或者开设赌场。因此有人认为在赌博合法化的国家开设网站，该国不禁止，就不犯有赌博罪。这种意识在设有赌博罪的国家普遍存在。其实，各国刑法都规定了管辖权制度，一般都能在其本国主权范围内处理这种犯罪。比如，对人的管辖权，特别是对行为的管辖权，犯罪的行为或者结果有一项在一国领域，该国即可管辖。

9. 教唆、煽动各种犯罪，传授各种犯罪方法。除了教唆、引诱接触淫秽物品的网站外，还有形形色色的专业犯罪网站。有的本身就是犯罪组织所开设，比如各种邪教组织、暴力犯罪组织、恐怖主义组织等。普通人所开设的专业性的犯罪网站则更多。比如有一些专门的自杀网站，就曾引起网友相约自杀。

网络上进行煽动危害一国安全的情况也值得关注。比如，敌视中国国家、政府、人民的网站就为数不少。德国新纳粹分子也在相关法律并不非常严格的德国邻国，甚至在更远的国家设立网站，通过网络散布种族主义，并组织行动。

### 三、网络犯罪的特点

同传统的犯罪相比，网络犯罪具有以下一些特点：

（一）犯罪主体多元化、年轻化

随着计算机技术的发展和网络的普及，各种职业、年龄、身份的人都可能实施网络犯罪。在网络犯罪中，特别是黑客中，青少年的比例相当大。网络犯罪主体的年轻化与使用电子计算机者特别是上网者年轻人占较大的比例及年轻人对网络的情有独钟和特有的心态有很大的关系。据国内外已发现的网络犯罪案件统计，当今网络犯罪主体年龄在 18 ~ 40 岁之间的占 80%，平均年龄只有 23 岁。

（二）犯罪方式智能化、专业化

网络犯罪是一种高技术的智能犯罪，犯罪分子主要是一些掌握计算机技术的专业研究人员或对计算机有特殊兴趣并掌握网络技术的人员。他们大多具有较高的智力水平，既熟悉计算机及网络的功能与特性，又洞悉计算机及网络的缺陷与漏洞。只有他们能够借助本身技术优势对系统网络发动攻击，对网络信息进行侵犯，并达到预期的目的。

（三）犯罪对象的广泛性

随着社会的网络化，网络犯罪的对象从个人隐私到国家安全，从信用卡密码到军事机密，无所不包。

（四）犯罪手段的多样化

信息网络的迅速发展，信息技术的普及与推广，为各种网络犯罪分子提供了日新月异的多样化、高技术的作案手段，诸如窃取秘密、调拨资金、金融投机、剽窃软件、偷漏税款、发布虚假信息、入侵网络等网络犯罪活动层出不穷，花样繁多。

（五）犯罪的互动性、隐蔽性高

网络发展形成了一个虚拟的电脑空间，既消除了国境线，也打破了社会和空间界限，使得双向性、多向性交流传播成为可能。由于网络具有开放性、不确定性、超越时空性等特点，使得网络犯罪具有极高的隐蔽性，增加了网络犯罪案件的侦破难度。

（六）犯罪成本低，作案工具简单

网络犯罪与传统犯罪相比所冒的风险小而获益大，其作案工具简单，只需一部终端机、上网卡和一部电话就可进行。作案者只要轻轻按几下键盘，就可以使被害对象遭受巨大损失。

（七）巨大的社会危害性

网络的普及程度越高，网络犯罪的危害也就越大，而且网络犯罪的危害性远非一般传统犯罪所能比拟，不仅会造成财产损失，而且可能危及公共安全和国家安全。随着计算机信息技术的不断发展，从国防、电力到银行和电话系统现在都是数字化、网络化，一旦这些部门遭到侵入和破坏，后果将不可设想。

#### 四、网络犯罪的侦查对策

##### (一) 组建动态网络监控系统

网络犯罪具有极强的隐蔽性，利用常规的方式进行侦查，线索不好找。所以建立动态网络系统可以更好地对网络犯罪进行跟踪，从而缩小侦查范围。网络侦查部门需要在各区域的网络空间平台的基础之上建立实时动态系统。做好网络动态监控系统的各项安全维护工作，力争多维度、多元化地全面覆盖侦查网络，跟踪记录网络中发生的动态，寻找犯罪活动轨迹，为网络犯罪侦查工作提供有效证据。

##### (二) 建立网络犯罪侦查协作新格局

网络犯罪具有跨地域的犯罪特点，此类案件侦查过程中，既有可能需要跨国界进行侦查，又可能跨地区进行侦查。在此侦查过程中，只有将二者合理结合，才能建立完善的侦查协作机制。这就要求侦查协作部门需要将网络与现实紧密结合，实现人与证立体的侦查协作机制。同时，网络犯罪中的情报收集也起着重要的作用，收集情报的同时还需要实现网络情报联合信息共享。另外还要与电信或信息部门进行联合活动，增强信息的流通量，完善侦查方法，提升安全意识，以求提高网络犯罪侦查效率。

##### (三) 加强网络电子证据收集

收集网络电子证据是网络犯罪证据收集工作中重要的环节，同时也是侦查工作的重要环节。收集电子证据要求：首先，在进行搜查的时候要对网络对象、计算机软件、硬盘、网络等储存的电子信息进行取证，对保存在其他载体中的信息也应当按要求取证，例如手机、照片、录像带等设备；其次，注意收集证据的方法，一般可分为两种方法，一是打印、拷贝、拍照、摄像、制作司法文书、查封、扣押、公证等，二是解密恢复测试网络监听等；最后，在网络电子证据收集的过程当中要遵循收集证据的基本原则，比如收集证据的及时性原则、专业技术人员辅助原则、证人原则、保密原则等。

##### (四) 大力发挥网络技术作用

侦办网络犯罪案件时，可将传统的侦查方法与网络侦查方法相结合。利用计算机科学技术加大网络侦查的力度，使网络计算机技术在网络侦查中发挥最大价值。

大部分网络犯罪的进行一般都要先对计算机系统进行侵入，这就要求侦查工作的开展应始于犯罪嫌疑人是从何处侵入这个问题。当侦查人员发现某个计算机系统被非法入侵后，首先应检查该系统安全措施的漏洞。发现漏洞之后，就应当将系统安全地隔离开，保证该系统不会再次被入侵。与此同时，应将现有的安全系统进行保存，并留下一个假的原始系统，以便在下一次的侦查活动中使用。等到犯罪分子再次侵入系统（一般来说，此类案件的犯罪分子会再次侵入系统），侦查人员就有机会得到相关的信息。侦查人员可以从系统的记录来查找犯罪嫌疑人有关行为的记录，同时可根据这些在网络服务器上的记录寻找到他们的位置。对采用匿名服务器重复登录的犯罪嫌疑人，很多时候，侦查人员不可能通过一次搜索就发现其所在位置。因此，还需要耐心等待他们重新侵入。只要虚假的主系统被保留后，一般犯罪嫌疑人还会继续侵入，此时就可以在系统上对其进行监视。一旦侵入，系统就会提示，并且对犯罪嫌疑人的每一个操作步骤加以记录，同时还可利用特殊的软件，对嫌疑人进行定位。通过此方法，不但可确定犯罪地点，还可找到终端的位置以及号码，以此来缩小找寻犯罪嫌疑人的范围。

另外，在利用网络进行财产犯罪的各类案件中，犯罪嫌疑人对计算机系统的侵入很可能是一次性的，并且在相当多的情况下，犯罪嫌疑人本身就是系统的合法用户，因此对这种犯罪的侦查也相当复杂。由于金融系统的计算机系统一般都有相当严密的防范措施，而且我国金融系统的计算机网络基本上是一个独立的系统，外界的人是很难接触到的，所以这类案件多属内部人员作案。一般情况下，犯罪嫌疑人每次作案的时间都不是非常充裕，因此留下的犯罪记录也就比较多。这是对侦查工作有利的一面。

总之，在对网络犯罪现场进行勘查的时候，要运用网络计算机的科学技术，收集网络犯罪证据，力求做到细致、有效、科学、全面地发挥网络技术力量。

 技能训练项目

### 一、训练项目

几类常见刑事案件的侦查。

### 二、训练内容

杀人、盗窃、抢劫、绑架案件的侦查方法。

### 三、训练课时

教师应选足够数量的典型案例对学生进行训练。杀人案件是重点，案例训练的时间不得少于 4 课时，具体由教师根据教学需要灵活安排。

### 四、训练目的

通过案例讨论训练，使学生掌握杀人、盗窃、抢劫、绑架案件的特点和侦查方法，形成侦查能力。

### 五、训练方式

运用典型案例材料或训练课件，组织学生分组或集中讨论。

# 主要参考文献

1. 王国民、李双其主编：《侦查学》，中国人民公安大学出版社 2007 年版。

2. 高春兴、苑军辉、邹荣合主编：《犯罪现场勘查》，中国人民公安大学出版社 2009 年版。

3. 沙贵君、陈志军主编：《犯罪现场勘查学》，中国人民公安大学出版社 2015 年版。

4. 马丽霞主编：《犯罪现场勘查》，中国民主法制出版社 2007 年版。

5. 袁家盛主编：《刑事侦查学》，中国政法大学出版社 2005 年版。

6. 任惠华主编：《刑事案件侦查》，法律出版社 2000 年版。

7. 彭文主编：《刑事侦查学教程》，中国人民公安大学出版社 2003 年版。

8. 彭文主编：《刑事案件侦查》，警官教育出版社 1999 年版。

9. 许昆主编：《侦审一体化刑事案件办案规范化指南》，中国人民公安大学出版社 2002 年版。

10. 周水清：《审讯策略与取证技巧》，中国人民公安大学出版社 1999 年版。

11. 何家弘主编：《司法鉴定导论》，法律出版社 2000 年版。

12. 孙延庆主编：《侦查措施与策略》，中国民主法制出版社 2007 年版。

13. 许细燕、杨辉解主编：《侦查措施》，中国人民公安大学出版社 2015 年版。

14. 罗亚平、张绍雨主编：《刑事科学技术》，中国人民公安大学出版社 2015 年版。

15. 徐为霞主编：《侦查学原理》，中国民主法制出版社 2007 年版。

16. 徐立根主编：《物证技术学》，中国人民大学出版社 1990 年版。

17. 马海舰：《刑事侦查措施》，法律出版社 2006 年版。

18. 公安部政治部：《刑事物证技术学》，警官教育出版社 1998 年版。

19. 王守业主编：《刑事技术教程》，群众出版社 1998 年版。

20. 张毅、李洪武、孔春晓主编：《痕迹检验教程》，中国人民公安大学出版社 2009 年版。

21. 宫毅、邓绍秋主编：《文件检验教程》，中国人民公安大学出版社 2009 年版。

22. 曾友祥、蒋石平、郭天武、李明主编：《刑事诉讼法学》，北京大学出版社

2016 年版。

23. 任克勤、徐公社主编：《刑事案件侦查》，中国人民公安大学出版社 2013 年版。

24. 何理主编：《侦查措施教程》，警官教育出版社 1999 年版。

25. 郑晓均主编：《侦查策略与措施》，法律出版社 2010 年版。

26. 杨洪臣、李苑主编：《视频侦查技术》，中国人民公安大学出版社 2015 年版。

27. 孙展明、万顺、罗立、尹伟中等：《视频图像侦查》，中国人民公安大学出版社 2011 年版。

28. 米学军、孙延庆主编：《刑事案件侦查》，中国民主法制出版社 2007 年版。

29. 孙晓冬主编：《网络犯罪侦查》，清华大学出版社 2014 年版。

声　明　1. 版权所有，侵权必究。

2. 如有缺页、倒装问题，由出版社负责退换。

**图书在版编目（CIP）数据**

刑事侦查实务/陈汉彬，项琼主编. —北京：中国政法大学出版社，2020.1（2025.1重印）
ISBN 978-7-5620-9399-2

Ⅰ. ①刑… Ⅱ. ①陈… ②项… Ⅲ. ①刑事侦查 Ⅳ. ①D918

中国版本图书馆CIP数据核字(2019)第300530号

-------------------------------------------------------------------------------------------------------------

出 版 者　中国政法大学出版社

地　　址　北京市海淀区西土城路 25 号

邮　　箱　fadapress@163.com

网　　址　http://www.cuplpress.com（网络实名：中国政法大学出版社）

电　　话　010-58908435(第一编辑部) 58908334(邮购部)

承　　印　北京鑫海金澳胶印有限公司

开　　本　787mm×1092mm　1/16

印　　张　17.75

字　　数　368 千字

版　　次　2020 年 1 月第 1 版

印　　次　2025 年 1 月第 4 次印刷

印　　数　12001~16000 册

定　　价　49.00 元